MEKSYK

PODRÓŻE MARZEŃ

MEKSYK

O KSIĄŻCE

Ten przewodnik powstał z połączenia zainteresowań i entuzjazmu dwóch najbardziej znanych na świecie dostawców informacji: wydawnictwa Insight Guides, którego publikacje od 1970 r. są wzorcem ilustrowanych przewodników, oraz Discovery Channel, najlepszego na świecie producenta telewizyjnych filmów dokumentalnych.

Wydawcy Insight Guides dostarczają praktycznych rad oraz ogólnych informacji o historii, kulturze i ludziach wybranych miejsc. Discovery Channel i jego strona internetowa www.discovery.com pomagają milionom telewidzów podróżować po świecie w zaciszu własnego domu i zachęcają ich do podróżowania naprawdę.

Meksyk słynie ze wspaniałych zabytków archeologicznych, pięknych plaż i tryskających energią ludzi – potomków Indian i hiszpańskich kolonizatorów – a także z bogatej współczesnej kultury. Przewodnik Insight Guides odsłania też inne, mniej znane oblicza kraju, umożliwiając dogłębne poznanie jego natury. Zaprezentowane informacje mają na celu poszerzyć wiedzę czytelnika, a nie przykroić obraz kraju do powszechnych stereotypów.

Jak korzystać z przewodnika
◆ Nie sposób zrozumieć Meksyku bez znajomości jego dziejów. Część zatytułowana **Wademekum**, oznaczona żółtym paskiem u góry

strony, to zestaw esejów i ciekawostek na temat historii i kultury, napisanych przez ekspertów poszczególnych dziedzin.

◆ Część główna, **Zwiedzanie**, oznaczona niebieskim paskiem, zawiera wyczerpujący przegląd wszystkich atrakcji wartych obejrzenia. Najciekawsze miejsca opatrzono odsyłaczami do map zamieszczonych w tekście.

◆ Część pod tytułem **Rady dla podróżnych**, z pomarańczowym paskiem, to poręczny informator, w którym można znaleźć wiadomości dotyczące poruszania się po okolicy, hoteli, restauracji czy aktywnego wypoczynku i rekreacji.

W wersji polskiej zadbano o wprowadzenie poloników i informacji potrzebnych polskiemu turyście.

Współpracownicy

Grupę autorów przewodnika zgromadziła Felicity Laughton, redaktor projektu. Felicity przeniosła się do Meksyku 18 lat temu, jest żoną meksykańskiego artysty i mieszka w Cotswolds.

Niniejsze wydanie, dokładnie poprawione i zaktualizowane, opiera się na wcześniejszej edycji autorstwa Kala M llera, zredagowanej przez Marthę Ellen Zenfeell. Współautorami wydania są: John Wilcock, Margaret King, Mike Nelson, Barbara Ann Rosenberg, Jos -Antonio Guzm n, Patricia Diaz i Guillermo Garcia-Oropeza.

Rozdział *Zwiedzanie* został poprawiony i uaktualniony przez Wendy Luft, pisarkę i redaktorkę zamieszkałą w mieście Meksyku. W. Luft napisała też niektóre fragmenty, m.in. kilka esejów na temat obrazów, oraz uaktualniła informacje w *Radach dla podróżnych*. Janne Egginton zaktualizowała cały przewodnik w wersji na rok 2004. Współczesną historię Meksyku uaktualnił Andrea Dubrowski, doświadczony dziennikarz z miasta Meksyku. Nowy esej na temat architektury kolonialnej napisała Chloe Sayers, a informacji o ruchu *guerilla* w stanie Chiapas dostarczył Phil Gunson, meksykański korespondent „Guardiana". Barbara McKinnon, prezes organizacji ochrony środowiska (rezerwat biosfery Sian Ka'an, Chetumal) jest autorką tekstu o morskiej faunie wód u wybrzeży Jukatanu. Ron Mader, pracujący w stołecznym Meksyku i specjalizujący się w ekoturystyce Ameryki Łacińskiej, przygotował materiały na temat „ekstremalnego zwiedzania".

Większość fotografii jest dziełem K. M llera, a nowe dostarczyli: J. Brunton, M. Vautier, B. Mays, A. Gross, M. Wilson-Smith i E. Gill. Fotografie zebrała H. Genin, wspomagana przez M. Allende i J. Beardwell.

Mapki – legenda

— · ·	Granica międzynarodowa
– – – –	Granica państwa
⊖	Przejście graniczne
	Granica parku narodowego/rezerwatu
– – – –	Prom
Ⓜ	Metro
✈ ✈	Lotnisko międzynarodowe/krajowe
	Autobus
P	Parking
ℹ	Informacja turystyczna
✉	Poczta
†	Kościół/ruiny
†	Klasztor
☪	Meczet
✡	Synagoga
	Zamek/ruiny
∴	Wykopaliska archeologiczne
Ω	Jaskinia
	Pomnik
★	Interesujące miejsce

Opisy najbardziej interesujących obiektów w części *Zwiedzanie* opatrzono odsyłaczami do kolorowych map (np. ❶), a ikonka w prawym górnym rogu strony informuje, gdzie szukać mapy.

MEKSYK

SPIS TREŚCI

Widok na porośnięte
lasami kaniony
z drogi powyżej
Puerto Vallarty.

Zbliżenia

Okiem znawcy

Zwiedzanie

Rady dla podróżnych

¡QUE VIVA MEXICO!

Malownicze plaże, widowiskowe fiesty, starożytne
zabytki – Meksyk to raj na ziemi o wielu obliczach.

Meksyk istnieje w swoich obecnych granicach niewiele ponad 150 lat – wcześniej obejmował jeszcze m.in. Teksas, Nowy Meksyk i Kalifornię na północy, dziś należące do USA. Mimo że jego powierzchnia stanowi tylko jedną czwartą obszaru Stanów Zjednoczonych, jest to kraj wielu niespodzianek, i to zarówno pod względem geograficznym, jak i społecznym.

W Monterrey na pustyni stoją fabryki jako żywo przypominające zakłady w amerykańskim mieście Pittsburgh; na północy, w Veracruz i wzdłuż wybrzeża stanu Tabasco wyłaniają się z morza platformy wiertnicze, przywodzące na myśl rząd czarnych wykrzykników, a niemal w cieniu fabryk i zakładów przemysłowych rdzenni mieszkańcy Meksyku, obojętni na postęp technologiczny, kultywują swoje tradycje. Co roku 6 milionów turystów wypoczywa na plażach wybrzeża Pacyfiku, Zatoki Meksykańskiej i Morza Karaibskiego. Za dnia korzystają z uroków tropikalnego słońca, a ciepłe wieczory spędzają, tańcząc cza-czę i sącząc sangrię w pobliżu zabytków starożytnych cywilizacji.

W mieście Meksyku, liczącym 20 mln mieszkańców, bajecznie kolorowe murale pokrywają wiele budynków, ale jednocześnie gruba warstwa smogu przysłania niebo i widok na ośnieżone wulkany Popocatépetl i Iztaccíhuatl. Mimo że Meksyk nie jest już dzisiaj „krainą najczystszego powietrza" – jak zatytułował swoją najpopularniejszą powieść meksykański pisarz Carlos Fuentes – poza dynamicznie rozwijającym się Dystryktem Federalnym (Districto Federal) powietrze jest tutaj wyjątkowo czyste. Chociaż wiele regionów to obszary odległe i odizolowane, kraj przecina ponad 214 tys. km dróg.

Dwie trzecie ze 150 mln obywateli Meksyku ma mniej niż 30 lat. Oprócz dominującej grupy hiszpańskojęzycznych Metysów (*mestizos* – potomkowie europejskich osadników i Indian) żyje tu ponad 50 grup rdzennej ludności, posługującej się 60 dialektami.

Jak więc opisać ten fantastyczny i tak mocno zróżnicowany kraj? „Meksyku się nie opisuje" – twierdzi filozof Manuel Zamacona w powieści C. Fuentesa *Kraina najczystszego powietrza* (wyd. pol. 1972 r.). „W Meksyk się wierzy, z namiętnością, z pasją…". ❑

POPRZEDNIE STRONY: podniesienie flagi na *zócalo*; uroczysta parada; *charros*, meksykańscy macho; relaks na plaży Xcacel.
PO LEWEJ: wulkan Popocatépetl – Dymiąca Góra.

DYMIĄCE WULKANY I KWITNĄCE PUSTYNIE

Meksyk – raj dla miłośników nieujarzmionej natury – to kraj kontrastów: pustynie i lasy tropikalne, góry i malownicze wioski... Tu każdy znajdzie coś dla siebie.

Mówi się, że Meksyk ma wiele twarzy, co wynika m.in. z ukształtowania terenu. Na południe od granicy z USA, wzdłuż wybrzeża Pacyfiku i Zatoki Meksykańskiej, wyrastają dwa duże łańcuchy górskie: Sierra Madre Zachodnia (Sierra Madre Occidental) i Sierra Madre Wschodnia (Sierra Madre Oriental). Góry stopniowo przechodzą w płaskowyż (Mesa Centralna, część Wyżyny Meksykańskiej), ciągnący się przez ok. 640 km ze wschodu na zachód i przez 320 km z północy na południe. Region stanowi jedną dziesiątą powierzchni całego kraju, ale zamieszkuje go niemal połowa obywateli.

Serce kraju przecina masyw o długości 160 km, między Puerto Vallartą na wybrzeżu Pacyfiku a Puerto de Veracruz nad Zatoką Meksykańską – Kordyliera Wulkaniczna, będąca granicą między Ameryką Północną a Środkową. Na południe od tego pasma leży Sierra Madre Południowa (Sierra Madre del Sur), sięgająca przesmyku Tehuantepec – obniżenia między dwoma oceanami, gdzie kontynent zwęża się do 160 km. Na wschód od przesmyku góry ciągną się na południe, aż do Gwatemali. Na północy krajobraz się zmienia – półwysep Jukatan (Yucatán) to wapienna równina, przykryta cienką warstwą ziemi.

Opady i klimat

Przeważająca część Meksyku ma charakter wyżynny, ale na północy kraju dominują pustynie, m.in. w stanie Sonora, sąsiadującym z amerykańską Arizoną. Podobnie jak w Kalifornii Dolnej (Baja California) i północnych stanach Chihuahua, Coahuila i Durango, zboże można tu uprawiać tylko przy zastosowaniu irygacji pól.

W wielu miejscach roczny poziom opadów wynosi zaledwie 10 cm. Aż trudno uwierzyć, że na wybrzeżu Zatoki Meksykańskiej deszcze są

tak intensywne (nawet do 6 m rocznie!), że wymywają ziemię, a farmerzy muszą wycinać nadmiar roślinności. W środkowej części kraju, gdzie uprawia się większość kukurydzy i fasoli, opady są nieregularne i zróżnicowane:

czasem siąpi mżawka, innym razem zdarzy się ulewa.

Duże problemy ekologiczne Meksyku wynikają z masowej wycinki drzew, prowadzącej w szybkim tempie do wyniszczania lasów – takie praktyki datuje się od czasów kolonialnych, kiedy karczowano drzewa dla potrzeb przemysłu wydobywczego lub w celu zyskania ziemi uprawnej. W regionie Zacatecas, gdzie działa wiele kopalni srebra, duża część obszarów leśnych została tym sposobem przekształcona w sawannę, czego konsekwencją jest obniżony poziom wód gruntowych i zmiana klimatu. Rozwój dróg zagroził

POPRZEDNIE STRONY: symbole patriotyczne.
PO LEWEJ: *charro* na koniu w pełnym galopie.
PO PRAWEJ: kwiaty bandillero i agawa kantalowa.

również tym obszarom, które wcześniej były w pewnym stopniu chronione dzięki swojej niedostępności.

Rzeki i drogi

Większość meksykańskich rzek nie nadaje się do żeglugi, z wyjątkiem kilku na południu kraju. W okresie kolonialnym droga z miasta Meksyku do Veracruz funkcjonowała jako „pępowina" między Nowym Światem a Hiszpanią. W XVI w. utworzono połączenie lądowe z bogatym rolniczym regionem Bajío, leżącym na północ od miasta Meksyku oraz zasobnym w bogactwa naturalne stanem Zacatecas. Po odkryciu złóż do zwiększenia eksploatacji dotychczas niewykorzystanych zasobów naturalnych. Firmy północnoamerykańskie odkryły, że wydobywanie rud metali na dużą skalę jest ekonomicznie opłacalne. Do 1938 r., kiedy rząd meksykański znacjonalizował przemysł naftowy, system dróg i linia kolejowa były już gotowe.

Spektakularne wulkany

W sensie geologicznym wulkan Popocatépetl (Dymiąca Góra; 5452 m n.p.m.) to maleństwo. Pozostawał w uśpieniu przez wiele lat, ale gdy wybuchł w 1997 r. lawa i gruba warstwa pyłu pokryły całą okolicę, sięgając granic miasta Meksy-

metali w południowej części obecnego stanu Chihuahua próby skolonizowania Nowego Meksyku zostały zarzucone. Podróż w obie strony z Zacatecas do Nowego Meksyku trwała ponad rok (2,6 tys. km), a dodatkowo ani Hiszpania, ani Meksyk nie dysponowały odpowiednimi środkami, aby zagarnąć te tereny, niegdyś podbite przez konkwistadorów. W końcu Amerykanie pokonali Meksykanów i przejęli kontrolę nad północnym terytorium ówczesnego kraju.

W okresie dyktatury Porfiria Díaza de la Cruz do kraju napłynął zagraniczny kapitał, co pozwoliło na rozbudowanie dróg i sieci kolejowej w kierunku północnym, a także przyczyniło się ku. Władze zamknęły drogi dojazdowe z Paso de Cortés, ale turyści nadal mogą się wspinać na wygasłego sąsiada Popo, jak się go pieszczotliwie nazywa – Iztaccíhuatl (Śpiąca Kobieta; 5286 m n.p.m.). Pico de Orizaba, inaczej zwany Citlaltépetl – co w języku nahuatl znaczy Góra Gwiazd – sięga 5700 m n.p.m. (najwyższy szczyt kraju) i jest widoczny z drogi prowadzącej z miasta Meksyku do Veracruz, a także z Zatoki Meksykańskiej. Na zachód od stolicy wyrasta Nevado de Toluca (Xinantécatl; 4392 m n.p.m.). Droga gruntowa, przejezdna przez większą część roku, prowadzi do krateru i dwóch jezior – El Sol (Słońce) i La Luna (Księżyc).

Wciąż aktywny Paricutín (3170 m n.p.m.), najmłodszy z meksykańskich wulkanów, powstał w lutym 1943 r. Miejscowy farmer Dionisio Pulido był świadkiem, jak pewnego popołudnia góra wyrosła niemal spod ziemi na polu kukurydzy. Oniemiały z wrażenia powrócił następnego dnia ze swoimi *compadres*, aby odkryć stożek o wysokości 6 metrów. Erupcja nastąpiła wkrótce potem – Paricutín wyrzucił w powietrze popioły na wysokość 100 m, w towarzystwie fajerwerków pomarańczowej lawy. Przez 9 lat aktywności wulkan wylał miliardy ton lawy, która przykryła wioskę San Juan Parangaricutiro, zalała 10 innych osad i uformowała stożek sięgający 427 m. Do krateru

można dojechać z wioski Purépecha Amerindian w Angahuan. Po drodze widać wieżę kościoła św. Jana wystającą spod czarnej pokrywy.

Wulkan Nevado y Fuego (Śnieg i Ogień) w zachodniej części Kordyliery Wulkanicznej nie jest szczególnie wysoki (3326 m n.p.m.), ale za to ma dwa kratery – jeden jest przykryty śniegiem, a drugi co pewien czas emituje opary. Ostatnia duża erupcja miała miejsce w 1913 r., ale wulkan grzmiał oraz wyrzucał lawę i popioły jeszcze w 1973 r.

POWYŻEJ: dziewczynki z plemienia Tarasków pasą kozy, stan Michoacán.

W 1952 r., 575 km od wybrzeża Pacyfiku, wybuchł wulkan Mariano Bárcena na wyspach Revillagigedo, należących do Meksyku. W 1982 r. erupcja wulkanu Chichonal w stanie Chiapas spowodowała śmierć wielu osób.

Fauna i flora

W Meksyku jest wiele dzikich i niedostępnych obszarów zamieszkiwanych przez rzadkie zwierzęta, a do terenów tych należą bezkresne pustynie Półwyspu Kalifornijskiego (Baja California), góry i dżungla na granicy z Bahía de Campeche. Żyje tu ponad 2890 gatunków kręgowców, w tym 520 gatunków ssaków, 1424 gatunki ptaków, 685 gatunków gadów i 267 gatunków płazów. 16 gatunków ssaków, 13 gatunków ptaków i 9 gatunków gadów jest zagrożonych. W kraju utworzono ponad 50 parków narodowych, ale wiele z nich leży w bardzo odległych regionach, podczas gdy rzeki w pobliżu miast są nadal mocno zanieczyszczone. Władze stolicy uczyniły wiele, by wyeliminować smog, ale wciąż stanowi on duży problem, szczególnie zimą. Niszczenie zasobów leśnych, erozja gleby, industrializacja oraz – w niektórych przypadkach – niekontrolowana turystyka nadal stanowią poważne zagrożenie dla środowiska naturalnego.

Tak duży kraj o tak mocno zróżnicowanym krajobrazie (pustynie, dżungla, góry, wulkany, jeziora, laguny, rzeki) ma bardzo wiele do zaoferowania każdemu, kto szuka nowych wrażeń. Wytrawni piechurzy mogą podziwiać kozice w Parku Narodowym San Pedro Mártir. Park Narodowy Cumbres de Monterrey zamieszkuje baribal (niedźwiedź czarny), a według niepotwierdzonych relacji – w najdzikszych ostępach Sierra Madre Wschodniej można spotkać niedźwiedzia grizzly. Wyspy San Benito i Guadalupe (ta druga została uznana za rezerwat biosfery) to rezerwaty słoni morskich – najwięksi przedstawiciele tego gatunku osiągają ponad 6 metrów długości. Mimo że na początku XX w. słonie morskie niemal wyginęły w tej części świata, do końca lat 70. XX w. ich populacja na samej Guadalupe przekroczyła 47 tys. Na plażach Cedros wygrzewają się w słońcu kolonie lwów morskich, a w wodach Zatoki Kalifornijskiej żyje objęty ochroną żółw zielony, zwany również jadalnym (*Chelonia mydas*).

Najpotężniejszy meksykański ssak to płetwal błękitny, który co roku w okresie godowym migruje z Morza Beringa do Zatoki Kalifornijskiej. Trwające przez ponad sto lat polowania na wieloryby doprowadziły niemal do ich zagłady, ale od kilkudziesięciu lat populacja rośnie dzięki wpisaniu wielorybów na listę gatunków chronionych. W Lagunie Scammona, gdzie te ogromne ssaki łączą się w pary, w 1937 r. doliczono się 250 sztuk; w 1975 r. było ich już 18 tys.

W Meksyku żyje wiele gatunków ptaków, m.in. pelikany i orły na północy i zachodzie kraju, kolibry i sępy na południu. W wielu regionach często spotykany widok to stada dzikich papug. Niektóre ptaki migrujące preferują wybrzeże Pacyfiku – ptasie rezerwaty, np. u ujścia *río* San Juan powyżej San Blas, można odwiedzać w ramach całodziennych

wycieczek łodzią. Tysiące flamingów przybywa na tereny nad *río* Lagaros na północy Jukatanu. Inny słynny rezerwat flamingów to laguna Celestún na zachód od miasta Mérida. Wycieczki łodzią są organizowane z wyspy Mujeres do rezerwatu na wysepce, gdzie chroni się gniazda czapli, kormoranów, pelikanów, flamingów i fregat.

Inne popularne miejsca lęgowe to laguny Parku Narodowego Chacahua na zachód od Puerto Escondido i kanionu Sumidero w stanie

Chiapas, chętnie odwiedzane przez miłośników przyrody. Warto również zwiedzić zoo w Tuxtla Gutierrez (stan Chiapas), gdzie żyje wielu przedstawicieli lokalnej flory.

Moda na ekologię

W ostatnich latach wzrosło zainteresowanie przyrodą Meksyku i pojęcie „ekoturystyka" stało się bardzo modne. W granicach wielu parków narodowych jest wiele wyjątkowych zakątków, do których są organizowane wycieczki z przewodnikami.

Na północy warto odwiedzić Park Narodowy Miedzianego Kanionu (cztery razy większy od Wielkiego Kanionu w USA) lub Park Narodowy Cascada de Basaseáchic. Na południu, podróżując wzdłuż *río* Usumacinta w stanach Tabasco i Chiapas, można trafić do lasów deszczowych i starożytnych miast Majów, a także ukrytych w głębi tropikalnej dżungli wodospadów w Parku Narodowym Agua Azul i jezior Lagunas de Montebello, których woda mieni się różnymi odcieniami błękitu, zieleni i szarości, zależnie od składu mineralnego i oświetlenia.

Bajkowy świat ryb i koralowców Morza Karaibskiego u wybrzeży Jukatanu stoi otworem przez cały rok. Od czasu, gdy oceanograf i wynalazca Jacques Cousteau sfilmował to miejsce w 1960 r., stało się ono mekką amatorów nurkowania.

Jeden z najambitniejszych projektów ochrony przyrody Meksyku to rozległy Rezerwat Biosfery Sian Ka'an w stanie Quintana Roo, objęty patronatem UNESCO, chroniący niezwykłe bogactwo ekosystemów, m.in. tropikalne lasy deszczowe, mokradła, przybrzeżne laguny, lasy namorzynowe i część drugiej co do wielkości na świecie rafy koralowej (60 gatunków koralowców). W Sina Ka'an żyją żółwie, wyjce, krokodyle, pumy, oceloty, jaguary oraz setki ptaków i ryb.

Jeden z najciekawszych widoków można podziwiać w środkowym Meksyku – w listopadzie każdego roku miliony motyli z gatunku *Danaus plexippus* (monarcha wędrowny) przybywają w okresie godowym do rezerwatu El Rosario w stanie Michoacán, pokonując tysiące kilometrów z Kanady i Stanów Zjednoczonych. ❏

PO LEWEJ: łodzie rybackie w Bahía de Los Angeles, Półwysep Kalifornijski.
PO PRAWEJ: wioska Tapalpa w stanie Jalisco o świcie.

CYWILIZACJE PREKOLUMBIJSKIE

Najbardziej znane cywilizacje prekolumbijskie stworzyli Majowie i Aztekowie, ale przed przybyciem Hiszpanów Meksyk zamieszkiwało wiele innych starożytnych ludów.

Badania wykonywane metodą węglową wykazują, że Meksyk był zamieszkany już 20 tys. lat p.n.e. Prekolumbijscy mieszkańcy obu Ameryk przybyli z Syberii podczas ostatniej epoki lodowcowej, przekraczając Cieśninę Beringa w poszukiwaniu żywności. Z Alaski skierowali się na południe, przez obszar dzisiejszej Kanady i USA, ostatecznie docierając do dzisiejszego Meksyku, Ameryki Środkowej i Południowej.

Pierwsi Meksykanie żywili się głównie mięsem, a podstawą ich diety były małe zwierzęta, aczkolwiek od czasu do czasu zdarzało im się upolować mamuta.

W okresie trzeciorzędu (9000–7000 p.n.e.), długo po wymarciu mamutów, ludzie zamieszkujący ten obszar zaczęli używać prymitywnych kamiennych narzędzi do mielenia ziaren. Były to prototypy *metate* – żaren, z których do dziś korzysta większość meksykańskich wieśniaków przy mieleniu kukurydzy. W roku 5000 p.n.e. starożytni Meksykanie uprawiali już kukurydzę i fasolę, które szybko stały się podstawą ich diety.

Najstarsza kultura

Do niedawna za najstarszą kulturę rozwiniętą na tym obszarze uchodziła cywilizacja Majów, jednak odkrycia dokonane w latach 30. XX w. wniosły duże zmiany do historycznej układanki. Obecnie uważa się, że palma pierwszeństwa należy do tajemniczej cywilizacji Olmeków, którzy od 1200 do 300 r. p.n.e. zamieszkiwali nisko położone, porosłe dżunglą obszary dzisiejszych stanów Veracruz i Tabasco.

Dzieje i styl życia Olmeków są zagadką. Stworzyli silne, scentralizowane i bardzo elitarne społeczeństwo, uprawiali ziemię i stosowali system irygacji pól. W przeciwieństwie do Majów, Olmekowie nie znali pisma, więc wszelkie informacje można czerpać wyłącznie z pozostawionych przez nich dzieł sztuki.

POPRZEDNIE STRONY: hieroglify w Chichén Itzá; Edzná
PO LEWEJ: ogromna olmecka głowa.
PO PRAWEJ: Coatlicue, aztecka bogini ziemi, życia i śmierci.

Najbardziej znane ślady tego ludu to zadziwiające, monolityczne bazaltowe rzeźby – głowy, których wysokość dochodzi do 3 m, a waga waha się od 6 do 50 ton – najprawdopodobniej gigantyczne portrety władców. Mimo pewnych cech wspólnych (płaski i szeroki nos, grube wargi, szeroko otwarte oczy), głowy różnią się między

dzy sobą. Każda ma inny hełm z insygniami wskazującymi na pozycję społeczną. Rzeźbienia przedstawiają ludzkie ręce, głowy papug lub zakrzywione pazury jaguara.

Bazaltowe głowy wykonane z materiałów pochodzących z gór Tuxtla przetransportowano na odległość 100 km przez wzgórza i rzeki, do starożytnych centrów ceremonii, gdzie ostatecznie zostały odkryte. Ogromny nakład pracy konieczny do osiągnięcia tego celu stanowi dowód na to, jak wysoko zorganizowana i hierarchiczna była cywilizacja olmecka.

Inne rzeźby Olmeków to trony i stele (rzeźbione, kamienne płyty); archeolodzy odnaleźli również przepiękne miniatury z jadeitu, bogato rzeźbione naczynia i delikatną biżuterię z obsydianu. Podziw budzi fakt, że wszystkie dzieła sztuki zostały wykonane bez użycia metalowych narzędzi. Co więcej, niektóre materiały (jadeit, obsydian, serpentyn) pochodzą z tak odległych regionów, jak np. Gwatemala. Pozostałości wczesnej kultury Olmeków odkryto również w Dolinie Meksyku, a także w miastach Oaxaca i Guerrero.

Podobnie jak w przypadku innych kultur prekolumbijskich, sztuka i religia Olmeków były ze sobą mocno związane. Częsty motyw artystyczny to wizerunek jaguara – ten wielki kot, król dżungli, był wcieleniem najpotężniejszego boga

GRA W PIŁKĘ

Rytualna gra w piłkę była rozpowszechniona wśród wszystkich prekolumbijskich cywilizacji. Według jednej z teorii, monumentalne głowy rzeźbione przez Olmeków mogą przedstawiać wojowników-graczy. Istnieją dowody, że w okresie klasycznym jeńcy wojenni byli zmuszani do udziału w grze, która kończyła się złożeniem ofiary z członków przegranej drużyny. Gracze używali kauczukowej piłki; można ją było uderzać jedynie kolanami, łokciami, biodrami i ramionami, celując do kamiennych obręczy umieszczonych pionowo na ścianach. Gra w piłkę odgrywała szczególnie ważną rolę w kulturze Majów i Totonaków (w ruinach miasta El Tajín odkryto 17 boisk).

Olmeków, dlatego też wiele rzeźb to na pół ludzkie, na pół zwierzęce postaci. Historyk Miguel Covarrubias, specjalizujący się w dziejach Olmeków, określa te rzeźby jako „niesamowite połączenie cech człowieka i kota". Olmekowie czcili również wiele innych bóstw, nieraz mitycznych lub na wpół mitycznych stworzeń, niemal zawsze budzących przerażenie. Wiele rzeźb przedstawia dzieci z fizycznymi anomaliami, np. z rozszczepionym podniebieniem lub zespołem Downa. Niektórzy uczeni twierdzą, że takie dzieci były deifikowane, ponieważ ich skośne oczy i rozdwojona warga przywodziły na myśl boga-jaguara.

Trzy główne siedziby Olmeków – San Lorenzo, La Venta i Tres Zapotes – były zasiedlane w następujących po sobie okresach, zanim ostatecznie zostały opuszczone. Większość dzieł sztuki z tamtych czasów zgromadzono w muzeach antropologicznych w Villahermosie, Jalapie i mieście Meksyku.

Cywilizacja Olmeków nieoczekiwanie zniknęła z kart historii około 400 r. p.n.e. Można tylko zgadywać, dlaczego tak wiele rzeźb zostało brutalnie okaleczonych. Jedna z hipotez zakłada, że niższe klasy społeczne zbuntowały się przeciwko rządzącym, inna – że był to rezultat walki o hegemonię. Jednak niezależnie od przyczyny końca kultury Olmeków, ich sztuka, bogowie i organizacja społeczeństwa wywarły ogromny wpływ na wszystkie następne cywilizacje.

Majowie

Kultura Majów osiągnęła szczytowy punkt rozwoju w okresie klasycznym (300–900 r. n.e.), kiedy plemiona te zdominowały półwysep Jukatan i południowe obszary, łącznie z obecnym stanem Chiapas, a także teren dzisiejszej Gwatemali i Hondurasu. Bogate w wapień niziny Jukatanu stanowiły źródło pierwszorzędnych materiałów budowlanych i tworzywa rzeźbiarskiego. Majowie wznosili budynki o harmonijnych proporcjach, często pięknie zdobione misternymi płaskorzeźbami i ornamentami ze stiuku. Architekci Majów zastosowali w budownictwie tzw. łuk pozorny (prawdziwy, tzn. pełen łuk, nie występował w architekturze ludów prekolumbijskiej Ameryki).

Piramidy budowane przez Majów są o wiele bardziej strome niż ich odpowiedniki w innych regionach Meksyku. To wrażenie dodatkowo podkreśla fakt, że na ich szczycie znajdowały się świątynie – pokryte delikatnymi płaskorzeźbami, z pochyłym dachem, zwieńczone dekoracją.

Odkrycie krypty grobowej w Świątyni Inskrypcji w Palneque (1952 r.) zapoczątkowało spekulacje, że azteckie piramidy, podobnie jak egipskie, były miejscem pochówku, a nie tylko „podnóżkiem" świątyń. Ogromne ścienne obrazy o tematyce batalistycznej, zdobiące Świątynię Malowideł w mieście Bonampak, również skorygowały wyobrażenia na temat Majów – zarówno ich sztuki, jak i życia codziennego, stanowiąc bogate źródło informacji o strojach, sztuce wojennej i obrzędach tego starożytnego ludu.

> ### ROZWÓJ CYWILIZACJI PREKOLUMBIJSKIEJ
>
> Historyk Michael D. Coe stwierdził kiedyś: „Drzewo genealogiczne kultury mezoamerykańskiej ma wiele gałęzi i korzeni, ale główny pień stanowi cywilizacja Olmeków".

rok 3113 p.n.e. Wierzyli, że historia świata nieuchronnie dobiegnie końca w 2011 r., kiedy zakończy się Wielki Cykl Długiej Rachuby.

Majowie potrzebowali niezwykle dokładnego kalendarza, ponieważ położenie ciał niebieskich decydowałoo wszystkim, co robili (począwszy od uprawy pól). Wiedząc, że ruch znanych planet i gwiazd podlega regularnym cyklom, kapłani mogli precyzyjnie przepowiadać przyszłość i tym samym skutecznie zapobiegać potencjalnym katastrofom.

Strażnicy czasu

Czas zajmował ważne miejsce w życiu Majów, którzy stworzyli bardzo skomplikowany kalendarz. Żadna inna wcześniejsza kultura nie przykładała tak wielkiej wagi do rejestrowania czasu jak Majowie. W kalendarzu haab tego ludu rok liczył 365 dni (czyli 18 miesięcy po 20 dni oraz 5 dni dodatkowych), a w kalendarzu tzolkin – 260 dni. Dopiero w ubiegłym stuleciu naukowcy dokonali dokładniejszych obliczeń: Majowie liczyli czas od daty zerowej, za którą przyjęli

PO LEWEJ: zapaśnik, rzeźba olmecka.
POWYŻEJ: Piramida Maga w mieście Majów – Uxmal, półwysep Jukatan.

Bogowie Majów

Panteon bogów czczonych przez Majów był równie skomplikowany, jak ich kalendarz. Znane są imiona 166 bóstw, z których każde miało cztery wcielenia odpowiadające czterem stronom świata. Oprócz tego istniały odpowiedniki płci przeciwnej, a każdy bóg astralny miał swoje podziemne wcielenie lub awatara. Głównym bóstwem był Itzamná – bóg ognia, często przedstawiany jako starzec z orlim nosem. Jako Słońce był mężem Ixchel, bogini Księżyca, patronki tkaczy, lekarzy i kobiet. Majowie wierzyli, że są potomkami ludu kukurydzy, stąd dużą rolę w panteonie odgrywał Yum Kaax, bóg kukurydzy oraz Chac – bóg deszczu. W okresie poklasycznym Toltekowie z płaskowyżu centralnego wprowadzili kult Pierzastego Węża, znanego w języku Majów pod imieniem Kulkulcan.

Długo uważani za spokojnych czcicieli bogów, Majowie odprawiali skomplikowane obrzędy, w czasie których upuszczali krew z uszu, języków i genitaliów (przy użyciu kolca ogończy). Uroczystości obejmowały zarówno tańce, jak i składanie ofiar z ludzi, aby zyskać przychylność bogów. W Chichén Itzá strącano nieszczęśników

BOGOWIE NA KONIACH

Majowie uważali podróżujących konno Hiszpanów za wcielenie boga Chaca – w ich mniemaniu koń i jeździec stanowili jedną istotę, a broń palna była odpowiednikiem grzmotów i błyskawic.

huacán i Monte Albán. Towary były przewożone na dużych łodziach. Handel obejmował tekstylia, narzędzia, pióra, kamienie szlachetne, zioła, przyprawy i sól. Jako walutę stosowano ziarna kakaowe.

Klasyczna cywilizacja Majów na południowych nizinach upadła na początku IX w. n.e., podczas gdy na półwyspie Jukatan nadal kwitła późnoklasyczna architektura w stylu Puuc.

Najeźdźcy, Toltekowie, przybyli ze środkowego Meksyku pod koniec X w. n.e. (okres poklasyczny), co znalazło od-

w głąb świętych *cenote* (rodzaj studni), z nadzieją na większe opady deszczu.

Wspólnota

Majowie tworzyli hierarchiczne i zdyscyplinowane społeczeństwo rządzone przez królów-kapłanów, nigdy jednak nie zjednoczyli się pod panowaniem jednego władcy. Autonomiczne miasta--państwa używały tego samego hieroglificznego pisma, znały koncepcję liczby zerowej, miały wspólną religię i kosmologię. Odległe miejsca kultu były połączone siecią świętych dróg (*sacbé*).

Między III a VI w. n.e. Majowie prowadzili intensywną wymianę handlową z innymi ludami Mezoameryki, a szczególnie z miastami Teoti-

zwierciedlenie w surowszej architekturze miasta Chichén Itzá.

Teotihuacán

Cywilizacje środkowej części Meksyku stanowią źródło najdokładniejszych informacji na temat prekolumbijskiej historii. Ostatnią wielką kulturę tego regionu stworzyli Aztekowie, a pierwszym miastem z prawdziwego zdarzenia na zachodniej półkuli był Teotihuacán, którego początki sięgają 200 r. n.e. Mimo że w chwili przybycia Azteków (XIV w. n.e.) ośrodek był już wymarły, nadal budził podziw – Aztekowie wierzyli, że właśnie tu powstały Słońce i Księżyc.

W okresie klasycznym Teotihuacán funkcjonował jako ważne miejsce kultu, zamieszkiwane przez pierwszą zurbanizowaną społeczność w Mezoameryce. Wpływ tego ośrodka na religię, sztukę i architekturę innych ludów sięgnął głęboko na południe, aż do Gwatemali.

Wpływowi bogowie

Tlaloc, bóg deszczu i płodności, był jednym z najważniejszych bóstw czczonych w Teotihuacánie. Cieszył się tutaj podobnym szacunkiem jak Chac wśród Majów i Cocijo wśród Zapoteków. Ludzie przedstawieni na malowidle ściennym *Raj Tlaloca* (oryginał jest przechowywany w Teotihuacánie, reprodukcja – w Narodowym Muzeum Antropologicznym w mieście Meksyku) bawią się, śpiewają i tańczą wśród żyznych, pokrytych bujną roślinnością pól.

W Teotihuacánie rozwinął się również kult Quetzalcoatla, Pierzastego Węża, azteckiego boga wiatru i dziennego nieba. Wiele legend opowiada o tym, jak zstąpił do Ziemi Umarłych, spryskał krwią znalezione tam kości i w ten sposób stworzył rasę ludzką.

Teotihuacán funkcjonował jako ważne centrum handlowe, kontrolując złoża obsydianu wykorzystywanego w całej Mezoameryce do produkcji narzędzi i broni. Handel surowcami i status świętego miasta sprawiły, że ośrodek zyskał wysoką pozycję i szerokie wpływy, co przyczyniło się również do rozkwitu sztuki: szlifierze z Guerrero tworzyli tu naturalnej wielkości maski z serpentynów lub jadeitu, misterne kadzielnice, naczynia ceramiczne na trójnogach (rzeźbione lub przyozdobione stiukiem, prezentujące motywy mitologiczne), ceramikę polichromowaną i figurki, czasem nawet z ruchomymi kończynami.

Na początku VIII w. n.e. rozpoczął się zmierzch klasycznych cywilizacji prekolumbijskiego Meksyku, a ich ostateczny upadek nastąpił pod koniec X w. Miasto Teotihuacán zostało spalone i opuszczone – do dziś nie wiadomo, czy stało się tak w wyniku rewolucji, czy też inwazji z zewnątrz (być może ze strony Tolteków).

Toltekowie

W X stuleciu – po zniszczeniu prekolumbijskiego Teotihuacánu – do środkowego Meksyku przybyła grupa Cziczimeków, wojowniczych myśliwych z północy, którzy założyli miasto Tula i przybrali nazwę Tolteków. Byli wśród nich kamieniarze, grawerzy tworzący wyroby z jadeitu, tkacze i kowale.

Kult Quetzalcoatla, Pierzastego Węża, zyskał tu nawet większe znaczenie niż w Teotihuacánie. Według legendy, władca Quetzalcoatl uciekł na wschód, wypędzony z Tuli przez boga Texcatlipoca. Z biegiem czasu Toltekowie stawali się coraz bardziej wojowniczy i w pewnym okresie kontrolowali większość środkowego Meksyku. Uważa się, że to właśnie oni wprowadzili zwyczaj składania ofiar z ludzi.

Główne motywy sztuki Tolteków to – oprócz węża – półleżący *chacmool*, atlanty (potężne, rzeźbione kolumny wyobrażające uzbrojonych wojowników w hełmach zdobionych pióropuszami), orły i jaguary pożerające ludzkie serca oraz *tzompantli* (ściana czaszek). Wiele elementów architektury i ikonografii spotykanych w Tuli można zobaczyć w mieście Majów Chichén Itzá, które podbili Toltekowie. Kontakty handlowe były utrzymywane także z północą – dowody na to znaleziono w tak odległych regionach, jak Casa Grande w stanie Chihuahua, a nawet w Arizonie. Imperium Tolteków istniało jednak dość krótko, a ich stolica, Tula – podobnie jak wcześniej Teotihuacán – częściowo spłonęła w XII w.

Po LEWEJ: malowidło ścienne w Bonampaku, stan Chiapas.
Po PRAWEJ: posąg *chacmoola* w Chichén Itzá, półwysep Jukatan.

Najeźdźcy zmieszali się z Zapotekami i przejęli ich nekropolię. Otworzyli część starych grobów i chowali tam swoich zmarłych. Najbardziej znane miejsce pochówku, grobowiec nr 7 w Mitli, zostało odkryte przez meksykańskiego archeologa dr. Alfonso Caso w 1932 r. W środku znaleziono misternie wykonaną biżuterię i inne cenne przedmioty (w sumie 500 sztuk). Było to największe odkrycie tego typu na terenie całej Mezoameryki.

Mistekowie cieszyli się sławą zdolnych rzemieślników i Aztekowie zatrudniali ich do wytwarzania złotej biżuterii oraz mozaik z turkusów i piór. Misternie kute wyroby ze złota by-

ły odlewane techniką wosku traconego. Bogato malowana ceramika polichromiczna stanowiła przedmiot handlu i była naśladowana przez innych artystów, od środkowej części Meksyku po Gwatemalę.

Kodeksy Misteków mają do 12 metrów długości i są ważnym źródłem informacji. Ilustracje i hieroglify na pokrytych węglanem wapnia manuskryptach z jeleniej skóry przedstawiają wydarzenia historyczne, boską wiedzę lub genealogię arystokratycznych rodzin.

Sztandarowy przykład architektury Misteków znajduje się w Mitli na wschód od Oaxaki. Są to długie, niskie „pałace" udekorowane drobną kamienną mozaiką.

Totonakowie

Żyzne, tropikalne wybrzeże Zatoki Meksykańskiej o przyjaznym klimacie (dużo opadów, wysoka temperatura utrzymująca się cały rok) było nie tylko domem Olmeków, pierwszej wielkiej kultury Mezoameryki, ale także Totonaków z centralnego Veracruz i Huasteków z północy.

Nazwa „Totonakowie" w sensie ogólnym oznacza cywilizacje Veracruz (głównie miasta Remojades, El Tajín i El Zapotal), mimo że na tych terenach znajdowało się też wiele innych ośrodków. Miasto Remojades, ośrodek religijny i architektoniczny, cieszyło się sławą jako miejsce wytwarzania przepięknych wyrobów z gliny. W cywilizacji Veracruz panowała tradycja grzebania zmarłych w otoczeniu glinianych rzeźb i naczyń. Figurki miały zazwyczaj charakterystyczne skośne oczy (z lekkim zezem, co uważano za oznakę piękna) i krótkie spódniczki.

Tajemniczo uśmiechnięte posążki są najbardziej znaną spuścizną artystyczną Totonaków. Puste w środku, przedstawiają zarówno mężczyzn, jak i kobiety. Ich symboliczne znaczenie do dziś stanowi przedmiot sporów. Część archeologów twierdzi, że ukazują skutki rytualnego spożycia środków halucynogennych (stąd uśmiech), inni uważają, że szczęśliwy wyraz twarzy wynika po prostu z pogodnego charakteru przedstawicieli tej kultury.

Duże rzeźby gliniane odkopane w El Zapotal w latach 70. XX w. stanowiły część ogromnej ofiary złożonej Mictlantecuhtli, bogowi świata podziemnego. Jego dostojny posąg otaczało kilkaset przedmiotów, w tym uśmiechnięte figurki i grupa monumentalnych glinianych posągów, znanych jako Chihuateotl (kobiety, które zmarły przy porodzie i zostały uznane za boginie).

Ogromne miasto El Tajín, ze słynną Piramidą Nisz, to niewątpliwie najwspanialszy przykład monumentalnej architektury Totonaków i jedno z najpiękniejszych miast świata prekolumbijskiego.

Wydaje się, że rytualna gra w piłkę stanowiła bardzo ważny element kultury El Tajín, gdyż w mieście odkryto aż 17 boisk do obrzędowej gry. Na reliefach ukazano graczy składanych w ofierze i rytuały związane ze świętą grą. Jedno z malowideł przedstawia gracza, któremu ścięto głowę: z szyi tryskają strumienie krwi symbolizujące płodność i ziemię. Wiele pięknych, lecz zagadkowych kamiennych rzeźb w kształcie toporu (*hachas*), palmy (*palmas*) i podkowy (*yougos*) prawdopodobnie również odgrywało ważną rolę w ceremonii, a przynajmniej miało rytualne znaczenie. El Tajín było niewątpliwie ważną stolicą regionu. Kulturowe i ekonomiczne więzi z innymi ówczesnymi ośrodkami, np. Teotihuacánem czy Xochicalo, są tu bardzo wyraźnie widoczne.

Huastekowie

Starożytni Huastekowie zamieszkiwali północne tereny obecnego stanu Veracruz, a także okolice Hidalgo, Puebli, San Luis Potosí

rzęce na kółkach – prawdopodobnie zabawki dla dzieci. Meksykański archeolog José Gracía Payán twierdzi, że Huastekowie stworzyli wysoko rozwiniętą kulturę i wielu azteckich bogów, łącznie z samym Quetzalcoatlem – „najważniejszą postacią w meksykańskiej mitologii" – wywodzi się właśnie z ich wierzeń.

Aztekowie podbili Huasteków w czasie panowania Ahuizotla, poprzednika Montezumy II. Sam wygląd Huasteków był dla nich szokiem

i Tamaulipas. Ich dialekt (z rodziny maja-kicze) to jedna z odmian języka Majów.

Architektura tego ludu została stosunkowo słabo zbadana przez archeologów, stąd najwięcej informacji o ich kulturze dostarczają niezwykłe dzieła sztuki. Stylizowane rzeźby z piaskowca i reliefy ukazują kobiece i męskie postacie z głowami przyozdobionymi charakterystycznymi pióropuszami. Wyroby artystyczne obejmują grawerowane muszle, delikatne figurki z gliny, miski, naczynia i figurki zwie-

– przeciwnicy walczyli zupełnie nago, malowali ciała, mieli spłaszczone lub zdeformowane głowy oraz farbowane włosy i ostro spiłowane zęby.

Kultury Zachodu

O wiele mniej wiadomo o kulturach zachodniego Meksyku, mimo że urny znalezione w komorach grobowych mówią dość dużo o wierzeniach i obrzędach ludu zamieszkującego ten obszar 2 tys. lat temu. Podobne grobowce odkryto w Ekwadorze, więc archeolodzy doszli do wniosku, że ludy te przybyły do Meksyku z południa drogą morską. Colima, Jalisco i Nayarit nigdy nie utworzyły państwa, pozostając pod władzą lokalnych przywódców. Wymiana kulturowa

PO LEWEJ: uśmiechnięta figurka totonacka.
POWYŻEJ: malowidło ścienne Diega Rivery, przedstawiające miasto El Tajín.

między poszczególnymi grupami była bardzo ograniczona.

Ludy zamieszkujące obszar zachodniego Meksyku wierzyły w życie pozagrobowe. Zmarłego mężczyznę grzebano z ceramicznymi figurkami reprezentującymi jego żonę, służących i niewolników, aby zapewnić mu wygodne życie w zaświatach. Gliniane posążki może nie są tak wyrafinowane jak dzieła Majów ani tak misterne pod względem technicznym jak sztuka Misteków, ale wyróżniają się prostotą. Wiążą się z życiem codziennym i wierzeniami – ukazują rytualną grę w piłkę oglądaną przez tłum widzów, obejmujących się kochanków, tańce, muzyków,

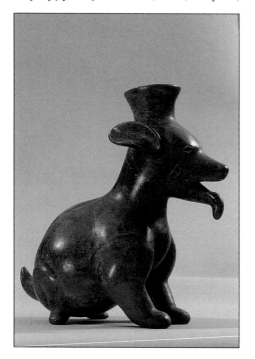

wojowników i zwierzęta. Jeden z najczęściej spotykanych motywów to *itzcuintli*, tłuściutki meksykański pies pozbawiony futra, którego mięso było powszechnie uważane za przysmak.

Taraskowie

Dzięki konkwistadorom o kulturze Tarasków z Michoacánu wiadomo bardzo dużo. Niedługo po hiszpańskim podboju pierwszy wicekról zlecił Vasco de Quirodze opracowanie historii Purépecha (Tarasków, jak ich nazywali Hiszpanie). Tak powstały *Kroniki Michoacánu*, wprowadzenie do historii i kultury tego ludu.

Aztekowie twierdzili, że razem z Taraskami mają wspólnych przodków – oba ludy miały należeć do Cziczimeków, którzy pochodzili z jaskiń na północy.

Nazwa Michoacán znaczy „ziemia rybaków", a stan Michoacán leży nad Oceanem Spokojnym; mimo to starożytna religia jego mieszkańców nie koncentrowała się na wodzie, lecz na wulkanach. Najważniejszy bóg, Curicáueri (Wielki Ogień), reprezentował młode słońce. Na jego cześć składano ofiary z ludzi i podtrzymywano wieczny płomień na szczycie wielkich kamiennych sanktuariów (*yácatas*). Największe z nich zbudowano w stolicy kraju, Tzintzuntzánie, nad brzegiem jeziora Pátzcuaro.

Oprócz kamiennych *yácatas*, Taraskowie budowali głównie drewniane obiekty. Specjalizowali się w ceramice, wyrobach z drewna i miedzi, a także ozdobach z piór (ich potomkowie nadal trudnią się tym rzemiosłem, z wyjątkiem produkcji ozdób z piór – ta sztuka została całkowicie zarzucona).

Taraskowie dysponowali dobrze wyszkoloną i zorganizowaną armią. Tariácuari, pierwszy legendarny król tego ludu, zjednoczył rywalizujące klany i dzięki temu dwa razy udało mu się pokonać Azteków.

Koniec cywilizacji Tarasków był smutny. Ostatni władca, Tangaxoan II, nawrócił się na chrześcijaństwo i poddał się Cortésowi w 1522 r. Złożył mu hołd, zgodnie ze zwyczajem ubrany w brudną i podartą odzież. Niestety, bez rezultatu. Nuño de Guzmán, najokrutniejszy z konkwistadorów, kazał spalić go żywcem, twierdząc, że spiskował przeciwko Hiszpanom – w rzeczywistości chodziło o to, że król nie był w stanie dostarczyć najeźdźcom wymaganej ilości złota.

Współczesne uznanie

Obserwowany od niedawna wzrost uczuć patriotycznych przyczynił się do zwiększonego zainteresowania sztuką prekolumbijską. Tożsamość narodowa i duma z dziedzictwa kulturowego przejawia się w powrocie do wcześniej ignorowanej sztuki Indian amerykańskich. Dziś motywy prekolumbijskie można spotkać wszędzie – na ścianach budynków publicznych (malowidła), w architekturze, dekoracji wnętrz oraz jako elementy zdobnicze – od monet i znaczków po biżuterię i odzież. ❏

PO LEWEJ: gliniana figurka psa, kultura Colima.
PO PRAWEJ: miasto Majów: Palenque, stan Chiapas.

Najważniejsze daty

OKRES PREKOLUMBIJSKI

50 000 p.n.e. Pierwsze migracje ludów z Azji do Ameryki przez pomost lądowy łączący dwa kontynenty w okolicy Cieśniny Beringa.

10 000 p.n.e. Powstanie pierwszych osad w Dolinie Meksyku. Tworzenie się społeczności, zajmujących się rybołówstwem, łowiectwem i zbieractwem.

9000–1200 p.n.e. Początki rolnictwa; uprawa kukurydzy. Łowcy i zbieracze zamieniają się w rolników, uprawiających głównie kukurydzę, fasolę i *chiles*, będące głównym pożywieniem ludności.

1200–400 p.n.e. Okres preklasyczny. Rozwój, rozkwit i schyłek kultury Olmeków. Cywilizacja (słynąca z ogromnych kamiennych głów) wywarła duży wpływ na Majów. Główne centra kultury Olmeków to La Venta, Tres Zapotes i San Lorenzo. Powstanie osad Majów na nizinach na południu; początki budowy Monte Albán w dolinie Oaxaki.

300–900 n.e. Okres klasyczny. Rozkwit kultur Ameryki Środkowej: utworzenie systemu kastowego, rozprzestrzenianie się kultu bóstw; szczyt rozwoju sztuki, ceramiki, literatury i astronomii; dynamiczny rozwój miast oraz ośrodków kultu religijnego. Najbardziej znane ośrodki cywilizacji Majów to Chichén Itzá i Uxmal na Jukatanie.

900–1000 Początek okresu postklasycznego. Pojawienie się wojowniczych Tolteków, którzy zakładają imperium w Dolinie Meksyku i budują miasta Tula i Tulancingo.

Rozwój hutnictwa. Z nieznanych powodów wiele miast wyludnia się; okres dużych zmian kulturowych.

1345 Na bagnistej wyspie na jeziorze Texcoco Aztekowie zakładają Tenochtitlán (dziś w tym miejscu leży stolica Meksyku). Rozpoczęcie budowy głównej świątyni – Templo Mayor.

OKRES KONKWISTY

1517 Hiszpański żeglarz Francisco Hernández de Córdova wyrusza na wyprawę wzdłuż wybrzeża Jukatanu i napotyka siedliska Majów.

1519 Konkwistadorzy pod wodzą Hernána Cortésa przybywają do Tenochtitlánu i zachwycają się pięknem stolicy Azteków. Montezuma II wita ich pokojowo i z honorami. Liczbę ludności Ameryki Środkowej szacuje się na 25 mln.

1520 Pod nieobecność Cortésa Pedro de Alvarado morduje setki Indian w Templo Mayor. W walce ginie znaczna część wojsk hiszpańskich, które próbowały wydostać się z miasta. Wydarzenie zyskuje nazwę *Noche Triste* (Smutna Noc).

Sierpień 1521 Po 75-dniowym oblężeniu Tenochtitlán zostaje zdobyty przez Hiszpanów, którzy zrównują miasto z ziemią.

OKRES KOLONIALNY 1521–1821

1530 Król Karol V ustanawia Meksyk stolicą Nowej Hiszpanii i rezydencją wicekróla.

1539 Pierwsza maszyna drukarska w Meksyku.

1566 Martin Cortés, syn Hernána, wywołuje pierwsze powstanie kolonistów przeciw hiszpańskim rządom.

1571 Hiszpańska inkwizycja w Meksyku.

1573 Rozpoczęcie budowy katedry w mieście Meksyku.

1692 Zamieszki w stolicy. Pałac wicekróla i ratusz podpalone przez tłum.

1810–1821 Walka o niepodległość Nowej Hiszpanii. Miguel Hidalgo y Costilla, proboszcz z Dolores, rzuca tzw. wezwanie z Dolores (*Grito de Dolores*).

1821 Proklamacja niepodległości po uroczystym wkroczeniu generała Agustína de Iturbide na czele armii do miasta Meksyku.

1822 Iturbide koronowany na cesarza Agustína I.

1823 Oficer Antonio Santa Anna występuje przeciw cesarstwu, proklamując republikę. Iturbide ustępuje. Uchwalenie konstytucji i utworzenie republiki federacyjnej.

1846–1848 Wojna z USA o Teksas. Atak na miasto Meksyk. Kadeci ze szkoły wojskowej w zamku Chapultepec giną w walce i zapisują się w historii jako „bohaterskie dzieci" (*Niños Héroes*). Na mocy traktatu pokojowego podpisanego w Guadalupe Hidalgo Meksyk oddaje USA połowę swego terytorium, w tym Teksas, Nowy Meksyk, Arizonę i Kalifornię.

1855 Benito Juárez zarządza konfiskatę mienia Kościoła katolickiego; rozdział Kościoła od państwa zostaje zapisany w konstytucji.

1858 Wojna domowa, zwana wojną o Reformę, zakończona zwycięstwem liberałów. Wprowadzenie reform: nacjonalizacja mienia Kościoła, świeckie małżeństwa, swoboda wyznania.

1862 Bitwa z Francuzami pod Pueblą. Armia Narodowa odnosi zwycięstwo nad francuskimi wojskami ekspedycyjnymi.

1864 Maksymilian Ferdynand Józef, ustanowiony przez Napoleona II cesarzem Meksyku, wkracza triumfalnie do stolicy, lecz już po trzech latach zostaje uwięziony, a później rozstrzelany.

1867 Odnowienie republiki meksykańskiej, na czele której staje prezydent Benito Juárez.

1873 Wybuch chłopskiego powstania katolickiego przeciwko reformom w Guanajuato oraz Jalisco.

1876–1911 Generał Porfirio Díaz de la Cruz zostaje prezydentem, a następnie dyktatorem. Jego rządy, zwane porfiriatem, trwają ponad 30 lat. Dla tego okresu jest charakterystyczna budowa posiadłości w stylu europejskim w stolicy i powstawanie olbrzymich hacjend bogaczy w całym kraju, a także ubożenie większości społeczeństwa.

Listopad 1910 Siły zbrojne obalają Díaza, który udaje się na dobrowolne wygnanie do Paryża.

REWOLUCJA MEKSYKAŃSKA 1910–1921

1910 Rewolucja meksykańska; walka o ziemię i wolność (*Tierra y Libertad*). Charyzmatyczni przywódcy Emiliano Zapata oraz Pancho Villa okupują miasto Meksyk przez kilka dni.

1917 Proklamacja nowej konstytucji, wybór Venustiano Carranzy na prezydenta.

1919 Zabójstwo Emiliana Zapaty.

1920 Prezydentem Meksyku zostaje Alvaro Obregón.

CZASY WSPÓŁCZESNE. POWSTANIE PRI, 1929 R.

1929 Uformowanie pierwszej oficjalnej partii politycznej – Partido Nacional Revolucionario (Partia Narodowo-Rewolucyjna), obecnie występującej pod nazwą Partia Rewolucyjno-Instytucjonalna (PRI).

1938 Prezydent Lázaro Cárdenas wywłaszcza spółki naftowe i nacjonalizuje przemysł naftowy, tworząc Pemex (Petróleos Mexicanos). Nacjonalizacja kolei.

1968 Śmierć studentów podczas demonstracji w Tlatelolco w mieście Meksyku, kilka dni przed ceremonią otwarcia igrzysk olimpijskich. Otwarcie pierwszej linii metra w Meksyku.

1982 Prezydent José López Portillo nacjonalizuje banki.

Po LEWEJ: malowidło azteckie przedstawiające symbol narodowy – orła na opuncji.

Po PRAWEJ: portret młodej Indianki z Oaxaki.

1985 Trzęsienie ziemi o sile 8,1 w skali Richtera uderza w miasto Meksyk. Giną tysiące ludzi.

1986 Po załamaniu się cen ropy naftowej Meksyk przystępuje do Układu Ogólnego w Sprawie Ceł i Handlu (GATT).

1988 Kandydat z ramienia PRI, Carlos Salinas de Gortari, wybrany prezydentem w atmosferze oskarżeń o oszustwa.

1994 Utworzenie przez Meksyk, USA i Kanadę Północnoamerykańskiego Układu Wolnego Handlu (NAFTA), największej strefy handlu na świecie. Powstanie Narodowej Armii Wyzwoleńczej Zapatystów (Ejército Zapatista de Liberación Nacional – EZLN) w stanie Chiapas. Walka o przydział ziemi oraz poszanowanie praw człowieka.

1994 Śmierć w zamachu Louisa Donalda Colosia, pewnego kandydata na prezydenta z ramienia partii PRI. Ernesto

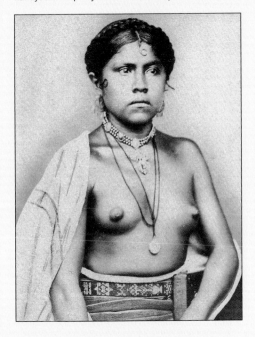

Zedillo, kierujący kampanią PRI, zostaje wybrany na jego następcę.

1996 EZLN podpisuje pierwszych sześć traktatów pokojowych z rządem Meksyku.

2000 Kandydat Partii Akcji Narodowej (PAN) Vicente Fox zostaje wybrany na prezydenta w demokratycznych wyborach jako pierwszy od 60 lat kandydat spoza PRI.

2002 Kanonizacja Juana Diega, indiańskiego neofity, któremu ukazała się Matka Boska z Guadalupe.

2003 Partia PAN ponosi druzgocącą klęskę w przedterminowych wyborach, co grzebie nadzieje na to, że rząd prezydenta Foksa wprowadzi radykalne reformy.

2004 Pod naciskiem USA na szczycie w Monterrey zostaje podpisana deklaracja utworzenia strefy wolnego handlu w obu Amerykach w 2005 r. ❑

KONKWISTADORZY

Do dziś w Meksyku można odczuć skutki zderzenia dwóch kultur, które miało miejsce 500 lat temu, gdy Hernán Cortés starł się z królem Azteków Montezumą.

Podbicie Meksyku przez Hiszpanów nastąpiło w wyniku walki dwóch imperiów o wysoko rozwiniętej kulturze, świetnie zorganizowanych, lecz bezwzględnych i okrutnych w walce. Na tym jednak podobieństwa się kończą.

Z punktu widzenia kogoś z zewnątrz, historia Meksyku jest niezwykle pasjonująca i ciekawa.

Przeciw kilkudziesięciu tysiącom azteckich wojowników i sprzymierzonych z nimi plemion stanął Hernán Cortés (1485–1547), hiszpański dowódca konkwistadorów, początkowo z niespełna 400 żołnierzami, 16 końmi, stworzeniami w Nowym Świecie niespotykanymi (nazywanymi – jak przekazują hiszpańskie kroniki – „straszliwymi bestiami"), 10 ciężkimi działami, czterema lżejszymi działami artyleryjskimi i dużym zapasem amunicji.

Chociaż huk i wybuchy na początku przeraziły Azteków, łatwo się nie poddali. Ekspedycja Cortésa właściwie nie miałaby szans na powodzenie, gdyby nie sojusz z wrogimi Aztekom plemionami indiańskimi, głównie z mieszkańcami Tlaxcalanu, których tysiące walczyły po stronie Hiszpanów.

Spalenie statków

W chwili przybycia na Hispaniolę (dzisiejsze Haiti) w 1504 r., Cortés miał zaledwie 19 lat. Inteligentny, bezwzględny i ambitny, był żądny przygód. W czasie, gdy gubernatorem Kuby był Diego de Velázquez, został wysłany na zachód, do Meksyku (mimo że wkrótce został wezwany do powrotu na Kubę, odmówił). Po zakończeniu bitwy pod Tabasco jego flota, licząca 11 statków, 22 kwietnia 1519 r. wylądowała w Veracruz.

Po zejściu na ląd Cortés nakazał zniszczenie wszystkich statków z wyjątkiem jednego. Było to ryzykowne, lecz sprytne posunięcie, ponieważ odcinało drogę ucieczki. Żołnierze mieli świadomość, że nie mają odwrotu – musieli zwyciężyć wroga lub zginąć w walce.

Podróż do Tenochtitlánu

Totonakowie z Cempoali przyjęli Hiszpanów pokojowo (podobno Cortés wygłosił tu pierwsze z wielu przemówień do Indian, w którym sławił wielkość chrześcijaństwa oraz potęgę hiszpańskiej Korony). Wkrótce ekspedycja wyruszyła pieszo w głąb kraju, pokonując 312 km do stolicy Azteków, Tenochtitlánu.

Gdy najeźdźcy dotarli na przedmieścia, ujrzeli przepiękne miasto na wyspie, świątynie, tarasy, ogrody i ośnieżone szczyty górskie w oddali. Tłumy zdumionych Azteków przyglądały się ich zbrojom, działom i koniom.

Bernal Díaz del Castillo, żołnierz w armii Cortésa, opisał w swoim *Pamiętniku żołnierza Korteza, czyli prawdziwej historii podboju Nowej Hiszpanii* (wyd. pol. 1962 r.) zachwyt, jaki ogarnął jego i towarzyszy, gdy po raz pierwszy zobaczyli pełną przepychu stolicę Azteków: „(Miasto) wydawało się jakby wyjęte z opowieści o Amadisie" – zanotował. „Niektórzy żołnierze pytali, czy to, co widzimy, nie jest snem". Hiszpanów zafascynowały kanały, mosty i łodzie wiozące towary na targ. Podziwiali wielkie groble, długie na kilometry i tak szerokie, że mogło się na nich zmieścić i dziesięć koni. Zwiedzili olbrzymi plac targowy w Tlatelolco, codziennie odwiedzany przez 70 tys. kupujących, i zachwycili się kunsztem azteckich wyrobów rzemieślniczych.

Na spotkanie Cortésowi i jego żołnierzom wyszedł sam Montezuma II. Król, na oko czterdziestoletni, był szczupłej postury, miał rzadką brodę, a jego karnacja była jaśniejsza niż miedziana skóra jego poddanych. Powitał Cortésa z honorami i sądząc, że przybysz z Hiszpanii jest wysłannikiem boga Quetzalcoatla, który akurat tego roku miał powrócić, obdarował go wieloma prezentami i zaoferował jego żołnierzom gościnę w jednym z pałaców.

ŚLADAMI CORTÉSA

Biura podróży oferują wycieczki śladami Cortésa (Ruta de Cortés) – od Veracruz do miasta Meksyku.

Rozmowy między Montezumą i Cortésem trwały około tygodnia (były wspomagane przez tłumaczkę, a później kochankę konkwistadora, La Malinche, córkę dygnitarza sprzedaną do niewoli w Tabasco), lecz nie przyniosły porozumienia. Król zachowywał się uprzejmie, chociaż Cortés poczynał sobie coraz śmielej, a jego żołnierze, gotowi do walki, zaczynali się powoli niecierpliwić. W końcu Hiszpanie wpadli na pewien pomysł – porwali Montezumę. Król, nadal wierząc, że konkwistadorzy to boski orszak z boskim posłańcem, nakazał swym poddanym, by nie stawiali oporu.

Gdy gubernator de Velázquez dowiedział się o tych wydarzeniach, zaczął się obawiać, że ambicje Cortésa doprowadzą do jakiejś katastrofy, wysłał więc ekspedycję pod wodzą Pánfila de Narváeza, aby go aresztować. Cortés – doskonały strateg – wyruszył rodakom na spotkanie, i wcielił ich do swej armii.

W tym samym czasie wojska hiszpańskie pod wodzą kapitana Pedra de Alvarada strzegły uwięzionego Montezumy. Popełniły jednak ogromny błąd, napadając i mordując grupę kapłanów i możnych biorących udział w ceremonii religijnej. Gdy rozeszły się wieści o zbrodni, Aztekowie zaatakowali Hiszpanów. Cortés naciskał na uwięzionego Montezumę, aby ten powstrzymał swoich wojowników – wedle jednego z przekazów, gdy król nawoływał poddanych do zaprzestania walki, zbuntowali się i obrzucili go kamieniami. Według innej wersji, to właśnie Hiszpanie zabili króla Azteków.

Smutna noc Cortésa

Aztekowie szybko otoczyli pałac i zniszczyli mosty nad kanałami, zamykając konkwistadorów

w pułapce. W nocy 30 czerwca 1520 r., gdy wojska Cortésa podjęły próbę ucieczki z pałacu, Aztekowie zaatakowali żołnierzy za pomocą długich włóczni o miedzianych ostrzach; do walki użyli również proc oraz *maquahuitl*, pałek w kształcie wiosła, z zaostrzonymi kawałkami obsydianu. Hiszpanie początkowo podjęli walkę, lecz wkrótce zaczęli się wycofywać, co sprytnie wykorzystali Aztekowie.

Wielu Hiszpanów zgubiła chciwość. Obciążeni azteckim złotem, nie mogli walczyć, płynąć, ani nawet swobodnie się poruszać.

Według Bernala Díaza del Castillo, w czasie *Noche Triste* (Smutna Noc) Hiszpanie stracili ponad połowę armii, wiele koni, wszystkie działa i zapas amunicji: „Walczyliśmy dzielnie, lecz tamci byli zbyt silni i mieli wiele oddziałów, które zmieniały się nawzajem. Nawet gdyby nasze wojsko składało się z dziesięciu tysięcy Hektorów i Rolandów, nie udałoby się nam przebić".

Pomoc mieszkańców Tlaxcalanu

Aztekom nie zależało na zwieńczeniu zwycięstwa rzezią, więc wielu Hiszpanom udało się zbiec. Żywiąc się jagodami i zebranymi z pól kolbami kukurydzy, zdołali przebić się na tereny sprzymierzeńców – do Tlaxcalanu. Dzięki pomocy sojuszników oraz dodatkowemu uzbrojeniu Cortés opracował strategię ostatecznego zdoby-

---

Po LEWEJ: portret Cortésa ze szkolnego podręcznika.
Po PRAWEJ: Cortés wkracza do Tenochtitlánu (detal malowidła z okresu kolonialnego).

cia Tenochtitlánu. Nakazał zbudowanie trzynastu uzbrojonych w działa machin oblężniczych i statków, które przeholowano na jezioro Texcoco, na którym leżała stolica Azteków. Tym sposobem Hiszpanie kontrolowali żeglugę, pozbawiając ich dostaw żywności i słodkiej wody. W czasie ostatecznego ataku konkwistadorzy dysponowali 86 jeźdźcami, 700 piechurami oraz 118 kusznikami, a także tysiącami sprzymierzeńców z Tlaxcalanu. Piechota zamieniła metalowe zbroje na noszone przez Azteków lekkie kaftany z pikowanej bawełny.

W 1521 r. wzmocniona armia hiszpańska oblegała Tenochtitlán przez prawie trzy miesiące.

sprawić, by wyjawił, gdzie jest ukryty mityczny skarb Montezumy.

Zapowiedź klęski

By spojrzeć na historię podboju Meksyku z punktu widzenia Azteków, warto zajrzeć do książki *Zmierzch Azteków. Kronika zwyciężonych* (wyd. pol. Warszawa 1967) autorstwa Miguela Leóna Portilli:

„Na kilka lat przed najazdem Hiszpanów dała się odczuć atmosfera nieszczęścia, a wiele znaków zapowiadało klęskę. Mędrcy mówili, że pewnej nocy na niebie pojawiła się ogromna, płonąca i ociekająca krwią kolba kukurydzy. Po niebie,

Najpierw zdobyto groble, a następnie miasto – ulica po ulicy. Oprócz zręcznej taktyki wojennej, Hiszpanom pomogła epidemia wietrznej ospy, która wybuchła wśród Azteków. Część z nich zmarła z braku wody, ponieważ jezioro otaczające stolicę było zanieczyszczone i zasolone. Po Montezumie rządy objął jego bratanek Cuitláhuac, który kilka miesięcy później zmarł na czarną ospę, przywleczoną do Meksyku przez jednego z żołnierzy de Narváeza. W maju 1521 r. wojska Cortésa przypuściły szturm na miasto. Pojmany nowy władca, Cuauhtémoc, prosił konkwistadora, by go zabił, ale ten nie spełnił jego życzenia. Ostatniego władcę Tenochtitlánu do 1525 r. trzymano jako zakładnika i poddawano okrutnym torturom, mającym

pozostawiając ślady ognia, przemknęła kometa. Podobno po ulicach kroczył człowiek o dwóch głowach. Wody jeziora Texcoco podniosły się bez ostrzeżenia w bezwietrzny dzień i zalały miasto. Złapano przedziwnego ptaka z lustrem osadzonym na głowie i przyniesiono go do Montezumy. Król spojrzał w lustro i choć był dzień, zobaczył w nim rozgwieżdżone niebo. Niewątpliwie miało się wydarzyć coś złego. Spojrzał jeszcze raz i zobaczył niezwykłą armię maszerującą ku stolicy. Żołnierze siedzieli na grzbietach zwierząt podobnych do jeleni”.

Powrót Quetzalcoatla

Mniej więcej wtedy, gdy do Montezumy II doszły wieści o wylądowaniu Hiszpanów, król przypomniał sobie legendę, która zapowiadała powrót Quetzalcoatla ze wschodu. Przybycie ludzi w pływających wieżach wydawało się spełnieniem owej legendy; ponadto Hiszpanie mieli brody i jasną skórę, jak Quetzalcoatl.

Gdy cudzoziemcy pojawili się w stolicy, władca próbował obłaskawić ich złotem, a oni – jak pisze Miguel León Portilla – „chwycili złoto i bawili się nim jak małpy... pragnęli tego złota jak szaleni". A jednak to dziwnie zachowujący się przybysze mieli pokonać wielokrotnie od nich liczniejszą armię wojowników.

La Malinche

Najbardziej cenionym przez Cortésa doradcą była jego indiańska kochanka i tłumaczka, La Malinche, zwana przez Hiszpanów doña Marina. Podarowana Cortésowi po pierwszej bitwie pod Tabasco, była córką możnego indiańskiego dygnitarza, która znała zarówno język Majów, jak i nahuatl – narzecze Azteków.

> ### LA MALINCHE
> La Malinche, tłumaczka, doradczyni i kochanka Cortésa, jest po dziś dzień uważana w Meksyku za zdrajczynię.

Prawdopodobnie nauczyła się hiszpańskiego od marynarza wyrzuconego przez morze na wybrzeżu Jukatanu. Cortés często korzystał z porad La Malinche, która doskonale znała mentalność

Połamane włócznie

Zniszczenie Tenochtitlánu było strasznym wydarzeniem. Portilla tak o tym pisze: „Wszędzie słychać było rozdzierające serce krzyki bezbronnych kobiet i dzieci. Tlaxcalanie i inni wrogowie Azteków mścili się bezlitośnie i rabowali wszystko, co zdołali znaleźć... Żal było patrzeć na to spustoszenie. Wojownicy gromadzili się na dachach i patrzyli na ruiny swego miasta w przerażającej ciszy. Kobiety, dzieci i starcy płakali".

Dalej po lewej: ilustracja na pudełku od zapałek, przedstawiająca ludzką ofiarę.

Po lewej: Cortés rozmawia z Montezumą.

Powyżej: pojmanie Montezumy.

Powyżej po prawej: Cortés opłakuje noc swojej klęski.

Azteków. Hiszpanom zależało nie tylko na złocie – mieli także poczucie misji i potrzebę podboju nowych ziem dla swego monarchy, co miało opromienić go chwałą. Wierzyli, że Bóg jest po ich stronie, a ważnym elementem ich ekspedycji jest nawrócenie ludności tubylczej na katolicyzm.

Bernal Díaz del Castillo w swoim pamiętniku pisze: „Hiszpania odniosła zwycięstwo z woli Boga. Jak inaczej wytłumaczyć fakt, że zaledwie czterystu żołnierzy odważyło się wkroczyć do miasta tak silnego jak Meksyk, większego niż Wenecja i oddalonego o ponad 7200 km od naszej ojczystej Kastylii?". Klęska Tenochtitlánu, z pewnością jeden z najtragiczniejszych przykładów zderzenia się dwóch kultur, zapoczątkowała trwający trzysta lat okres kolonialny w Meksyku. ❏

KOLONIALIZM I NIEPODLEGŁOŚĆ

Meksykańskie społeczeństwo kolonialne było uporządkowane według systemu klasowego opartego na przynależności rasowej, kontrolowanego przez hiszpańską Koronę.

Przez 300 lat Hiszpanie rządzili w Meksyku, a że nie były to rządy łaskawe, co pewien czas wybuchały powstania – na przykład bunt, na czele którego stanął syn Hernána Cortésa, Martin. Wszelkie ruchy niepodległościowe natychmiast tłumiono.

Na początku XVI w. Hiszpania, zjednoczona po ostatecznym wyparciu Maurów, była jednym z najdynamiczniej rozwijających się krajów na świecie. Zwierzchnią władzę sprawował Kościół, a niewielka grupa możnych kontrolowała scenę polityczną. Obowiązywała sztywna hierarchia, bez cienia szansy na demokrację.

Podobnie było w koloniach, gdzie Hiszpanie również rządzili twardą ręką. Doceniając potencjał dziewiczego terytorium, szybko wykluczyli wszelkie formy częściowej autonomii Nowej Hiszpanii, jak nazwali Meksyk. Po klęsce zadanej Aztekom, skupili siły, podporządkowali sobie Indian i wyciągnęli rękę po ich bogactwa. Korona nie tylko zaniedbała konkwistadorów, lecz nawet odebrała wielu z nich ziemie, które Cortés nadał najwierniejszym dowódcom. Do Nowej Hiszpanii przysłano wicekróla, a żołnierze odeszli z niemal pustymi rękami. „Nie powinniśmy się nazywać zdobywcami Nowej Hiszpanii, lecz ofiarami Hernána Cortésa" – użalał się Bernal Díaz del Castillo.

Hacjendy i encomienda

W Nowej Hiszpanii szybko wprowadzono system *encomienda*: dzierżawca otrzymywał przydział ziemi wraz z jej mieszkańcami, z prawem ściągania danin i wykorzystywania poddanych jako siły roboczej; w zamian miał obowiązek ich chronić i nawrócić na chrześcijaństwo. Większość plantacji była zbyt mała, aby można się było z nich utrzymać, więc wraz z rozwojem rolnictwa plantacje *encomienda* przekształciły się w hacjendy, czyli majątki ziemskie.

POPRZEDNIE STRONY: niepodległość Meksyku przedstawiona na muralu Juana O'Gormana.

PO LEWEJ: Palacio de Iturbide, miasto Meksyk, XIX wiek.

PO PRAWEJ: Święci Rafael i Tobiasz, obraz Miguela Cabrery (1695–1768), najsłynniejszego meksykańskiego artysty okresu kolonialnego.

To, że przybysze z Hiszpanii ogłosili się panami, a rdzennych mieszkańców zepchnęli do roli poddanych, zdało się nikomu nie przeszkadzać. Kościół chętnie głosił filozofię, według której każdy miał przypisane miejsce na ziemi i jedynie poprzez pokorne zaakceptowanie tego faktu mógł oczekiwać nagrody w niebie. Chrystiani-

zacja Indian trwała dziesiątki lat. Najpierw musiano dokonać w papieskiej bulli zapisu, że również oni wywodzą się od Adama i Ewy, a co za tym idzie – mają duszę, którą można zbawić.

Misjonarze hiszpańscy skupili wysiłki na nauczaniu dzieci lokalnych arystokratów. W tym celu w 1528 r. założono Colegio de Santa Cruz w Tlatelolco. Wielu uczniów chciało zostać duchownymi, lecz dekret z 1555 r. zabraniał wyświęcania Indian, Murzynów oraz Metysów.

Kwestie religijne miały jednak drugorzędne znaczenie wobec faktu, że rdzenna ludność była dziesiątkowana, głównie przez choroby. Ze względu na brak odporności na infekcje przywleczone z Europy, a zwłaszcza na ospę wietrzną, prawie 90% autochtonów zmarło w ciągu kilkudziesięciu lat od hiszpańskiego podboju.

Wiele indiańskich wspólnot nie było w stanie zaakceptować hiszpańskich rządów, co w Chiapas doprowadziło nawet do zbiorowych samobójstw.

Kopalnie srebra

Hiszpanie szybko odkryli złoża srebra w Zacatecas, Pachuca oraz Guanajuato i do 1548 r. powstało ponad 50 kopalni. Choć Indianie byli masowo zmuszani do pracy, ciągle brakowało siły roboczej, w związku z czym zaczęto sprowadzać czarnych

względni przybysze zagarniali ziemie uprawne tubylców. Wielu z nich zginęło w niekończących się sporach o ziemię i dostęp do wody. Nie trzeba dodawać, że w wyniku tych konfliktów najwięcej stracili Indianie. Mimo że niewolnictwo Indian zniesiono w Nowej Hiszpanii w 1548 r., niewielu mogło się cieszyć wolnością. Na skutek gromadzenia się długów indiańskie rodziny były zmuszone do służby w hacjendzie przez wiele pokoleń. Czasami Kościół próbował chronić krajowców, np. dominikanin Bartolomé de las Casas w Chiapas oraz biskup Vasco de Quiroga w Michoacánie zakładali organizacje oferujące pomoc indiańskiej społeczności.

niewolników. Do 1800 r. w Meksyku wydobywano 66% światowych zasobów srebra.

Kilku poszukiwaczy przygód szybko udało się na północ, gdzie spodziewali się znaleźć bogate złoża. Jako że założyli osadę w znacznej odległości od stolicy, z dala od ośrodków władzy, mogli się cieszyć względną swobodą. Byli to Kreole i Metysi, niezależni, przypominający pionierów, którzy zdobywali amerykański Dziki Zachód. Krajobraz półpustynny i otwarte przestrzenie dzisiejszego amerykańskiego Teksasu, Arizony, Nowego Meksyku i Kalifornii nadawały się głównie do wypasu bydła. Dążąc do wzbogacenia się i zdobycia władzy, bez-

Kościół w Nowej Hiszpanii

Kościół przeżywał problemy wewnętrzne z powodów politycznych i konfliktu z władzami świeckimi. Wiele zakonów wysłało swoich misjonarzy, którzy mieli za zadanie nawracać Indian. Do 1559 r. do Nowej Hiszpanii przybyło 380 franciszkanów, 210 dominikanów oraz 212 augustianów. Wkrótce dołączyły do nich inne zakony, w tym jezuici. Mimo że reprezentowały różne podejście do ewangelizacji, a każdemu z nich przypisano inny obszar, czasami dochodziło między nimi do ostrej rywalizacji. Kościół dysponował znacznymi bogactwami – pobierał dziesięcinę od produkcji rolnej, handlu, kopalni, a także lokalnej gospodarki, mimo jej opłakanego stanu. Czerpał korzyści z cukrowni i hacjend, a także z udzielania pożyczek.

Konflikt między Kościołem a wicekrólem, urzędnikiem reprezentującym interesy króla Hiszpanii sprawującym absolutną władzę w kolonii, był nieunikniony. Korona hiszpańska, której zależało przede wszystkim na daninach, uchwaliła prawa, które miały wycisnąć większe zyski z Nowej Hiszpanii. Meksyk nie mógł prowadzić wymiany handlowej z żadnym krajem oprócz Hiszpanii;

KONTROLOWANA GOSPODARKA

Uprawa winorośli i drzew oliwnych była w Meksyku zabroniona, aby utrzymać monopol Hiszpanii na eksport wina i oliwy.

ło się piractwo, a część srebra z Meksyku wywożono w nielegalny sposób.

Nowe uprawy i nowe rasy

W Meksyku gleba była idealna pod trzcinę cukrową, lecz w 1599 r. wydano dekret ograniczający jej uprawę na rzecz kukurydzy i pszenicy. W stanach Tlaxcala i Hidalgo hacjendy wyspecjalizowały się w produkcji *pulque*, napoju alkoholowego ze sfermentowanego soku agawy. Półwysep Jukatan był głównym producentem ba-

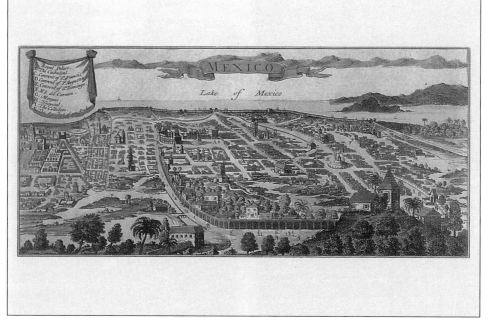

zabroniony był handel między koloniami, ponieważ stanowił konkurencję dla importu z Półwyspu Iberyjskiego. Nie chodziło wyłącznie o srebro. W okresie kolonialnym Meksyk stanowił dla Hiszpanii bramę do bogactw Orientu. Raz do roku galeon „Manila" przypływał z Filipin do Acapulco; towar transportowano drogą lądową do miasta Meksyku, a następnie do Veracruz, jedynego portu, który miał pozwolenie na handel z Hiszpanią. Taka sytuacja sprawiła, że rozwinę-

wełny i indygo; w stanie Oaxaca produkowano karmin (czerwony barwnik z suszonych pancerzy koszenili), na innych obszarach uprawiano z powodzeniem wanilię, kakao i tytoń.

Indian zmuszano do najcięższych robót, choć chętnych do pracy nie brakowało również wśród tysięcy ubogich przybyszów z Hiszpanii. Z biegiem czasu z mieszanych związków powstawały nowe rasy: Kreole, czyli Hiszpanie urodzeni w Meksyku, Metysi – z połączenia krwi hiszpańskiej i indiańskiej – oraz *castas* z domieszką krwi hiszpańskiej, indiańskiej, murzyńskiej i orientalnej. Władze tworzyły spisy i stosowały osobne nazewnictwo dla każdej z nich. Już w XVIII stu-

Po lewej: Palacio Nacional, dzieło Casimira Castra.
Powyżej: jeszcze na początku XVIII w. miasto Meksyk otaczało jezioro.

leciu Metysi i Kreole stanowili ponad połowę populacji.

Marzenia o niepodległości

Poczucie niezadowolenia z rządów Korony było coraz bardziej powszechne. Rewolucja francuska z 1789 r. oraz uzyskanie niepodległości przez brytyjskie kolonie w Ameryce Północnej sprawiły, że mieszkańcy Nowej Hiszpanii zaczęli myśleć o niezależności. Gdy Napoleon podczas okupacji Hiszpanii w 1808 r. osadził swojego brata na tamtejszym tronie, poczucie niezadowolenia przybrało na sile, a rząd kolonialny wszedł w okres kryzysu. Kreole należą-

dalgo zwołał wiernych z Dolores. Z ambony wygłosił słynne wezwanie do walki z Hiszpanami – mówił o powstaniu i buncie; żądał równości praw do ziemi dla bezrolnych, domagając się śmierci dla odpowiedzialnych za złe rządy i *gachupines* (pogardliwy termin określający urodzonych w Hiszpanii kolonistów), którzy jako jedyni byli dopuszczeni do wyższych stanowisk. Kazanie okazało się prawdziwym wezwaniem do walki – *grito de Dolores*. Wybuchła rewolucja.

Uzbrojeni w kije, łopaty i proce zwolennicy Hidalga wyruszyli pod flagą Matki Boskiej z Guadalupe. Po drodze dołączyli do nich inni

cy do klasy średniej, którzy mogli najwięcej zyskać na zmianie władz, zaczęli się spotykać i dyskutować o możliwości wzniecenia buntu przeciw hiszpańskiej zwierzchności. Na jednym ze spotkań w Querétaro był obecny proboszcz z Dolores, Kreol Miguel Hidalgo y Costilla. Na tym samym wiecu pojawił się również kapitan Ignacio Allende.

Obaj planowali wzniecić powstanie dopiero pod koniec 1810 r., lecz wieść o tym dotarła do władz. Doña Josefa Ortiz de Domínguez, żona lokalnego burmistrza, ostrzegła konspiratorów, a ci zdecydowali się działać natychmiast. Rankiem 16 września 1810 r. ojciec Hi-

i wkrótce grupa kilkuset wojowników przerodziła się w wielotysięczną armię. W ciągu paru miesięcy rebelianci zajęli San Luis Potosí, Valladolid i Zacatecas w środkowym Meksyku. Gdy dotarli do Guadalajary, Hidalgo utworzył rząd i uchwalił dekrety znoszące daniny płacone przez Indian oraz likwidujące monopol państwa na handel tytoniem i prochem.

Krwawe bitwy

Na skutek przyzwolenia strony Hidalga, rebelianci zamordowali setki Hiszpanów. Proboszcz stracił przez to wsparcie zamożnych Kreolów, którzy dotychczas popierali powstanie.

W tym samym czasie generał Félix María Calleja przysłany przez rząd do stłumienia powstania doszedł na czele armii pod Guadalajarę i rozpoczął oblężenie miasta. W styczniu 1811 r. jego siły zbrojne rozgromiły rebeliantów pod Puente de Calderón, około 40 km na wschód od Guadalajary. Hidalgo uciekł na północ, lecz wraz z niedobitkami wojsk wpadł w pułapkę i został wydany przez zdrajców, a następnie uwięziony w Chihuahua. Pozbawiono go świeceń kapłańskich, skazano na śmierć i rozstrzelano 30 lipca 1811 r.

> ## DZIESIĘCIOLETNIE WALKI
>
> „Naród chce, aby rządzili nim Kreole, a ponieważ nie został wysłuchany, musi chwycić za broń, aby jego wolę zrozumiano i wypełniono".
>
> – José María Morelos

nie stolica stanu Guerrero), jednak uchwalone wtedy konstytucja i karta praw nigdy nie zostały wprowadzone w życie. Generał Calleja i armia wicekróla schwytały Morelosa, uwięziły go i w 1815 r. straciły. Jego śmierć była wielkim ciosem – pozbawiła nurt niepodległościowy ostatniego charyzmatycznego przywódcy. Wielu Kreolów zaakceptowało porażkę i część wojsk rozproszyła się.

Ambitny kreolski porucznik Agustín de Iturbide otrzymał zadanie zdławienia pozostałych

Zwycięstwa Kreolów

Nurt niepodległościowy nie wygasł. Nowym przywódcą rebeliantów został José María Morelos y Pavón, ksiądz i były uczeń Hidalga.

Morelos prowadził zwycięskie kampanie na południu, zajmując Oaxakę, a następnie Acapulco. Wierząc, że rządy hiszpańskie w wkrótce upadną, zwołał kongres w Chilpancingo (obec-

PO LEWEJ: widok na XVII-wieczne Acapulco.
POWYŻEJ: malowana płytka ceramiczna z kolonialnego Casa Sandoval.
POWYŻEJ PO PRAWEJ: królewska fiesta w parku Chapultepec w mieście Meksyku (XVIII w.).

ośrodków oporu na południu, którym przewodził Vicente Guerrero, jeden z naśladowców Morelosa. Walki trwały do 1821 r., gdy rojalista Iturbide przeszedł na stronę przeciwnika i przyłączył się do wojsk Guerrera. Wkrótce ogłoszono Plan de Iguala, który proponował trzy gwarancje: jedyną uznaną religią miało być wyznanie rzymskokatolickie, wszyscy obywatele Meksyku mieli otrzymać równe prawa, a kraj miał zostać monarchią konstytucyjną. Plan ogłoszono, gdy nowo przybyły wicekról Juan O'Donojú podpisał traktat, na mocy którego 24 sierpnia 1821 r. Nową Hiszpanię przekształcono w Meksyk. ❑

Architektura okresu kolonialnego

W Meksyku niemal na każdym kroku widać ślady przeszłości, która bardzo mocno przejawia się również w zróżnicowanej architekturze kraju, gdzie przedchrześcijańskie piramidy, warowne klasztory, barokowe kościoły i ruiny hacjend stoją tuż obok ruchliwych autostrad. Hiszpańska kolonizacja i przemieszanie kultur stały się inspiracją wielkiej różnorodności stylów w budownictwie, co widać niemal na każdym kroku. W XVI w. najwięcej bu-

dowli wznieśli misjonarze. Z dala od ojczyzny, w obcym klimacie i na obcej ziemi, łączyli motywy stylów klasycznego, romańskiego, gotyckiego, renesansowego i innych wzorców ze Starego Świata, jak choćby mudejar (styl w hiszpańskiej architekturze i dekoracji od VIII do XVII w., jednoczący elementy sztuki islamu, gotyku i renesansu, charakteryzujący się niezwykłym bogactwem ornamentyki), który również pozostawił trwały ślad w Meksyku. W krajobrazach miast Acolman, Actopan, Huejotzingo i Yecapixtla nadal dominują majestatyczne klasztory, do budowy których posłużyły kamienie z „pogańskich" piramid i świątyń.

Prace budowlane zlecano ludności tubylczej, którą uczono stolarki, kamieniarstwa oraz innych potrzebnych rzemiosł. Wielkość Kościoła znalazła wyraz w pięknych, olbrzymich ołtarzach, pozłacanych

obrazach, malowidłach ściennych i ozdobach rzeźbionych w drewnie i kamieniu. Dzieła te nie były jedynie kopiami sztuki europejskiej – była w nich widoczna wrażliwość artystyczna odziedziczona po wielu cywilizacjach rdzennych mieszkańców. Historycy sztuki nazywają tę przedziwną mieszaninę elementów indiańskich i europejskich *tequitqui*.

W XVII stuleciu w architekturze meksykańskiej kładziono duży nacisk na bogate zdobienia. Styl barokowy, który dotarł tu z Hiszpanii, zachęcał do architektonicznej bujności i dużej inwencji. W I połowie XVIII w. stał się jeszcze bardziej zdobniczy i został nazwany churrigueryzmem (od nazwiska hiszpańskiej rodziny architektów z XVIII w.). Wielką obfitością detali i ozdobników kościoły oraz katedry dawały świadectwo dobrobytu panującego w kolonii. Złocone ołtarze z kolumnami, medalionami, postaciami świętych i aniołów oszałamiały wiernych w Tepotzotlánie, Taxco i Querétaro.

Na prowincji rzemieślnicy twórczo przetwarzali miejskie wzorce. Ich pomysłowe, mocno eklektyczne dzieła określa się mianem *barroco popular* (barok ludowy). Sztukaterie rzeźbione tak, aby imitowały kamień, zdobią fasady w mieście Sierra Gorda w Querétaro, szkliwione polichromowane płytki ceramiczne pokrywają zewnętrzne ściany świątyń w Puebli, a w kościele San Francisco Acatepec wyłożono nimi gzymsy, kapitele i kolumny. W Puebli i okolicach wnętrza często zdobiono pozłacanymi lub kolorowanymi reliefami z gipsu. W kościele Santa María Tonantzintla ściany upiększają malowidła kwiatów, owoców, zwierząt i cherubinów.

Neoklasycyzm zaszczepiony w Meksyku w końcu XVIII w., będący powrotem do greckich i rzymskich ideałów, gardził stylem barokowym, jako zbyt wulgarnym i pretensjonalnym. W architekturze zapanowała moda na surowość stylistyczną – wnętrza wielu kościołów odarto z dekoracji, zastępując je pseudoklasycznymi motywami z marmuru. Na szczęście – mimo dyktatu europejskiego racjonalizmu – wiele barokowych kościołów i katedr ocalało. Ozdobione kwiatami, świecami oraz gipsowymi figurkami świętych, a nawet neonowymi krzyżami, służą wiernym po dziś dzień, trafiając w ich gusta i potrzeby duchowe.

MIASTA I PAŁACE

Żyjąca w stolicy klasa rządząca zdradzała zamiłowanie do luksusu. Po zniszczeniu Tenochtitlánu nastąpił dynamiczny rozwój budownictwa. Aztecką architekturę zastąpiono okazałymi rezydencjami i budynkami rządowymi. Kiedy ojciec Alonso Ponce zobaczył miasto w 1585 r., duże wrażenie zrobiły na nim „piękne budynki i zadbane ulice". Niewiele świeckich budowli z XVI w. przetrwało do dziś. Te, które nie zostały zburzone przez kolejne pokolenia, dopasowano do obowiązujących w późniejszych latach stylów architektonicznych.

Wspaniałe barokowe rezydencje miały przynajmniej dwie kondygnacje. Domy zdobiono wieżyczkami, posągami ukrytymi w niszach, balustradami z giętych metali oraz monumentalnymi wejściami, wokół których widniały herby. We wnętrzu imponujące schody prowadziły z głównego patia na najwyższe piętro. Powozy trzymano na tylnym dziedzińcu. Zamożne rodziny utrzymywały rezydencje w mieście, czerpiąc dochód z majątków ziemskich.

Condes del Valle de Orizaba, właściciel plantacji trzciny cukrowej, odrestaurował i udekorował swój dom z XVI w. w stylu barokowym. W stołecznej rezydencji hrabiego de Orizaby, znanej obecnie jako La Casa de los Azulejos (ze względu na niebieskie i białe płytki ceramiczne zdobiące jego fasadę), jest dziś sklep i restauracja. Inne pałace – również odrestaurowane – mieszczą muzea. Piękne budowle powstawały także w innych miastach, na przykład w Puebli, gdzie w czasach dominacji baroku fasady budowli zdobiono sztukateriami. Jedna z rezydencji, skrząca się od zdobień przypominających polewę cukrową, nosi miano La Casa del Alfeñique (zawdzięcza nazwę białym sztukateriom przypominającym masę z migdałów i cukru, zwaną *alfeñique*).

W epoce neoklasycyzmu, która przetrwała rok 1821 i wojny niepodległościowe, wzorce klasyczne inspirowały ludność do wznoszenia okazałych rezydencji, gmachów rządowych oraz teatrów w stolicy i innych miastach. W II połowie XIX w., dzięki wpływom francuskim, do architektury i dekoracji powrócił styl zdobniczy.

HACJENDY I DOMY

Posiadacze wielkich majątków ziemskich zbijali fortuny na uprawie ziemi lub wydobyciu srebra. W okresie kolonialnym konstrukcje budynków podlegały nieustannym przebudowom, tak by sprostać potrzebom ich mieszkańców.

Proces ten nasilił się po 1876 r. pod rządami Porfiria Díaza. Architektura wielu hacjend zyskała tym sposobem ponadczasowy charakter, z czego wynikają trudności przy próbach ustalenia, z jakiego okresu pochodzą.

PO LEWEJ: pozbawiona ozdób fasada kościoła San Roque w Guanajuato.

PO PRAWEJ: barokowy przepych kaplicy Santo Domingo w Puebli.

Autonomiczne i samowystarczalne hacjendy funkcjonowały na zasadach feudalnych. Grube mury zapewniały ochronę okazałemu domowi z przestronnymi pokojami i porosłym roślinnością podwórzem. Mur otaczał także kaplicę, mieszkania robotników, szkołę, cmentarz, stajnię, zagrodę dla bydła, pomieszczenia gospodarcze i spichlerze. Szczególnie interesująco prezentowała się *espadaña* – część muru, w której w specjalnych łukowatych otworach wieszano dzwony. Niektóre hacjendy przetrwały do dziś jako hotele lub prywatne rezydencje. W Hacienda de San Gabriel na przedmieściach Guanajuato mieści się czterogwiazdkowy hotel z przepięknymi ogrodami, a także kaplica i muzeum. Hacienda

de Santa Anna w pobliżu Jalapy to również muzeum, eksponujące m.in. oryginalne meble. Inne majątki ziemskie, porzucone i zniszczone w czasie rewolucji, z czasem popadły w ruinę.

Tymczasem ludność, poza miastami i majątkami ziemskimi, budowała tradycyjne domy, korzystając z dostępnego budulca. Nawet dziś można zobaczyć domy o dachach z trawy lub palmowych liści, zwieszających się nad ścianami z tyczek, desek lub plecionki pokrytej gliną. W suchych regionach, gdzie *campesinos* (robotnicy) budują z kamienia i cegieł suszonych na słońcu, niektóre domy mają dachy w stylu hiszpańskim, zdobione płytkami. Pokrycie z niegładzonego tynku zapewnia ochronę przed owadami i deszczem. W wioskach na Jukatanie lub w stanie Oaxaca w architekturze popularnej tego typu również można odnaleźć ślady przeszłości. ❑

XIX WIEK

Przez pierwsze sto lat po uzyskaniu niepodległości Meksyk był zabawką w ręku imperatorów, prezydentów i dyktatorów, a także obiektem agresji ze strony USA, Francji, Hiszpanii i Wielkiej Brytanii.

Początek XIX w. przyniósł Meksykowi rozlew krwi, śmierć tysięcy mieszkańców, zrujnowaną gospodarkę i spustoszone terytorium. Po podpisaniu traktatu w Córdobie i zrealizowaniu marzeń o niepodległości, naród

cieszył się i świętował. Generał Agustín de Iturbide poprowadził zwycięską armię do miasta Meksyku, gdzie stanął na czele pierwszego niepodległościowego rządu. W następnym roku, podczas wystawnej ceremonii, koronował się na cesarza, przyjmując imię Agustína I. Jego rządy trwały jednak krótko – niespełna rok później generał Antonio Santa Anna, zbuntował się, zmusił cesarza do rezygnacji i ogłosił Meksyk republiką. Wkrótce samozwańczego cesarza stracono.

Niestabilna republika

Konstytucja z 1824 r. określiła Meksyk ostatecznie jako republikę federacyjną. Pierwszym prezydentem został Guadalupe Victoria, który zasłużył się w czasie wojny o niepodległość. Scenę polityczną na kolejne kilkadziesiąt lat zdominował jednak kto inny – generał Santa Anna.

Po uzyskaniu niepodległości okazało się, że skala problemów Meksyku dorównuje jego olbrzymiemu obszarowi. W czasie wojen podupadł handel morski z Europą i Dalekim Wschodem, górnictwo, rolnictwo i produkcja przemysłowa zostały drastycznie ograniczone, a sieć dróg uległa takiemu pogorszeniu, że komunikacja w olbrzymim, podzielonym kraju była niemal sparaliżowana. Na początku XX stulecia większość sześciomilionowej populacji Meksyku stanowili Metysi i Indianie, żyjący w skrajnej nędzy, z dala od polityki.

W latach 1821–1850 na scenie politycznej wiele się działo. W ciągu 30 lat było 50 rządów, z których wszystkie przejęły władzę w drodze zamachów stanu. Na czele 11 stał pyszałkowaty generał Antonio Santa Anna, który zyskał przydomek „wiecznego dyktatora".

Długotrwałe przepychanki między liberałami i konserwatystami mocno osłabiły kraj, który i tak miał przed sobą duże wyzwania, i to niemal na każdym polu. Taka sytuacja zachęcała do interwencji obce mocarstwa, tym bardziej, że o bogactwach naturalnych Meksyku krążyły legendy.

Generała Santa Annę zapamiętano przede wszystkim jako tego, który oddał połowę terytorium Stanom Zjednoczonym. W 1835 r. osadnicy z Teksasu, pochodzący głównie z USA, ogłosili niepodległość stanu. Santa Anna, który był wówczas prezydentem, osobiście poprowadził armię na północ, aby przywołać rebeliantów do porządku. Masakra obrońców starej placówki misyjnej Alamo w San Antonio sprawiła, że został znienawidzony przez mieszkańców Teksasu. Wkrótce jego armię rozgromił nad rzeką San Jacinto Sam Houston.

W 1845 r. Kongres Stanów Zjednoczonych przegłosował przyłączenie Teksasu, części Arizony, Nowego Meksyku i Kalifornii. Tak zaczęła się wojna amerykańsko-meksykańska. Armia USA ruszyła z Nowego Meksyku na południe i zajęła Chihuahua. Wkrótce dołączyli do niej ochotnicy z Teksasu, zdobywając Monterrey, Coahuilę i dalsze przyczółki na południu. Inne siły zbrojne, wzmocnione flotą na Pacyfiku, wkroczyły do Kalifornii. Wojska amerykańskie pod dowództwem generała Winfielda Scotta wylądowały w Veracruz, ruszyły w głąb lądu i zajęły miasto Meksyk.

W 1848 r., na mocy traktatu pokojowego podpisanego w Guadalupe Hidalgo, Meksyk oddał Stanom Zjednoczonym Teksas, Kalifornię, większą część Nowego Meksyku i Arizony – łącznie

> ### OSOBISTA STRATA
> Generał Santa Anna utracił nie tylko połowę terytorium państwa, lecz również nogę w bitwie z Francuzami w 1838 r.

Juárez i Reforma

Nowy liberalny rząd zapoczątkował kolejną epokę w dziejach Meksyku, nazywaną okresem Reformy. Benita Juáreza, Indianina z plemienia Zapoteków, porównywano wiele razy do Abrahama Lincolna, ponieważ – podobnie jak prezydent Stanów Zjednoczonych – był wielkim przywódcą i mężem stanu.

Urodzony w 1806 r. w wiosce w pobliżu Oaxaki, w dzieciństwie posługiwał się tylko narzeczem Zapoteków. Jego rodzice zginęli, gdy miał zaledwie trzy lata, a wychowaniem i nauką

ponad połowę swojego terytorium. Sprzedaż pozostałej części Nowego Meksyku i Arizony w 1853 r. za 10 mln USD przepełniła czarę goryczy i w 1855 r. Antonia Santa Annę wygnano z kraju.

Na drugim krańcu kraju również było niespokojnie. Na półwyspie Jukatan brutalnie wykorzystywani przez swych kreolskich panów Majowie wywołali w 1847 r. bunt, co dało początek tzw. wojnie kast.

Po lewej: portret Antonia Santa Anny, „wiecznego dyktatora" z XIX w.

Powyżej: malowidło przedstawiające bohatera narodowego, prezydenta Benito Juáreza.

chłopca zajął się ksiądz z pobliskiego kościoła. Juárez – z zawodu prawnik – słynął z niezłomnych zasad. W nowym rządzie liberałów stał się główną postacią; to on wypędził z kraju Antonia Santa Annę. Na początek został ministrem sprawiedliwości.

Uchwalenie ustawy, na mocy której do tej pory nietykalny Kościół musiał sprzedać dużą część swojego majątku, przyspieszyło wybuch wojny domowej (zwanej również wojną o Reformę) pomiędzy liberałami, których siedzibą było Veracruz, a konserwatystami z bazą w mieście Meksyku.

Juárez odniósł zwycięstwo i 1 stycznia 1861 r. liberałowie wkroczyli do stolicy. Wkrótce został prezydentem.

Inwazja francuska

Meksykanie niedługo cieszyli się zwycięstwem. Pod koniec wojny kasa rządu liberałów świeciła pustkami, więc Juárez zawiesił spłatę zagranicznych długów. Hiszpania, Wielka Brytania i Francja – główni wierzyciele – nie zaakceptowały tego rozwiązaniai przypuściły atak na Meksyk, aby zabezpieczyć swoje należności.

Ambicje Napoleona III wykraczały jednak daleko poza finansową rekompensatę. Po zawarciu przymierza z konserwatystami, którzy nienawidzi-

li Juáreza i jego rządów, wysłał wojska, aby zajęły miasto Meksyk. Pod wodzą generała Ignacia Zaragozy Meksykanie odnieśli mało znaczące, lecz spektakularne zwycięstwo pod Pueblą w 1862 r., jednak wkrótce Francuzi zajęli większą część kraju. Napoleon ustanowił Maksymiliana Ferdynanda Józefa, młodego hrabiego, imperatorem Meksyku pod francuskim protektoratem.

Imperator Maksymilian i jego żona Charlotte zamieszkali w Castillo de Chapultepec w 1864 r., lecz nie zdążyli się tam zadomowić. Jak na ironię, styl rządów Maksymiliana był bardziej liberalny niż konserwatywny (zatwierdził reformy Juáreza, co pozbawiło go poparcia konserwatystów). Tymczasem Stany Zjednoczone, które

w tym czasie zakończyły krwawą wojnę secesyjną, zażądały od Napoleona, aby wycofał wojska z Meksyku. Pozbawiony wsparcia francuskiej armii Maksymilian został pojmany w Querétaro przez wierne Juárezowi siły liberałów. 35-letniego monarchę stracono o świcie 19 czerwca 1867 r. Wieść niesie, że wręczył każdemu żołnierzowi z plutonu egzekucyjnego złotą monetę.

Gdy w Meksyku przywrócono republikę, Juárez ponownie objął władzę i zaczął wprowadzać reformy. Zmarł na apopleksję w czasie pełnienia obowiązków w 1872 r. Kiedy jego następca, Sebastián Lerdo de Tejada, stanął ponownie do wyborów w 1876 r., Porfirio Díaz, ambitny liberał z Oaxaki, rozpoczął powstanie pod pretekstem, że prezydenci nie powinni rządzić dłużej niż przez jedną kadencję.

Don Porfirio Díaz, za czasów Juáreza wybitny dowódca, zrezygnował ze zwierzchnictwa nad siłami zbrojnymi, aby dwukrotnie zmierzyć się z Juárezem w wyborach prezydenckich – w 1867 i ponownie w 1871 r. Przegrał, lecz po śmierci Juáreza i udanej interwencji zbrojnej w czasie wyborów w 1876 r. ogłosił się prezydentem. Zdominował scenę polityczną Meksyku na ponad trzydzieści lat, a okres jego rządów nazwano porfiriatem. Díaz był bezwzględnym przywódcą, lecz jego reformy okazały się sprawne i skuteczne. Szybko dławił wszelkie przejawy opozycji, a swoim poplecznikom i zwolennikom hojnie rozdawał ziemię. Kapitał napływał od obcych mocarstw, a trzy czwarte praw do wydobycia surowców mineralnych sprzedano podmiotom zagranicznym. Budowano drogi i pokryto Meksyk siecią kolejową o długości 19 tys. kilometrów.

Dyktator wprowadzał w życie swoje projekty, korzystając z pomocy armii oraz *rurales*, wiejskiej policji. Gdy obejmował rządy podkreślał, że najważniejsze jest zaprowadzenie pokoju w kraju rozdartym wewnętrznymi konfliktami; mówił przy tym, że na swobodę polityczną przyjdzie czas później, gdyż w tym momencie Meksyk potrzebuje rządów twardej ręki.

Rozwój przemysłu

Gdy Díaz podporządkował sobie kraj, zajął się jego rozwojem i unowocześnianiem. Kolej zrewolucjonizowała transport towarów – w Monterrey zbudowano huty, do których dowożono rudę żelaza z Durango; opłacalny stał się również transport bawełny z pól na południu do zakładów w środkowym Meksyku.

Amerykańskie przedsiębiorstwa zainwestowały duże pieniądze w meksykański przemysł wydobywczy (złoto, srebro, węgiel, miedź), co przyniosło im duże zyski. Pod koniec porfiriatu inwestycje zagraniczne w Meksyku sięgały 1,7 mld USD, z czego 38% zainwestowali Amerykanie, 29% Brytyjczycy, a 19% Francuzi.

Za rządów Díaza zeuropeizowana elita lubowała się w okazałych budynkach z wyraźnym wpływem stylów francuskiego i włoskiego. W stolicy powstały w tym czasie Palacio de Bellas Artes (Pałac Sztuk Pięknych), budynek poczty oraz imponujący Monumento a la Revolución (pomnik Rewolucji).

Zamożni hacendados

Właścicielami spółek wydobywczych i naftowych oraz banków były głównie przedsiębiorstwa zagraniczne, podczas gdy bogaci Meksykanie, posiadacze majątków ziemskich, zaniedbali uprawę roli do tego stopnia, że podstawowy produkt żywnościowy – kukurydzę – trzeba było importować.

W czasie porfiriatu społeczności indiańskie utraciły ziemię na skutek nowego zarządzenia, według którego każdy, kto nie miał uprawnień do majątku, mógł ów majątek stracić. Z powodu skomplikowanego systemu biurokratycznego niewielu właścicieli mogło udowodnić, że ma jakiekolwiek prawa do swojej ziemi. Na skutek takich działań większość gruntów znalazła się w rękach 6 tys. *hacendados*, których włości rozciągały się na tysiącach hektarów (obszar niektórych był porównywalny z rozmiarami najmniejszych europejskich państw!). William Randolph Hearst, amerykański wydawca, otrzymał aż milion hektarów w zamian za przychylność jego gazet wobec Díaza i jego reform. Gubernator Terraza z Chihuahua sam podobno kontrolował 6 mln hektarów.

Właściciele ziemscy hodowali bydło i produkowali towary na eksport, w tym mahoń, cukier, kawę, tytoń, kauczuk i sizal – włókna agawy służące do wyrobu lin. Cudzoziemcy inwestowali w plantacje kawy i bawełny, a garstka bogatych Meksykanów trzęsła całą gospodarką, podczas

gdy mieszkańcy wiosek i miast ledwo wiązali koniec z końcem.

Próbując zaskarbić sobie poparcie wpływowych konserwatystów, Díaz szukał porozumienia z Kościołem i choć nie oddał mu odebranych wcześniej dóbr (czyli ponad połowy zamieszkanego terytorium Meksyku), przywrócił duchownym niektóre prawa i przywileje. Zezwolił wydalonym jezuitom na powrót i nie protestował, gdy biskup Querétaro zapoczątkował zwyczaj corocznych pielgrzymek do świątyni Matki Boskiej z Guadalupe.

> **SĄSIEDZI**
>
> „Nieszczęsny Meksyku! Żyjemy tak daleko od Boga i tak blisko Stanów Zjednoczonych".
>
> – Porfirio Díaz

Zmierzch epoki Díaza

Díaz prowadził rządy silnej ręki. Jedynych liczących się opozycjonistów, wywodzących się ze stronnictwa radykalnych liberałów, wygnano do USA.

W często cytowanym wywiadzie udzielonym w 1908 r. amerykańskiemu dziennikarzowi polityk stwierdził, że Meksyk jest gotowy do demokracji i że on sam nie może się doczekać opozycji z prawdziwego zdarzenia. W wieku 80 lat sfałszował wybory i został prezydentem na szóstą kadencję. 20 listopada 1910 r. wybuchła rewolucja.

W ciągu kolejnych sześciu miesięcy upadł rząd, który utrzymywał się u władzy przez ponad 30 lat. ❑

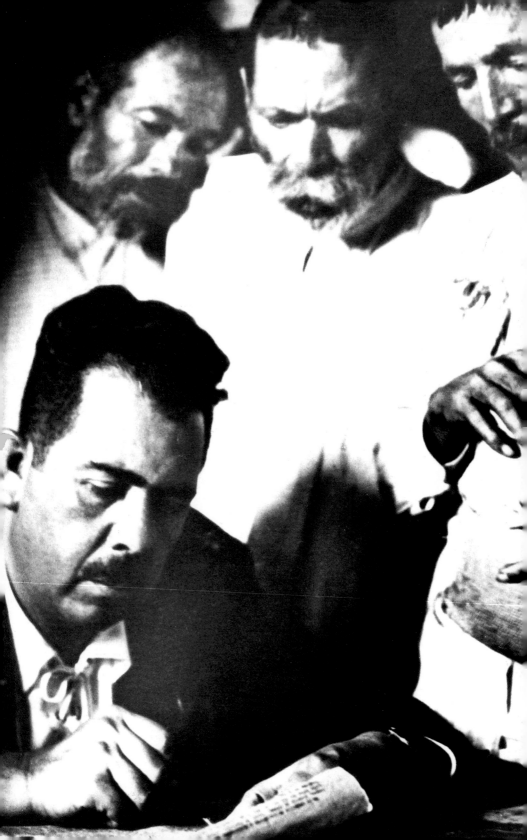

REWOLUCJA I JEJ NASTĘPSTWA

Po zakończeniu dyktatury Porfiria Díaza zginęła
jedna dziesiąta mieszkańców Meksyku.

Rewolucja meksykańska nie była wspólną walką z reżimem o niepodległość i demokrację. To dekada pełna przemocy i nędzy: ludność cierpiała głód, była torturowana i ginęła w wyniku egzekucji. Miliony Meksykanów straciło życie.

Porfirio Díaz został obalony w 1911 r. Wkrótce potem Francisco Madero, przy poparciu Francisca Villi (zwanego Pancho Villą) na północy i Emiliana Zapaty na południu, objął urząd prezydenta. Rewolucjoniści, którzy go wspierali święcili triumfy, niosąc hasło: „Skuteczne prawo wyborcze i brak możliwości reelekcji". Madero, jako zamożny i wykształcony właściciel ziemski z Coahuili oraz absolwent Uniwersytetu Kalifornijskiego, był liberalnym reformatorem, zwolennikiem demokracji, wrażliwym na niesprawiedliwość społeczną. Nie wykazał się jednak zdecydowaniem i zamiast pozbyć się zauszników Díaza, próbował się z nimi bezskutecznie ułożyć.

„Tierra y Libertad"

Emiliano Zapata był chłopskim przywódcą ze stanu Morelos, który żądał natychmiastowych reform. Miał prosty przepis na dobro państwa: wyrzucić właścicieli hacjend i rozdać ziemię chłopom. W 1910 r. stanął na czele zbrojnej rewolty, która domagała się od rządu Díaza „Tierra y Libertad" („ziemi i wolności") – przekazania chłopom ziemi należącej do *hacendados*. Gdy Zapata się zorientował, że prezydent Madero ociąga się z przeprowadzeniem reformy, wycofał poparcie dla niego.

W niespełna miesiąc po objęciu urzędu przez Madera, Zapata ogłosił tzw. Plan de Ayala, projekt radykalnej reformy rolnej (do dzisiaj większość Meksykanów uważa go za najbardziej zagorzałego jej zwolennika) i przejął kontrolę nad większą częścią stanu Morelos. Sytuacja

skomplikowała się. Krajowi i zagraniczni inwestorzy pragnęli przede wszystkim, by przywrócono spokój, oraz chcieli odzyskać przywileje, którymi cieszyli się za czasów minionego reżimu (np. zwolnienie z podatków). Ambasador Stanów Zjednoczonych Henry Lane Wilson prowadził negocjacje z generałem Victorianem Huertą,

W ROLACH GŁÓWNYCH

☞ **Francisco Madero:** zamożny liberał; przywódca opozycji pod rządami Díaza; prezydent w latach 1911–1913; zamordowany.

☞ **Victoriano Huerta:** generał w armii Madera; zmienił stronnictwo i został prezydentem; dymisja w 1914 r.

☞ **Pancho Villa:** zawadiacki rewolucjonista z północy, zamordowany w 1923 r.

☞ **Emiliano Zapata:** przywódca chłopów z południa, twórca hasła „Tierra y Libertad"; zamordowany w 1919 r.

☞ **Venustiano Carranza:** przywódca konstytucjonalistów; prezydent w latach 1917–1920; zamordowany w 1920 r.

☞ **Álvaro Obregón:** sojusznik Carranzy, który później się zbuntował; prezydent w latach 1920–1924; zamordowany w 1928 r.

POPRZEDNIE STRONY: wojska Zapaty w restauracji Sanborn's w mieście Meksyku.

PO LEWEJ: Lázaro Cárdenas podpisuje akty własności ziemi chłopów.

PO PRAWEJ: zwycięski Madero, zamek Chapultepec.

aby ten zmienił stronnictwo i wystąpił przeciwko rewolucjonistom na czele dawnej armii Díaza, która z konfliktu wyszła bez szwanku. Zamach stanu powiódł się, a Madero został wkrótce zamordowany.

Nowe sojusze

Huerta objął urząd prezydenta i sformował rząd, mając w planach przywrócenie dawnego reżimu i przywilejów dla zagranicznych inwestorów. Wkrótce i on popadł w tarapaty. W marcu 1913 r. trzech rewolucyjnych przywódców z północy – Venustiano Carranza z Coahuili, były stronnik Madera, Pancho Villa z Chihuahua i Álvaro Obregón z Sonory – zjednoczyło się przeciwko niemu.

> ### PANCHO VILLA
>
> Villa, rewolucyjny *bandido* z Durango, był generałem z fantazją. Jego wielbiciele uważali go za meksykańskiego Robina Hooda.

warli sojuszu z prawdziwego zdarzenia. Po miesiącu opuścili stolicę.

Konstytucjonaliści – Obregón i Carranza – szybko przejęli inicjatywę. Obregón ruszył w pościg za Villą i pokonał jego wojska pod Celayą, stosując taktykę poznaną dzięki wojnie w Europie: okopy, drut kolczasty i karabiny maszynowe. Większość rewolucjonistów Villi wymordowano. Choć nigdy nie odbudował już tak licznej armii, nie poddawał się. Zmienił taktykę i rozpoczął najazdy na tereny przygraniczne Stanów Zjednoczo-

nych w nadziei, że sprowokuje inwazję. Gdy prezydent Wilson rozkazał generałowi Johnowi J. Pershingowi schwytanie Villi: żywego lub martwego, amerykańscy żołnierze próbowali go pojmać przez 11 miesięcy, nadaremnie. Wycofali się dopiero po potyczce z wojskami Carranzy.

Na starość Villa złagodniał: zaprzestał wypadów zbrojnych i osiadł w hacjendzie w Parral. Pewnego ranka w 1923 r. schwytano go w pułapkę i wraz z osobistym strażnikiem zastrzelono.

Nowa liberalna konstytucja

Gdy Huerta zrzekł się władzy w 1914 r., Carranza zorganizował zjazd w mieście Aguascalientes, próbując scalić poszczególne frakcje. Uczestnicy jednak nie doszli do porozumienia i walki wybuchły na nowo.

Obregón udzielił poparcia Carranzy, lecz nie uczynili tego Zapata i Villa, którzy w grudniu 1914 r., gdy świat był pochłonięty wojną w Europie, zajęli miasto Meksyk. Zapatyści zaatakowali od strony gór, a ludzie Villi przybyli w wagonach towarowych wraz z końmi i rzeszami zwolenników. Jednak Zapata i Villa nigdy nie za-

Venustiano Carranza, reformator o umiarkowanych poglądach, chciał szybko umocnić swoją władzę i w 1917 r. zarządził pracę nad nową ustawą zasadniczą, która zawierała wiele bardzo liberalnych i postępowych, jak na owe czasy, artykułów. Przykładami takich zapisów były: ośmiogodzinny dzień pracy, prawo do strajku, równa płaca za tę samą pracę, zakwaterowanie dla pracowników i ubezpieczenie od wypadków, a także podzielenie hacjend pomiędzy chłopów.

Walki jednak nie ustawały, zwłaszcza na południu, gdzie zapatyści domagali się bardziej radykalnych reform. W kwietniu 1919 r. jeden z generałów Carranzy podstępnie zwabił Zapatę na spotkanie, podczas którego

> **DEKADA PRZEMOCY**
>
> W dziesięć lat od wybuchu rewolucji Madero, Zapata i Carranza, jej główni animatorzy, zostali zamordowani.

spodarka pozostawała w zapaści. Generał zaprowadził porządek i scentralizował władzę. Jego pierwszym zadaniem było zbudowanie zaplecza, a ponieważ potrzebował kapitału zagranicznego, musiał renegocjować dług narodowy w wysokości 1,5 mld peso. Następnie, naruszając konstytucję, zezwolił zagranicznym koncernom naftowym na szukanie złóż ropy w Meksyku.

Zmuszony do oszczędności, ograniczył liczebność armii ze 100 do 40 tys. W wyniku tej decyzji grupa wojskowych ponownie wszczęła bunt. Ko-

legendarny przywódca został zastrzelony. Carranza nie utrzymał się przy władzy, ponieważ tak jak Madero ociągał się z wprowadzaniem reform, a to nie podobało się zmęczonym sytuacją w kraju Meksykanom. Wkrótce urząd prezydenta objął Obregón, a Carranzę zabito przy próbie ucieczki.

Mała stabilizacja

Gdy Obregón został prezydentem, kraj był wyczerpany, rozdarty konfliktami i zadłużony, a go-

PO LEWEJ: Pancho Villa w fotelu prezydenckim, z Emilianem Zapatą po prawej stronie.

POWYŻEJ: egzekucja w czasie powstania *cristeros*.

lejny raz w kraju było słychać wystrzały karabinów. Tym razem prezydent otrzymał broń, amunicję, a nawet kilka samolotów od USA, więc – jak to ujął pewien historyk – „pluton egzekucyjny nie próżnował".

Obregón zaczął reformę rolną, popularyzując jej postulaty z całą mocą w stanie Morelos i na Jukatanie, gdzie nie było amerykańskich właścicieli ziemskich, oraz bardziej powściągliwie na północy, gdyż tam jego osobiste interesy były zbieżne z amerykańskimi.

Odbudowa kraju

Minister edukacji w rządzie Obregóna, José Vasconcelos, założył w Meksyku wiele szkół. Wierząc, że sztuka spełni ważną rolę w odbudowie kraju, zlecił również wykonanie malowideł ściennych, które zdobią mury budynków użyteczności publicznej po dziś dzień. Do malowania murali zatrudnił m.in. Diega Riverę.

Tymczasem na nowo rozgorzał konflikt władz świeckich z Kościołem katolickim. Za rządów porfiriatu Kościół odzyskał część przywilejów, a przywódcy wojskowi i cywilni stali się fanatycznymi antyklerykałami, którym w sukurs przyszły wkrótce odpowiednie zapisy w konstytucji. W 1923 r. z Meksyku wydalono nuncjusza apostolskiego oraz zamknięto zakony i szkoły wyznaniowe.

Gdy kadencja Callesa dobiegła końca, Obregón ponownie stanął do wyborów prezydenckich, ignorując zapisy konstytucji. Został wybrany głową państwa, lecz kilka tygodni później, 17 lipca 1928 r., zastrzelono go, podając do publicznej wiadomości, że padł ofiarą fanatycznego *cristero*.

Prekursorka PRI

Prezydent Calles zapisał się w historii Meksyku jako postać charyzmatyczna, o dużej władzy (choć krytycy porównywali go do faszystowskiego dyktatora). W czasie jego rządów zbudowano tysiące szkół, rozbudowano sieć dróg, rozpoczę-

Konflikt z Kościołem ciągle trwał, gdy prezydentem został Elías Calles, który zamknął klasztory męskie i żeńskie oraz szkoły przykościelne, a także zabronił odbywania procesji religijnych. Wprowadzone przez niego środki doprowadziły do wybuchu krwawego zrywu – powstania *cristeros*, których zawołaniem było *Viva Cristo Rey* („Niech żyje Chrystus Król"), żądających przede wszystkim uchwalenia bardziej prokościelnej konstytucji. Powstańcy starli się z armią rządową w stanach Jalisco, Michoacán, Guanajuato i Colima. Po osiągnięciu porozumienia z rządem w stolicy mogły się odbywać msze święte, które przedtem odprawiano potajemnie.

to nawadnianie kraju i rozdano 3 mln hektarów ziemi. Calles renegocjował spłatę długu narodowego i udzielił gwarancji prywatnym przedsiębiorcom. Założył PNR – Partię Narodowo-Rewolucyjną (Partido Nacional Revolucionario), poprzedniczkę dzisiejszej PRI. Poprzez nią kontrolował wybory, wyznaczając następców (jest to praktykowane do dziś). Pod egidą PNR udało mu się zjednoczyć różne frakcje, w tym robotników, rolników i wojsko.

Lázaro Cárdenas

Mimo że był kandydatem PNR, Lázaro Cárdenas, obejmujący urząd prezydenta w 1934 r., zerwał z *Callistas* i w ciągu następnych sześciu lat uczynił więcej dla zwykłych ludzi niż jakikolwiek inny prezydent we współczesnej historii Meksyku. Będąc zagorzałym nacjonalistą, przyspieszył wprowadzanie reform, założył i finansował *ejidos* (spółdzielnie rolnicze) w całym kraju i rozdał 18 mln hektarów ziemi. Mimo że właściciele najlepiej prowadzonych plantacji byli wyłączeni z powszechnego programu wywłaszczenia, pod koniec kadencji Cárdenas rozdał ziemię prawie jednej trzeciej ludności kraju.

Prezydent zachęcał do zakładania związków zawodowych. W 1936 r. z inicjatywy marksi-

> **WYWŁASZCZENIE**
>
> Najodważniejszym i najbardziej znaczącym dziełem Lázara Cárdenasa była nacjonalizacja przemysłu naftowego w 1938 r.

Petróleos Mexicanos

W 1936 r. CTM zażądała od zagranicznych spółek naftowych podwyżek dla pracowników oraz dodatkowych świadczeń socjalnych. Firmy te, głównie amerykańskie i brytyjskie, podjęły rozmowy, ale nie chciały spełnić żądań robotników. Po półrocznych utarczkach związek zarządził strajk.

Po kilku miesiącach bezskutecznych apeli i zabiegów Cárdenas ponownie zaangażował się w sprawę. Ogłosił w publicznym radiu, że przejmuje mienie spółek naftowych oraz przeprowadza ich

sty Vicente Lombarda Toledana powstała CTM (Confederación de Trabajadores Mexicanos; Konfederacja Robotników Meksykańskich). Cárdenas scementował zwolenników reformy rolnej w jedno dotowane przez rząd ugrupowanie, Confederación Nacional de Campesinos (Narodowa Federacja Rolników). To właśnie te dwie organizacje, a wraz z nimi miliony ludzi pracy, stanowiły jego mocne zaplecze polityczne.

PO LEWEJ: generał Obregón z żoną.
POWYŻEJ: kobiety oddające kurczaki w czasie narodowej kampanii gromadzenia funduszy na sfinansowanie nacjonalizacji przemysłu naftowego.

nacjonalizację, i faktycznie – skonfiskował majątek działających w Meksyku cudzoziemskich firm naftowych (1938 r.), tworząc Pemex, meksykańskie przedsiębiorstwo naftowe (Petróleos Mexicanos). Meksykanie nie posiadali się ze szczęścia, Wielka Brytania była oburzona, a prezydent Roosevelt, zwolennik dobrosąsiedzkich stosunków, wystosował przez departament stanu notę protestacyjną, zaznaczając, że Meksyk jest zobligowany do wypłaty wywłaszczonym firmom uczciwego odszkodowania. Wykonanie tej powinności opóźniało się i rekompensaty dla spółek amerykańskich w wysokości 24 mln USD przyznano dopiero w 1942 r. Brytyjczycy czekali na swoje odszkodowanie (81 mln USD) jeszcze dłużej. ❏

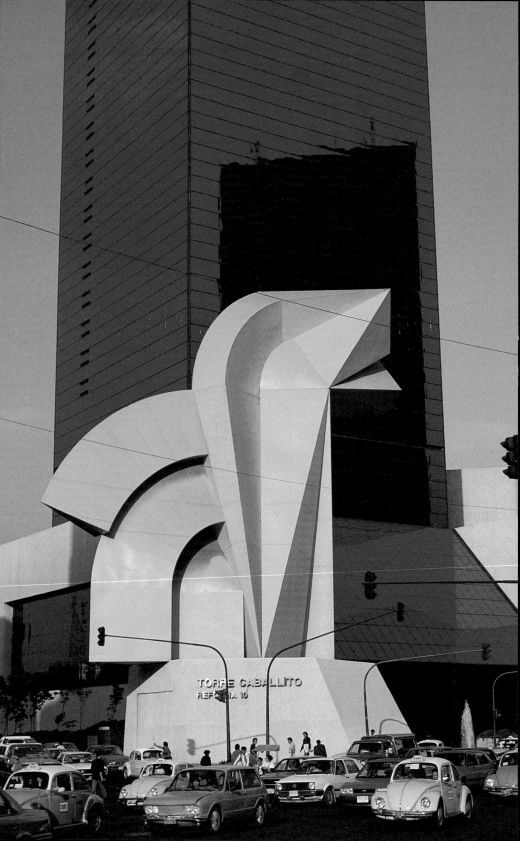

TORRE CABALLITO
REFORMA 10

WSPÓŁCZESNY MEKSYK

Dzięki odkryciu bogatych złóż ropy Meksyk stał się jednym z liderów przemysłu naftowego.

Od zakończenia II wojny światowej do początku XXI w. liczba ludności Meksyku wzrosła z 22 do 105 mln. Taki skok demograficzny oznacza, że każdego roku musiało powstać milion nowych miejsc pracy.

Nie licząc Dystryktu Federalnego, Meksyk dzieli się na 31 stanów. Konstytucję napisano na wzór ustawy zasadniczej Stanów Zjednoczonych. Parlament składa się z dwóch izb: Senatu (Cámara de Senadores) i Izby Deputowanych (Cámara de Diputados). W reakcji na 35-letnią dyktaturę Porfiria Díaza (1876–1911) umieszczono zapis w konstytucji, że prezydenta można wybrać tylko na jedną kadencję, jednak podczas sprawowania urzędu ma on prawie nieograniczoną władzę.

Każda sześcioletnia kadencja (*sexenio*) stanowi niemal odrębną całość, a duże zmiany w funkcji i celach rządu utrudniają tworzenie długoterminowych planów.

Manuel Avila Camacho sprawował urząd prezydenta podczas II wojny światowej (1940–1946). Jako polityk o umiarkowanych poglądach, skoncentrował się przede wszystkim na wzroście gospodarczym i tworzeniu przyjaznego klimatu dla rozwoju przemysłu. Gdy wojenna zawierucha szalała nad resztą świata, pod jego rządami Meksyk uczył się samodzielności.

Permanentna rewolucja

Miguel Alemán, zamożny prawnik, w czasie swojej prezydentury (1946–1952) nadał nową nazwę ugrupowaniu rządzącemu – Partia Instytucjonalno-Rewolucyjna (PRI). Według niego rewolucja jeszcze się nie skończyła: ziarno zasiane przez pierwszych rewolucjonistów kiełkuje, ale cel nie został osiągnięty. Prezydentowi udało się podnieść standard życia Meksykanów. Zainspirowany pomysłami grupy doradców Roosevelta, powoływał zdolnych młodych ludzi do pracy w rządzie, zmodernizował kolej i pokrył kraj siecią autostrad.

Największym osiągnięciem Alemána było utworzenie miasteczka uniwersyteckiego w południowej części miasta Meksyku. Ściany modernistycznych budynków osiedla, zajmującego blisko 8 km², zdobią murale autorstwa Diega Rivery, Juana Alfara Siqueirosa oraz Juana O'Gormana.

Kolejny prezydent, Adolfo Ruiz Cortines (1952–1958), kontynuował dzieło Alemána. Nadał prawa wyborcze kobietom i stworzył dobry klimat dla inwestycji zagranicznych, więc amerykańscy przedsiębiorcy tłumnie ruszyli do Meksyku. Tymczasem zobowiązania państwa wobec ludności rosły: w ciągu 24 lat liczba mieszkańców podwoiła się.

Ku lewicy

Za prezydentury Cortinesa nastroje rewolucyjne zaczęły wygasać, ale gdy głową państwa został Adolfo López Mateos (1958–1964), odżyły na nowo.

PO LEWEJ: nowoczesna architektura odzwierciedla rozwój gospodarczy.

PO PRAWEJ: zaułek ubogiej dzielnicy.

Nowy prezydent był świadomy istnienia problemów wewnętrznych oraz ciężaru niezrealizowanych obietnic. Wspomagając rozwój przemysłu, przyciągał kapitał zagraniczny, a także rozdał bezrolnym 12 mln ha ziemi, najwięcej od czasów Cárdenasa, czyli od lat 30. XX w. Wykupił udziały Amerykanów i Kanadyjczyków w meksykańskim przemyśle, rozbudował system opieki społecznej, zwłaszcza medycznej oraz nad ludźmi starszymi. Za jego rządów powstało budownictwo społeczne. „Skłaniam się ku lewicy, lecz w ramach

> ### ŻYCIE POLITYCZNE
>
> W Meksyku żartobliwie mawia się, że niektórzy politycy odliczają, ile jeszcze sześcioletnich kadencji zostało im do końca życia.

konstytucji” – brzmiało jego słynne hasło. Nie pobłażał politykom, którzy byli zbyt lewicowi. Wtrącił do więzienia komunistycznego muralistę Juana Alfara Siqueirosa i usunął komunizujących przywódców ze związków zawodowych nauczycieli i kolejarzy.

Masakra studentów

Gustavo Díaz Ordáz (1964–1970), konserwatysta z Puebli, stanął na czele kraju w trudnych czasach. PRI nie zdawała sobie sprawy, że ruch studentów, zapoczątkowany w czerwcu 1968 r., rozprzestrzeni się w tak szybkim tempie. Wkrótce

młodzi ludzie z Universidad Nacional Autónoma zażądali swobód demokratycznych oraz zmiany autorytarnego stylu rządzenia. Przywódcy ruchu byli znakomicie zorganizowani, a ich wiece przyciągały tysiące zwolenników.

W tym czasie Meksyk przygotowywał się do organizacji igrzysk olimpijskich i rząd nie chciał, aby świadkami akcji protestacyjnych na ulicach byli cudzoziemcy. 2 października 1968 r., na kilka dni przed ceremonią otwarcia olimpiady, doszło do masakry w Tlatelolco; nie była to duża demonstracja, zgromadziła około 10 tys. uczestników, ale przeciwko studentom stanęły policja i wojsko uzbrojone w pałki i gaz łzawiący. Gdy specjalny elitarny korpus policji ubranej po cywilnemu zaczął strzelać, demonstranci znaleźli się w krzyżowym ogniu.

W prasie cytowano wypowiedzi członków rządu, że zginęły 43 osoby (obserwatorzy sceny politycznej twierdzą, że liczba zabitych to 300–400). W więzieniach osadzono 2 tys. demonstrantów. Rok 1968 nie poszedł w zapomnienie – po dziś dzień jest uważany za punkt zwrotny w życiu politycznym Meksyku.

O dopuszczenie do masakry obwinia się następcę Gustava Díaza Ordáza, Luisa Echeverríę Alvareza (1970–1976), który był wówczas ministrem spraw wewnętrznych. Mimo że Ordáz wziął na siebie odpowiedzialność za masakrę studentów, historycy uważają, że istnieją dowody na to, że sprawcą był Alvarez, który nigdy nie odpowiedział za skutki swoich chybionych decyzji.

Kadencję Echeverríi Alvareza uważa się za początek ery populizmu, czyli wdrażania przedsięwzięć gospodarczych i społecznych, które mogły zaskarbić urzędującemu prezydentowi przychylność ludności, lecz niewiele miały wspólnego z rozwojem państwa. Przykładem takiego działania może być wywłaszczenie właścicieli dużych prywatnych majątków.

Za rządów Alvareza nastąpił dalszy wzrost liczby ludności, a inflacja wyniosła 20% w skali roku. We wrześniu 1976 r. nastąpiła dewaluacja peso o 100%, po raz pierwszy od 22 lat. Od tej pory co sześć lat odnotowywano kolejny spadek, a niestabilność gospodarki utrwalała się.

Meksyk bogaty dzięki ropie

José López Portillo (1976–1982) był bardziej konsekwentny od poprzedników w przestrzeganiu zasad odnoszących się do inwestycji zagranicznych. Jako profesor prawa i minister finansów w rządzie Echeverríi Alvareza, znakomicie się orientował w sytuacji finansowej państwa. Kiedy został prezydentem, próbował zaprowadzić spokojne rządy, skoncentrowane na jasnych celach. Niemal w tym samym czasie niespodziewanie odkryto w Meksyku ogromne złoża ropy naftowej.

W 1979 r. wzrost gospodarczy wyniósł 8%, a w rok później 7%. Rozwinęły się nowe gałęzie przemysłu, a wzdłuż granicy ze Stanami Zjednoczonymi powstała strefa przemysłowa. Niestety, nadpodaż ropy na rynkach światowych w 1982 r. zredukowała zapotrzebowanie, a tym samym ceny głównego towaru eksportowego Meksyku. Władze były o krok od wstrzymania spłaty długu zagranicznego, który urósł do 80 mln USD.

Aby uzyskać pożyczkę z Międzynarodowego Funduszu Walutowego, Meksyk musiał wprowadzić surową politykę fiskalną. Ludność ze względów bezpieczeństwa zaczęła lokować pieniądze za granicą. Nastąpił gwałtowny spadek wartości peso. Aby temu zaradzić, Portillo zdecydował się na dramatyczny krok. Tuż przed zakończeniem kadencji znacjonalizował banki, co z kolei rozzłościło biznesmenów.

Umowy handlowe

Następca Portilla, Miguel de la Madrid (1982 –1988), przejął kraj w stanie poważnego kryzysu ekonomicznego i próbował go ratować, prowadząc politykę stopniowego otwierania się gospodarki na świat – wkrótce Meksyk przystąpił do Układu Ogólnego w Sprawie Ceł i Handlu (GATT). Tak jak poprzednik, którego polityka zagraniczna często przebiegała nie po myśli USA, de la Madrid wierzył, że największym zagrożeniem dla pogrążonej w konfliktach Ameryki Środkowej jest napaść ze strony bogatego sąsiada. Z inicjatywy Meksyku utworzono tzw. Grupę z Contadory, organizację, która miała za zadanie znaleźć najlepsze rozwiązanie problemów krajów regionu.

Trzęsienie ziemi o sile 8,1 w skali Richtera, które rankiem 19 września 1985 r. nawiedziło miasto Meksyk, pochłonęło tysiące ludzkich istnień i poczyniło ogromne spustoszenia. Miało to oczywiście negatywny wpływ na gospodarkę kraju i mocno zmieniło wygląd stolicy.

Mimo że PRI nie zamierzała ustąpić z pozycji partii rządzącej, pojawiły się inne ugrupowania, stanowiące namiastkę opozycji. Ich pierwsze znaczące wystąpienie odbyło się w 1988 r., gdy Carlos Salinas de Gortari został prezydentem w okolicznościach, które dawały powody do spekulacji, gdyż uzyskał zaledwie 50,1% głosów, wygrywając z Cuauhtémokiem Cárdenasem, synem Lázara Cárdenasa, lubianego prezydenta z lat 30. XX w.

Do dziś rzeczywiste wyniki tamtych wyborów nie są znane. Aby zachować wiarygodność, Salinas – technokrata z dyplomem Harvardu – musiał działać bardzo szybko. Po raz pierwszy od dojścia PRI do władzy w latach 20. XX w. od-

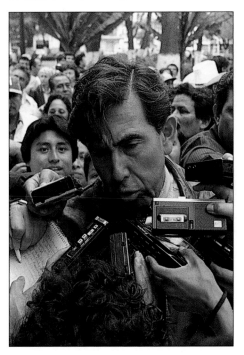

dał kilka urzędów gubernatorskich konserwatywnej Partii Akcji Narodowej (PAN). Udało mu się sprowadzić inflację do liczby jednocyfrowej oraz odnowić wiarę w gospodarkę. Promował politykę wolnego rynku, a prywatyzacja setek przedsiębiorstw państwowych stała się jego dewizą. Uważany za skutecznego przywódcę, był zagorzałym zwolennikiem utworzenia Północnoamerykańskiego Obszaru Wolnego Handlu (NAFTA) przez Meksyk, Stany Zjednoczone i Kanadę. Podpisanie tego układu stało się kamieniem milowym na drodze do rozwoju Meksyku, ponieważ włączyło kraj do gospodarki globalnej.

Po lewej: styl kolonialny jest zawsze w modzie.
Po prawej: Cuauhtémoc Cárdenas w czasie kontrowersyjnej kampanii w 1988 r.

1 stycznia 1994 r. wybuchło powstanie Narodowej Armii Wyzwoleńczej Zapatystów (EZLN) w południowym stanie Chiapas, rzucając cień na rządy Salinasa. Zamaskowani indiańscy powstańcy zajęli kilka miast, po czym zostali wyparci przez zmasowany atak armii rządowej.

Zapatyści sprzeciwiali się feudalnemu wyzyskowi i biedzie, która nękała wielu Indian. W czasie 12 dni działań wojennych zginęły 193 osoby. Rozpoczęto rokowania pokojowe w San Cristóbal de las Casas, lecz zanim zostały sfinalizowane, w Tijuanie wydarzyła się tragedia: kandydat na prezydenta z ramienia PRI, następca Salinasa, został zastrzelony podczas wiecu wyborczego.

Zamordowanie Luisa Donalda Colosia zakończyło okres relatywnej stabilizacji, którą udało się zaprowadzić PRI przez ponad 60 lat. Salinas szybko wybrał innego następcę – Ernesta Zedilla.

W tym samym roku odbył się kolejny zamach; tym razem jego ofiarą padł sekretarz generalny PRI. Morderstwo ponownie wstrząsnęło krajem i zapoczątkowało okres niepewnej sytuacji politycznej.

Zaledwie trzy tygodnie po objęciu prezydentury przez Zedilla, w grudniu 1994 r. nastąpiła ponowna dewaluacja peso. Stabilizacja gospodarcza, którą kraj zawdzięczał Salinasowi, skończyła się z dnia na dzień, a kryzys finansowy odbił się echem na światowych rynkach kapitałowych. USA wsparły Meksyk pożyczką 20 mld USD, a prezydent Zedillo, absolwent Yale, musiał wdrożyć restrykcyjną politykę gospodarczą.

Punkt zwrotny

6 lipca 1997 r. PRI po raz pierwszy nie zyskała większości w niższej izbie parlamentu, a Cuauhtémoc Cárdenas z lewicowej PRD (Partia Rewolucji Demokratycznej) został wybrany na urząd burmistrza miasta Meksyku.

W lipcu 2000 r. wybory prezydenckie przykuły uwagę całego świata, ponieważ po raz pierwszy od ponad 70. lat wygrała partia opozycyjna. Nowy prezydent, Vicente Fox z prawicowej PAN, był wcześniej rancherem i prezesem meksykańskiego oddziału Coca Cola Company.

Tymczasem konflikt w stanie Chiapas powoli wygasał. W marcu 2001 r. zapatyści pomaszerowali do stolicy, z której wycofano wojska, a parlament uchwalił powszechnie krytykowaną poprawkę do konstytucji, dotyczącą praw rdzennej ludności.

Wzrost gospodarczy kraju był w 2003 r. niewielki (niższy niż 2%), co postawiło pod znakiem zapytania długoterminową strategię wzrostu Foxa. Na domiar złego w listopadzie 2003 r. prawie 50 tys. osób przyłączyło się do marszu protestacyjnego przeciwko planom prezydenta dotyczącym zreformowania podatków i przemysłu energetycznego. Większość stanowili lewicowcy obawiający się, że reformy mają za zadanie przygotować grunt pod prywatyzację. ❑

PROBLEMY ZE ŚRODOWISKIEM

W Meksyku występują wszystkie podręcznikowe problemy ze środowiskiem naturalnym: składowanie toksycznych odpadów, wyrąb lasów, skromne zasoby wodne, erozja gleby i emisja gazów. Na domiar złego miasto Meksyk, jedna z największych metropolii na świecie, leży w dolinie, na wysokości 2275 m n.p.m. Tysiące zakładów przemysłowych i miliony samochodów zanieczyszczają powietrze, a inwersja temperatur w zimie jeszcze pogarsza sytuację. Wprowadzono odpowiednie przepisy, jednak nie zawsze są one przestrzegane; utworzono również rezerwaty, aby chronić przyrodę, lecz jest to kropla w morzu potrzeb.

PO LEWEJ: Vicente Fox odpoczywa po kampanii z 2000 r. na swoim ranczo w Guanajuato.

La Lotería Nacional

Wydaje się, że pierwotni mieszkańcy Meksyku byli zapalonymi hazardzistami. Niektóre starożytne gry, np. rytualna gra w piłkę, miały głębokie znaczenie duchowe, jednak nawet wtedy z rąk do rąk przechodziło złoto, drogocenne pióra i ziarno kakaowe. Aztekowie czasami grali nawet o własną wolność i niejeden skończył jako niewolnik. Wokół graczy gromadził się tłum, obserwując jak ci najpierw potrząsają *palolli* (nasiona fasoli oznaczone określoną liczbą kropek), a potem rzucają je na planszę namalowaną na macie, modląc się do Macuilochitla, boga szczęścia.

Hazard uprawiali nawet konkwistadorzy – Cortés zezwalał żołnierzom na grę w obozach, żeby im zapewnić rozrywkę. Podobnie było w czasach kolonialnych, bo każdy chciał choć przez chwilę poczuć się bogaty. W połowie XVIII w. król Karol III zorientował się, że rosnąca popularność loterii może stać się dodatkowym źródłem dochodu dla hiszpańskiej Korony. I tak powstała loteria państwowa, której pierwsza tura odbyła się 13 maja 1771 r. Bez pomocy współczesnych technik marketingowych sprzedano wówczas aż 4225 losów! Do końca XVIII w. meksykańska loteria stała się bardzo popularna również za granicą, nawet na Kubie.

Po rewolucji nowa władza postanowiła przeznaczyć dochody z loterii na „szlachetne cele" i tak powstała Lotería Nacional para la Asistencia Pública, zapewniająca prywatnym i państwowym instytucjom środki na pomoc dla bezdomnych dzieci, ludzi starszych i wiejskich szkół.

W ostatnich latach, nawet w obliczu największych kryzysów ekonomicznych jakie dotknęły Meksyk, nadzieje na fortunę nie słabną, a Lotería Nacional jeszcze nigdy nie sprzedawała takiej ilości losów. Dziś istnieją również inne loterie – można wybierać spośród Pro Touch, Pro Hit, Pégalo al Gordo i Melate, ale szansę na miliony daje tylko tradycyjna loteria, chociaż ta szansa to 1 do 50 tysięcy...

A oto co trzeba wiedzieć, żeby zagrać: losy kupuje się w specjalnych sklepach (*expendios*) lub u ulicznych sprzedawców; często słychać ich charakterystyczne zachęty: *Mire qué bonitos números! Traigo el número de la suerte* (Patrz cie jakie piękne numerki! Szczęśliwy los tylko u mnie!). Każdy los jest podzielony na kilka serii. Kupuje się *cachito* (kawałek, czyli pojedynczy los), kilka losów lub całą serię (20 *cachitos*). Za każdym razem jest losowana nagroda główna (*premio gordo*) i kilka mniejszych wygranych. Nawet jeśli komuś szczęście nie dopisało, ma szansę na *reintegro*, czyli odzyskanie wyłożonych pieniędzy, gdy ostatni numer na jego losie zgadza się z jedną z trzech cyfr wygrywających.

Wyniki loterii można sprawdzić następnego dnia w gazecie, są również wywieszane w *expendios* i obnoszone przez ulicznych sprzedawców. Uwaga – kwota cytowana obok każdego wygranego numeru to suma wygranych z całej serii. Jeden zwycięski los to 1/20 tej sumy.

Rząd meksykański automatycznie inkasuje od wygranej 21-procentowy podatek (z wyjątkiem *reintegros*, które są zwolnione z podatków), a do tego należy również pamiętać o własnym urzędzie skarbowym...

A zatem *¡Buena suerte!* Powodzenia! ❑

PO PRAWEJ: pojedynczy los (*cachito*) – Lotería Nacional para la Asistencia Pública w stanie Veracruz.

LUDNOŚĆ I KULTURA

*Różnorodność meksykańskiej kultury jest odzwierciedleniem
odmienności etnicznej mieszkańców tego kraju, z których
wielu nadal prowadzi niemal prekolumbijski styl życia.*

Wdziewięć miesięcy po tym, jak na meksykańskiej ziemi postawili stopę pierwsi konkwistadorzy, narodził się tam pierwszy Metys (*mestizo*). Potomkami związku białego mężczyzny z Indianką (i odwrotnie) jest w tej chwili większość ze 105 mln mieszkańców kraju. Oprócz tego żyje tam duża populacja Indian, stosunkowo niewiele osób pochodzenia hiszpańskiego, Murzyni, Azjaci i oczywiście mieszanki tych ras.

Głównym tyglem kulturowym stała się środkowa część kraju, gdzie Hiszpanie przesiedlili całe społeczności Tlaxcalan i Tarasków, aby ich oddzielić od wrogo nastawionych Indian z północy, którzy skutecznie opierali się najeźdźcom. Tarahumara, Mayo i Seri, a zwłaszcza Huicholowie i Yaqui kurczowo trzymają się pozostałości plemiennych terytoriów do dziś. Huastekowie przetrwali w górach, a Indianie Tzotzil i Tzeltal żyją na południu kraju, na wyżynie Chiapas. Większość potomków dawnych plemion zamieszkujących środkowy Meksyk żyje w wioskach rozproszonych po całej Dolinie Meksyku – są to głównie Indianie Nahua, Otomí i Mazahua. Na południu wiele grup autochtonów zajmuje wysepki, których nikt inny nie chciał, wśród zerodowanych wzgórz Guerrero, Oaxaki i Chiapas oraz na wąskim wapiennym płaskowyżu półwyspu Jukatan. Według oficjalnych danych rządowych ludność indiańska liczy od 3 do 4 mln obywateli – szacunki dotyczą jednak tylko tych, którzy na co dzień rozmawiają w rodzimym języku i zachowali czystość rasową oraz tradycyjną kulturę.

Niektóre z tych szczepów przyjęły chrześcijaństwo, inne nie, ale większość nauczyła się koegzystować z nową wiarą i wypracowała swoisty *modus vivendi*, czcząc chrześcijańskich świętych na równi ze swoimi bogami. Udało im się przy tym zachować przywiązanie do dawnych wartości: społeczności i harmonijnego związku świata fizycznego z duchowym. To właśnie nastawienie na wspólnotę, a nie na jednostkę najmocniej odróżnia Indian od reszty populacji.

W dalszej części rozdziału omówiono zaledwie kilka spośród ponad pięćdziesięciu plemion potomków dawnych Indian. Ich specyficzny sposób życia powoduje, że są to bodaj najciekawsi mieszkańcy kraju. Przyjrzymy się także europejskim wpływom oddziałującym na kulturę meksykańską, od sztuki po walki byków i od *charros* – meksykańskich kowbojów, po uroczystości religijne.   ❏

POPRZEDNIE STRONY: pikador w oczekiwaniu na walkę; młody Huichol obwieszcza powrót zbieraczy pejotlu.
PO LEWEJ: przed pracownią artystów wyrabiających skórzane maski.

LUDZIE

Chociaż zdecydowana większość populacji Meksyku należy do rasy mieszanej, wiele rdzennych grup etnicznych nadal preferuje tradycyjny tryb życia.

Według oficjalnych szacunków dwie trzecie spośród 105 mln mieszkańców Meksyku żyje w miastach, a zdecydowana większość z nich to Metysi, czyli mieszańcy, choć przetrwało również około 50 rdzennych grup etnicznych. Mimo istotnych różnic między plemionami, łączy je wspólna historia. Indianie i Metysi często wyglądają podobnie, ale różnice w języku, strojach, a przede wszystkim w podejściu do życia są ogromne.

Indiański ideał to pogodzenie się z losem i wszechświatem. Metysi, jak wielu ludzi Zachodu, pragną zapanować nad swoim przeznaczeniem; Indianin dąży do akceptacji istniejącego porządku, Metys stara się dominować; członek indiańskiego plemienia jest z natury nastawiony na dobro społeczności, Metys żyje w bardziej „nowoczesnym", indywidualistycznym społeczeństwie.

Trzecia grupa, niejednokrotnie pomijana przy omawianiu spektrum kulturowego Meksyku, to potomkowie czarnych niewolników, którzy wnieśli bardzo wiele do kultury wybrzeża Veracruz, a także rejonów nad Pacyfikiem, Guerrero i Oaxaki.

Machismo i malinchismo

Kwestia tożsamości jest dla Meksykanów bardzo ważna, o czym pisze Samuel Ramos, meksykański intelektualista, który jako pierwszy przyjrzał się uważniej kulturze swoich rodaków. Twierdził, że doskwierało im zawsze poczucie niższości, któremu „mężnie się przeciwstawiali". Odpowiedzialnością za wiele zachowań społecznych, takich jak na przykład budowanie systemów przywilejów, obarczył Hiszpanów. W Meksyku karierę można zrobić tylko dzięki powiązaniom z lokalnymi watażkami lub wpływowymi politykami. Ramos uważał, że taki system jest „równie bezwzględny jak starożytne rytuały Azteków, bo także wymaga ofiar z ludzi".

PO LEWEJ: Huicholowie hołdują pradawnym obyczajom.
PO PRAWEJ: pilnowanie porządku.

Laureat Nagrody Nobla, poeta Octavio Paz, analizuje kulturę meksykańską w *Labiryncie samotności* (1950 r., wyd. pol. 1991 r.), książce, która jest fascynującą próbą zrozumienia charakteru narodu. Paz stawia tezę, że postawa macho, typowa dla meksykańskiego mężczyzny, jest maską mającą ukryć jego samotność. Meksyka-

nin żywi przekonanie, że są tylko dwa sposoby postępowania z ludźmi: albo ich wykorzystywać, albo dać im się wykorzystywać, czyli – w języku ulicy – „przerobić kogoś lub dać mu się przerobić". Honor nakazuje mu dzielnie stawiać czoło wszelkim przeciwnościom, nawet śmierci. Musi pokazać, że jest silny, nieustraszony i potrafi walczyć o swoje racje. Ta postawa sięga korzeniami dawnych czasów – bądź co bądź kraj zrodził się z krwawych starć między konkwistadorami a indiańskimi wojownikami.

Kobieta, która odegrała bardzo ważną rolę w podboju Meksyku, La Malinche, dała początek innemu pojęciu stosowanemu w odniesieniu do charakteru narodowego Meksykanów. Tłumaczka, doradczyni i partnerka życiowa

Hernána Cortésa, jest do dziś potępiana przez meksykańskich nacjonalistów jako wielka zdrajczyni. Słowo *malinchismo* oznacza przedkładanie tego, co obce, nad to, co meksykańskie.

Indianie Tarahumara

Łańcuchy górskie stanu Chihuahua są miejscem schronienia Indian Tarahumara, którzy ciągle nie chcą sobie przyswoić meksykańskiego trybu życia. Kiedy w czasie hiszpańskiej inwazji pragnęli ocalić swoją kulturę, mieli tylko dwa wyjścia: walczyć i umrzeć

albo ukryć się w górach. Obecnie żyje około 50 tys. Indian należących do tego szczepu, którzy mieszkają na obszarze 50 tys. km² w okolicach masywu Sierra Madre w północno-zachodniej części stanu Chihuahua.

Pomijając przelotne kontakty z nielicznymi Hiszpanami, Tarahumara poznali białych wraz z przybyciem jezuitów na początku XVII w. Byli ich bardzo ciekawi i pierwsze spotkania miały charakter pokojowy, ale w 1631 r., kiedy na południu dzisiejszego stanu odkryto srebro, stało się to, co nieuniknione – kolonizatorzy potrzebowali siły roboczej i zaczęli zmuszać Indian

> **NIEZWYKŁE LEKI**
>
> Według Indian Tarahumara najlepszym lekarstwem na depresję jest wypalenie mieszanki składającej się z tytoniu, ususzonego żółwia i krwi nietoperza.

do pracy, co doprowadziło do serii rewolt, trwających czasami przez lata.

Jedne z najkrwawszych buntów i akcji odwetowych w historii kraju miały miejsce właśnie w krainie Indian Tarahumara. Pierwszej rebelii, w 1648 r., przewodził Teporaca, a jej ofiarami byli misjonarze. Od tamtego czasu trwała nieustająca wojna: wielu Indian wolało raczej umrzeć niż się poddać, inni ukryli się w górach. Niektórzy, chcąc ocalić życie, przyjęli nową wiarę i częściowo się zasymilowali ze wspólnotą białych, zajmując najniższe miejsce w ich hierarchii społecznej.

Odzyskanie przez Meksyk niepodległości nie poprawiło sytuacji Indian. Mimo że Hiszpania ustąpiła, meksykański rząd był pochłonięty innymi sprawami, a tymczasem na wioski Tarahumara zaczęli napadać Apacze. Niebawem na horyzoncie pojawiło się jeszcze większe zagrożenie: nowe prawo z 1825 r., zezwalające na kolonizację „nieużytków", w wyniku czego autochtoni stracili najlepsze ziemie.

Podobnie jak w przypadku innych meksykańskich plemion, chrześcijaństwo wyznawane przez Tarahumara miało w dużej mierze pogańskie zabarwienie, a Chrystus i Matka Boża stali się po prostu kolejnymi ważnymi postaciami w panteonie miejscowych bóstw.

Indianie z tego plemienia są znani jako doskonali biegacze długodystansowi – niektórzy potrafią pokonać 180 km bez odpoczynku, nic więc dziwnego, że mówią o sobie *Rar'amuri*, czyli „ludzie o lekkich stopach". Często są organizowane wyścigi, w których biorą udział dwie drużyny po 20 biegaczy. Uczestnicy takiego maratonu biegną dzień i noc, kopiąc drewnianą piłkę. Widzowie robią zakłady, przy czym niejeden ryzykuje utratę swojego skromnego mienia w postaci stada kóz, owiec czy bydła.

Podobnie jak inne rdzenne grupy etniczne w Meksyku, Tarahumara wykorzystują w swych obrzędach pejotl (używka otrzymywana z dwóch gatunków echinokaktusa; alkaloidy zawarte w pejotlu, a zwłaszcza meskalina, powodują halucynacje i omamy wzrokowe). Na przełomie XIX i XX w. pracujący wśród Indian norweski badacz Carl Lumholtz usłyszał teorię, że kiedy Bóg opuścił Ziemię, by zamieszkać w niebie, zostawił swojemu ludowi pejotl jako lekarstwo i moc chroniącą przed czarami. Uważano, że stosowany zewnętrznie, skutecznie leczy ukąszenia węża, poparzenia, okaleczenia i reumatyzm. Roślina była uważana za świętą i składano jej ofiary, żeby nie wpędziła nikogo w szaleństwo.

Obecnie większość Indian Tarahumara mieszka w enklawie w Sierra Madre Zachodniej, a 20% z nich nadal prowadzi tradycyjny tryb życia. Utworzono Narodową Radę Indian i co roku tysiące ludzi przyjeżdża na wielkie kongresy organizowane przez rząd. Niektórzy miejscowi przywódcy domagają się przyznania swoim pobratymcom prawa własności do ziemi, żądają budowy szkół, przysłania nauczycieli, zapewnienia lepszych dróg, telefonów, lekarzy i leków, pomocy prawnej, ochrony lasów oraz prawa do samostanowienia na szczeblu lokalnym. Inni z kolei nie mają zamiaru się integrować, i ani myślą o szkołach i drogach.

Indianie Seri

Seri, podobnie jak Lakandoni, stanowią jedną z najmniejszych grup indiańskich w Meksyku. Tragiczne w skutkach kontakty z zachodnią cywilizacją doprowadziły do niemal całkowitego wyginięcia plemienia: w 1600 r. żyło ich 5 tys., a w 1930 r. już tylko 175 (obecnie około 500).

Seri – czyli „ci, którzy mieszkają pośród piasku" – są jednym z sześciu szczepów tworzących grupę etniczną Kunkaahac, co znaczy „nasza wielka matka rasa". Kiedyś mieszkali w południowej części pustyni Sonora, na wybrzeżu i na pobliskiej wyspie Tiburón, dziś mają swoje domostwa w zachodniej części stanu Sonora, nad Zatoką Kalifornijską. Są myśliwymi i rybakami; wypływają w morze łodziami z trzciny i włóczniami z tzw. drzewa żelaznego zabijają wielkie żółwie.

Pod koniec XVII w. niemieckiemu jezuicie, ojcu Gilg, powierzono zadanie ucywilizowania i nawrócenia Seri, których liczbę szacowano wówczas na około 3 tys. W swojej misji jezuita napotkał na wiele problemów; jednym z poważniejszych była niewielka ilość ziemi nadającej się pod uprawy, gdyż Seri zamieszkiwali teren półpustynny. Zakonnik miał również kłopoty z nawróceniem ich na chrześcijaństwo, bo – jak twierdził – żyli „bez Boga, bez wiary, bez domów, jak bydło... Nie mają żadnej religii, nawet bałwochwalczej, bo nigdy nie znali i nie czcili żadnego bóstwa, prawdziwego czy fałszywego".

Oczywiście, nie była to prawda: Seri, jak wszystkie mezoamerykańskie ludy, oddawali cześć Słońcu i Księżycowi, a ich religia była skoncentrowana wokół zwierzęcych bóstw, z żółwiem i pelikanem na czele.

Ojciec Gilg ganił Indian za to, że nie rozumieją eucharystii i chrześcijańskich tajemnic wiary, i w gruncie rzeczy niewiele wskórał, próbując uczynić z nich posłusznych poddanych, którzy z uśmiechem służą białym panom. Seri buntowali się: w 1662 r. kilkuset członków plemienia walczyło zaciekle z Hiszpanami aż do momentu, gdy wszyscy polegli – zarówno mężczyźni, jak i kobiety.

Do 1742 r. około jednej trzeciej Indian Seri zaakceptowało osiadły tryb życia na terenie misji. Kiedy w roku 1748 Hiszpanie zbudowali fort w Pitic, wysiłki w celu przekonania Seri, by osiedli się w pobliżu, odniosły pewien skutek. Jednak gdy później biali odebrali Indianom ziemię, ci ostro, aczkolwiek pokojowo zaprotestowali. Gdy Hiszpanie aresztowali 80 rodzin, oburzeni Seri połączyli siły z plemieniem Pima, zniszczyli misję w Guaymas i przypuścili wiele ataków na hiszpańskie osady. W 1769 r. brak pożywienia osłabił ich wolę walki i wielu Indian poddało się, zgadzając się na przyjęcie wiary

---

Po lewej: niektórzy Indianie Tarahumara wciąż mieszkają w jaskiniach.

Po prawej: kobieta z plemienia Seri.

chrześcijańskiej i codzienne uczestnictwo we mszy świętej.

Pod koniec XIX w. ranczer nazwiskiem Encinas założył wielkie gospodarstwo na ziemiach, które były tradycyjnym terenem polowań na jelenie i króliki. Indianie uznali, że mogą teraz „polować" także na bydło i przez kolejnych dziesięć lat kowboje i Seri walczyli ze sobą w tak zwanej wojnie Encinas. Za każdą skradzioną sztukę bydła zabijano jednego Indianina.

> ### KRÓLOWA SERI
>
> Lola, biała dziewczyna z prominentnej rodziny, pojmana przez Indian Seri, stała się bohaterką wielu legend. Spodobało jej się życie plemienne, została królową plemienia Seri i urodziła kilkoro dzieci szamanowi Kojotowi-Iguanie.

testanccy misjonarze zrobili z nich formalnie chrześcijan, zakazując przy okazji – ku przerażeniu turystów i antropologów – zwyczaju malowania twarzy.

Obecnie Seri utrzymują się ze sprzedaży ryb, naszyjników z muszli i pięknych rzeźb przedstawiających zwierzęta. Główna grupa, licząca około 300 osób, mieszka w Desemboque. Do dziś plotą ciężkie, ozdobne kosze z włókien *torote* i wyrabiają gliniane naczynia i figurki. Są również dobrymi mechanikami – mówi się, że sto lat temu

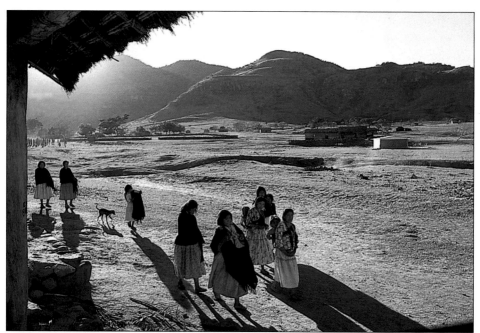

W 1920 r. nieliczni Seri zaczęli wieść żywot wędrownych myśliwych. Część z nich osiedliła się na pewien czas na obrzeżach małej wioski nad zatoką Kino i zajęła się rybołówstwem; kiedy w latach 30. XX w. nastał boom na wątroby rekinów, zaczęli polować na rekiny, co przynosiło im niewielki dochód.

Potem, w latach 50., kolejnym źródłem pieniędzy stali się dla nich zamożni Amerykanie, którzy odkryli uroki łowienia ryb w zatoce. W tym samym czasie Seri zainteresowały się liczne odmienne podmioty: antropolodzy uczynili z nich przedmiot swoich badań, lingwiści przetłumaczyli Nowy Testament na ich język, a pro-

potrafili wykonać części zamienne do karabinów Mauser, mając do dyspozycji wyłącznie pilnik.

Indianie Cora

Przez 200 lat od upadku azteckiego imperium waleczni Indianie Cora z dzisiejszego stanu Nayarit utrzymywali luźną strukturę plemienną i opierali się hiszpańskiej ekspansji oraz pochlebstwom misjonarzy. Zostali pokonani dopiero w 1722 r., gdyż niedostępny łańcuch górski Sierra del Nayar w zachodniej części Sierra Madre stanowił skuteczną zaporę przeciwko najeźdźcom i pozwolił im na długo zachować niemal całkowitą niezależność.

Jezuicki misjonarz, ojciec Ortega, napisał, że kraina Indian Cora była „tak dzika i przerażająca w swojej surowości – bardziej nawet niż strzały jej wojowniczych mieszkańców – że odbierała odwagę zdobywcom, bo nie tylko grzbiety górskie i doliny wydawały się być niedostępne, ale nad nimi wznosiły się jeszcze wysokie szczyty, które wprawiały w całkowitą dezorientację".

Nuño de Guzmán, najokrutniejszy z konkwistadorów, podbił niziny zachodniego Meksyku, ale nie udało mu się zawładnąć obszarami górskimi, które pozostały bastionem indiańskiego oporu. Poza królestwem Tarasków nie istniały w zachodniej części kraju żadne dobrze zorganizowane struktury polityczne, które Hiszpanie mogliby szybko pokonać, wykorzystując przewagę militarną. Gdy de Guzmán kazał zamordować króla Tarasków, plemię musiało uznać władzę nowych, spragnionych danin panów, ale innych szczepów w zachodnim Meksyku nie udało się tak łatwo złamać.

Indianie Cora stali się najbardziej nieprzejednanymi buntownikami w tej części kraju. Ich sąsiedzi, plemię Huicholów, prawie w ogóle nie zapisali się na kartach historii walk wyzwoleńczych, być może dlatego, że zamieszkiwali jeszcze bardziej niedostępne tereny i byli jeszcze gorzej zorganizowani niż Cora.

W XVI stuleciu na dużych obszarach toczyły się walki, a nieustraszeni Indianie często przeprowadzali zbrojne napady. Jako środek zapobiegawczy Hiszpanie zastosowali przesiedlenia licznych grup podporządkowanych Indian, w tym schrystianizowanych Tlaxcalan, aby stanowili zaporę przed dzikimi szczepami. W 1616 r. Cora przystąpili do wielkiej rebelii Indian Tepehuan i prowadzili wojnę zaczepną na coraz większą skalę aż do końca stulecia.

Misjonarze próbowali „ujarzmić" Cora, ale ci nie chcieli się wyrzec swoich bogów. W końcu Hiszpanie uniemożliwili im handel solą, odcinając ich od głównych szlaków, a następnie wysłali do nich jezuitę z misją pokojową. Delegacja została przyjęta przez grupę muzyków, wojowników i starszych, którym przewodził Tonati, kapłan Słońca. Byli uprzejmi, ale odmówili przyjęcia hiszpańskiego zwierzchnictwa.

Po LEWEJ: religijne i świeckie ośrodki Indian Cora leżą w dolinach.
Po PRAWEJ: Indianin z plemienia Huicholów wiesza pejotl, żeby go ususzyć.

Później niektórzy spośród wodzów Cora byli gotowi złożyć przysięgę posłuszeństwa wobec Hiszpanów, ale pod warunkiem, że zachowają na zawsze swoje ziemie, nie będą musieli składać danin i będą mogli swobodnie handlować solą, nie płacąc z tego tytułu żadnych podatków. Jednak nie wszyscy chcieli kompromisu i Hiszpanie postanowili dać buntownikom nauczkę. Już pierwsza poważna ekspedycja zbrojna odnotowała częściowy sukces, a w 1722 r. pod wodzą kapitana Juana Floresa de la Torre kolonizatorzy odnieśli druzgocące zwycięstwo. Część ocalałych Indian uciekła w góry, ale opór na wielką skalę był już niemożliwy.

Misjonarze, którzy przybyli w ślad za wojskiem, napotkali na ten sam problem, co ich poprzednicy – nie wiedzieli, jak sobie poradzić z tym krnąbrnym ludem. Sytuację dodatkowo komplikował nieustający spór między jezuitami i franciszkanami odnośnie tego, kto ma prawo do ratowania zbłąkanych dusz. Jezuici byli górą, ale tylko przez jakiś czas; niespełna pół wieku później zostali wydaleni z Nowej Hiszpanii, a ich miejsce zajęli franciszkanie, zakładając misje w ośrodkach religijnych Cora.

Misjonarzom udało się powołać u Indian coś w rodzaju cywilnego rządu na wzór hiszpański, a tytuły przyznawane jego oficjelom

– *gobernador, alcalde, alguacil* – obowiązują do dzisiaj. Wprowadzili także Wielkanoc, ale oporni Cora zmodyfikowali ją na swój (niepowtarzalny) sposób. Prawda jest taka, że misja „ujarzmienia" tych górskich szczepów powiodła się w bardzo niewielkim stopniu. Kiedy na przełomie XIX i XX w. norweski badacz Carl Lumholtz odwiedził Cora, wciąż kultywowali stare tradycje.

Ich głównym bóstwem pozostała Gwiazda Poranna, strzegąca swoich wyznawców przed złem wespół z innymi bogami. Lumholtz zauważył, że Indianie Cora czcili stare kamienne posągi i wielką świętą misę, która rozumiała tylko ich

stanu Jalisco są swoistym oknem, przez które można spojrzeć w przedhiszpańską przeszłość Meksyku. Antropolodzy uważają, że w bardzo niewielkim stopniu ulegli wpływom zachodniej kultury: góry chroniły ich przed konkwistadorami, a misjonarze dotarli do nich z dużym opóźnieniem, bo dopiero 200 lat po Cortésie.

Indianie przejęli katolickie obrzędy, ale wzbogacili je o elementy rodzimej tradycji. Na przykład niektórzy z nich są przekonani, że biblijny Józef uzyskał prawo poślubienia Maryi dzięki zwycięstwu w konkursie skrzypcowym. Wierzenia członków tego plemienia odzwierciedlają mezoamerykańską teologię sięgającą starożytności.

język i była uważana za świętego patrona społeczności i matkę plemienia.

Nawet dziś Cora (zostało ich tylko kilka tysięcy) żyją zgodnie ze swoimi zwyczajami, uprawiając niewielkie działki na własny użytek i wyznając swoją wiarę. Utrzymują się z hodowli bydła i sprzedaży pięknych tkanin. Podobnie jak Huicholowie, sprawują obrzędy, w których jest wykorzystywany pejotl. Szamani nadal przywołują istoty z zaświatów, a misjonarze ciągle próbują ich nawrócić.

Huicholowie

Huicholowie zamieszkujący górzyste obszary Sierra Madre Zachodniej w północnej części

Główne bóstwa to spersonifikowane siły natury – Tatewari (ogień), Nakawe (wzrost) – a także Kayaumari (jeleń).

Wierni swojemu trybowi życia i zwyczajom, zarabiają niewiele, pracując na nadmorskich plantacjach, sprzedając bydło i wyroby rękodzielnicze.

W przeszłości uprawiali kukurydzę i polowali na jelenie. Ich osady były zazwyczaj bardzo od siebie oddalone, czasem nawet o pół dnia drogi.

Najważniejsze obrzędy Huicholów – związane z zasiewem, żniwami i zbiorami – są odprawiane w *tuki*, okrągłej świątyni. Rytuałom przewodzi *tzauririka* (śpiewający szaman) – on i inni kapłani są wybierani na pięcioletnie kadencje i prawie każdy mężczyzna z plemienia pełni tę funkcję kilka razy. *Tuki* jest nie tylko centrum życia religijnego, ale także społecznego. Członkowie szczepu mogą tam szukać pomocy i wymieniać poglądy. Przed ceremonią często odbywa się rytualne polowanie na jelenie.

Poza wielkimi świętami w San Andrés rzadko dochodzi do kontaktów między Metysami a Huicholami. Metysi przybywają na fiesty, żeby handlować wyrobami ceramicznymi i słodyczami. Huicholowie dzierżawią czasem Metysom ziemię, a ci uprawiają ją, dzieląc się z właścicielami połową zysków.

Jak na razie styl życia Indian nie jest szczególnie zagrożony ani ze strony Meksykanów, ani ciekawskich turystów, jednak Metysi potrzebują ich ziemi na pastwiska i pod uprawę, co stanowi poważny problem. Żeby stawić mu czoło, Indianie muszą znaleźć kompetentnych i silnych przywódców, a ponadto skorzystać z usług profesjonalistów – prawników i geodetów. Wiele zależy od postawy rządu i gospodarki. Jeśli ceny drewna i wołowiny gwałtownie wzrosną, albo jeśli zostaną odkryte na tych terenach cenne surowce mineralne, styl życia Huicholów może się gwałtownie zmienić.

Członkowie tego szczepu słyną z rytuałów, w których wykorzystuje się pejotl (s. 239). Co ciekawe, kaktusy, z których pozyskuje się tę substancję nie rosną na ich terenach, ponieważ gleba i klimat nie są odpowiednie, odbywają więc coroczną pielgrzymkę na pustynię San Luis Potosí, żeby zdobyć roślinę. Mała dawka – od jednego do czterech kawałków – uwalnia od głodu, pragnienia, żądzy i poczucia zmęczenia. Większa dawka – pięć kawałków lub więcej – wywołuje halucynacje.

Dziś już można zauważyć pewne oznaki zmiany stylu życia mieszkańców okolic masywu Sierra Madre. Niektórzy Huicholowie mówią teraz po hiszpańsku i ubierają się jak Metysi. Zaczęli się również pojawiać turyści, zwłaszcza w okresie wielkanocnym, bo to jedyne święto o ustalonej dacie w miejscowym kalendarzu; wielu z wycieczkowiczów to młodzi ludzie zwabieni opowieściami o legendarnych Indianach i cudownych właściwościach pejotlu.

Po lewej: nad jeziorem Pátzcuaro leży dużo wiosek Tarasków.

Po prawej: *voladores* z plemienia Totonaków sami projektują i szyją swoje kostiumy.

Taraskowie

Taraskowie są cenionymi twórcami rękodzieła już od czasów przedhiszpańskich. Mieszkają w północnej części stanu Michoacán, wokół jeziora Pátzcuaro i bardziej na zachód – na płaskowyżu Tarasca. Dane na temat ich liczebności nie są spójne, ale tych Tarasków, którzy mówią w ojczystym języku, jest prawdopodobnie ponad 80 tys. (ich mowa jest niepodobna do żadnego innego narzecza meksykańskich Indian i niektórzy badacze próbowali dowieść, że to plemię pochodzenia peruwiańskiego).

Dzisiejsi Taraskowie są głównie rybakami, ale przede wszystkim rzemieślnikami, którzy wy-

RĘKODZIEŁO TARASKÓW

Mimo że Taraskowie byli znanymi rzemieślnikami już w czasach przedhiszpańskich, dopiero biskup Vasco de Quiroga zachęcił Indian do zakładania cechów i doskonalenia swoich umiejętności w określonym rzemiośle. Ta tradycja jest żywa do dziś. Na przykład taraskańska wioska Ocumicho specjalizuje się w lepieniu z gliny najprzeróżniejszych figurek diabła – diabeł jadący na motocyklu, diabeł pod postacią ryby, diabeł walczący z wężem. Inne osady, charakterystyczne ze względu na uprawiane rzemiosło, to między innymi:

Santa Clara – wyroby z miedzi	Ihuatzio – maty z sitowia
Patamban – zielona ceramika	Paracho – gitary

twarzają wyroby ceramiczne, miedziane, misy i tace z laki, gitary, produkty skórzane, drewniane maski, kapelusze, maty oraz meble.

Przed przybyciem Hiszpanów Taraskowie zdołali stworzyć militarne imperium, na tyle silne, by poddać próbie aztecką machinę wojenną. Wkrótce po hiszpańskim podboju znaleźli przyjaciela i protektora w osobie Vasca de Quirogi. Ów człowiek – prawnik i osobisty przyjaciel hiszpańskiego monarchy – został mianowany sędzią Królewskiego Sądu Najwyższego Meksyku, który potępił Nuña de Guzmána za jego okrucieństwa i zamordowanie króla Trasków. Wyświęcony na księdza i biskupa, udał się do Michoacánu, by

Jednak nie wszystko było jak w Utopii – znalazłszy się między chciwymi kolonizatorami i żądnymi dusz misjonarzami, Indianie musieli się przystosować do nowej rzeczywistości. Handel był ściśle kontrolowany przez hiszpańskich kupców i bezpośrednia wymiana towarów między tubylczymi wioskami była zakazana; wszystkie wyroby musiały najpierw trafić na miejskie targowiska, gdzie rządzili biali.

Carl Lumholtz, norweski kronikarz indiańskich plemion, który na początku XX w. podróżował przez ziemie Trasków, zaobserwował, jak odnosili się do nowej religii. Na przykład chłopi zakopywali na polach kamienne wyobrażenia dawnych

chrystianizować Indian i chronić ich przed okrucieństwem hiszpańskich właścicieli ziemskich.

Jego przekonanie o potrzebie budowania samowystarczalnych społeczności, w których panowałoby równouprawnienie, wywodziło się bezpośrednio z filozofii angielskiego męża stanu i pisarza politycznego sir Thomasa More'a (1478 –1535). Zawsze życzliwy wobec Indian *Tata* („ojciec") Quiroga – jak go pieszczotliwie nazywano – zakładał szpitale i szkoły na terenie misji oraz zachęcał Trasków do rozwijania zdolności rzemieślniczych. Dla niego tworzyli misterne mozaiki z piór oraz figurki swoich bóstw, które lepili ze specjalnej masy ze startych łodyg kukurydzy i wyciągu z orchidei.

bóstw, żeby zapewnić sobie obfite plony, a jednocześnie modlili się do świętego Mateusza, patrona rolników. Lumholtz zauważył, że Taraskowie nie są w stanie utrzymać się wyłącznie z rolnictwa. Wielu musiało poświęcić się rękodzielnictwu, a było to wyczerpujące i źle opłacane zajęcie.

W latach 30. XX w. prezydent Cárdenas próbował zaszczepić w Indianach poczucie współodpowiedzialności za kraj, w którym żyją – autochtoni mieli uczestniczyć w budowaniu gospodarki narodowej, zachowując zarazem tradycyjny styl życia.

Dziś wielu Indian musi opuszczać wioski w poszukiwaniu pracy; niektórzy nawet przekraczają granicę i szukają zatrudnienia w USA.

Totonakowie

Totonakowie, których żyje w Meksyku około 150 tys., zdołali w dużej mierze zachować odrębność kulturową. Zamieszkują głównie żyzne, tropikalne tereny stanu Veracruz i chłodne okolice masywu Sierra Madre. Wywodzą się od jednej z najbardziej rozwiniętych cywilizacji okresu przedhiszpańskiego, słynącej z wyrobu wspaniałej ceramiki i kamiennych rzeźb.

Gdy Cortés wylądował na wybrzeżu zamieszkałym przez Totonaków, zawarł

> **VOLADORES**
>
> Występy *voladores* można obejrzeć przed Narodowym Muzeum Antropologii w mieście Meksyku, w Centrum Kongresowym w Acapulco lub w bardziej tradycyjnych miejscach, jak ruiny El Tajín czy pobliska Papantla.

juszników i uczynili z Indian tanią siłę roboczą na swoich plantacjach.

Totonakowie zostali nawróceni na katolicyzm, ale – podobnie jak inne rdzenne plemiona – po swojemu zinterpretowali katolickie obrzędy. Do dziś w dniu świętego Franciszka przed kościołem w Papantli można obejrzeć pradawny obrzęd totonackich *voladores* (s. 281). Gdy jest stawiany słup, wokół którego będą wirowali, chrześcijańskie modlitwy przeplatają się z oczyszczającymi rytuałami i ofiara-

w Cempoali przymierze z ich wodzem przeciwko Aztekom. Indianie służyli w armii konkwistadora jako tragarze, przenosząc zapasy i ciężkie działa przez górskie przełęcze. Ponieważ pomogli Hiszpanom, we wczesnym okresie kolonialnym przyznano im ograniczoną autonomię: zachowali swoje grunty, a ich wodzom zezwolono na sprawowanie ograniczonej władzy. Jednak ziemie Totonaków były bardzo żyzne i dawały obfite plony, co nie umknęło uwadze Hiszpanów – wkrótce przestali być łaskawi dla swoich niedawnych so-

mi z pokarmów i płynów. Są to działania zapobiegawcze, mające uchronić uczestników obrzędu przed wypadkiem.

Ostatnim środkiem ostrożności jest wrzucenie do wykopanego dołu żywego indyka i rytualne zmiażdżenie go pniem lub palem, co nawiązuje do czasów, kiedy totonaccy tancerze musieli założyć związek, który miał dbać o ich byt i stać na straży autentyczności ceremonialnych przedstawień.

Egzystencja Totonaków jest niepewna, a ich tradycyjny styl życia coraz mocniej zagrożony. Odkrycie ropy w Zatoce Meksykańskiej i hodowla bydła na wielką skalę faktycznie pozbawiły ich ziemi.

Po LEWEJ: zdjęcie Lakandonów wykonane przez XIX-wiecznego francuskiego badacza Desiré Charnaya.
POWYŻEJ: kobiety z plemienia Zapoteków z Oaxaki.

Konflikt w Chiapas

D o 31 grudnia 1993 r. stan Chiapas był znany głównie dzięki wspaniałym ruinom starożytnego miasta Majów Palenque i uroczego, choć chłodnego miasteczka San Cristóbal de las Casas.

Rdzenni mieszkańcy Chiapas – mniej więcej jedna trzecia trzymilionowej populacji tego stanu – stanowili jedynie barwne tło: sprzedawali turystom wyroby rękodzielnicze, żyli krótko i w nędzy, rzadko pokazując się odwiedzającym te strony Meksykanom czy cudzoziemcom.

1 stycznia 1994 r. tysiące Indian należących do Narodowej Armii Wyzwoleńczej Zapatystów (Ejército Zapatista de Liberación Nacional – EZLN) zajęło sześć miast stanu, w tym San Cristóbal de las Casas. Ogłosili niepodległość regionu i wybrali na jego stolicę małe miasteczko La Realidad, leżące głęboko pośród lasów, na obszarze zamieszkiwanym przez Lakandonów. To ono miało być symbolem ich walki o polityczną niezależność.

Po dwunastu dniach krwawych walk prezydent Carlos Salinas de Gortari ogłosił rozejm i zaproponował zapatystom negocjacje dotyczące politycznych i ekonomicznych praw, których się domagali. W San

Powyżej: zamaskowani zapatyści na konferencji prasowej w San Cristóbal de las Casas.

Cristóbal de las Casas grupa uzbrojonych i zakapturzonych chłopów, z których wielu nosiło tradycyjne stroje, zasiadła do rozmów z byłym burmistrzem miasta Meksyku, Manuelem Avilą Camacho. Miejscowy biskup, Samuel Ruíz, wieloletni bojownik o prawa Indian, pełnił rolę mediatora.

Jednak prawdziwą gwiazdą tych rozmów okazał się „Subcomandante Marcos", tajemniczy, palący fajkę przywódca zapatystów, a zarazem jedyny przedstawiciel powstańców, który nie był Indianinem. Zdekonspirowany później jako były nauczyciel, Rafael Sebastian Guillén, urzekł licznie zgromadzoną publiczność swoją autoironiczną retoryką.

Mimo pierwszych buńczucznych oświadczeń, zapatyści wkrótce zapewnili, że interesuje ich tylko pokojowa rewolucja, wywołana przez meksykańskie „społeczeństwo obywatelskie". Choć wydawało się, że rozmowy z Camacho przyniosły porozumienie, EZLN odrzuciła przyjęte warunki.

Na początku 1996 r. wznowiono negocjacje, zakończone podpisaniem porozumienia. Rząd jednak nie przyjął ustaw, które pozwoliłyby wprowadzić ustalenia w życie, i EZLN wycofała się z rozmów. W tej sytuacji rządzący postawili na strategię zwalczania rebeliantów za pomocą działań zbrojnych „na niewielką skalę" i jeśli nawet nie zachęcali, to zezwalali na rozwój wrogich zapatystom grup paramilitarnych.

Armia federalna i lokalna policja wzmocniły patrole w strefie konfliktu, ale nie robiły nic, żeby zapobiec bratobójczej walce. Przemoc i bezkarność prowadziły do coraz większej liczby ofiar: od stycznia 1994 r. zginęło więcej ludzi niż w czasie powstania. Policja federalna aresztowała dziesiątki podejrzanych, ale mijały miesiące, a wyższym urzędnikom państwowym, którzy pozwolili swobodnie działać grupom paramilitarnym, wciąż nie stawiano zarzutów. W końcu władze federalne zdecydowały się na nową, bardziej aktywną politykę w stanie Chiapas. Zdymisjonowano ministra spraw wewnętrznych Ernesta Chuayffeta, a jego następca, Francisco Labastida, starał się zabezpieczyć interesy Indian odpowiednimi aktami prawnymi.

W samym Chiapas jednak prześladowania zwolenników EZLN przybrały na sile. Pod zarzutem ingerowania w wewnętrzne sprawy Meksyku władze imigracyjne wydaliły z kraju cudzoziemców sympatyzujących z zapatystami. Zaczęto też likwidować sieć „autonomicznych samorządów miejskich" EZLN i aresztowano rzekomych podżegaczy.

Duże nadzieje wiązano z wyborem na prezydenta Vincente Foxa w 2000 r., jednak ten optymizm nie trwał długo, gdyż sytuacja nie uległa poprawie. ❏

Totonakowie żywią się niemal wyłącznie kukurydzą, fasolą i papryką chili, a zwierzęta domowe zabijają i jedzą tylko podczas wielkich świąt.

Lakandoni

Innym plemieniem, które nie utraciło tożsamości kulturowej, są Lakandoni. Jeszcze do niedawna przed wpływami zachodniej cywilizacji chroniła ich dżungla Chiapas, gdzie do dziś mieszkają, chroniąc się przed światem. Jednak od lat handlują z nimi drwale, myśliwi i badacze, wymieniając alkohol, broń palną, żywność

> ### ZIELONE PIEKŁO
>
> Antropolog Jacques Soustelle nazwał rejon zamieszkiwany przez Lakandonów „zielonym piekłem", do którego trudno dotrzeć i skąd trudno się wydostać.

a nad wszystkich górowały olbrzymie mahoniowce. Roiło się od sadzawek, które jednak nie dawały odbicia, bo rzadko docierało tam światło słoneczne. Poza hałaśliwymi małpami było mało zwierząt; również owady występowały liczniej tylko nad brzegami rzek.

Lakandoni są dobrze przystosowani do życia w tym środowisku; doskonale znają trujące rośliny i korzystają z obfitości dżungli, w której samodzielnie potrafią przeżyć nawet 12-letnie dzieci. Słowo „Lacandón" pochodzi od „Lacantun", co znaczy Wielka Skała

PowYŻEJ: współcześni Majowie z Jukatanu.

i ubrania na cenne drewno, tytoń i *chicle* (oryginalną gumę do żucia z mleczka kauczukowego). Żyją w małych wspólnotach, po dwie lub trzy rodziny, czczą starych bogów i utrzymują się z tego, co daje im dżungla. Chociaż to nieduże plemię, niedostępny teren zapewnia mu niemal całkowite bezpieczeństwo.

Mało kto słyszał o Lakandonach do 1933 r., kiedy francuski antropolog Jacques Soustelle odwiedził ich ze swoją żoną Georgette. Soustelle napisał później, że w ich królestwie słońce nie przenikało przez gęste zarośla, a ziemia była pokryta gnijącymi chaszczami. Drzewa wyglądały na udręczone, niczym z sennego koszmaru,

– jest to nazwa wyspy na jeziorze Miramar, gdzie mieszkali przodkowie szczepu, lud blisko spokrewniony z Majami.

Najważniejszym bóstwem plemienia jest Słońce, któremu towarzyszy wielu innych bogów ze skomplikowanej mitologii, przekazywanej z pokolenia na pokolenie. Lakandoni wierzą, że Słońce spędza noc w podziemnym świecie, w kamiennym domu, gdzie je i pije. Odprawiają rytuały i składają ofiary, żeby następnego ranka pojawiło się na niebie.

Starożytne ośrodki ceremonialne Majów są otaczane przez Lakandonów wielką czcią. Ponieważ wierzą, że bóg Atchakyum mieszka w ruinach miasta Yaxchilán na Jukatanie, udają się tam, by składać ofiary z pokarmów.

Soustelle pisał, że Lakandoni mieszkają na polankach otoczonych dżunglą, we wspólnotach liczących nie więcej niż tuzin osób. Uprawiają bawełnę, tytoń, chili, kukurydzę, jukę i banany. Żeby uzyskać ziemię pod uprawę, wypalają połacie dżungli, a kiedy po trzech latach pole jest wyeksploatowane, przenoszą się w inne miejsce.

W dżungli zwykli szukać takich miejsc, które ich zdaniem sprzyjają płodności kobiet, ale ponieważ kobiet jest mało, brakuje również dzieci. Nawet dziś mężczyźni „poślubiają" małe dziewczynki; później mieszkają u teścia i pracują dla niego przez wiele lat, a gdy wybranka do-

rośnie, zaczyna gotować dla swojego męża. W małżeństwie – według Lakandonów – chodzi bardziej o wspólne spożywanie posiłków, niż o dzielenie łoża.

Indianie zwykli polować za pomocą łuków i strzał o kamiennych grotach na małpy, dzikie indyki i dzikie świnie. Często chorują na malarię i reumatyzm, wywołane dużą wilgotnością powietrza. Łatwo też zapadają na inne choroby, gdyż nie są na nie uodpornieni – mogą umrzeć nawet na grypę albo z powodu przeziębienia, zresztą nikt, kto jest przeziębiony, nie jest wpuszczany do ich krainy.

Kontakty między Lakandonami a białymi rozpoczęły się na dobre pod koniec XIX w., kie-

dy mahoń stał się bardzo poszukiwanym towarem i wybudowano drogi dojazdowe. Niektórzy Indianie zatrudniali się jako drwale, żeby zarobić na topory, maczety, broń palną, a także alkohol.

Nieliczni Lakandoni, którzy jeszcze przetrwali, byli w ostatnich kilku latach świadkami wielkich przemian. Gruntowa droga w porze suchej pozwala im dotrzeć do miasta Palenque, a prezydent nadał im na własność ogromne połacie dżungli. Za pieniądze uzyskane z koncesji udzielanej na wyrąb drzew kupili ciężarówki, ubrania i inne towary.

Indianie Tzotzil i Tzeltal

Około 200 tys. Indian podzielonych niemal równo na dwa plemiona – Tzotzil i Tzeltal – żyje w górach stanu Chiapas w pobliżu San Cristóbal de las Casas. Oba szczepy mówią dialektami Majów, a ich kraina jest olśniewająco piękna (jeden z pisarzy wspomina o przechodzeniu „przez kolejne warstwy zimna przed wstąpieniem w chłód słonecznego blasku gór Chiapas").

Indianie Tzeltal mieszkają na niższych zboczach środkowego pasma, a większość Tzotzilów żyje w tym samym rejonie, ale powyżej 1500 m n.p.m. Każde z plemion zachowało odrębne stroje, a także własną kulturę i system społeczny.

W poszczególnych wspólnotach istnieje centralna wioska i oddalone od niej gospodarstwa, zwykle zbudowane znacznie wyżej, więc dotarcie do nich zajmuje nieraz kilka godzin. Wodzowie mieszkają z rodzinami w wiosce, a niemal cała reszta społeczności – na wzgórzach. W głównej osadzie robi się tłoczno w niedziele, kiedy odbywa się targ, a także w czasie obchodów świąt. Każdy ma określony status w społeczności i żyje w zgodzie zarówno ze współplemieńcami, jak i istotami nadprzyrodzonymi – bogami, duchami przodków i katolickimi świętymi. Indianie składają swoim bogom ofiary z pokarmów, kadzideł i kwiatów, a każdy, kto opuści szczep, jest uznawany za zdrajcę.

Przez wieki członkowie plemion Tzotzilów i Tzeltalów byli bezlitośnie wykorzystywani i traktowani jak obywatele drugiej kategorii. Zabrano im ziemię i zmuszono do pracy na plantacjach. W czasach kolonialnych, kiedy właściwie nie było dróg, Tzeltalów zatrudniano jako tragarzy, zmuszając ich do noszenia ciężkich ładunków aż do oddalonego o 1000 km Veracruz. Wielu umierało z wycieńczenia lub z powodu morderczych upałów, a kiedy próbowali się buntować, karano ich śmiercią.

Stosunki między Indianami a Kościołem katolickim zawsze były napięte i naznaczone brakiem tolerancji. Tylko nieliczni z pierwszych misjonarzy starali się zrozumieć tradycyjne rytuały; inni niszczyli wizerunki ich bogów, chrzcili jako pogan, namawiali do zaakceptowania podrzędnej roli i służenia Hiszpanom, obiecując nagrodę w przyszłym życiu.

Z wyjątkiem nielicznych misjonarzy – takich jak ojciec Bartolomé de las Casas, który został pierwszym biskupem Chiapas w 1542 r. – Kościół nie sprzeciwiał się wykorzystywaniu Indian, a nawet je popierał. Misjonarze żyli w dostatku, nawet w luksusie, więc w czasie rebelii, które wybuchały co jakiś czas, często płacili za swoją gnuśność śmiercią. Bunty miały zwykle charakter lokalny, ale w czasie powstania z 1994 r. (s. 90) było inaczej: to wtedy cały świat zobaczył, jak źle są traktowane indiańskie społeczności.

Zarówno członkowie plemienia Tzeltal, jak Tzotzil wypracowali swoisty *modus vivendi* w duchu filozofii „żyj i daj żyć innym". Publicznie Tzeltalowie wyznają wiarę w Chrystusa, ale prywatnie, w domach, oddają także cześć Chulmetic, bogini ziemi. Wierzą również w Ucha, nadprzyrodzoną istotę, która sprawuje opiekę nad uprawami kukurydzy.

Tzotzilowie zanoszą modły do Hz'k'ala, czarnego widma z metrowym penisem. Niektórzy są przekonani, że święci i bogowie spotykają się ze sobą co pewien czas i decydują, czy ukarać ludzi chorobą lub nieurodzajem. Indianie uważają, że uczestnictwo we mszy świętej jest ich obowiązkiem wobec świętych, ale ich przywódcy odwiedzają również przybytki nadprzyrodzonych istot – góry, jaskinie, strumienie – gdzie odprawiają rytuały, grają na instrumentach i zjednują sobie bogów ofiarami z pokarmów i płynów. Według nich pierwszym i najważniejszym obowiązkiem człowieka jest zasiew kukurydzy i dopilnowanie, by dobrze rosła, bo to właśnie relacje ludzi z kukurydzą odróżniają ich od zwierząt. Indianie, którzy w to wierzą, uważają uprawę innych roślin za stratę czasu i nie chcą słuchać rad profesjonalnych agronomów.

Szczepy z gór Chiapas noszą jedne z najbardziej okazałych strojów w Meksyku – bogato haftowane bluzy, szaty z brokatowych tkanin

oraz delikatne, wełniane szale. Mężczyźni z plemienia Zinakantek ubierają się w charakterystyczne poncha z czerwonej bawełny i słomkowe kapelusze przystrojone wstążkami. Kobiety chodzą boso. Żaden Indianin nie lubi być fotografowany.

Asymilacja kulturowa to trudne zagadnienie. Wciąż pokutuje przekonanie (*malinchismo*), że wszystko, co obce, jest lepsze niż rodzime. Jednak wielu członków starych plemion ciągle się z tym nie zgadza i ceni własne tradycje. To właśnie dzięki ich wierności wobec przodków istnieją jeszcze społeczności Tzotzilów i Tzeltalów.

Przetrwać wbrew wszystkiemu

W Meksyku żyje jeszcze wiele innych grup etnicznych, które składają się na 13-milionową indiańską populację. Na przykład na półwyspie Jukatan mieszka prawie milion współczesnych potomków Majów; Zapotekowie i Mistekowie z Guerrero i Oaxaki to również milion osób. Jednak najliczniejszą grupę stanowią zdecydowanie Indianie Nahua – potomkowie starożytnych Azteków ze stanów Meksyk, Puebla, Hidalgo i San Luis Potosí, których liczba jest szacowana na półtora miliona.

Mniejsze plemiona – liczące po kilkaset osób – to między innymi Mazatekowie, Mazahua, Huastekowie i Otomí. ❑

Po LEWEJ: w Veracruz żyje wielu ludzi pochodzenia afrokaraibskiego.
Po PRAWEJ: sprzedawanie owoców morza z uśmiechem na twarzy.

LOS CHARROS:
MEKSYKAŃSCY KOWBOJE

Wielu uważa, że to właśnie charros uprawiają jedyny
meksykański sport narodowy.

Określenie meksykańskiego *charro* mianem kowboja na pewno nie jest precyzyjne i nie oddaje wielu znaczeń tego pojęcia. *Charro* wywodzi się z Hiszpanii, podobnie jak jego strój. W czasach kolonial-

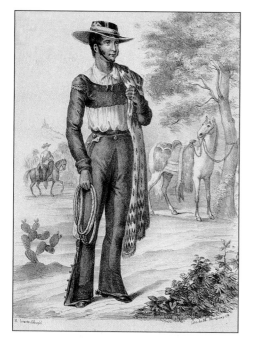

nych wszyscy Hiszpanie mieli obowiązek posiadać konia, w odróżnieniu od Indian, którym królewskim dekretem z 1528 r. zabroniono – pod karą śmierci – nawet jazdy wierzchem. W miarę upływu lat, gdy w Meksyku zaczęto hodować bydło i były potrzebne ręce do pracy, zaniechano egzekwowania tego prawa. Mężczyźni jeździli więc konno zarówno „zawodowo", jak też dla sportu i rozrywki.

W czasie wojny *charros* tworzyli świetną kawalerię. W bitwie pod Alamo w 1836 r. chwytali Teksańczyków na lasso, a w walkach z Francuzami w galopie przewracali armaty. Odegrali również ważną rolę w czasie rewolu-

cji, chociaż *Los Dorados* (Złoci Chłopcy) Pancha Villi nie dali w końcu rady drutom kolczastym i broni maszynowej generała Álvara Obregóna.

Praca, którą *charros* wykonywali na pastwiskach, wymagała wysokich umiejętności i naturalnie prowokowała współzawodnictwo, co w końcu doprowadziło do regularnych zawodów, które narodziły się na ranczach, więc obejmowały przede wszystkim dyscypliny związane z bydłem: łapanie na lasso, wiązanie, ujeżdżanie i piętnowanie.

Charrería przez lata była łączona z walkami byków. Amatorzy *fiesta brava* i *charros* mieli nawet wspólnego idola – wielkiego Ponciana Díaza, toreadora i *charro extraordinaire*. Prawdopodobnie najsłynniejsi *charros* w historii to dwunastka, która występowała w rewii Bufallo Bill's Wild West w USA. Liderem grupy był Vincente Oropeza, okrzyknięty największym mistrzem lassa na świecie.

Miejscy charros

Po wywłaszczeniu wielkich hodowców bydła w czasie rewolucji, *charros* utracili swój status. Od tej pory *charrería* – przez wielu uważana za jedyny prawdziwie meksykański sport narodowy – jest uprawiana głównie w miastach przez tzw. „miejskich kowbojów".

Największe *lienzos charros* (areny) są w mieście Meksyku i Guadalajarze. Konkursy odbywają się zwykle w niedziele między godz. 11.00 a 14.00.

Pokaz rozpoczyna parada jeźdźców, którzy salutują sędziom i publiczności, podobnie jak w przypadku walk byków. Pierwsza część to tzw. *cala de caballo*, której uczestnicy mogą wykazać się umiejętnościami jeździeckimi. Jeździec pędzi w pełnym galopie wzdłuż wąskiego przejścia i osadza wierzchowca w niewielkim prostokącie narysowanym kredą na ziemi. Tam obraca konia w lewo i w prawo, nie przekraczając białych linii, a w końcu wycofuje się tą samą drogą, ale tym razem tyłem.

Potem następuje najbardziej ekscytująca część konkursu, *coleadero*: z pochylni szarżuje na arenę byk. *Charro* podjeżdża do zwierzęcia, łapie je za ogon i próbuje powalić na ziemię. Punktowana jest szybkość i styl.

Oprócz ujeżdżania dzikich koni i próby powalenia byka, pozostałe konkurencje odbywają się głównie z wykorzystaniem lassa. Najbardziej spektakularna część ma miejsce pod koniec występu: trzech jeźdźców prowadzi wokół areny dzikiego konia. Czwarty – bez konia – stoi ok. 3 m od bandy, zostawiając jedynie tyle miejsca, aby pozostali mogli przejechać. Kiedy przegalopują kilka okrążeń,

(dosł. przejazd śmierci), w czasie którego *charro* przeskakuje w biegu ze swojego konia na dzikiego mustanga (*charros* nazywają to „zamianą koni w locie").

Kobiety również mają swoje zawody, nazywane *escaramuza charra*. Ubierają się oczywiście w stylu *charro*, a konia dosiadają bokiem, po damsku, żeby nie utracić nic ze „swej kobiecej atrakcyjności", jak ujął to pewien meksykański pisarz.

Czasami show zamyka *jarabe tapatío*, słynny meksykański Taniec z Kapeluszami, który wywodzi się z Jalisco i jest ulubionym pokazem meksykańskich kowbojów.   ❑

zaczyna kręcić lassem. Nagle, w ułamkach sekundy, przeskakuje przez pętlę, która ląduje tuż pod kopytami galopującego konia. Gdy ten uderzy w środek pętli tylnymi kopytami, *charro* pociąga za lasso, zaciska węzeł i przeciąga sobie linę na plecach. Zwisająca lina napina się, *charro* odchyla się do tyłu, zapierając się piętami, i pociąga konia na ziemię. Po tej konkurencji na ogół następuje jeszcze *paso de la muerte*

PO LEWEJ: XIX-wieczna rycina przedstawia właściciela hacjendy.
POWYŻEJ: *charro* przeskakuje przez pętlę lassa zanim chwyci na nie biegnącego konia.

ROMANTYCZNI CHARROS

Charros są romantykami i konserwatystami, wielbicielami kobiet i zwykle zajadłymi nacjonalistami. Najbardziej oddani są swoim koniom; lubią dobrze zjeść, a za kołnierz również nie wylewają. Abstynent w tym środowisku budzi podejrzenia.

Czasem wydają się próżni i częstokroć wydają fortunę na swoje ozdobne kostiumy, zwłaszcza filcowe kapelusze z wielkim rondem. Typowi *macho Mexicano*, chętnie popisują się przed kobietami, a ich motto brzmi: „konia pod siodło, koguta do walk, a kobietę w ramiona."

LOS TOROS

Fiesta brava może nie jest rozrywką dla każdego, ale walki byków
są składnikiem meksykańskiej kultury od prawie pięciuset lat.

Walka byków (*fiesta brava*) zaczyna się punktualnie o 16.30, choćby nawet trzeba było zatrzymać bieg zegara. Rozpoczyna ją parada, której przewodniczy przedstawiciel szefa korridy, składający oficjalną prośbę na ręce władz o pozwolenie na rozpoczęcie widowiska. Za nim idzie trzech toreadorów, olśniewających

Używa ciężkiej jedwabnej mulety haftowanej złotymi nićmi; wykonuje nią między innymi ruch zwany „weroniką" – na cześć św. Weroniki, która otarła Chrystusowi twarz chustą. Wtedy wjeżdżają pikadorzy (*picadors*), którzy wbijają lance w muskularny kark byka – na ogół uderzają dwa razy, żeby wyeksponować „krzyż" – miejsce, gdzie

w swoich *trajes de luces* (dosł. kostiumy światła) z haftowanego złotem lśniącego jedwabiu, później asystenci, pikadorzy (jeźdźcy uzbrojeni w lance), a na końcu pomocnicy z mułami, które wywloką zabitego byka.

Presidente areny macha chustką i na arenę wpada pierwszy byk. Waży ponad 500 kg, same mięśnie, pędzi jak pociąg ekspresowy i aż pali się do walki. Dramat rozwija się w trzech aktach.

Akt I: Matador (*torero*) przygląda się, jak asystenci z muletami radzą sobie z bykiem. Parę razy podchodzi, żeby sprawdzić zachowanie zwierzęcia – jak biega i w którą stronę atakuje rogami.

KRYTERIA OCENY

Każdy z trzech *toreros* walczy jednego popołudnia z dwoma bykami. Oceniane są następujące rzeczy:
- ☞ *mandar* – stopień kontroli nad bykiem.
- ☞ *parar* – postawa toreadora: czy trzyma się prosto, z nogami mocno na ziemi, nie pochylając się w stronę byka w geście udawanej odwagi.
- ☞ *templar* – tempo: czy ruchy toreadora są wystarczająco powolne i rytmiczne, żeby zostawić bykowi maksimum czasu.
- ☞ czystość zabicia byka.

toreador zada śmiertelny cios. Gdy opuszczają arenę, ranny byk jest już wystarczająco wściekły.

Akt II: Asystenci, a czasem sam matador, wbijają w grzbiet byka trzy pary *banderillas* (małe piki z chorągiewką). *Banderillero* podbiega do zwierzęcia, wbija piki, opiera się na nich i zwinnie schodzi z drogi szarżującemu bykowi, który już mocno krwawi.

Akt III: *La Hora de la Verdad* (chwila prawdy). Matador prosi o pozwolenie na zabicie byka i dedykuje je wybranej damie (lub komu zechce). Od tego momentu ma 16 mi-

arterię lub przedziurawić płuco. Pod bykiem uginają się przednie nogi i na ogół od razu pada martwy, ale czasami potrzebny jest *coup de grâce* (cios łaski).

Zależnie od jakości pokazu, toreador może zostać wynagrodzony uchem, dwojgiem uszu i ogonem, a czasem nawet kopytem byka. Nie zawsze jednak wygrywa – większość przynajmniej raz w życiu nadziewa się na róg, jeden na czterech zostaje kaleką, a jeden na dziesięciu ginie na arenie. Jeśli byk wykaże się w walce wyjątkową odwagą, czasem pozwala mu się

> **CZERWIEŃ**
>
> Byki są daltonistami. Mitem jest, że muleta musi być czerwona – ich uwagę przyciąga wszystko, co się rusza.

nut na uśmiercenie zwierzęcia lub będzie musiał zejść z areny w niesławie. Najpierw „czaruje" byka jedwabną muletą – robi serię odważnych podejść, coraz bliżej rogów. Następnie zmienia muletę na mniejszą, flanelową. Gdy byk jest już tak słaby, że opada mu łeb, bierze precyzyjny zamach szpadą (*espada*), celuje i zatapia ją między łopatkami zwierzęcia, nad rogami, prosto w „krzyż" – miejsce, gdzie szpada może przeciąć

wrócić na pastwisko, w nadziei, że przekaże waleczność potomstwu.

Walki byków nie są rozrywką dla wszystkich. Według E. Hemingwaya, są dwa rodzaje widzów korridy: jedni identyfikują się z bykiem, drudzy z toreadorem. W Meksyku jest 225 stałych i 500 prowizorycznych aren, a Plaza México w stolicy, największa taka arena na świecie, mieści 50 tys. osób.

Sezon walk trwa od końca listopada do marca lub kwietnia, chociaż całkiem niezłe korridy są organizowane latem wzdłuż granicy z USA dla *norteamericanos*, którzy połknęli bakcyla. ❏

PO LEWEJ: prowokowanie byka.
POWYŻEJ: matador może zmylić nacierającego byka, korzystając z mulety.

ARTESANÍA

Wielka różnorodność meksykańskiego rękodzieła daje zupełnie
nowe spojrzenie na pojęcie piękna i koloru.

Tradycja rękodzielnicza Meksyku sięga czasów sprzed przybycia Hiszpanów, a dla wielu twórców dekoracyjnych przedmiotów, które dziś można kupić na meksykańskich bazarach, inspiracją była sztuka prekolumbijska. Przetrwały również dawne materiały i techniki, chociaż dziś syntetyczne włókna i pigmenty opanowały już dużą część rynku, a masowa produkcja nieuchronnie zagraża bardziej pracochłonnym, lecz o wiele piękniejszym małym dziełom sztuki rzemieślniczej.

Gdy Hiszpanie przybyli do Meksyku, rzemiosło (*artesanía*) miało się całkiem dobrze. Ładne i oryginalne przedmioty sprzedawano na ogromnych targowiskach, zwanych *tianguis*. (To słowo – pochodzące z języka nahuatl – pozostaje w użyciu po dziś dzień, podobnie jak naczynia, kosze, zabawki, ubrania, sandały, kapelusze, hamaki i inne przedmioty codziennego użytku, wykonywane przez współczesnych meksykańskich rzemieślników).

Do największych zmian, jakie wnieśli kolonizatorzy, zalicza się wprowadzenie koła garncarskiego i metalowych narzędzi. Hiszpanie potrzebowali setek rzeczy, których nie opłacało się sprowadzać z Europy: siodeł, uprzęży, wełnianych tkanin, mebli i innych artykułów gospodarstwa domowego, więc w ślad za konkwistadorami przybyli hiszpańscy rzemieślnicy, którzy zaczęli przekazywać swoją wiedzę Indianom. W 1529 r. brat Pedro de Gante założył w mieście Meksyku szkołę sztuki i rzemiosł dla Indian, a w Michoacánie biskup Vasco de Quiroga uczył nowych technik obróbki miedzi i produkcji żelaza oraz wyrobów emaliowanych.

Zmienna moda

Na początku miejscowi rzemieślnicy byli traktowani przez Hiszpanów z pogardą, a wyroby rzemieślnicze kolonizatorów uważano za bezwzględnie lepsze. Dopiero na początku XX w., gdy z rewolucji narodził się duch nacjonalizmu, wszystko zaczęło się zmieniać.

W 1921 r. prezydent Alvaro Obregón otworzył wystawę rękodzieła, która stała się pierwszym oficjalnym gestem uznania dla meksykańskiego rzemiosła. Sztukę ludową promowali również uzna-

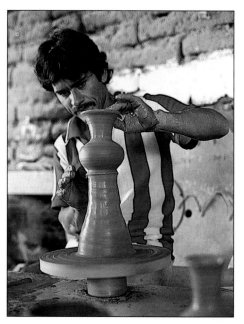

ni artyści, m.in. Diego Rivera i jego żona, malarka Frida Kahlo. Moda szybko zaowocowała i rękodziełem zaczęła się interesować klasa średnia, a także amerykańscy turyści. Taki stan trwa do dzisiaj, ale sytuacja wygląda mniej optymistycznie: po drodze jest tylu pośredników, że niewiele zostaje dla artysty.

Większość ludowych twórców to rolnicy, którzy dorabiają sobie tworzeniem rękodzieła, głównie przedmiotów codziennego użytku. Trochę lepiej powodzi się rzemieślnikom – ci na ogół prowadzą własne warsztaty lub pracują dla kogoś, kto ma taki warsztat. Wyrabiają zarówno dekoracyjne, jak i użytkowe przedmioty; dostarczają również tandetnych pamiątek dla turystów. Inni

---

POPRZEDNIE STRONY: gobeliny Huicholów.
PO LEWEJ: maska z Guerrero odzwierciedla wpływy hiszpańskie i prekolumbijskie.
PO PRAWEJ: garncarstwo – jedna ze specjalności meksykańskich rzemieślników.

zajmują się masową produkcją, a wreszcie istnieje cała grupa miejskich spryciarzy, bezrobotnej biedoty, która musi z czegoś żyć, więc wytwarza tandetne zabawki i tanie błyskotki z fabrycznych resztek i najtańszych materiałów: papieru, puszek, drutu, drewna i korka.

Jak kupować rękodzieło

Każdy region, a czasem nawet miasteczko lub wioska, specjalizuje się w konkretnych wyrobach (zdarza się, że jakiś szczególny rodzaj rękodzieła jest wyrabiany w osadzie od czasów prekolumbijskich). W wielu stolicach stanów istnieją Casas de las Artesanías (Domy Rzemiosła), gdzie można obejrzeć

GEOGRAFIA SZTUKI LUDOWEJ

Większość rękodzieła można kupić w całym Meksyku, ale niektóre wyroby są szczególnie popularne w konkretnych regionach:
- ☛ **Ceramika** – Oaxaca, Puebla, Guerrero, Jalisco.
- ☛ **Tekstylia** – Chiapas, Oaxaca, Puebla, Nayarit, Coahuila.
- ☛ **Wyroby skórzane** – Zacatecas, León, Jalisco, Michoacán.
- ☛ **Przedmioty drewniane** – Sonora, Michoacán, Morelos.
- ☛ **Wyroby lakierowane** – Michoacán (Uruapán), Guerrero (Olinalá), Chiapas (Chiapa de Corzo).
- ☛ **Biżuteria/wyroby metalowe** – Guerrero (Taxco), Querétaro (San Juan del Río), Michoacán (Santa Clara del Cobre).
- ☛ **Hamaki** – Jukatán, Campeche, Michoacán.
- ☛ **Szkło** – Jalisco, Puebla, Oaxaca.

i kupić regionalne wyroby, chociaż ceny są tu zwykle wyższe niż na targach. W dużych miastach wyroby rzemieślników są sprzedawane w sieci sklepów Fonart, odpowiedniku naszej Cepelii, prowadzonych przez rządową agencję, która ma za zadanie promować rękodzieło i dbać o zachowanie jego wysokiej jakości (tam warto się zorientować, co jest dostępne na rynku i jakie są ceny).

Jednak o wiele ciekawiej jest kupować „u źródła" – na lokalnym targu, gdzie zjeżdżają rzemieślnicy. Na codziennych lub tygodniowych *tianguis* zawsze jest kilka stoisk z przedmiotami potrzebnymi w gospodarstwie domowym, jak naczynia czy kosze, a w niektórych miastach całe targowiska specjalizują się wyłącznie w wyrobach regionalnego rękodzieła. Najciekawszych zakupów zwykle dokonuje się przypadkiem – na rogu ulicy czy przy szosie na pustkowiu.

Specjalizacja regionalna

Mimo że spora część dzisiejszego meksykańskiego rękodzieła łączy wpływy prekolumbijskie, hiszpańskie ze współczesną modą, większość wspaniałych *obras de artesanías* pochodzi z obszarów zamieszkałych przez Indian: Michoacánu, Puebli, Oaxaki, Guerrero i Chiapas.

Północny Meksyk raczej nie słynie z wyrobów rękodzielniczych – wyjątek stanowią drewniane rzeźby zwierząt Indian Seri, wełniane koszyki, paski i lalki Indian Tarahumara, a także poncha ze stanów Coahuila i Zacatecas.

Indianie Cora i Huicholowie jeżdżą do miast Tepic i Guadalajara, gdzie sprzedają wełniane paski i torby, wspaniałe wyroby z koralików, hafty i obrazy z włóczki. Tlaquepaque, przedmieście Guadalajary, to centrum ceramiki, dmuchanego szkła i mebli; można tam również kupić ciekawe kopie naczyń z czasów prekolumbijskich. Niedalekie miasto Tonalá specjalizuje się w garncarstwie i szkle. W czwartki i niedziele odbywa się tam uliczny targ.

Najlepszy okres na zakup delikatnych *deshilados* (mereżki) i haftów z Aguascalientes to coroczny Festival de San Marcos (IV/V). Jedwabne chusty z San Luis Potosí, zwane *rebozos*, słyną z tego, iż są tak cienkie, że można je przeciągnąć przez ślubną obrączkę. W rejonie La Huasteca Indianie tkają tradycyjne białe damskie peleryny *quechquémetl*, haftowane krzyżykami. Powstają tu również szorstkie torby wełniane i wyroby z włókna kaktusa.

Guanajuato słynie z wyrafinowanej ceramiki typu Talavera, a San Miguel de Allende z ponch, masek, wyrobów cynowych i *piñatas* – glinianych naczyń wypełnionych cukierkami, owocami, orzeszkami i kawałkami trzciny cukrowej, które wiesza się na patio lub na ulicy, a dzieci, pojedynczo i z zawiązanymi oczami, próbują je stłuc drewnianą żerdzią. Querétaro jest znane ze srebrnej biżuterii z kamieniami półszlachetnymi, a w Tequisquiapanie rzemieślnicy wyrabiają kosze, składane stołki i poncha; wszystko to można kupić w kolonialnym mieście San Juan del Río. W dolinie Mezquital (Hidalgo), Indianie Otomí tkają *rebozos* (chusty) i paski na ręcznych krosnach, a miasteczko Ixmiquilpan jest znane z klatek dla ptaków w kształcie katedr.

Ihuatzio z mat i koszyków, Patambán z wyjątkowej, lakierowanej na zielono ceramiki, a Uruapán z masek i wyrobów emaliowanych. W Morelii, stolicy Michoacánu, można kupić najlepsze wyroby lokalnego rękodzieła w Casa de las Artesanías na terenie dawnego Convento de San Francisco.

W okolicach stolicy można kupić wełniane poncha, barwne koszyki z Lermy i ceramiczne „drzewa życia" z Metepec. W Ixtapánie de la Sal z drewna drzewa pomarańczowego rzeźbi się przedmioty potrzebne w gospodarstwie domowym i zwierzęta. Stolica stanu, Toluca, słynie ze srebrnych wyrobów, jak również szachów i domina ze skóry, kości lub drewna.

Michoacán słynie z największego wyboru rękodzieła w całym Meksyku. Wielu twórców ludowych mieszka nad jeziorem Pátzcuaro, a w mieście o tej samej nazwie można kupić większość przedmiotów, które wyrabiają. 2 listopada Plaza Vasco de Quiroga staje się jednym ogromnym bazarem. Niektórzy artyści pracują przez cały rok w niedalekim Casa de los Once Patios, dawnym konwencie. Niektóre miasta stanu Michoacán specjalizują się tylko w jednym przedmiocie: Santa Clara del Cobre słynie z wyrobów miedzianych, Paracho z gitar, Tzintzuntzán z wypalanej ceramiki, Quiroga z malowanych drewnianych mis i przedmiotów codziennego użytku,

Miasto i stan Tlaxcala, gdzie po raz pierwszy w Nowej Hiszpanii utkano wełnę, to nadal ważne centrum włókiennictwa. Specjalnością miejscowych rzemieślników są poncha, a także rzeźbione i jaskrawo malowane laski.

Stan Puebla jest jednym z najbogatszych, jeśli chodzi o różnorodność i jakość rękodzieła. Ceramika typu Talavera (s. 187), naczynia kuchenne i fajansowe kafle pochodzą ze stolicy, a wyroby z onyksu – z Tehuacánu i Tecali. Ceramiczne „drzewa życia", często umieszczane na plakatach biur podróży, pochodzą głównie z Acatlánu. Ich wyrobem zajmuje się m.in. Hérón Martínez, a w Izúcar de Matamoros – rodziny Flores i Castillo. Puebla słynie też z grubego papieru (*amate*) z amerykańskiego figowca, oraz z wyrobów tekstylnych i tradycyjnych ubrań, cze-

PO LEWEJ: ceramiczna figurka diabła z wężem.
POWYŻEJ: tkanie na ręcznych krosnach.

go najlepszym przykładem są haftowane *huipiles* (bluzki) i makaty, a także wyszywane koralikami ubrania z Cuetzalanu i San Pablito Pahuatlánu. W Puebli turyści najczęściej kupują trzcinowe koszyki.

Na południe od miasta Meksyku sprzedaż wyrobów rzemieślniczych ze stanu Morelos koncentruje się w mieście Cuernavaca. Można tu kupić meble w stylu kolonialnym, drewniane misy, poncha, kosze z liści palmowych i biżuterię. W wiosce Hueyapan w gminie Tetela del Volcán są wytwarzane haftowane szale.

> **JAKOŚĆ**
>
> Przed zakupem należy sprawdzić, czy wełna jest prawdziwa, a hamaki bawełniane, nie nylonowe.

Sąsiedni stan Guerrero specjalizuje się w garncarstwie, ale w miejscowości Olinalá powstają także najpiękniejsze wyroby emaliowane w Meksyku: misy, tykwy, tace, puzderka i maski jaguara. Taxco, również w Guerrero, słynie z wyrobów ze srebra, a w tropikalnych miastach rzemieślnicy malują na papierze *amate* historie i abstrakcyjne obrazy w bajecznych, jaskrawych, a czasem i fluorescencyjnych barwach.

Po drugiej stronie granicy stanowej, w Oaxace, Zapotekowie robią skomplikowane bluzki, których plisy są spięte maleńkimi kwiatkami i miniaturowymi laleczkami. Bluzki i spódnice z Yalalagu, które owija się wokół talii, są farbowane naturalnymi barwnikami.

W Oaxace ludowi twórcy wykonują dokładne kopie przepięknej i niezwykle skomplikowanej biżuterii znalezionej w grobowcach w Monte Albán. Wybrzeże Miksteków w stanie Oaxaca jest znane z siatek, w Cuilapanie i San Martín Tilcajete są wytwarzane drewniane *animalitos* (zwierzątka) w jaskrawych kolorach i o różnych kształtach, a wioska San Bartolo Coyotepec słynie z tradycyjnej wypalanej czarnej ceramiki. Rzemieślnicy z Santa María Aztompa wyrabiają ceramiczne figurki zwierząt i lakierowane na zielono naczynia, a z Teotitlán del Valle – najlepsze poncha w Meksyku, nie tylko w tradycyjne, prekolumbijskie wzory, ale również z kopiami słynnych obrazów sztuki nowoczesnej. Rękodzieło z Oaxaki można znaleźć w wielu sklepach i na targach, gdzie ceny są niższe, zwłaszcza podczas grudniowych fiest.

Wełniane ubrania noszone przez Indian żyjących w górach stanu Chiapas są sprzedawane w spółdzielni tkackiej Sna Jolobil w San Cristóbal de las Casas lub na niedzielnych targach w San Cristóbal i otaczających miasto górskich wioskach. Z osady Tzotzilów, San Juan Chamula, pochodzi większość wełnianych wyrobów sprzedawanych w całym stanie, jak również gitary i harfy. Miasto Chiapa del Corzo jest znane z wyrobów emaliowanych, zwłaszcza masek używanych podczas festiwalu San Sebastián, a w Amatenango wytwarza się tradycyjną ceramikę.

Na Jukatanie są wyrabiane wysokiej jakości mahoniowe i cedrowe meble oraz najlepsze hamaki w kraju – z sizalu lub bawełny. Nienaganne panamy (kapelusze) pochodzą z miejscowości Becal w Campeche.

Rękodzieło stołeczne

Wiele wspaniałych wyrobów meksykańskiego rękodzieła można znaleźć w stolicy, gdzie mieszka mnóstwo utalentowanych jubilerów i rzemieślników. Od niedawna niezwykle popularne są prace rodziny Linares, która produkuje fantastyczne figurki, nazywane *alebrijes*. Ale nie należy zapominać o ignorowanych, a często obdarzonych ogromnym talentem „miejskich" artystach ludowych, którzy wyrabiają przedmioty i zabawki z odpadków – kapsli i drutu. ❏

PO LEWEJ: malowanie ceramiki wymaga dużej wprawy.
PO PRAWEJ: naiwne malowidło na papierze *amate* – typowy przykład rękodzieła z Guerrero.

MURALIŚCI

*Murale, których korzenie sięgają czasów prekolumbijskich,
to najważniejszy wkład Meksyku w rozwój sztuki współczesnej.*

Murale – pełne dramatyzmu, monumentalne malowidła – zdobią ściany gmachów publicznych w całym Meksyku. Malarstwo tego typu było przede wszystkim wynikiem nastrojów po rewolucji 1910 r. i kwitło jeszcze w latach 50. XX w., ale inną, być może równie ważną inspiracją dla artystów czesne miejsce zajmuje José Guadalupe Posada (1851–1913), twórca ekspresyjnych i jednocześnie zabawnych rycin i litografii.

Jego dzieła stanowią chyba najpełniejsze i najbardziej wnikliwe spojrzenie na życie społeczne kraju sprzed rewolucji. Posada, kronikarz Meksyku, zainicjował nowy trend w sztuce

stała się sztuka prekolumbijska, której przykładem są odkrycia w Bonampaku (s. 310) i Cacaxtli (s. 188–189).

Niezwykle ekspresyjne, porewolucyjne murale Diega Rivery, Davida Alfara Siqueirosa i José Clemente Orozca, zwanych *Los Tres Grandes* – Wielką Trójką – są dziś ważnym przykładem zupełnie nowego i oryginalnego nurtu w sztuce, a także świadectwem narodzin nowego Meksyku.

Wpływy

Spośród meksykańskich artystów, którzy mieli największy wpływ na *Los Tres Grandes*, po-

– pełen wigoru i jednocześnie nacjonalistyczny. Ruch muralistów, popierających socjalistyczną ideę sztuki dostępnej dla wszystkich i darzący atencją rodzinny Meksyk, szczególnie cenił twórczość Posady, trzymającego się bardzo blisko ludowej tradycji.

Pierwsze murale

W 1921 r. członkowie nowego gabinetu prezydenta Alvara Obregóna postanowili umocnić w narodzie świadomość własnej historii i kultury, w wyniku czego minister edukacji, filozof José Vasconcelos, zamówił u kilku artystów wielkie malowidła na ściany gmachów publicznych

w centrum stolicy – miały przedstawić epizody z historii kraju. Pierwszy mural namalował Diego Rivera (1886–1957) na ścianach Escuela Nacional Preparatoria. Tak narodził się nurt *muralismo*.

Rivera – malarz niezwykle kontrowersyjny i wzbudzający wiele emocji – był ideologiem (komunista wydalony z partii), ale jego prace wyróżniały się raczej zmysłowością niż zaangażowaniem politycznym. Bez wątpienia artystycznie uformowały go nie tylko wpływy meksykańskie – kontaktował się z awangardą

ARCYDZIEŁA

Większość najsłynniejszych murali można zobaczyć w mieście Meksyku, chociaż najlepsze prace Orozca powstały w Guadalajarze i USA.

ka współczesna, a za dzieło, które było największą inspiracją muralistów, powszechnie uważa się *Bitwę pod San Romano* P. Uccella.

Mimo europejskich wpływów, Rivera podkreślał, że ma wielki dług wdzięczności w stosunku do José Guadalupe Posady, a zatem aby go choć w części spłacić, umieścił jego portrety na swoich najważniejszych freskach. Był artystą głęboko meksykańskim w swym uwielbieniu dla koloru i miękkich linii, a także silnej identyfikacji z oryginalną indiańską

w Europie, a w jego pracach z tego okresu wyraźnie widać wpływy kubizmu. Po rewolucji październikowej i, jak twierdził, umocnieniu swojej wiary w „potrzebę sztuki popularnej i socjalistycznej", odsunął się od kubistów i zaczął szukać prostszego, bardziej funkcjonalnego stylu. Często można się spotkać z poglądem, że największy wpływ na Riverę miały freski i obrazy włoskiego renesansu, a nie sztu-

sztuką ludową. Jako świetny rysownik, stworzył wyidealizowany i sentymentalny obraz kraju, zamieszkałego przez ciemnoskóre dziewczęta i rozmarzone dzieci z olbrzymimi bukietami egzotycznych kwiatów.

Sam Rivera uwielbiał szokować i był ciągłym źródłem plotek. Jedna z jego prac, *Marzenie niedzielnego popołudnia w Alameda Central*, w oryginale zawierała ostentacyjne stwierdzenie – *Dios no existe* (co znaczy: Boga nie ma) – wywołało to wśród katolików i władz kościelnych tak silne protesty, że napis trzeba było usunąć (Museo Mural Diego Rivera; s. 160).

POPRZEDNIE STRONY: mural Diega Rivery w okolicy San Angel.
PO LEWEJ: *La Catársis* José Clemente Orozca.
POWYŻEJ: autoportret Davida Alfara Siqueirosa.

Ideolog

David Alfaro Siqueiros (1898–1974), podobnie jak Rivera, studiował w Europie, ale w odróżnieniu od niego był weteranem rewolucji meksykańskiej, człowiekiem czynu, jak również działaczem politycznym i ochotnikiem w hiszpańskiej wojnie domowej; brał także udział w walkach ruchu robotniczego, był zamieszany w nieudany zamach na Lwa Trockiego i kilka razy lądował w więzieniu. Jego prace są wyrazem ideologicznych skłonności; wyróżniają się bogatą symboliką oraz dynamiczną i ekspresyjną formą. Był nowatorem, który nieustannie próbował nowych technik (ekspe-

rymentował na przykład z łączeniem malarstwa i rzeźby, co nazywał *escultopintura*). Jego najlepsze murale, w niezwykle ekspresyjny sposób interpretujące meksykańską historię, można obejrzeć w Castillo de Chapultepec w mieście Meksyku (s. 163).

W Palacio de Bellas Artes (s. 158) zgromadzono najlepsze obrazy Siqueirosa, ale i tak jego największym, niezwykle imponującym dziełem jest bez wątpienia olbrzymi, trójwymiarowy mural *Marsz ludzkości* w Poliforum Cultural Siqueiros (s. 167).

Satyryk

José Clemente Orozco (1883–1949) jest przez wielu uważany za najlepszego z *Los Tres Grandes*. Bardzo sceptyczny wobec polityki, był nad wyraz zjadliwym satyrykiem, ale jednocześnie idealistą. Porównywano go do takich niemieckich artystów, jak Max Beckmann, Otto Dix i Käthe Kollwitz.

Orozco, będąc świetnym mówcą, potępiał wszelkie tendencje zmierzające ku zamianie rewolucji meksykańskiej w krwawą farsę, której wynikiem nieuchronnie byłoby kolejne niewolnictwo mas. Swój pierwszy ważny mural namalował we wczesnych latach 20. XX w. na ścianach Escuela Nacional Preparatoria (s. 157). Malowidło – mocne, niezwykle sugestywne i zarazem proste w wymowie – wykazuje wyraźne wpływy włoskiego renesansu. W muralach z Escuela Nacional Preparatoria artysta osiągnął zdecydowane mistrzostwo, zwłaszcza w *Okopie*, ekspresyjnym obrazie wojny i ludzkiej walki. Na klatce schodowej namalował mural *Cortés i La Malinche*, będący klarowną wypowiedzią na temat stosunków między Hiszpanią i Meksykiem – zdobywcą i zdobytym. Do tego tematu Orozco powracał zresztą wielokrotnie.

W latach 1927–1934 artysta mieszkał w USA i malował murale w kalifornijskim Pomona College, nowojorskiej School for Social Research oraz w Dartmouth College w New Hampshire. Po powrocie do Meksyku w Palacio de Bellas Artes namalował *La Catársis*, z centralną postacią olbrzymiej prostytutki – symbolem korupcji.

Największe prace Orozca powstały w Guadalajarze w późnych latach 30., w Palacio de Gobierno (s. 250), na uniwersytecie (s. 252). Zobaczyć je można także na ścianach i sufitach Hospicio Cabañas (s. 250–251). Przeciwstawiał się w nich politycznym manipulacjom, używając przy okazji głębokiej i uniwersalnej symboliki. Murale pokrywające płaskie i łukowate powierzchnie wspomnianych wcześniej budowli, zdominowane przez ognistą czerwień i głęboką czerń, upamiętniają księdza Miguela Hidalgo y Costilli i stanowią szczyt osiągnięć artystycznych twórcy.

Inni muraliści

Mniej znanym wczesnym muralistą był urodzony w Paryżu Jean Charlot (1898–1979), twórca malowidła *Masakra w Głównej Świą-*

tyni, znajdującego się na klatce schodowej wschodniego skrzydła Escuela Nacional Preparatoria. Zanim artysta przeniósł się na Hawaje, tworzył w Stanach Zjednoczonych, gdzie spopularyzował monumentalne malarstwo ścienne w okresie wczesnej prezydentury T. Roosevelta.

Juan O'Gorman (1905–1982), malarz i architekt irlandzkiego pochodzenia, malował dzieła głęboko zakorzenione w XIX-wiecznej meksykańskiej sztuce popularnej. Sławę przyniosły mu przede wszystkim malowidła w Bibliotece Głównej w Ciudad Universitaria w mieście Meksyku (s. 172) – były to olbrzymie kamien-

bardzo szybko odszedł od realizmu na rzecz poetycko uproszczonych obrazów. Jego dekoracyjne freski koncentrują się wokół symboliki kosmicznej i domowej (malował głównie gwiazdy, koty i kobiety).

Pochodzący z Zacatecas Pedro Coronel (1922–1985) stworzył chyba najlepsze murale powstałe w ostatnich latach. Inni przedstawiciele głównego nurtu, których prace jednak nigdy zbyt daleko nie odeszły od realizmu, to: Fernando Leal, Xavier Guerrero, José Chávez Morado, Roberto Montenegro, Raúl Anguiano, Manuel Rodríguez Lozano, Alfredo Zalce i Jorge González Camarena.

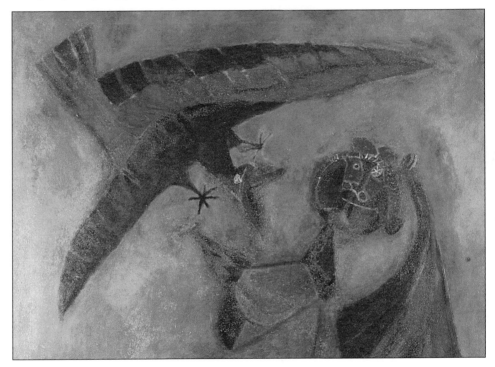

ne mozaiki wykorzystujące barokową fakturę, która jednak w tych dziełach sprawia wrażenie niezwykle świeżej.

Jednym z mniej znanych twórców był Rufino Tamayo, Zapotek z Oaxaki, zmarły w 1991 r. Tamaya nigdy nie interesowała polityka toteż

PO LEWEJ: portret Hidalga namalowany przez J.C. Orozca, Guadalajara.
POWYŻEJ: detal z murala *Niña atacada por un pájaro extraño* (Dziewczyna zaatakowana przez dziwnego ptaka) Rufina Tamaya.

Współczesne murale

Muralizm narodził się z rewolucji 1910 r., a ten temat w Meksyku należy już do przeszłości. W II połowie XX w. nowe pokolenie muralistów chciało reanimować nurt, oskarżany wcześniej o zbyt oczywisty dydaktyzm i obsesyjny nacjonalizm. Dziś uczniowie Wielkiej Trójki nadal pokrywają malunkami ściany gmachów publicznych w całym kraju, ale niestety, to co u Rivery, Siqueirosa i Orozca było rewolucyjnym przekazem pełnym żaru i pasji, teraz stało się smutną, odtwórczą retoryką. ❑

FIESTY, CZYLI MEKSYKAŃSKIE ŚWIĘTA

Meksykańskie fiesty – pełne egzotycznych rytuałów, kostiumów, masek,
sztucznych ogni, pieśni i tańców – to wyjątkowe wydarzenia.

W Meksyku niemal codziennie odbywa się jakaś fiesta – w kalendarzu jest ich ponad 5 tysięcy, co daje średnio 14 uroczystości dziennie. Poza świętami narodowymi każde miasto, miasteczko, wioska i *barrio* (osiedle) urządza własne uroczystości, często na cześć patrona okolicy, więc turyści mają bardzo duże szanse, by wziąć udział w zabawie.

Fiesty są ważną częścią życia społecznego kraju. Niektóre tradycyjne uroczystości wywodzą się z prekolumbijskich rytuałów związanych z kultem natury, inne przywędrowały z Europy wraz z chrześcijaństwem i widać w nich wyraźnie hiszpańskie elementy, ale większość fiest jest mieszaniną obu wpływów, tak jak społeczność kraju.

Obchody różnią się w zależności od regionu – każda uroczystość jest zupełnie inna, ale stałe punkty programu to muzyka, taniec, parady i pokazy sztucznych ogni. Przy okazji świąt religijnych odbywają się procesje i zbiorowe *novenas* (modlitwy).

Meksykańskie fajerwerki zapierają dech w piersiach, a im większe i bogatsze miasto – tym bardziej widowiskowe pokazy. Na wyjątkowe okazje specjaliści od sztucznych ogni przygotowują *castillos* (zamki) i *toritos* (byczki); te pierwsze to olbrzymie wieże z wikliny sięgające nawet 20 m, na których mocuje się setki fajerwerków. Efekt jest niepowtarzalny! Popularne zwłaszcza w Puebli *toritos* – wiklinowe konstrukcje w kształcie byka – są mocowane na barkach tancerza.

Zabawa koncentruje się w centrach miast, przy kościołach i na głównych placach; zwykle równolegle odbywa się targ, gdzie można kupić rękodzieło, błyskotki, pamiątki oraz oczywiście *antojitos* (przekąski) – ulubione jedzenie większości Meksykanów, składające się z wielu rozmaitych przysmaków – od pięknie zdobionych, obranych i pokrojonych owoców, podawanych z sokiem z limonki, solą lub chili, po wszechobecne *tacos, tamales* i *quesadillas*.

Obchodom świąt na ogół towarzyszy *lotería*, meksykańska wersja bingo, z tradycyjnymi postaciami diabła, księżyca, żołnierza,

señority, pijaka, kawalera i śmierci. W większości regionów popularne są również walki byków, wyścigi konne i walki kogutów. W wielu miastach, np. w Huamantli (Tlaxcala) i Tlacotalpánie (Veracruz), odbywają się gonitwy byków, podobnie jak w hiszpańskiej Pampelunie. W Huamantli podczas *La Noche que Nadie Duerme* (dosł. noc, gdy nikt nie śpi) byki przebiegają 12 km po ulicach udekorowanych kwiatami z okazji święta Wniebowzięcia NMP (15 sierpnia).

Pieśni i tańce

Różnorodność pieśni i tańców wykonywanych podczas świąt jest ogromna. Poza ogromnie

---

POPRZEDNIE STRONY: Taniec Konkwisty w Janitzio, Michoacán.
PO LEWEJ: tancerz *conchero* w mieście Meksyku.
PO PRAWEJ: rzeźby przygotowywane na Noc Rzodkiewek, Oaxaca.

popularnym *Jarabe Tapatío* (Taniec z Kapeluszami), istnieją dziesiątki innych, a niektóre z nich, jak np. *concheros*, niezmiennie przetrwały nawet rządy konkwistadorów. Zamaskowani bohaterowie *Danza de la Conquista* (Taniec Konkwisty) z Jalisco i Michoacánu to Montezuma, Cortés i La Malinche, a także uzbrojeni hiszpańscy żołnierze i wojownicy w przebraniach jaguara i orła, z pióropuszami na głowach.

Najbardziej znanym tańcem na cześć Huehuetéotla, boga ognia i czasu z okresu prekolumbijskiego, jest niezwykły *Danza de los Viejitos* (Taniec Starców) z Michoacánu. W Puebli tan-

Uroczystości religijne

Carnaval jest obchodzony na tydzień przed rozpoczęciem postu, w lutym lub marcu. Zarówno słynne karnawały w Veracruz i Mazatlánie, jak i mniej huczne w Campeche, Méridzie i innych częściach Meksyku, to czas bajecznie kolorowych parad w ekstrawaganckich kostiumach, z fajerwerkami, a także tańcami, jedzeniem i piciem dzień i noc. Fiesta w Veracruz zaczyna się ceremonią *Quema del Mal Humor* (dosł. spalenie złego humoru) i po kilku nieprzespanych nocach osiąga kulminację w ostatki. Następny dzień, czyli środa popielcowa, jest upamiętnieniem pogrzebu

cerze *quetzal* noszą ogromne, bajecznie kolorowe pióropusze, w Sonorze Indianie Yaqui tańczą *Danza del Venado* (Taniec Jelenia), a w Veracruz *voladores* wirują wokół 32-metrowego słupa w hipnotyzującym pokazie, mającym źródło w rytuałach Totonaków i Indian Nahua (s. 281).

Inne tańce, zaszczepione przez hiszpańskich misjonarzy, odtwarzają walki chrześcijan z Maurami; biorą w nich udział tak „egzotyczne" dla Meksykanów postacie, jak Karol Wielki czy rycerze Okrągłego Stołu, ale nie brakuje w nich również i bardziej swojskiego diabła, anioła, księdza, dziewicy i śmierci.

PIÑATAS

Na najbardziej kolorowych stoiskach na meksykańskich targowiskach można kupić *piñatas*, naczynia z terakoty dekorowane papier mâché i paskami jaskrawej bibułki. *Piñata* w kształcie trójwymiarowej gwiazdy należy do tradycji Bożego Narodzenia. Współczesne *piñatas* mają kształt owoców, warzyw, zwierząt, klaunów, a nawet postaci z filmów Disneya. Takie gliniane naczynie, wypełnione cukierkami, owocami, orzeszkami i kawałkami trzciny cukrowej, wiesza się na patio lub na ulicy, a dzieci, pojedynczo i z zawiązanymi oczyma, próbują je stłuc drewnianą żerdzią.

Juana Carnaval i zarazem staje się symbolicznym początkiem nowego okresu.

Na tydzień przed Wielkanocą na rogach ulic sprzedaje się fantastycznie kolorowe figurki diabłów i Judaszy z papier mâché, które potem są symbolicznie palone w Wielką Sobotę. Wielkanoc w Meksyku to czas procesji ze świecami i monumentalnych przedstawień pasyjnych, które zazwyczaj trwają po kilka dni, m.in. w Taxco i mieście Meksyku.

Feria de San Marcos (około 25 kwietnia) to pełne życia święto w Aguascalientes; obchody Bożego Ciała są najciekawsze w Papantli w Veracruz, gdzie dzieci idą do kościoła niającym podróż Świętej Rodziny do Betlejem i celebrowanym przez dziewięć dni przed Bożym Narodzeniem, towarzyszy tradycja tłuczenia *piñatas*. Samo Boże Narodzenie obchodzi się 24 grudnia, a rozpoczyna je uroczysta wigilijna kolacja i poranna msza św. w pierwszy dzień świąt. W wielu domach nadal wystawia się tradycyjne szopki (*nacimiento*), chociaż pod wpływem tradycji amerykańskiej coraz popularniejsze stają się choinki. Zwyczaje różnią się w zależności od regionu: w niektórych okolicach dzieci dostają prezenty od Dzieciątka, w innych dary przynoszą 6 stycznia Trzej Królowie.

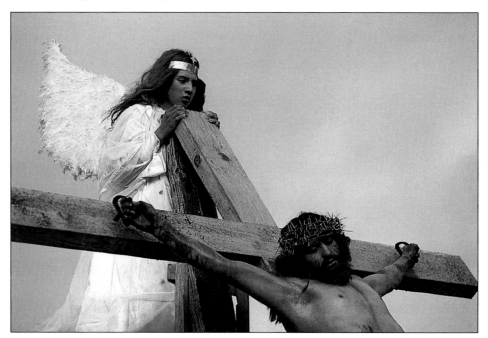

w tradycyjnych indiańskich strojach i niosą słomiane figurki osiołków. Święto Zmarłych, meksykańska wersja Wszystkich Świętych (s. 262–263), to chyba najbardziej specyficzne połączenie dawnych rytuałów pogańskich i chrześcijańskich. Nawet obchody 12 grudnia, kiedy cały Meksyk czci Matkę Boską z Guadalupe (s. 118–119), ma korzenie zarówno azteckie, jak i katolickie. *Posadas*, upamięt-

PO LEWEJ: grupa pomalowanych na czarno Indian Cora świętuje Wielkanoc.
POWYŻEJ: misterium odgrywane w Wielki Piątek w Ixtapalapie, miasto Meksyk.

Fiesty patriotyczne

Święta kościelne są na ogół najbardziej uroczyste, ale urządza się również wiele barwnych zabaw związanych z życiem politycznym kraju. We wrześniu wszędzie są sprzedawane narodowe flagi z okazji *El mes de la patria* (Miesiąc Ojczyzny), który tradycyjnie rozpoczyna się od przemówienia prezydenta (1 września) i trwa aż do 16 września, czyli do Dnia Niepodległości.

20 listopada, w Święto Rewolucji, uczniowie paradują przez miasta przebrani za Zapatę lub Pancha Villę, a 5 maja upamiętnia krótkotrwałe meksykańskie zwycięstwo nad armią francuską w bitwie pod Pueblą z 1862 r. ❏

LA VIRGEN DE GUADALUPE

*Matka Boska z Guadalupe, patronka Meksyku,
jest odzwierciedleniem kulturowej różnorodności tego kraju.*

Co roku 6 mln pielgrzymów odwiedza bazylikę Matki Boskiej z Guadalupe w mieście Meksyku – niektórzy wędrują w kilkunastodniowej pielgrzymce z najodleglejszych zakątków kraju, inni pokonują pieszo tylko ostatnie parę kilometrów Calzada de Guadalupe.

zwierciedla wierzenia zarówno katolickie, jak i prekolumbijskie.

Świątynie i bogowie

Po podboju Meksyku Hiszpanie zburzyli „pogańskie" świątynie i pobudowali kościoły, często w tych samych miejscach, a nawet z wykorzysta-

Pojedyncze osoby przychodzą prosić o pomoc we własnych intencjach, konsorcja przysyłają swoich przedstawicieli, a zdarza się również, że przyjeżdżają całe wioski. Na pytanie, po co tu przybył, starzec odpowiada: „Mam ciężkie życie, dużo pracy i bardzo mało pieniędzy. Ale zawsze, kiedy czegoś potrzebowałem, prosiłem Najświętszą Pannę i ona mi pomagała. Jestem jej wdzięczny. Teraz moja żona jest chora i przyszedłem prosić o jej uzdrowienie".

Matka Boska z Guadalupe to więcej niż patronka kraju – jest symbolem narodowej jedności oraz różnorodności rasowej i kulturowej Meksyku. Jej wizerunek, będący wynikiem przenikania kultury hiszpańskiej i indiańskiej, od-

niem tego samego budulca, wkrótce jednak odkryli, że nowe mury nie są gwarantem nowej wiary, a wielu Indian nadal oddaje cześć dawnym bogom.

W XVI w. ojciec Bernardino de Sahagún wyruszył z misją zmiany tego „smutnego", według Kościoła, stanu rzeczy. Uważał, że katolicyzm można zasiać tylko poprzez zrozumienie, a potem dopiero zastąpienie indiańskich bogów.

Podczas oblężenia Tenochtitlánu konkwistadorzy rozbili obóz u podnóża Cerro del Tepeyac, na północ od stolicy Azteków. Przywieźli tu Matkę Boską z Guadalupe, która cudownie objawiła się w Hiszpanii. Na tym samym wzgórzu stała niegdyś świątynia jednego z najważniejszych bóstw

Azteków, bogini ziemi, wiosny i kukurydzy, znanej jako Cihuacóatl (Kobieta-Wąż), Coatlicue (Wężowa Spódnica), Chicomecóatl (Siedem Wężów) lub Tonantzín (Matka).

Cud Juana Diega

Wkrótce po hiszpańskim podboju Matka Boska z Guadalupe objawiła się nowo ochrzczonemu Cziczimekowi, Juanowi Diegowi. Pewnego ranka w 1531 r. ten prosty rolnik wspinał się na Cerro de Tepeyac, kiedy usłyszał słodki kobiecy głos. Była to Dziewica Maryja, która powiedziała, że chce, aby w tym miejscu zbudowano jej świątynię. „Dlaczego ja?" – zapytał odważnie Diego. „Dlaczego nie poprosisz któregoś z wysoko postawionych Hiszpanów?". Matka Boska nie odpowiedziała, ale poleciła mu przekazać wiadomość arcybiskupowi de Zumárradze, a ten oczywiście Diegowi nie uwierzył. Cud się powtórzył – Maryja ukazała się następnego dnia, i następnego, aż wreszcie dała mu dowód, jakiego potrzebował – rozkazała różom zakwitnąć (co już samo w sobie było cudem, bo róże nie były tam znane); Juan Diego zebrał kwiaty w chustę z włókna z kaktusa i zaniósł arcybiskupowi, a kiedy rzucił kwiaty do stóp dostojnika, na chuście pojawił się obraz Dziewicy Maryi. Chusta przechowywana w bazylice to podobno ta, która należała do Juana Diega, w 2002 r. beatyfikowanego przez Jana Pawła II.

Dziwne daty

Mnisi franciszkańscy starali się wyplenić jakiekolwiek skojarzenia pomiędzy Matką Boską z Guadalupe a Tonantzín. Nie było to łatwe zadanie, zwłaszcza że kościół pod wezwaniem Maryi został wzniesiony na miejscu dawnej świątyni azteckiej bogini.

Co więcej, prekolumbijskie święto Tonantzín było obchodzone pierwszego dnia 17 miesiąca rytualnego kalendarza Azteków. Odpowiadał on 22 grudnia w kalendarzu juliańskim, którego używano w Meksyku do 1582 r., kiedy papież Grzegorz XXIII odjął 10 dni. I tak 22 grudnia stał się 12 grudnia – dniem, kiedy Meksyk obchodzi uroczystości ku czci Matki Boskiej z Guadalupe.

PO LEWEJ: grupa pątników na ostatnim etapie pielgrzymki – na kolanach.

PO PRAWEJ: dary z kwiatów dla Matki Boskiej z Guadalupe.

Namiot Abrahama

Budowę bazyliki ku czci patronki kraju rozpoczęto w 1694 r., ale w połowie XX w. fundamenty zaczęły pękać. Nową świątynię zaprojektował architekt Pedro Ramírez Vásquez, twórca Museo Nacional de Antropología w mieście Meksyku (s. 164). Bazylikę skonstruowano w taki sposób, aby wyglądała jak namiot Abrahama na Górze Synaj. Budowa świątyni o powierzchni 11 tys. m^2, gdzie mieści się 10 tys. pielgrzymów, zajęła ponad 20 miesięcy i kosztowała ponad 10 mln dolarów.

> **UKOCHANA DZIEWICA**
>
> Świątynię Matki Boskiej z Guadalupe w mieście Meksyku odwiedza więcej osób, niż jakikolwiek inny chrześcijański obiekt kultu na świecie, z wyjątkiem Watykanu.

Królowa Meksyku

Powszechnie mówi się, że Matka Boska z Guadalupe uchroniła stolicę przed wielką powodzią, która nawiedziła miasto w 1629 r. Uważa się, że położyła również kres epidemii w 1736 r. Podczas walk przeciwko Hiszpanii nadano jej rangę generała, a po odzyskaniu niepodległości Agustín de Iturbide powołał Cesarski Order Guadalupe.

Pierwszy prezydent Meksyku nazywał się Guadalupe Victoria, a dyktator Porfirio Díaz koronował Maryję na Królową Meksyku; wkrótce też stała się patronką walczącego z Díazem Emiliana Zapaty. ❏

KUCHNIA

W meksykańskiej kuchni, należącej do najbardziej urozmaiconych na świecie, tylko jedno jest pewne – będzie ostro.

Meksykańska kuchnia to wynik stuleci wzajemnych wpływów różnych kultur. Obok chili, fasoli i kukurydzy, w dość zróżnicowanej diecie ludów prekolumbijskich, nie brakowało indyków, ryb oraz dziczyzny.

W czasach kolonialnych z Chin i Filipin sprowadzano ryż i przyprawy, a ziemniaki importowano z Ameryki Południowej. Nawet krótka okupacja francuska wystarczyła do wprowadzenia kilku ciast i deserów, na przykład *crème ca-*

Znalazły się w niej nawet *itzcuintli* (gatunek tłustawego, bezwłosego psa) i iguany, ale również awokado, pomidory, zielone *tomatillos*, kaktus nopal, owoce tropikalne (ananasy i papaje), wanilia, dynie, zioła i kakao.

Hiszpańscy konkwistadorzy i osadnicy mieli własne upodobania kulinarne i przywieźli do Nowego Świata produkty popularne w kuchni śródziemnomorskiej: kurczaki, wieprzowinę, wołowinę, ser, pszenicę, oliwę, wino, owoce cytrusowe, cebulę i czosnek. W wyniku łączenia miejscowych i europejskich składników powstały nowe przepisy i dania, chociaż dla ogromnej większości Meksykanów kukurydza, fasola i chili są w dalszym ciągu podstawą diety.

ramel. Wieki mieszania różnych składników, receptur i szkół gotowania złożyły się na oryginalną meksykańską kuchnię.

Smak życia

Jedzenie może być w Meksyku jedną z największych przyjemności. Niektóre potrawy, chociaż wywodzą się z konkretnych regionów, można spotkać w całym kraju, inne mają wyłącznie lokalny charakter. Idealnym sposobem na obej-

POPRZEDNIE STRONY: ryba, sałatka i piwo; kukurydza, tortille i salsa.
POWYŻEJ: *tostadas* z owocami morza.
PO PRAWEJ: śniadanie w Zatoce Kalifornijskiej.

rzenie i spróbowanie egzotycznych owoców i warzyw jest wyprawa na targ. Miasto Meksyk to kulinarny tygiel. Wiele restauracji specjalizuje się w potrawach regionalnych, ale tak jak większość wielkich ośrodków, stolica obfituje również w lokale serwujące kuchnię międzynarodową i restauracje wegetariańskie.

Z północy na południe

Na charakterystyczną, prostą i łagodną kuchnię północnego Meksyku składają się głównie grillowane mięsa, podawane raczej z pszennymi niż kukurydzianymi *tortillas*. Specjalność Monterrey – *cabrito* (jagnięcina) z grilla – jest tłusta, ale bardzo smaczna; zwykle popija się ją innym miejscowym specjałem – zimnym piwem Carta Blanca. Nawet skromna kuchnia północy oferuje takie delikatesy, jak *caldillo* – potrawa najbliższa *chili con carne*.

Kuchnia Wyżyny Meksykańskiej jest ciekawsza. Składa się na nią wiele tradycyjnych potraw, na przykład *pozole* – gęsta zupa z kukurydzy z wieprzowiną lub kurczakiem. Tajemnica smaku dobrego *pozole* kryje się w oryginalnych dodatkach, takich jak: sos chili, oregano, awokado, sałata, cebula, rzodkiewki i sok z limonki. Świetna jest również delikatna zupa z *flor de calabaza* (z kabaczka) lub *tacos* i naleśniki nadziewane *huitlacoche* – czarnymi grzybami, które były podobno przysmakiem Azteków.

Puebla to ojczyzna słynnego *mole poblano*, gęstego, ostrego sosu, wynalezionego w czasach kolonialnych przez pewną zakonnicę. *Mole* to właściwie jedno z najbardziej typowych połączeń hiszpańskiej i miejscowej tradycji kulinarnej. Składa się na nie ponad 20 składników, w tym kilka rodzajów chili, ziół, przypraw,

tortilli, orzechów i... czekolady. Sos, podawany z kurczakiem lub indykiem, często serwuje się na przyjęciach i weselach. Wszystkich rodzajów *mole* można spróbować na corocznym festiwalu sosu w San Pedro Atocpán (miasto Meksyk), od ostrzejszej wersji z regionu Oaxaca po łagodniejszą dla żołądka *pipián*, jak również *mole verde* (zielone), z pestek dyni.

Inna lokalna specjalność to *chile relleno* – duże, zielone papryki nadziewane serem lub mieszanką mielonego mięsa i przypraw, a następnie smażone w jajku i podawane z ostrym sosem

pomidorowym. Papryka chili jest w Puebli na ogół serwowana z nadzieniem mięsnym, w białym sosie orzechowym; przybrana pestkami granatu (*en nogada*) – jest prawdziwym kulinarnym hołdem złożonym meksykańskiej fladze. Ponad 10 tys. km wybrzeża zapewnia Meksykowi obfitość ryb i owoców morza. Najbardziej popularne dania rybne to *ceviche* (surowa ryba marynowana w soku z limonki, podawana z cebulą, papryczkami chili, pomidorami i *cilantro*) i *huachinango a la veracruzana*, klasyczna potrawa

z tropikalnej ryby morskiej z oliwkami, kaparami i sosem pomidorowym. W kuchni Veracruz, obok wpływów hiszpańskich, występują również elementy kubańskie: charakterystyczna czarna fasola i smażone, olbrzymie tropikalne banany *macho* (figi rajskie). Stan szczyci się również najlepszymi owocami w Meksyku: przy szosie można kupić ogromne ananasy, mango, a także soczyste pomarańcze, mandarynki i inne cytrusy.

Oaxaca słynie z *mole negro* i *tamales* z liści bananowca, większych i bardziej skomplikowanych. Ser z tego regionu, przypominający mozarellę, jest najlepszy do *quesadillas*, bo doskonale się topi w grillowanych i smażonych tortillach.

Kulinarne inspiracje Jukatanu sięgają czasów Majów. W kuchni regionu można spotkać tak niezwykłe dania, jak *cochinita pibil*, słodko-kwaśną potrawę z wieprzowiny przyrządzaną w liściach bananowca, a także *papadzules* (tortille nadziewane jajkiem i pestkami dyni). Mają tam również wspaniałą zupę z dodatkiem *limas*, delikatnej cytryny meksykańskiej. *Aficionados* (wielbiciele) piwa cenią sobie jukatańskie gatunki – zarówno jasne Montejo, jak i ciemne i bogate w smaku Negro León. *Queso relleno*, kolejna specjalność półwyspu, to holenderski ser nadziewany ostro przyprawionym mielonym mięsem. Stosunkowo niedawno kuchnię meksykańską wzbogacili imigranci libańscy i teraz najlepsze restauracje w Méridzie serwują dania jukatańskie i libańskie.

Antojitos

Antojitos, przypominające hiszpańskie *tapas*, to przepyszne przekąski, które można dostać dosłownie wszędzie – zarówno w najlepszych restauracjach czy najelegantszych hacjendach, jak i na wiejskich placach i targach.

Na *antojitos* składa się wiele meksykańskich potraw – od soczystych kolb kukurydzy, do chipsów kukurydzianych z sosem *guacamole* i pysznych *tortas* (nadziewane bułki). Popularne są również *tamales* – prostokątne placki z mąki kukurydzianej, faszerowane ostro przyprawionym mięsem, serem lub sosem chili, zawijane w łuski kolb kukurydzianych lub liście bananowca i gotowane na parze. *Tamales* mogą również być podawane w wersji na słodko – wtedy mięso zastępują truskawki, ananasy, orzechy lub rodzynki. Ale czy to *tacos*, czy też *tostadas*, *quesadillas* lub *enchiladas*, większość *antojitos*, podobnie jak cała kuchnia meksykańska, bazuje na tortilli. ❑

GODZINY POSIŁKÓW

Niektórzy Meksykanie jadają śniadania europejskie, inni dopiero wczesnym popołudniem zamawiają *almuerzo*. Lancz jada się późno, między 14.00 a 16.00, ale jest z reguły dostępny już od 13.00. Wiele restauracji proponuje *menú del día* w stałej cenie. Mimo że *capitalinos* z miasta Meksyku nie celebrują już sjesty, na prowincji większość firm zamyka podwoje na dwie godziny. Po obfitym i późnym lanczu wieczorna *cena* czy *merienda* jest raczej lekkim posiłkiem, często z *tacos* lub innymi *antojitos* i *pan dulce* (słodki chleb).

PO LEWEJ: patera owoców, miasto Cancún.

Papryczki chili

Papryczki chili można spotkać w Meksyku po prostu wszędzie, a mają ponad 100 odmian, różniących się smakiem i ostrością, w zależności od klimatu, składu gleby i otaczających je roślin.

Należą do rodziny roślin psiankowatych, razem z pieprzem, pomidorami, bakłażanami i kartoflami. W ogrodnictwie są uznawane za owoce, chociaż botanicy klasyfikują je jako jagody, dostawcy traktują je jak warzywa, a suszone są powszechnie uważane za przyprawę.

Aztekowie i Inkowie sadzili je już około 7 tys. lat temu, ale ludzie spoza tych kultur odkryli ich smak i zastosowanie stosunkowo niedawno. Kolumb przywiózł papryczki do Europy, gdzie przyjęły się w kuchni hiszpańskiej i portugalskiej, a stamtąd trafiły do Indii i Afryki. Już wtedy trudno je było sklasyfikować, tak bardzo różniły się między sobą.

Próba rozróżnienia chili na podstawie „stopnia ostrości" jest jeszcze bardziej skomplikowana, bo papryczki mają wielorakie odmiany i smaki, i to nie tylko w różnych rejonach, ale nawet... na jednym krzaku.

• **Chile Serrano** to najpopularniejszy rodzaj meksykańskiego chili. W postaci małej zielonej papryczki jest używana do sosów i dodawana do potraw duszonych i zup. Kiedy dojrzeje, staje się łagodniejsza.

• **Chile de Arbol** czasami je się na surowo, ale uprawiana jest przede wszystkim na przyprawę.

• **Chile Ancho**, łagodna i słodkawa, a mimo to bardzo smakowita, to suszona wersja zielonej *poblano*, którą na świeżo podaje się z nadzieniem z sera lub siekanego mięsa, następnie smażoną w jajku i serwowaną z sosem pomidorowym jako *chile relleno*.

• **Chile Chipotle** to ta sama odmiana co papryka *jalapeño*, z tym, że najpierw pozwala się jej dojrzeć, a potem się ją wędzi i suszy. Zrobiony z niej ostry i cierpkawy sos jest wykorzystywany do *albóndigas en chipotle* – klopsików w sosie *chipotle* – dania popularnego w Querétaro.

• **Chile Guajillo**, suszona wersja chili Mirasol, to ważny dodatek smakowy, który barwi potrawy na żółty kolor.

• **Chile Mulato** przypomina **chile Pasilla**, używaną do jednego z najsłynniejszych dań stolicy: *caldo tlalpeño*, zupy z kurczakiem i awokado. Mulato to także podstawowy składnik sosu *mole*, wykorzystywanego w jednym z klasycznych meksykańskich dań świątecznych, *mole poblano de guajolote* – indyka w sosie z niesłodzonej czekolady z dodatkiem chili.

• **Chile Pequín**, w innych kulturach znana pod nazwą *cayenne*, jest bardzo pikantna w smaku – przewyższa ją pod tym względem tylko jukatańska **Chile Habanero**, uważana za najostrzejszą paprykę świata i wykorzystywana do przygotowywania sosu o nazwie *ixni-pec*. Pequín, znana jako *chiltepín*, rośnie również dziko na terenie całego Meksyku.

Co robić, gdy zamówiona potrawa okaże się za ostra? By ugasić „płomień", nie należy sięgać po wodę, tylko po chleb (pomaga również piwo). A podczas zamawiania posiłku uwaga na słowo *picante*. ❑

Po prawej: papryczki chili bywają ostre i łagodne.

MÚSICA MEXICANA

Salsa to esencja meksykańskiej muzyki, a cumbia, quebradita, danzón i son to nie folklorystyczne występy dla turystów, lecz tańce popularne w barach i barrios.

W Meksyku muzykę słychać niemal wszędzie: w restauracji, na plaży, w zatłoczonym autobusie czy na stacji metra można zawsze liczyć na to, że pojawi się ktoś z gitarą i zacznie śpiewać.

Ale trudno usłyszeć te same rytmy w Chihuahua i Chiapas – muzyka w tym kraju jest tak różnorodna, jak sami Meksykanie. Wchłonęła bowiem tradycyjne i popularne style z całego świata: z Hiszpanii, Argentyny, Kolumbii, Kuby i Afryki.

Música popular

Na północy Meksyku (i na południu Stanów Zjednoczonych) niezwykle popularne zespoły *norteña* grają teksańsko-meksykańskie *corridos* na gitarach, akordeonach, kontrabasach i bębnach. *Corrido* zawsze opowiada jakąś historię. W dawnych czasach ballady opiewały cnoty takich bohaterów, jak Pancho Villa czy Emiliano Zapata; dziś mówią o losach nielegalnego emigranta, przeprawiającego się wpław przez zieloną granicę.

Canción ranchera – meksykańska wersja country – to kolejny lokalny hit, nawiązujący do hiszpańskich romansów i ballad rycerskich. Jest to muzyka pełna pasji i emocji, która w melodramatyczny sposób traktuje przygody wielkich bohaterów i czarnych charakterów – *bandidos* i *pistoleros* – politykę i sprawy współczesne.

Na parkietach kapele grają salsę z akompaniamentem wielu instrumentów perkusyjnych: *bongos, tumbas, güiros*, a także grzechotek, trąbki, fletu, pianina i marimby. Salsa – inaczej *música tropical* – z zasady wykorzystuje różne rytmy, od mambo i *cumbii* (prawdopodobnie jeszcze bardziej popularnej w Meksyku niż w ojczystej Kolumbii) po szaloną *merengue* i uwodzicielski *danzón*.

Marimba jest najpopularniejsza w stanach południowych: Chiapas, Oaxaca, Tabasco i Ve-

racruz. Na tym dużym, drewnianym instrumencie przypominającym ksylofon gra do czterech muzyków. Tradycyjnie wszyscy pochodzą z jednej rodziny i potrafią zagrać walce, paso doble, a nawet fragmenty oper.

Nostalgiczne i romantyczne bolero wywodzi się z hiszpańskiej Andaluzji, ale zostało wzbogacone kubańskimi, tropikalnymi rytmami. Agustín Lara, najsłynniejszy XX-wieczny kompozytor boler, jest znany w Meksyku w każdym domu, a w Veracruz można odwiedzić muzeum poświęcone jego życiu.

Jednak chyba najbardziej meksykańskim rodzajem muzyki jest wszechobecny *son*, interpretowany z użyciem różnych – w zależności od regionu – instrumentów. W Jalisco *son* jest muzyką *mariachi*. W rejonie Huasteca *son*, lub też *huapango huastec*, śpiewa się falsetem, a w południowym Veracruz w *son jarocho* (jego najsłynniejszym przykładem jest *La Bamba*), oprócz tradycyjnych gitar i skrzypiec, słychać harfy, *jarany* (mała gitara), a czasami tamburyn.

POPRZEDNIE STRONY: *norteña* na ulicy.
PO LEWEJ: skrzypek ma instrument zdobiony wizerunkami Matki Boskiej z Guadalupe.
PO PRAWEJ: muzyk *mariachi* w tradycyjnym stroju.

Meksykanie, którzy są mistrzami improwizacji, nadają muzyce *son* indywidualny charakter i – mimo że słowa wielu *sones* pochodzą z XVI-wiecznej Hiszpanii – często pod natchnieniem *soneros* tworzą nowe zwrotki na temat konkretnych wydarzeń czy osób.

Inne rytmy są mniej znane – *jarabe* z Jalisco, *sandunga* z Oaxaki, *jarana* z Jukatanu, *pirecua* z Michoacánu i wiele innych. Jednak tam, gdzie można je usłyszeć, nadal są bardzo popularne.

Wysoka tradycja muzyczna

Tradycja muzyczna Meksyku sięga korzeniami zarówno kultury hiszpańskiej, jak i prekolumbij-

Pieśniom na ogół towarzyszyły *huehuetl* i *teponaztli*, instrumenty perkusyjne (w wielu wioskach Hidalgo, Veracruz i Tabasco uważane za święte), a także grzechotki, flety, muszle i wyżłobione kości.

Prekolumbijskie instrumenty dęte były dość skomplikowane: flety z trzciny i gliny, flety wielopiszczałkowe, okaryny, gwizdki i trąby z muszli. W rytuałach pogrzebowych dźwięk muszli był kojarzony z żałobą.

Ojciec Juan de Torquemada pozostawił wspaniały opis prekolumbijskich obrzędowych pieśni i tańców. Rytualne instrumenty muzyczne wykorzystywane w Tenochtitlánie przechowywano

skiej. Przed przybyciem konkwistadorów muzyka – niezwykle zróżnicowana i pełna energii – była integralną częścią rytuałów religijnych. Tak jak taniec, musiała być wykonywana na placu, platformie lub piramidzie. Kapłani, możni a nawet królowie brali udział w wielkim widowisku.

Król Texcoco, Netzahualcóyotl, poeta i znakomity śpiewak, zachęcał dworskich kompozytorów do opiewania wielkości swojego rodu i historii królestwa. Przetrwało również wiele pieśni poświęconych bogom. Manuskrypty i kodeksy z zapisami rytmicznymi zostały w XVI w. zebrane przez hiszpańskiego mnicha Bernardina de Sahagúna i stanowią pierwsze przykłady zapisu muzycznego w obu Amerykach.

w świętym miejscu. Wielu muzyków było zatrudnianych przy świątyniach i wielu poświęcało życie zgłębianiu muzyki i tańca. Muzyka była dla Indian tak ważna, że misjonarze utrzymywali, iż nawrócenia zdarzały się o wiele częściej dzięki muzyce niż kazaniom.

Wpływy kolonialne

Po podboju hiszpańskim muzycy grający w azteckich świątyniach znaleźli zajęcie w kościołach. Pierwszą szkołę muzyczną dla Indian założył misjonarz Pedro de Gante trzy lata po podboju. Wkrótce Nowa Hiszpania produkowała już nie tylko własne organy, ale i bardziej świeckie instrumenty. W niektórych, jak gitary, skrzypce i harfy, specjalizowały się całe wsie. Aztekowie byli bardzo muzykalnym ludem. Dziwił się jeden z wczesnych misjonarzy, że „na początku nic nie rozumieli, a stary nauczyciel nie miał tłumacza. Wkrótce pojmowali go tak dobrze, że uczyli się nie tylko prostych inkantacji, ale również pieśni z towarzyszeniem organów i teraz jest wiele chórów i śpiewaków wprawnie posługujących się modulacją i harmonią, którzy uczą się wszystkiego na pamięć".

Na pokładach hiszpańskich galeonów do Meksyku dotarła świecka muzyka renesansu.

> **MARIACHI**
>
> Nazwa *mariachi* pochodzi albo od francuskiego *mariage*, oznaczającego ślub, albo od galicyjskiego *mariagero*, co znaczy „muzyk weselny".

Muzykę *mariachi*, która powstała w XVIII w., nadal gra się w całym kraju, ale najpopularniejsza jest w Jalisco i środkowym Meksyku. Na początku muzycy używali tylko instrumentów strunowych, ale później dla fantazji dodano trąbki.

W XIX w. popularny stał się walc. Nowa muzyka mówiła o zwycięstwie w wojnie o niepodległość. Główni kompozytorzy, jak np. Juventino Rosas, nadali świeżą formę meksykańskiej wersji walca, łącząc w niej oryginalność, nostalgię i wyobraźnię melodyczną.

Z Karaibów przywędrowały rytmy i formy muzyczne, łączące wpływy łacińskie, śródziemnomorskie, arabskie, afrykańskie i miejscowe. Stąd narodziły się rytmy tanga, rumby, fandango, *chaconne*, sarabandy, *cumbé*, *habanera*, bolera i *danzón*.

W 1711 r. w stolicy wystawiono pierwszą operę skomponowaną w Nowym Świecie, *La Parténope* Manuela de Zumai. W czasach późnokolonialnych najpopularniejszą formą muzyczną stało się *corrido*, z towarzyszeniem gitary i harfy.

Música moderna

Inwazji amerykańskiego i brytyjskiego rocka (wielu Meksykanów nadal twierdzi, że nauczyło się angielskiego z piosenek Beatlesów) towarzyszył *rock en español*. Nadal nie wygasły również odwieczne wpływy kubańskie: *Nueva Trova Cubana* można usłyszeć w wielu współczesnych piosenkach.

Wielkie zainteresowanie meksykańską muzyką ludową, które wybuchło w latach 70. XX w., dziś już znacznie osłabło. Zamiast tego muzycy starają się łączyć przeszłość z teraźniejszością. W tym celu do autentycznych prekolumbijskich instrumentów muzycznych dodają instrumenty elektroniczne. ❑

PO LEWEJ: Indianin Tarahumara akompaniuje na skrzypcach w czasie uroczystości wielkanocnych.
POWYŻEJ: kolorowe tańce w Centro Acapulco.

NURKOWANIE W GŁĘBOKIEJ WODZIE

Nieważne, czy ktoś jest miłośnikiem podwodnych przygód, czy raczej relaksu w hamaku pod palmami – meksykańskie kurorty to dla wszystkich ucieczka od codzienności.

Wyjąwszy granice ze Stanami Zjednoczonymi i Gwatemalą, Meksyk ze wszystkich stron jest otoczony przez ciepłe, tropikalne morza: jego linia brzegowa to ponad 3650 km wybrzeży Oceanu Spokojnego, Zatoki Meksykańskiej oraz Morza Karaibskiego. Wzdłuż brzegów tych ogromnych akwenów skupia się wiele cudów natury: zakątki, gdzie słoneczna pogoda utrzymuje się przez cały rok, długie pasy przepięknych plaż schodzących do krystalicznie czystej wody, a także rafy koralowe, raj dla nurków.

NURKOWANIE Z BUTLĄ LUB BEZ

Na meksykańskim wybrzeżu jest kilka wprost idealnych miejsc do nurkowania. W krystalicznie czystych wodach Morza Karaibskiego pstrokate ryby przemykają wśród koralowych grot, wypełniając wodę kolorami. Wszystkie większe ośrodki wypoczynkowe nad Oceanem Spokojnym oferują doskonałe warunki do nurkowania, ale to właśnie wyspa Cozumel, z drugą pod względem wielkości rafą koralową na świecie, zbiera największe pochwały.

Nawiasem mówiąc, meksykańskie wybrzeże Pacyfiku to również jedno z najwspanialszych miejsc na świecie do uprawiania surfingu.

▶ OBFITOŚĆ KOSZYKÓW

Handlarze sprzedają na plaży wszelkiego rodzaju wyroby rękodzielnicze. Po co iść do sklepu, kiedy sklep może przyjść do nas?

▲ PLAŻA I KULTURA

Idąc wybrzeżem niedaleko Cancúnu, dochodzi się do Tulum, ruin miasta Majów górujących nad plażami i Morzem Karaibskim. Zbudowane na szczycie klifu, w świetnym punkcie obserwacyjnym, było idealnym miejscem, by czcić boga Zachodzącego Słońca.

▲ PELIKANY

Wzdłuż meksykańskich wybrzeży Pacyfiku i Morza Karaibskiego gromadzą się setki gatunków ptaków, żywiących się bogatą podwodną fauną.

◀ MUZYKA ULICY

...dąc w jakimkolwiek kątku Meksyku, trudno ...olnić się od dźwięków ...uzyki. Jeśli ktoś szuka ...okoju, miejscowa knajpa ...czej nie będzie dla niego ...powiednim miejscem; ...dzień i w nocy wszędzie ...zbrzmiewa *música latina* ...música americana.*

▼ EGZOTYCZNY POSIŁEK

Obiad nad brzegiem oceanu oznacza stos krewetek i zimne piwo pod *palapą* (dach z liści palmowych) lub befsztyk w klimatyzowanej restauracji, przy akompaniamencie ballad.

▼ NURKOWANIE Z FAJKĄ

Wody Morza Karaibskiego obfitują w ryby i rafy koralowe. Miejscowości wypoczynkowe wybrzeża Pacyfiku oferują doskonałe warunki do nurkowania, zarówno z butlą, jak i z fajką.

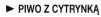

◀ CANCÚN Z LOTU PTAKA

Cancún, którego w 1970 r. nie można było znaleźć na żadnej z map, powstał w wyniku rządowego projektu i błyskawicznie się rozwinął w jeden z największych kurortów świata – popularny cel samolotów czarterowych i wycieczek ze Stanów Zjednoczonych i Europy.

► PIWO Z CYTRYNKĄ

Meksykańskie piwo dorównuje najlepszym trunkom na świecie. Aby degustować je jak miejscowi, najlepiej wychylić je z plasterkiem cytryny lub limetki i szczyptą soli.

NOCNE ŻYCIE NA PLAŻY

Meksykańskie kurorty zaczynają na dobre tętnić życiem po zapadnięciu zmroku. Restauracje zapełniają się po 21.00, a dyskoteki pozostają zamknięte do 22.30; tłoczno robi się w nich koło północy, a pozostają otwarte do świtu.

Acapulco i Cancún to niezaprzeczalnie dyskotekowe stolice Meksyku, jednak Mazatlán, Ixtapa i Puerto Vallarta nie pozostają daleko w tyle. Nawet w najmniejszych miejscowościach można się wybrać na romantyczny spacer po plaży, wypić orzeźwiającego drinka pod *palapą* i odwiedzić jedno czy dwa miejsca, w których można „strząsnąć z siebie pył", jak mawiają Meksykanie. Inna możliwość to po prostu rozciągnąć się w hamaku i wpatrywać się w gwiazdy, rozkoszując się samotnością. Zwykle są również organizowane rejsy o zachodzie słońca lub przy świetle księżyca – można wówczas coś zjeść i potańczyć. Meksykańskie fiesty – czasem kiczowate, lecz zawsze radosne – to świetna okazja do zawarcia nowych znajomości i – rzecz jasna – posłuchania *mariachi*.

WPROWADZENIE

Od Río Bravo do Jukatanu – w tym rozdziale mieści się cały Meksyk. Specjalnie przygotowane mapy ułatwią podróże i zwiedzanie.

Meksyku nie uda się zwiedzić w ciągu jednych wakacji, gdyż jest zbyt duży i zbyt zróżnicowany, więc aby choć trochę poznać ten kraj, należy wziąć pod uwagę tylko kilka najważniejszych atrakcji: niesamowitą podróż pociągiem ze stanu Chihuahua na wybrzeże Pacyfiku; skok do wody z wysokiego na 45 m urwiska do zatoki Acapulco, gwarne miasto Meksyk, prekolumbijskie piramidy na Wyżynie Meksykańskiej, ruiny ośrodków Majów w południowej i wschodniej części kraju... Atrakcji na pewno nie zabraknie!

Od jałowego, niemal pustynnego krajobrazu Półwyspu Kalifornijskiego po góry Sierra Madre de Chiapas, i od granicy północnej do bujnej dżungli Jukatanu – linia brzegowa Meksyku ma aż 9650 km. Prawie połowa kraju leży na wysokości ponad 1500 m n.p.m., a pasma górskie są usiane czynnymi wulkanami. Widok wzgórz i okrytych śniegiem szczytów zapiera dech w piersiach.

Najlepiej poprzestać na jednym regionie, podróżować po tym ogromnym kraju według jakiegoś klucza (architektura kolonialna, *Ruta Maya*, fauna i flora morska), albo po prostu nastawić się na wypoczynek w którymś z fantastycznych nadmorskich kurortów. Na miłośników nurkowania czeka niezwykle bogata morska fauna i flora – od Zatoki Kalifornijskiej, zwanej również Morzem Cortésa na północnym zachodzie, do Karaibów na południowym wschodzie.

W całym kraju jest mnóstwo profesjonalnych agencji specjalizujących się w tzw. turystyce przygodowej, obejmującej m.in. wspinaczkę, spływy rwącymi rzekami i nurkowanie z akwalungiem. Inne organizują wspaniałe wycieczki, np. wyprawę *Ruta de Cortés*, szlakiem, którym podążali hiszpańscy konkwistadorzy z Veracruz do Tenochtitlánu, stolicy azteckiego imperium, dziś miasta Meksyku. Na blisko 1958,2 tys. km², które zajmuje Meksyk, każdy znajdzie coś dla siebie.

Całe zachodnie wybrzeże jest skąpane w słońcu przez co najmniej 9 miesięcy w roku, a przybrzeżne kurorty – Acapulco, Ixtapa/Zihuantanejo i Puerto Vallarta – są nazywane meksykańską riwierą. Nawet na południu, także w stolicy, latem gwałtowne deszcze padają niemal zawsze tylko popołudniami.

Wiele kolonialnych miast w środkowej części kraju, np. Guanajuato, San Miguel de Allende i Morelia, leży tak wysoko, że dają wytchnienie nawet w największe upały. Zima jest najlepszą porą roku na zwiedzanie prekolumbijskich ośrodków Majów na Jukatanie, a drobnopiaszczyste plaże Cancúnu przyciągają miłośników słonecznych kąpieli przez cały rok. ❏

POPRZEDNIE STRONY: Popocatépetl góruje nad polami kukurydzy w środkowej części kraju; widok rzeki z Misión Mulegé, Półwysep Kalifornijski; stadion piłki nożnej i arena walk byków.
PO LEWEJ: spotkanie z mureną na rafie.

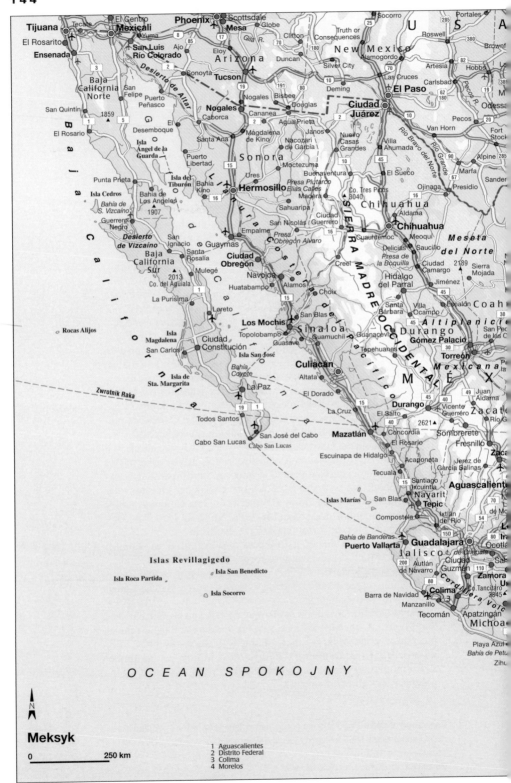

Tijuana
Tecate
Mexicali
El Centro
Phoenix
Scottsdale
Socorro
Portales
U S A
Yuma
Mesa
Globe
Truth or
Consequences
Roswell
285
El Rosarito
San Luis
Río Colorado
8
Gila R.
Clifton
Brownf
Ensenada
85
Eloy
Duncan
New Mexico
Alamogordo
380
2
Ajo
17
Silver City
Las Cruces
70
Artesia
Hobbs
Baja
California
Norte
3
Sonoyta
Tucson
Deming
Carlsbad
19
M
San
Felipe
Nogales
Bisbee
80
10
El Paso
62
180
Odessa
385
Puerto
Peñasco
191
Douglas
Ciudad
Juárez
San Quintín
1859
Nogales
Cananea
2
Agua Prieta
10
Pecos
20
Van Horn
Fort
Stock
El Rosario
1
5
El
Desemboque
Caborca
Janos
Nuevo
Casas
Grandes
Villa
Ahumada
Rio Bravo del Norte
90
Alpine 285
Santa Ana
Magdalena
de Kino
Nacozari
de García
10
45
Marfa
Isla
Ángel de la
Guarda
Puerto
Libertad
15
Sonora
Moctezuma
Buenaventura
El Sueco
67
Presidio
Sander
Punta Prieta
Ures
Presa Plutarco
Elías Calles
3040
Co. Tres Picos
Ojinaga
Isla del
Tiburón
Bahía
Kino
Hermosillo
16
Madera
Chihuahua
16
Isla Cedros
Bahía de
S. Vizcaíno
Bahía de
Los Angeles
1907
Sahuaripa
Ciudad
Guerrero
Aldama
Chihuahua
Guerrero
Negro
Desierto
de Vizcaíno
San
Ignacio
Empalme
San Nicolás
Cuauhtémoc
Meoqui
Meseta
del Norte
Baja
California
Súr
Santa
Rosalía
Guaymas
Presa
Obregón Alvaro
18
Creel
Delicias
Saucillo
2189
Sierra
Mojada
2013
Co. del Aguila
Mulegé
Ciudad
Obregón
Presa de
la Boquilla
Ciudad
Camargo
La Purísima
Navojoa
Hidalgo
del Parral
Jiménez
45
1
Huatabampo
Alamos
Santa
Bárbara
Escalón
Coah
Loreto
Choix
Villa
Ocampo
30
Isla
Magdalena
Los Mochis
San Blas
45
Altiplanici
Ciudad
Constitución
Topolobampo
Sinaloa
Durango
San Ped
de los C
San Carlos
Guasave
Guamuchil
Gómez Palacio
Isla San José
Tepuahes
30
Torreón
Bahía
Coyote
Culiacán
Mexicana
Isla de
Sta. Margarita
Altata
49
Juan
Aldama
La Paz
El Dorado
Durango
45
Zwrotnik Raka
Rocas Alijos
La Cruz
15
40
Vicente
Guerréro
2621
Río G
Zacat
Todos Santos
19
1
La Cruz
El Salto
Concordia
Sombrerete
Mazatlán
Fresnillo
Cabo San Lucas
San José del Cabo
El Rosario
Zac
Cabo San Lucas
Escuinapa de Hidalgo
Acaponeta
Jerez de
García Salinas
Aguascalient
Tecuala
15
Santiago
Ixcuintla
Nayarit
70
de Ma
Islas Marías
San Blas
Tepic
Ixtlán
del Río
Compostela
54
Islas Revillagigedo
Bahía de Banderas
Puerto Vallarta
Guadalajara
150
L
Isla San Benedicto
Jalisco
80
Ocotl
Isla Roca Partida
Autlán
de Navarro
Ciudad
Guzmán
110
Zamora
Isla Socorro
80
Colima
 Co. Tancítaro
3845
Barra de Navidad
3
Manzanillo
Apatzingán
Tecomán
Michoa

OCEAN SPOKOJNY

Playa Azul
Bahía de Petu
Zihu

N

Meksyk

0   250 km

1 Aguascalientes
2 Distrito Federal
3 Colima
4 Morelos

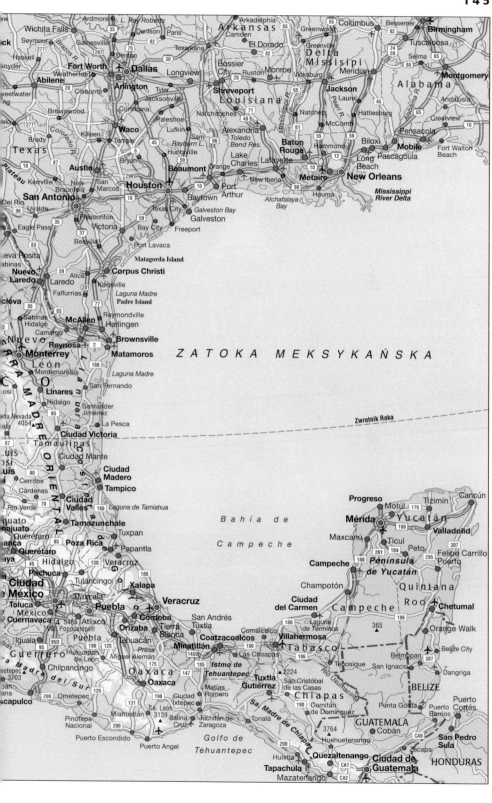

Ardmore L. Ray Roberts Arkadelphia Columbus Bessemer
ck Wichita Falls Denison Paris Arkansas Greenwood 55 Birmingham 82
Seymour Gainesville 82 Camden El Dorado Greenville Tuscaloosa
Haskell 277 Brazos R. 287 Denton 75 30 Texarkana 82 24 59 Selma 65
snyder Fort Worth Dallas Longview Bossier Ruston Monroe Vicksburg Meridian 80 Montgomery
Weatherford City Delta
veetwater Abilene 20 Cleburne Arlington Tyler Shreveport Jackson Alabama Andalusia
ng Jacksonville Louisiana 65 Laurel 45
Brownwood Corsicana Natchitoches Natchez Hattiesburg 65 Crestview
277 Palestine 49 61 McComb 10
Brady Killeen Waco Lufkin Alexandria 55 59 Biloxi Pensacola
Texas Temple 45 Sam Toledo Hammond 59 Mobile Fort Walton
Colorado R. Rayburn L. Bend Res. Baton Beach
10 87 Bryan 6 Huntsville Rouge 12 Long Pascagoula
Austin Beaumont 59 Lake Lafayette Beach
Plateau Kerrville 290 Orange Charles Metaire New Orleans
New San Houston 10 Port New Iberia 90 Houma Mississippi
Braunfels Marcos Baytown Arthur Atchafalaya River Delta
San Antonio 10 Texas City Galveston Bay Bay
90 Uvalde Pleasanton Galveston
Eagle Pass 35 59 Bay City Freeport
83 Victoria 37
Beeville Port Lavaca
eva Rosita Matagorda Island
abinas Corpus Christi
Nuevo 59 Alice
Laredo Laredo Kingsville
clova Falfurrias 281 Laguna Madre
85 83 Raymondville Padre Island
Sabinas 77
Hidalgo McAllen Harlingen
Camargo
Nuevo Reynosa 2 Brownsville
Monterrey Matamoros Z A T O K A   M E K S Y K A Ń S K A
León 180
Montemorelos Laguna Madre
osi Linares San Fernando
Hidalgo
85 Santander
Jimenez
ña Nevada La Pesca Zwrotnik Raka
4054
Ciudad Victoria
57 Tamaulipas
uis Ciudad Mante
osi
uis 80 Ciudad Progreso Cancún
i Cerritos Madero Motúl Tizimin
Cárdenas Tampico Mérida 176
Rio Verde 70 Ciudad Bahía de Yucatán Valladolid
ijuato Valles 180 Laguna de Tamiahua Maxcanú Ticul 180 Peto 307
najuato Tamazunchale Campeche 261 184 295 Felipe Carrillo
anca Querétaro Tuxpan Campeche 180 Península Puerto
Querétaro Poza Rica Papantla de Yucatán
aya Hidalgo 130 Veracruz Champotón Quintana
45 Pachuca 180 Ciudad Roo
Tulancingo del Carmen Campeche Chetumal
Ciudad Xalapa Villahermosa 186
México Tlaxcala Veracruz San Andrés Orange Walk
Toluca Puebla Córdoba Laguna 365
México Atlixco Tuxtla de Términos
Cuernavaca Popocatépetl Orizaba Tierra Comalcalco Villahermosa Belize City
Iguala 95D Puebla Tehuacán Blanca Coatzacoalcos 180 Tabasco 307
Puebla 190 125 Minatitlán Las Choapas 186 Tenosique San Ignacio Dangriga
95 Huajuapan Presa 1450 185 Istmo de
Guerrero de León Miguel Alemán 175 Tehuantepec 2224 BELIZE
Chilpancingo Oaxaca 147 Tuxtla San Cristóbal
3703 Oaxaca Matías Gutiérrez de las Casas
an 125 Romero Chiapas Puerto
acapulco 200 Ometepec 190 Ciudad Sa Comitán Puerto Cortés
131 Ixtepec Ma de Domínguez Barrios
Miahuatlán 3139 Salina Juchitán de dre GUATEMALA
Pinotepa Cruz Zaragoza Tonalá de 3764 Cobán CA9
Nacional 200 Chi San Pedro
Puerto Escondido 200 apa Huehuetenango Zacapa Sula
Puerto Angel Golfo de s
Tehuantepec Huixtla Quezaltenango Ciudad de HONDURAS
Tapachula CA1 Guatemala
Mazatenango CA2

MIASTO MEKSYK I OKOLICE

W tej części przewodnika zebrano najważniejsze
informacje dotyczące stolicy i okolicznych stanów,
z mapami i odsyłaczami pomagającymi w orientacji.

Nazywane przez Meksykanów México lub Districto Federal (Dystrykt Federalny), w skrócie DF, miasto Meksyk rości sobie prawo do tytułu najludniejszego na świecie. Leżące na wysokości 2250 m n.p.m., jest również jednym z najwyżej zbudowanych ośrodków na kuli ziemskiej, a mimo wysiłków czynionych, by poprawić jakość powietrza – również jednym z najbardziej zanieczyszczonych. Część turystów skarży się na zmęczenie i trudności z oddychaniem, ale objawy te zwykle szybko ustępują.

Mimo że wielu wielbicieli plaż decyduje się lecieć od razu do Cancúnu lub Puerto Vallarty, stolica jest zwykle pierwszym przystankiem dla większości turystów przybywających do Meksyku drogą lotniczą. Warto tu spędzić kilka dni, a jeśli ktoś planuje wizytę w prekolumbijskim Teotihuacánie, koniecznie powinien odwiedzić stołeczne Museo Nacional de Antropología.

Większość atrakcji skupia się wokół śródmieścia, które ciągnie się od Zócalo (główny plac) i azteckiej Templo Major na wschodzie, poprzez Alameda i Zona Rosa do parku Chapultepec na zachodzie. Mając jeden lub dwa dni w zapasie, warto się udać na krótki spacer na południe, do *colonias* – San Angel, z kolonialnymi rezydencjami i słynnym sobotnim targowiskiem, oraz do Coyoacánu – z ulicznymi artystami, kawiarniami na deptaku, cygańską atmosferą i pysznymi lodami. Pływające ogrody Xochimilco to jeden z ulubionych celów turystów, ale gdy czas goni, lepiej wybrać się raczej do którejś z miejscowości opisanych w części *Okolice miasta Meksyku* (s. 177–195).

Stolica jest bardzo wygodną bazą dla jednodniowych i weekendowych wycieczek: można zwiedzić prekolumbijskie ruiny, kolonialne miasta i barokowe kościoły lub wybrać się na zakupy do niedalekiego Taxco, słynącego ze srebrnej biżuterii. Tych, którzy szukają spokoju, na pewno ucieszą podrównikowe kąpieliska i górskie jeziora, gdzie można uprawiać żeglarstwo i wiele innych sportów wodnych. ❏

POPRZEDNIE STRONY: katedra nocą.
PO LEWEJ: Palacio de Bellas Artes.

MIASTO MEKSYK

Mimo że zatłoczona i zanieczyszczona, stolica jest sercem kraju – to właśnie tutaj mają siedziby najlepsze muzea, znakomite restauracje i kluby, w których toczy się bogate życie nocne.

Miasto Meksyk to jedno z takich dziwnych miejsc, które się kocha i jednocześnie nienawidzi. Stolica jest ogromna, ekscytująca i nieprzewidywalna, jej mieszkańcy przyjaźni, a za każdym rogiem czekają wyjątkowe zabytki z różnych epok. Jednak to jedno z największych i najludniejszych miast świata ma również ciemną stronę: tłok i zanieczyszczenie powietrza, a także drobna przestępczość, szczególnie kradzieże. (Koniecznie trzeba zachować podstawowe środki ostrożności: schować aparaty fotograficzne, kamery i kosztowności, nocą unikać słabo oświetlonych ulic, zawsze trzymać dokumenty i pieniądze przy sobie, szczególnie w autobusach i metrze; wybierać taksówki, które można na wezwać przez telefon).

Centrum, z wyjątkowymi zabytkami architektury hiszpańskiej, amerykańskiej, francuskiej i nowoczesnej, jest połączeniem dzielnicy biznesu, bazaru i kolonialnych ruder. Granice **Centro Histórico** (Stare Miasto) pokrywają się w przybliżeniu z obszarem niegdysiejszej azteckiej stolicy.

Dom w kafelkach

Śniadanie w pięknym **Casa de los Azulejos** ❶, XVI-wiecznym pałacu obłożonym biało-niebieskimi płytkami ceramicznymi, to doskonały początek dnia. Obecnie mieści się tu restauracja **Sanborns**, słynna od czasów Pancha Villi i Emiliana Zapaty, których oddział w czasie rewolucji przybył tutaj na posiłek. Duże wrażenie robi pokryte szkłem patio lokalu i mural José Clemente Orozca (s. 108–111) na podeście schodów.

W sklepie fotograficznym **Casasola** kawałek dalej warto obejrzeć słynne zdjęcie rebeliantów jedzących obiad w restauracji Sanborns (s. 60–61); można tu również przejrzeć archiwalne fotografie i zafundować sobie portret w mundurze rewolucjonisty. **Torre Latinoamericana** ❷ naprzeciw restauracji (od strony północnej) była pierwszym meksykańskim drapaczem chmur, zbudowanym w 1956 r. Z platformy obserwacyjnej na 42. piętrze (lub restauracji na 41. piętrze) roztacza się panorama miasta – najwyraźniejsza nocą, ponieważ w ciągu dnia przysłania ją gęsta warstwa smogu.

Ruchliwa **Calle Madero** wiedzie od Alameda do Zócalo (rynek), serca miasta Meksyku i Centro Histórico. Ta ciekawa ulica słynie między innymi z zapadającego się **Iglesia de San Francisco** ❸ (kościół św. Franciszka), będącego niegdyś częścią klasztoru Franciszkanów założonego przez Cortésa w trzy lata po konkwiście, w 1524 r. Większość budowli, także kamienne portale i fasady w stylu churrigueryzmu, pochodzą z XVIII w.

Bogato zdobiony **Palacio de Iturbide** ❹ powstał w XVIII stuleciu. Nazwany od cesarza Agustína I,

Po lewej: spacer artystyczną ulicą.
Poniżej: dzieci dzwonią do domu.

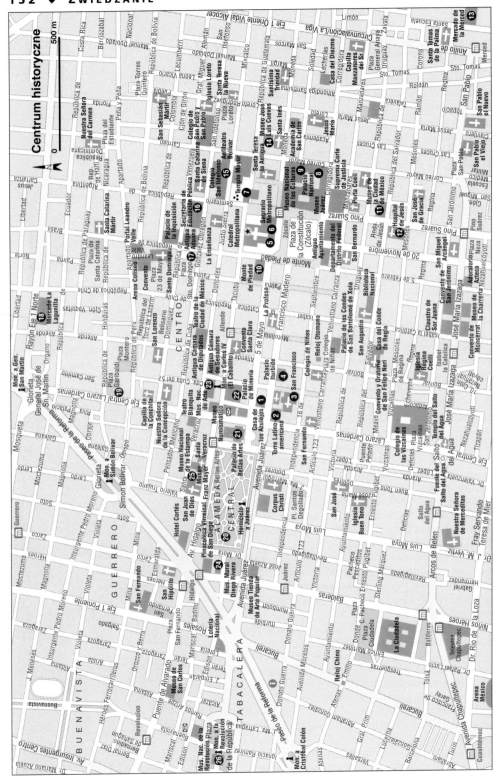

Centrum historyczne

500 m

czyli generała Agustína de Iturbide, który mieszkał tu w 1821 r., dziś mieści fundację Banamex, eksponującą na patio zbiory sztuki. **American Bookstore** w tym samym kwartale oferuje duży wybór książek z dziedziny archeologii. Przy końcu ulicy Madero stoi ciemna **Templo de la Profesa**, która na początku XX w. służyła jako zastępcza katedra. Od czasu powstania w 1720 r. znacznie zapadła się w grunt.

Plan s. 152

Główny plac – **Zócalo** – niegdyś ważny ośrodek azteckich ceremonii, z piramidami i pałacami, był wielokrotnie przebudowywany. Przez wiele lat miał charakter ruchliwego centrum, z palmami i pętlą tramwajową. Dziś ten nagi, pozbawiony drzew zakątek, w sam raz nadaje się dla zgromadzeń wojskowych i politycznych. Najlepszy widok na rynek rozpościera się z restauracji na dachu hotelu **Majestic** (wejście od strony ulicy Madero); zdjęcia i makiety pokazujące, jak niegdyś wyglądał, można obejrzeć na stacji metra Zócalo.

Mieszanina stylów

Ogromna **Catedral Metropolitana** ❺ jest swoistym leksykonem meksykańskiej sztuki kolonialnej. Budowana przez 300 lat, początkowo w stylu hiszpańskiego renesansu, została wykończona w stylu francuskiego neoklasycyzmu z początku XIX w. Górną część wytwornej fasady i wieże zwieńczone nietypowymi kopułami w kształcie dzwonów zaprojektowali dwaj wielcy architekci neoklasycyzmu: Manuel Tolsa i José Damian Ortiz de Castro.

Detal z fasady katedry.

Monumentalna katedra jest raczej mroczna, lecz delikatnie rozjaśnią ją łagodne światło przenikające przez współczesne witraże. Wnętrze – długie na 100 m i szerokie na 46 m – podzielono na 5 naw. W pobliżu głównego wejścia zwraca uwagę **Altar del Perdón** (Ołtarz Przebaczenia) z ogromnym retabulum, XVII-wieczne dzieło Jerónima de Balbasa. Zarówno ołtarz, jak i przestrzeń za nim, oraz zawile rzeźbione stalle chóru (zniszczone w czasie pożaru w 1967 r.) zostały odrestaurowane.

PONIŻEJ: flaga na Zócalo.

Na końcu środkowej nawy widać wspaniały **Altar de los Reyes** (Ołtarz Królewski) również projektu de Balbasa – jedno z arcydzieł churrigueryzmu (s. 54). Ukończony w 1737 r., przypomina dużą, bogato zdobioną niszę, z pozłacanymi rzeźbami, aniołami, świętymi i cherubinami. Dwa środkowe obrazy to *Wniebowzięcie Najświętszej Marii Panny* i *Pokłon trzech króli* Juana Rodrígueza Juáreza. Wzdłuż katedry, po wschodniej i zachodniej stronie, ciągnie się rząd 14 bocznych kaplic. Zakrojone na szeroką skalę prace renowacyjne uratowały świątynię, która powoli zaczęła się zapadać w gąbczaste podłoże, ale konstrukcję nadal podtrzymują rusztowania. Sąsiadująca z katedrą **Sagrario Metropolitano** ❻, bogato zdobiona kaplica Najświętszego Sakramentu, to XVII-wieczna budowla z nasyconą zdobieniami fasadą z czerwonego i białego kamienia w stylu churrigueryzmu. Budynek, choć zamknięty dla zwiedzających, wart jest uwagi.

Na malowniczym placu po wschodniej stronie katedry stoi fontanna i pomnik ku czci ojca Bartolomé de las Casas, hiszpańskiego biskupa, który poświęcił życie w obronie Indian. (W dobrej wierze zapro-

ponował, by przywieźć do Meksyku Afrykanów; przyczynił się w ten sposób do niesławnego handlu niewolnikami).

RADA

Bar León przy katedrze to najlepsze miejsce dla wielbicieli salsy.

PONIŻEJ: wężowe głowy w Templo Mayor.

Ruiny Tenochtitlánu

Templo Mayor ❼ (wt.–nd. 9.00–17.00; wstęp płatny) na północny wschód od Zócalo została zbudowana dokładnie w centrum azteckiego uniwersum – to właśnie w tym miejscu prekolumbijscy wędrowcy ujrzeli orła siedzącego na kaktusie (s. 33–34). Badania tego stanowiska rozpoczęto zaraz po tym, jak pracownicy elektrowni przypadkiem natrafili na ośmiotonowy kamienny dysk, który okazał się rzeźbą. Płaskorzeźby na dysku przedstawiają Coyolxauhqui, boginię Księżyca, pokonaną przez swego brata Huitzilopochtli; jej śmierć symbolizuje codzienne zwycięstwo słońca nad nocą. Przypadkowe odkrycie dało początek wykopaliskom archeologicznym, które przyniosły zaskakujące rezultaty. Górne świątynie były poświęcone Huitzilopochtli, bogowi wojny i Tlalocowi, bogowi deszczu. Ścieżka prowadząca wokół budowli pozwala sobie wyobrazić jej wielopoziomowy układ, mimo że początkowo trudno się zorientować w topografii, gdyż Hiszpanie zburzyli dwie trzecie świątyni, a kamienia użyli do budowy własnych kościołów i pałaców.

Przepięknie urządzone **muzeum** (wstęp wliczony w cenę biletu) prezentuje wyroby znalezione w czasie prac wykopaliskowych, w tym autentyczny kamień przedstawiający poćwiartowane ciało Coyolxauhqui oraz makiety pokazujące, jak wyglądały Tenochtitlán i Templo Mayor przed przybyciem konkwistadorów.

Palacio Nacional

Po wschodniej stronie Zócalo wznosi się zbudowany na miejscu pałacu Montezumy **Palacio Nacional** , siedziba władz Meksyku i Archiwów Państwowych. Większość odwiedzających pałac przybywa podziwiać murale Diega Rivery (s. 108–111), dekorujące główną klatkę schodową i krużganek pierwszego piętra. Namalowane w latach 1929–1935, przedstawiają historię Meksyku – począwszy od wyidealizowanej prekolumbijskiej przeszłości, przez okropności konkwisty aż do odzyskania niepodległości i rewolucji w 1910 r.

Nocą 15 września prezydent Meksyku pojawia się na głównym balkonie Pałacu Narodowego, by uderzyć w dzwon; to właśnie jego dźwięk wzywał parafian ojca Miguela Hidalga y Costilli z Dolores (s. 242 i 244), rozpoczynając wojnę o niepodległość. *El Grito* (okrzyk; na pamiątkę tzw. wezwania z Dolores) stanowi krótką, lecz bardzo przejmującą ceremonię: prezydent ponownie ogłasza niepodległość Meksyku, a tłum wykrzykuje: ¡Viva Mexico!, ¡Viva la Independencia! (Wiele osób woli wziąć udział w *El Grito* na Plaza Hidalgo w Coyoacánie, uważanym za bezpieczniejszy).

Siedziba **Museo Nacional de las Culturas** ❾ (wt.–nd.; bezpł.) mieści się w imponującej XVII-wiecznej budowli, której patio zdobią drzewa, kwiaty i fontanny. Placówka prezentuje wystawy poświęcone cywilizacjom Meksyku; jest tu również kawiarnia, biblioteka i można wynająć przewodnika. **Monte de Piedad** ❿ w północno-zachodniej pierzei Zócalo to ogromny lombard rządowy założony w 1775 r., który stał się ważnym punktem stolicy, szczególnie w czasie świąt, gdy ludzie ustawiają się w kolejce, by zastawić ukochane rodzinne pamiątki.

Plan
s. 152

PONIŻEJ: marzenia
pucybuta.

Uliczny danzón.

PONIŻEJ:
Wielki Tenochtitlán
Diega Rivery,
Palacio Nacional.

Na tyłach Zócalo, przy Calle 20 de Noviembre warto odwiedzić dom towarowy **Palacio de Hierro**, gdzie zachował się jeden z wyjątkowych witraży. Przy równoległej ulicy Pino Suárez, we wspaniałym pałacu hrabiów Santiago de Calimaya ma siedzibę **Museo de la Ciudad de México** ⓫ (wt.–nd.; bezpł.), przybliżające historię miasta od czasów prehistorycznych do współczesności. Po drugiej stronie ulicy wyrasta **Hospital de Jesús** ⓬ – przypominający fortecę szpital i kościół z 1524 r. Najstarszy szpital zbudowany w Nowym Świecie stoi w miejscu pierwszego spotkania Cortésa z Montezumą. Szczątki konkwistadora złożono w grobowcu za ołtarzem. Sklepienie dekorują murale José Clemente Orozca (s. 108–111).

Uliczne targowiska

Jednym z największych targowisk w mieście Meksyku jest **Mercado de la Merced** ⓭ w pobliżu stacji metra o tej samej nazwie – ogromny labirynt wypełniony dźwiękami i zapachami: smażone kurczaki, ryczące radioodbiorniki, sprzedawcy niezwykłych medykamentów oraz dziewczęta wygniatające, piekące i napełniające pyszne tortille. Kilka przecznic dalej, na Fray Servando Teresa de Mier odbywa się **Mercado de Sonora**, słynący z wielkiego wyboru ziół i znachorów. Atmosfera tego targu jest stonowana, niemal sielska, w porównaniu ze zgiełkiem **La Merced**. Na końcu, za straganami z kolorowymi figurkami religijnymi jest targ zwierzęcy, z pojemnikami pełnymi żab, żółwi i węży, stosami klatek z królikami, gołębiami, papugami, kanarkami i szczeniętami.

Plan s. 152

Północna część Zócalo

W północno-wschodniej części placu ma siedzibę **Museo José Luis Cuevas** ⓵ (czw.–nd.; wstęp płatny). Założone przez jednego z najsłynniejszych meksykańskich artystów, mieści m.in. kontrowersyjną Sala de Erótica. Wcześniej budynek należał do uniwersytetu, ale jego funkcję dawno już przejął rozległy kompleks akademicki wybudowany na południu miasta. W **Colegio de San Ildefonso** ⓵ na tyłach Templo Mayor malowidła pokrywają mury wokół patiów na trzech piętrach dawnego kolegium jezuickiego, znanego także jako **Escuela Nacional Preparatoria** (Krajowa Szkoła Przygotowawcza). Najważniejsze dzieła są autorstwa Orozca, ale można także obejrzeć murale Siqueirosa, Rivery i innych twórców (s. 108–111); są również organizowane wspaniałe wystawy czasowe (wt.–nd.; wstęp płatny).

Najlepsze prace Diega Rivery zdobią pobliskie bliźniacze patio **Secretaría de Educación Pública** ⓵ (pn.–pt., bezpł.). Na zewnątrz stoi ogromny pomnik José Vasconcelosa, filozofa i ministra edukacji, który zamówił malowidła. W środku tego okazałego budynku, będącego obecnie siedzibą **Librería Justo Sierra**, mieści się małe kino.

Plaza Santo Domingo ⓵ jest jednym z najbardziej tradycyjnych placów stolicy. Pod kolumnadą po zachodniej stronie publiczni pisarze (*evengelistas*), którzy kiedyś pisali listy w imieniu analfabetów, dziś wypełniają na starych maszynach do pisania urzędowe formularze. Obok czekają na zamówienia właściciele ulicznych drukarek ze starodawnymi ręcznymi prasami.

Przepiękna barokowa **Iglesia de Santo Domingo** w północnej części placu jest głównym dominikańskim kościołem stolicy. Naprzeciw wyrasta **Palacio de la Inquisición**, niegdyś główna siedziba budzącej postrach inkwizycji. Obecnie mieści się tu Museo de Medicina, przybliżające historię rozwoju medycyny w Meksyku.

Targowiska i *mariachi*

W dni powszednie **La Lagunilla** ⓵ jest zwyczajnym targowiskiem, z częścią spożywczą, gdzie mężczyźni nożami, tasakami i toporami tną, kroją i czyszczą ananasy, marchew, mięso i ryby. Nad ladami wiszą oskubane kaczki; drobiowe wątróbki piętrzą się w długich rzędach, z ogromnych garnków wielkimi chochlami nalewa się zupę, a nieopodal kobieta słodko przemawia do dziecka, sadzając je na wadze do ziemniaków. Druga część targu przypomina pasmanterię, gdzie sprzedają głównie haftowane kapelusze *charro*, dziecięce przebrania balowe, suknie naszywane cekinami i poliestrowe kostiumy.

W niedziele La Lagunilla rozlewa się na okoliczne ulice i przekształca w ogromny **pchli targ**, gdzie można kupić zarówno skarby, jak i rupiecie.

Plaza Garibaldi ⓵ rozciąga się kilka przecznic na południe od La Lagunilli. Zdecydowanie najlepiej przyjść tutaj w nocy, kiedy *mariachi* w kolorowych kostiumach czekają w pełnej gotowości, aż ktoś zamówi u nich piosenkę, a bary, nocne lokale i teatry kipią życiem. Na pobliskim **Mercado de Alimentos San Camilito** zapraszają bary i lokale serwujące doskonałe *tacos*.

PONIŻEJ:
na Mercado
de Sonora
można kupić
cudowne środki
na wszelkie
dolegliwości.

La Alameda **⑳**, niegdyś miejsce pochówku heretyków, w XIX w. została przekształcona w romantyczny park pełen drzew, fontann i rzeźb. W tej miłej enklawie w środku hałaśliwej i bezładnej stolicy stoi pomnik Hemiciclo wykuty w białym marmurze, hołd dla Benita Juáreza; jest tu również statua Beethovena oraz dwie marmurowe postacie nagich panien, z francuska nazywane *Malgré Tout* (dosł. mimo wszystko) i *Désespoir* (dosł. rozpacz).

Bellas Artes

Na wschodnim krańcu La Alamedy wyrasta ekstrawagancki **Palacio de Bellas Artes ㉑** (Pałac Sztuk Pięknych; codz.; bezpł., z wyj. wystaw specjalnych), zbudowany na zamówienie prezydenta Porfiria Díaza na początku XX w. Pierwotny projekt przygotował włoski architekt Adamo Boari, ale budowa została przerwana z powodu rewolucji i ukończona dopiero 30 lat później przez Federica Mariscala.

Ten odstęp czasowy pomaga zrozumieć mieszankę stylów: na zewnątrz białe włoskie marmury reprezentują kombinację neoklasycyzmu i secesji, podczas gdy wnętrze to swoiste azteckie art déco. Budowla – masywna i ciężka – zapadła się w grunt bardziej niż inne budynki w okolicy.

W teatrze odbywają się koncerty, pokazy tradycyjnych tańców w wykonaniu **Ballet Folklórico** oraz wystawy sztuki, w tym stała ekspozycja najsłynniejszych murali. Najbardziej godne uwagi jest malowidło Diega Rivery *Człowiek, pan wszechświata*, zemsta na Johnie D. Rockefellerze, który kazał zniszczyć podobne dzieło namalowane dla Rockefeller Center w Nowym Jorku. Są tu także

PONIŻEJ: pisarz na Plaza Santo Domingo.

inne prace autorstwa Rivery, Orozca, Siqueirosa, O'Gormana i Tamaya. Słynna teatralna kurtyna to witrażowa zasłona wykonana na podstawie obrazu Gerarda Murilla przez Tiffany Studios z Nowego Yorku. Przedstawia Dolinę Meksyku, w której tle wyrastają wulkany Popocatépetl i Iztaccíhuatl; kotara jest podświetlana dla publiczności w niedzielne poranki oraz przed wieczornymi przedstawieniami.

Plan
s. 152

Najsłynniejszy pomnik

Po drugiej stronie ulicy, kilka kroków od **Correo Central** (Poczta Główna) w weneckim stylu, zaprojektowanego na początku XX w. przez Adama Boariego, stoi ulubiony pomnik mieszkańców stolicy – **El Caballito** (Konik): monumentalna rzeźba przedstawiająca hiszpańskiego króla Karola IV na koniu. Wyrzeźbiony przez Manuela Tolsę w 1803 r., El Caballito „przegalopował" przez całą stolicę w poszukiwaniu stałego miejsca. Swego czasu stał na Zócalo, później na uniwersyteckim patio i ruchliwym skrzyżowaniu ulic Reforma, Juárez i Bucareli, jednak coraz większy ruch sprawił, że pomnik zaczął przeszkadzać i w 1981 r. znów trzeba go było przestawić. Jednym z jego sąsiadów jest **Palacio de Minería** ㉒ (pn.–pt.; bezpł.), również projektu Manuela Tolsy, jeden z najlepszych przykładów architektury neokolonialnej w Meksyku.

Po drugiej stronie ulicy pięknie odnowiony pałac z początku XIX w. jest siedzibą **Museo Nacional de Arte** ㉓ (MUNAL; wt.–nd.; wstęp płatny). Bogate zbiory obrazów, rzeźb i grafik ilustrują rozwój meksykańskiej sztuki od czasów prekolumbijskich do połowy XX w.

El Caballito,
pomnik-podróżnik.

PONIŻEJ: Palacio de Bellas Artes, centrum miasta Meksyku.

Obrazy kolonialne i ruchome murale

Granice La Alamedy od północy wyznacza **Avenida Hidalgo**, a od południa **Avenida Juárez**, z licznymi restauracjami i sklepami, które znacznie ucierpiały podczas trzęsienia ziemi w 1985 r.

Pobliskie **Museo Mural Diego Rivera ㉔** (wt.–nd. 10.00–18.00; wstęp płatny) mieści słynne malowidło *Marzenie niedzielnego popołudnia w Alameda Central*, przedstawiające ponad 100 postaci historycznych, także samego artystę, jego żonę Fridę Kahlo i grafika José Guadalupe Posadę pod drzewami parku La Alameda. Po trzęsieniu ziemi w 1985 r., gdy Hotel del Prado, gdzie Rivera namalował słynny mural, zawalił się, przeprowadzono gigantyczną operację przetransportowania całej ściany z dziełem wzdłuż Avenida Juárez na obecne miejsce.

Krzywe kościoły

Dwa w jednym: gazeta i czyszczenie butów.

Na Avenida Hidalgo wyrastają dwa kolonialne kościółki, ustawione frontem do spokojnego **Plaza de la Santa Veracruz**, gdzie zachowała się atmosfera dawnej stolicy. Obok mocno pochylonego barokowego Templo de San Juan de Dios, w budynku pięknie odrestaurowanego XVI-wiecznego szpitala mieści się **Museo Franz Mayer ㉕** (wt.–nd.; wstęp płatny, wt. bezpł.).

Finansista i kolekcjoner sztuki niemieckiego pochodzenia, Franz Mayer, który później otrzymał obywatelstwo Meksyku, zgromadził bogaty zbiór mebli, stylowej ceramiki, tkanin, dywanów, wyrobów ze srebra oraz obrazów. Licząca 10 tys. przedmiotów kolekcja jest ciekawie wyeksponowana wokół wspaniałego dziedzińca, któremu dodaje uroku gwarna Cafetería del Claustro.

PONIŻEJ: ekologiczne taksówki.

Museo Nacional de la Estampa (wt.–nd.; wstęp płatny, nd. bezpł.), również przy małym placyku, wystawia głównie XIX-wieczne drzeworyty i grafiki znanych meksykańskich artystów, takich jak José Guadalupe Posada. Kolejny pochylony kościół, XVI-wieczna **Iglesia de la Santa Veracruz**, ma piękną fasadę w stylu churrigueryzmu.

Na rogu Avenida Hidalgo i Paseo de la Reforma, w miejscu, gdzie Hiszpanie zostali pokonani przez Azteków w lipcu 1520 r. (wydarzenie to jest znane jako *Noche Triste* – Smutna Noc; s. 43), wyrasta niewielki **kościół San Hipólito**, zdobiony płaskorzeźbami w stylu mudejar. Hiszpanie postawili kościół kilka lat po swojej porażce, aby święcić tu ostateczne zwycięstwo nad Aztekami; jest to w istocie jedyny punkt przypominający czasy hiszpańskiej konkwisty w mieście Meksyku.

Pomnik w stylu art déco

Na ruchliwym skrzyżowaniu ulic Reforma, Juárez i Bucarelli stoi wieżowiec **Lotería Nacional** (Loteria Narodowa), gdzie kilka razy na tydzień odbywają się losowania. Od skrzyżowania w kierunku Castillo de Chapultepec ciągnie się ulica Reforma. Inna arteria – Avenida Juárez – biegnie w kierunku masywnego **Monumento a la Revolución ㉖** (pomnik Rewolucji), uważanego przez niektórych za największą budowlę art déco na świecie.

Monument miał być początkowo wielką kopułą nigdy nieukończonego parlamentu, części planu Porfiria Díaza, który chciał przekształcić miasto

Meksyk w południowoamerykański Paryż. Jednak rewolucja udaremniła ambitne plany i gigantyczna żelazna konstrukcja została porzucona. Rdzewiała przez wiele lat, aż pewien przedsiębiorczy architekt przekształcił ją w imponująco duży, choć dość brzydki pomnik, jakim jest w chwili obecnej. **Museo Nacional de la Revolución** (wt.–nd.; bezpł.), w podziemiach pomnika, gromadzi ciekawe eksponaty związane z historią rewolucji, a także kolekcję rysunków, na których budynek przybiera różne zabawne kształty.

Trzy przecznice w kierunku północno-wschodnim, na Puente de Alvaro ma siedzibę **Museo Nacional de San Carlos** (śr.–pn.; wstęp płatny), mieszczące kolekcję meksykańskiej sztuki kolonialnej i najwyższej klasy obrazów europejskich, między innymi dzieł takich mistrzów jak Rubens, Rembrandt i Goya.

Betonowa Sekwana

Paseo de la Reforma to długi deptak obsadzony drzewami, kończący się w parku Chapultepec, przy romantycznym zamku. Meksykański pisarz Octavio Paz powiedział kiedyś, że Paseo jest rzeką miasta Meksyku, betonową Sekwaną majestatycznie przecinającą najpiękniejszą część stolicy. Niestety, dziś konie i powozy ustąpiły miejsca samochodom, a wiele rezydencji w stylu francuskim wyburzono, stawiając potężne wieżowce.

Na **Glorieta Cristóbal Colón** wyróżnia się pomnik Krzysztofa Kolumba, który w 1877 r. wykonał francuski rzeźbiarz Charles Cordier. Na skrzyżowaniu ulic Reforma i Insurgentes wyrasta monument **Cuauhtémoca**, ostatniego azteckiego wodza i pierwszego meksykańskiego bohatera. Cuauhtémoc, następca Montezumy, podczas oblężenia przez wojska Cortésa stał się idealnym herosem – romantycznym, dzielnym i z góry skazanym na klęskę. Jego pomnik stoi na jednym

Plan
s. 152

PONIŻEJ: wyroby rzemieślnicze z różnych regionów Meksyku.

z najbardziej ruchliwych skrzyżowań miasta Meksyku – aztecki władca ubrany w pióropusz przypomina rzymskiego senatora.

Angel de la Independencia (Anioł Niepodległości) jest prawdopodobnie jednym z najpiękniejszych stołecznych pomników. Stojący u szczytu wysokiej i eleganckiej kolumny złoty anioł upamiętnia bohaterów walk przeciwko hiszpańskiej władzy kolonialnej. W pobliżu wznosi się **hotel Sheraton** i **amerykańska ambasada**.

Zona Rosa

Na południe od Paseo de la Reforma, między pomnikami Cuauhtémoca i Anioła Niepodległości rozciąga się słynna **Zona Rosa** ❷ (Różowa Strefa) – kolorowa dzielnica pełna modnych butików i galerii, drogich restauracji, sklepów z pamiątkami, barów szybkiej obsługi, ulicznych kawiarni, hoteli i sklepów. To idealne miejsce na obiad, zakupy i przyglądanie się przechodniom.

Amberes jest od lat 60. XX w. elegancką ulicą handlową, znaną z luksusowych towarów. Uwagę przyciągają wymyślne cynowe rzeźby i biżuteria Sergio Bustamante; na rogu Hamburgo jest sklep Gucciego, a **Los Castillo** słynie z porcelany inkrustowanej srebrem. Wejście do lśniącego centrum handlowego **Plaza Rosa** otwiera się po przeciwnej stronie ulicy.

Plaza Angel na Calle Londres specjalizuje się w antykach, takich jak rzeźbione kolonialne meble, obrazy świętych i przedmioty z cyny. W sobotnie popołudnia środkowe patio i przejścia zajmuje pchli targ.

Po przeciwnej stronie ulicy zaprasza **Mercado Insurgentes**, targowisko oferujące szeroki wybór srebrnej galanterii, wełnianych szali, haftowanych ubrań i wszelkiego rodzaju pamiątek. Z jednej strony ulicy skupiają się tanie stoiska z jedzeniem.

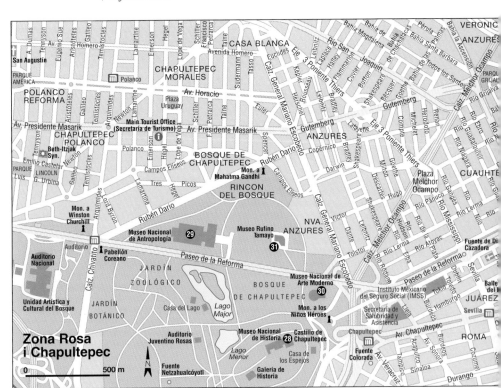

Stacja **Insurgentes** jest usytuowana na wielkim okręgu szczelnie wypełnionym straganami. W innych miastach stacje metra są tylko stacjami metra i niczym więcej – w Meksyku pełnią rolę wielkich terenów targowych.

Plan s. 162 –163

Wzgórze Koników Polnych

Sześć kolosalnych kolumn składających się na **Monumento a los Niños Héroes** (pomnik Chłopców Bohaterów) upamiętnia sześciu młodych kadetów, którzy zginęli w obronie Castillo de Chapultepec (wówczas akademii wojskowej) przed Amerykanami podczas wojny meksykańskiej w 1847 r.

Bosque de Chapultepec to największy park stolicy i jedno z niewielu miejsc w centrum, gdzie można odpocząć na powietrzu. Jest to zakątek o wielkim znaczeniu historycznym. Mieszkali tu podobno pierwsi władcy Meksyku, a król Netzahualcóyotl wybudował tu swój pałac. W czasach prekolumbijskich woda pitna, z której korzystali mieszkańcy tego obszaru, pochodziła ze źródła Chapultepec, co w języku nahuatl znaczy „Wzgórze Koników Polnych”.

RADA

Długie południowe posiłki są typowe dla Meksyku. Należy zarezerwować sobie dużo czasu i zasiąść przy stoliku w jednej z wielu kawiarni i restauracji Zona Rosa – najciekawsze skupiają się przy ulicach Kopenhagen i Genova.

Duchy Habsburgów

O rezydencji hiszpańskiego wicekróla – **El Castillo de Chapultepec ㉘** – mówi się, że jest nawiedzona przez duchy austriackiego cesarza Maksymiliana Ferdynanda Józefa i jego żony Charlotty, którzy mieszkali tu podczas krótkiego okresu sprawowania władzy w Meksyku. Dziś zamek (20 minut stromego podejścia od strony parku; do stóp wzgórza można również podjechać samochodem) służy za siedzibę **Museo Nacional de Historia** (wt.–nd.; wstęp płatny), prezentującego historię Meksyku od czasów konkwisty do rewolucji. W wielu salach stoją meble z epoki; wyeksponowano również powóz należący do wicekróla. Na ścianach

PONIŻEJ:
Anioł Niepodległości.

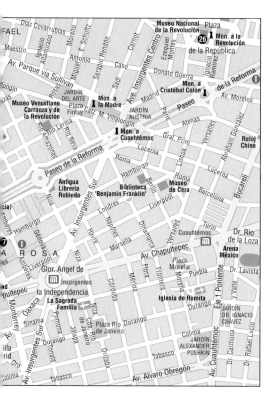

Figurka Huasteka,
o którym sądzi się,
że jest młodym
Quetzalcoatlem;
Narodowe Muzeum
Antropologii.

PONIŻEJ: w Bosque
de Chapultepec
można wynająć
łódki, by popływać
po jeziorze.

kilku sal widać imponujące malowidła Siqueirosa, O'Gormana i Orozca. Jeśli akurat nie widać smogu, z górnego poziomu zamku rozpościera się fantastyczny widok na miasto.

Tematyka wystaw prezentowanych w **Museo del Caracol** (muzeum-ślimak; wt.–nd.; bezpł.) u stóp zamkowego wzgórza koncentruje się przede wszystkim na walce Meksyku o niepodległość – od późnego okresu kolonialnego do uchwalenia konstytucji w 1917 r.

Oprócz muzeów w parku są jeszcze teatry, ogrody botaniczne, zoo i jezioro.

Narodowe Muzeum Antropologii

W parku Chapultepec ma siedzibę jedno z najwspanialszych muzeów świata, **Museo Nacional de Antropología** ㉙ (wt.–nd.; wstęp płatny), obowiązkowy przystanek dla wszystkich, którzy zamierzają zwiedzać ruiny najważniejszych ośrodków cywilizacji prekolumbijskich. Przed wejściem od strony Paseo de la Reforma widać ogromny kamienny posąg, przedstawiający przypuszczalnie Tlaloca, boga deszczu, choć niektórzy badacze sugerują, że może chodzić o aztecką boginię Chalchiuhtlicue. Monolit (7,5 m) przywieziono tu w latach 60. XX w. w czasie ulewnego deszczu, który interpretowano jako protest bogini przeciw przeprowadzce.

Natchnieniem do stworzenia projektu muzeum były dla architekta Pedra Ramíreza Vásquezana ruiny Majów w Uxmal (s. 321). Wszystkie sale wystawowe otwierają się na rozległe środkowe patio, ocienione przez ogromny czworokątny dach podtrzymywany w niezwykły sposób przez centralny filar. Kierunek zwiedzania wyznaczono wokół patia, w przeciwną stronę do ruchu wskazówek zegara:

wprowadzenie do antropologii, wprowadzenie do Mezoameryki, początki człowieka w Mezoameryce, starożytne cywilizacje, Teotihuacán, Toltekowie, Mexicas (Aztekowie), Oaxaca (Mistekowie i Zapotekowie), Zatoka Meksykańska (Olmekowie, Totonakowie i Huastekowie), Majowie, północny i zachodni Meksyk.

Cudowna **Sala Mexica**, poświęcona sztuce i historii Azteków, jest jedną z głównych atrakcji muzeum. Lista eksponatów obejmuje między innymi słynny Kamień Słońca, znany także jako aztecki kalendarz, i przepiękną rzeźbę **Coatlicue** (zdjęcie s. 29), bogini ziemi i śmierci.

W **Sala Maya** można obejrzeć makietę grobowca króla Pakala, odnalezionego w czeluściach Templo de las Inscripciones (Świątynia Inskrypcji) w Palenque. Znajduje się tu również reprodukcja słynnego malowidła z Bonampaku. Piętro wyżej urządzono wystawy etnograficzne dotyczące różnych grup Indian żyjących w Meksyku.

Muzea sztuki

Museo Nacional de Arte Moderno ㉚ (wt.–nd.; wstęp płatny), zajmujące dwa budynki na planie koła, słynie z ekspozycji obrazów najbardziej znanych meksykańskich malarzy XX w., m.in. Fridy Kahlo, Rufina Tamaya oraz *Los Tres Grandes*: Orozca, Rivery i Siqueirosa. Jedną z sal poświęcono wielkiemu meksykańskiemu fotografowi Manuelowi Alvarezowi Bravo; warto również obejrzeć pejzaże XIX-wiecznego malarza José Maríi Velasca. Zwykle jest też co najmniej jedna interesująca ekspozycja czasowa – koniecznie trzeba sprawdzić jaka.

Museo Rufino Tamayo ㉛ (wt.–nd.; wstęp płatny) po zachodniej stronie Narodowego Muzeum Antropologii gromadzi cenną kolekcję sztuki współczesnej,

Plan
s. 162
–163

RADA

W Narodowym Muzeum Antropologii zgromadzono mnóstwo bardzo ciekawych eksponatów. Jeśli komuś brakuje czasu, powinien się udać do sal poświęconych tej części Meksyku, którą zamierza zwiedzać.

PONIŻEJ:
Coyolxauhqui, bogini Księżyca.

umieszczoną w budynku genialnie zaprojektowanym przez Abrahama Zabludovsky'ego i Teodora Gonzáleza de Leona. Placówka przechowuje kilka dynamicznych prac samego Tamaya, m.in. świetny portret jego żony Olgi.

Paseo de la Reforma wiedzie dalej na zachód, w kierunku zamożnych dzielnic mieszkalnych. Jedna z nich, **Polanco**, szczyci się znakomitymi sklepami, restauracjami i drogimi hotelami.

RADA

Aby dojść do Basílica de Nuestra Señora de Guadalupe, trzeba wysiąść na stacji metra La Villa, skąd jest bliżej niż ze stacji metra Basílica.

PONIŻEJ: każda dzielnica ma swój cotygodniowy *tianguis* (targ uliczny).

Meksykańska Madonna

Wizerunek **La Virgen de Guadalupe** (s. 118–119) można spotkać w Meksyku niemal wszędzie: w domach, sklepach, biurach, a nawet autobusach, ciężarówkach i taksówkach. 12 grudnia, w rocznicę objawień, dziesiątki tysięcy pątników udają się z pielgrzymką do **Basílica de Nuestra Señora de Guadalupe** Ⓐ (Bazylika Matki Boskiej z Guadalupe) w północnej części miasta.

Kiedy piękna XVIII-wieczna świątynia okazała się zbyt mała, by pomieścić tłumy (a przy tym zaczynała się wyraźnie przechylać i stopniowo zapadać), w pobliżu na dużym placu zbudowano nową bazylikę. Zaprojektowana przez znanego architekta Pedra Ramíreza Vásquezana (twórcę budynku Museo Nacional de Antropología), została ukończona w 1976 r. Otwarta przestrzeń kolistego, dużego wnętrza może pomieścić jednorazowo do 10 tys. wiernych.

Niemal zawsze odprawiane jest tu jakieś nabożeństwo, ale ludzie bez ustanku wchodzą i wychodzą, podziwiając witraże, marmurowe schody, współczesne żyrandole i sufit z polerowanego drzewa. Powolny mechaniczny chodnik przewozi codziennie tysiące pątników, którzy chcą oddać cześć cudownemu wizerunkowi Matki Boskiej wiszącemu wysoko na jednej ze ścian.

Stary kościół służy jako muzeum z cenną kolekcją obrazów kolonialnych. Na tyłach bazyliki ścieżka, mijając **Iglesia del Cerrito**, wspina się ku **Capilla del Pocito**, małej kaplicy na planie koła, mieszczącej studnię. Przed nią stoi rząd sklepów z dewocjonaliami, obrazami religijnymi, kadzidłami, jedzeniem, zabawkami i losami loterii.

Plaza de las Tres Culturas

Plaza de las Tres Culturas Ⓑ (plac Trzech Kultur; w kierunku La Villa de Guadalupe, w dzielnicy Tlatelolco) to symbol współczesnego Meksyku, którego kultura narodziła się z przemieszania dwóch wcześniejszych kultur – prekolumbijskiej i kolonialnej. Pośrodku placu wyrastają ruiny **Tlatelolco**, miejsca największego targu w Dolinie Meksyku i ostatniej twierdzy Azteków walczących przeciwko hiszpańskim konkwistadorom.

Według tablicy na placu: „Nie była to klęska, ani zwycięstwo, ale bolesne narodziny mieszanej rasy, która stanowi o dzisiejszym Meksyku". Ponad ruinami dominuje **Iglesia de Santiago** zbudowana w 1524 r., ale przebudowana w XVII w. Współczesne budyn-

‹i, m.in. siedziba **Ministerstwa Spraw Zagranicznych**, nie są najlepszymi przykładami architektury meksykańskiej.

Obecnie plac Trzech Kultur żyje w pamięci mieszkańców z powodu masakry se-
ek ludzi, którzy zginęli tutaj 2 października 1968 r., gdy policja i wojsko otworzy-
y ogień do tysięcy studentów protestujących przeciwko polityce społecznej
edukacyjnej rządu.

**Plan
s. 168**

Na południe ulicą Insurgentes

Avenida Insurgentes, najdłuższa arteria stolicy, to 25-kilometrowy łącznik między
północną i południową częścią miasta, gdzie kolonialne przedmieścia San Angel
Coyoacánu ukazują zupełnie inne, spokojniejsze oblicze miasta Meksyku.

Pierwszym punktem orientacyjnym przy tej długiej ulicy jest pięćdziesięciopiętro-
vy **World Trade Center** Ⓒ, na którego ostatnim piętrze mieści się ruchoma restauracja i bar. Naprzeciw wyrasta niezwykła bryła **Poliforum Cultural Siqueiros** Ⓓ
codz.; wstęp płatny), wieloboczna budowla zaprojektowana i ozdobiona przez Davida Alfara Siqueirosa (s. 108–111). Wewnątrz zachwyca ogromny trójwymiarowy
mural *Marsz ludzkości*. Inny rekordzista to Plaza México nieco dalej na południe,
rzekomo największa arena walk byków na świecie, z miejscami dla 50 tys. widzów.

Ogromna mozaika pokrywająca frontową ścianę **Teatro de los Insurgentes** Ⓔ
po prawej stronie, dziesięć przecznic przed San Angel) jest dziełem Diega Rivery
s. 108–111). Przedstawia ono wiele osób znanych z historii Meksyku, jednak główne miejsce zajmuje Cantinflas, bohater popularnej komedii – z rozpostartymi ramionami zabiera bogatym i oddaje biednym.

PONIŻEJ: *gorditas,*
przysmak z La Villa
de Guadalupe.

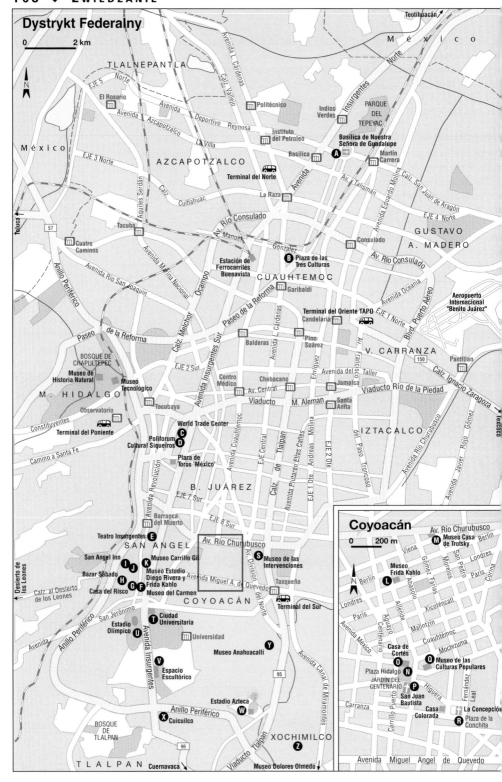

Dystrykt Federalny

0 _____ 2 km

Teotihuacán

M é x i c o

TLALNEPANTLA

Avenida L. Cárdenas
Calz. Vallejo
Avenida Insurgentes
Norte

México

EJE 5 Norte

El Rosario
Avenida
Avenida Azcapotzalco
Deportivo Reynosa
La Villa

Politécnico
Indios Verdes
PARQUE DEL TEPEYAC

EJE 3 Norte
Instituto del Petroleo
Basílica de Nuestra Señora de Guadalupe
Basílica **A**
Martín Carrera

AZCAPOTZALCO

Avenida
Av. Talismán
Calz. San Juan de Aragón
Avenida Eduardo Molina
GUSTAVO A. MADERO

Toluca
57
Cuatro Caminos
Aquiles Serdán
Calz. Cuitlahuac
Tacuba
Av. Manuel González
Av. Río Consulado
EJE 4 Norte
Consulado
Av. Río Consulado

Anillo Periférico
Avenida Río San Joaquín
Avenida Marina Nacional
Ocampo
Calz. Melchor Ocampo
Estación de Ferrocarriles Buenavista
Plaza de las Trés Culturas **B**
CUAUHTEMOC

Paseo de la Reforma
de la Reforma
BOSQUE DE CHAPULTEPEC
Museo de Historia Natural
Museo Tecnologico
M. HIDALGO

Garibaldi
Paseo de la Reforma
Terminal del Oriente TAPO
Candelaria
EJE 1 Norte
Bld. Puerto Aéreo
Aeropuerto Internacional "Benito Juárez"

Avenida Cárdenas
Balderas
Pino Suárez
Av. Francisco del Taller
V. CARRANZA
150
Pantitlán

Observatorio
Constituyentes
Terminal del Poniente
Tacubaya
EJE 2 Sur
Centro Médico
Chabacano
Av. Central
Viaducto
M. Aleman
Santa Anita
Jamaica
Viaducto Río de la Piedad
Calz. Ignacio Zaragoza
texcoco

World Trade Center **C**
Poliforum Cultural Siqueiros **D**
Plaza de Toros 'México'

Avenida Revolución
EJE 7 Sur
B. JUÁREZ

IZTACALCO
del Paso y Troncoso
Avenida Río Churubusco
Avenida Javier Rojo Gómez

Barranca del Muerto
EJE 8 Sur
Av. Río Churubusco

Teatro Insurgentes **E**
SAN ANGEL
San Angel Inn
Bazar Sábado
Casa del Risco
Museo Carrillo Gil
Museo Estudio Diego Rivera y Frida Kahlo
Museo del Carmen
I **J** **K** **H** **G** **F**
Av. División del Norte
COYOACÁN
Museo de las Intervenciones **S**
Taxqueña
Terminal del Sur

Desierto de los Leones
Calz. al Desierto de los Leones
Anillo Periférico
San Jerónimo
Estadio Olímpico **U**
Ciudad Universitaria **T**
Universidad
Avenida Insurgentes
Museo Anahuacalli **Y**
95
Avenida Canal de Miramontes

Espacio Escultórico **V**
Estadio Azteca **W**
Anillo Periférico

BOSQUE DE TLALPAN
Cuicuilco **X**
Z
95
XOCHIMILCO

TLALPAN
Cuernavaca
Viaducto Tlalpan
Museo Dolores Olmedo

Coyoacán

0 _____ 200 m

Av. Río Churubusco
Museo Casa de Trotsky **M**
Viena
Gómez Farías
San Pedro
Londres
Paris
Corina

Berlín
Museo Frida Kahlo **L**
Abasolo
Allende
Xicoténcatl
Malintzin
Cuauhtémoc
Moctezuma

Londres
Paris
Aguayo
Avenida México
Centenario
Casa de Cortés
Museo de las Culturas Populares **O**
Plaza Hidalgo
JARDÍN DEL CENTENARIO
San Juan Bautista
Higuera
Fernández Leal
N
P
Casa Colorada
La Concepción **R**
Plaza de la Conchita
Carranza
Carrillo Puerto

Avenida Miguel Angel de Quevedo

San Angel

Plan s. 168

Modna „wioska" **San Angel**, niegdyś w pewnym oddaleniu od miasta, a dziś w granicach aglomeracji, zachowała wiele ze swego dawnego uroku. Prześliczna karmelitańska **Iglesia del Carmen**, z pokrytymi glazurą kopułami, krużgankiem i ołtarzem w stylu churrigueryzmu, na początku XVII w. była jednym z najbogatszych kościołów w okolicy. Przyległe **Museo del Carmen ❻** (wt.–nd.; wstęp płatny) w klasztornym budynku, ze ścianami pokrytymi freskami, ma w zbiorach cenne meble i malarstwo religijne. Jednak większość turystów udaje się prosto do krypty, by rzucić okiem na kilka niezwykłych, naturalnie zmumifikowanych ciał ułożonych w skrzyniach przykrytych szkłem.

Na patio XVIII-wiecznego **Casa del Risco ❼** (wt.–nd.; bezpł.) stoi fontanna złożona z setek kolorowych talerzy, filiżanek, sosjerek i waz, z czego większość ma ponad sto lat. Nowe skrzydło przybliża życie w czasach kolonialnych.

Wśród brukowanych uliczek San Angel, gdzie kaskady bugenwilli oplatają mury zasłaniające wspaniałe rezydencje, można się schronić przed miejskim zgiełkiem. Czas wydaje się tu stać w miejscu, z wyjątkiem sobót, gdy tłumy turystów ściągają na słynny **Bazar Sábado ❽**, targ pod dachem, z wyrobami rękodzieła z całego kraju i kolorowymi straganami rozlewającymi się na zwykle uśpionej Plaza San Jacinto. **Iglesia de San Jacinto** z końca XVI w., tuż za rynkiem, ma renesansową fasadę i przepięknie rzeźbione drewniane drzwi.

Przy ulicy Altavista działa **San Angel Inn ❾** (tel. 5616 2222; codz.), najbardziej ekskluzywna z tradycyjnych restauracji Meksyku. Ta niegdyś XVIII-wieczna hacjenda stoi we wspaniałym kolonialnym otoczeniu. Modernistyczny budynek po drugiej stronie ulicy to **Museo Estudio Diego Rivera ❿** (wt.–nd.; wstęp płatny, nd. bezpł.), gdzie kontrowersyjny artysta pracował przez wiele lat

Czujna obecność Kościoła.

PONIŻEJ: Plaza de las Tres Culturas była świadkiem kilku historycznych katastrof.

Kojoty z Coyoacánu w Jardín Centenario.

i gdzie zmarł w 1957 r. Dom zachwyci każdego miłośnika talentu Rivery, gdyż wystawiono tu niektóre jego późne portrety i zbieraninę różnych przedmiotów, w tym charakterystyczną dżinsową kurtkę, materiały malarskie, wycinki z gazet i kolekcję masek oraz sztuki prekolumbijskiej.

Po pięciu minutach marszu dociera się z powrotem na Avenida Revolución, przy której stoi **Museo Carillo Gil** Ⓚ (wt.–nd.; wstęp płatny) z jedną z najlepszych kolekcji sztuki współczesnej w stolicy.

Coyoacán

Po upadku Tenochtitlánu Cortés ustanowił rząd w Coyoacánie, na południe od San Angel, mieście, które stało się później domem wielu znanych osób, m.in. Fridy Kahlo, Diega Rivery i Lwa Trockiego (Coyoacán jest nadal bardzo lubiany przez artystów, intelektualistów i cyganerię).

Stojące na rogu ulic Londres i Allende **Museo Frida Kahlo** Ⓛ (wt.–nd.; wstęp płatny), jasnoniebieski dom, w którym urodziła się malarka i gdzie później mieszkała z Riverą, mieści część jej prac, inspirującą kuchnię i wszelkiego rodzaju pamiątki, m.in. listy miłosne słynnej pary i fantastyczne suknie.

Sześć przecznic dalej w bardziej ponurym otoczeniu stoi **Museo Casa de Leon Trotsky** Ⓜ (wt.–nd.; wstęp płatny), dawny dom komunistycznego przywódcy-banity, który ma zamurowane okna, wysoki mur i wieżyczki strażnicze. Zachowały się dziury po kulach z nieudanego zamachu z 1940 r. (przypisywanego muraliście Davidowi Siqueirosowi). Trzy miesiące później Trocki został zamordowany we własnym domu przez hiszpańskiego agenta Stalina. Jego niewielki

PONIŻEJ: zimne napoje w cieniu drzewa.
PO PRAWEJ: zdjęcie ślubne.

grób, zaprojektowany przez Juana O'Gormana, jest w ogrodzie. W centrum Coyoacánu, na ciekawej **Plaza Hidalgo** i w sąsiednim **Jardín Centenario** w weekendy jest bardzo gwarno (warto stanąć w kolejce do sklepu na rogu po najlepsze lody w mieście Meksyku). XVI-wieczna **Casa de Cortés** – obecnie biurowiec rządowy – wyrasta w północnej części placu. Mówi się, że to właśnie tutaj Hiszpanie torturowali azteckiego władcę Cuauhtémoca, by wyjawił miejsce ukrycia skarbów.

Południową część placu zajmuje kościół parafialny **San Juan Bautista** , również z XVI w. Przecznicę dalej ma siedzibę **Museo de las Culturas Populares** (wt.–nd.; wstęp płatny), niskobudżetowa placówka mieszcząca oryginalne wystawy dotyczące różnorodnych aspektów kultury Meksyku.

Barokowe wesela

Dwie przecznice na wschód od Plaza Hidalgo rozciąga się malownicza **Plaza de la Conchita** , przy której stoi ozdobiony barokową fasadą kościół Capilla de la Concepción, ulubione miejsce zawierania ślubów. Nad placem góruje Casa Colorada zbudowana dla La Malinche, indiańskiej tłumaczki i kochanki Cortésa (rzekomo to właśnie tutaj została zamordowana żona konkwistadora) po przybyciu z Hiszpanii).

Zbiory **Museo de las Intervenciones** (wt.–nd; wstęp płatny), zajmującego ufortyfikowany budynek byłego Ex-Convento de Churubusco, ukazują historię kolejnych zagranicznych interwencji w Meksyku. W tym miejscu Genéral Anaya poddał się po przegranej bitwie w 1847 r. Szczególny hołd złożono żołnierzom

Plan s. 168

W niedzielę wstęp do większości państwowych muzeów i galerii jest bezpłatny, choć oznacza to często tłok. W poniedziałek z reguły muzea są nieczynne.

PONIŻEJ: piękny Coyoacán to doskonałe miejsce ucieczki od zgiełku centrum.

irlandzkim, którzy zdezerterowali z armii amerykańskiej, by walczyć po stronie Meksykanów, lecz zostali pojmani w czasie bitwy i skazani na śmierć.

RADA

Dobrym miejscem na coś mocniejszego jest La Guadalupa, słynna *cantina* w pobliżu centrum Coyoacánu.

Ciudad Universitaria

Jeszcze dalej na południe Insurgentes Sur przecina rozległe tereny Universidad Nacional Autónoma de México (UNAM). **Ciudad Universitaria** ❼, gdzie odważnie zastosowano kolor, było bardzo postępowym miasteczkiem uniwersyteckim już w chwili budowy w latach 50. XX w., gdy przeniesiono tu uczelnię z centrum stolicy.

Biblioteca Central (Biblioteka Główna), najczęściej fotografowany współczesny budynek, to niezwykła dziesięciopiętrowa bryła, której mury całkowicie pokrywa kamienna mozaika autorstwa Juana O'Gormana. Warto również obejrzeć murale: Siqueirosa na tyłach pobliskiego budynku **Rectoría** i mniej znanego José Cháveza Morada na ścianie byłego Wydziału Nauk Przyrodniczych. Po przeciwnej stronie ulicy widać malowidło Diega Rivery, zdobiące **Estadio Olímpico México 68** ❿. Stadion mieszczący 80 tys. widzów został zbudowany na olimpiadę 1968 r. i kształtem przypomina wulkan.

Ogromny kompleks uniwersytecki stoi na obszarze **El Pedregal**, który powstał w wyniku wybuchu wulkanu Xitle przed dwoma tysiącami lat. Przy **Centro Cultural Universitario**, za teatrami, kinami, kawiarniami i księgarnią wyrasta **Espacio Escultórico** ❾, wykonana przez sześciu rzeźbiarzy w 1980 r. Artyści objęli rozległą przestrzeń czarnej wulkanicznej skały w wielki krąg jednakowych betonowych piramid. Powstała arena o dziwnej, niemal nieziemskiej atmosferze. Są tu również monumentalne rzeźby stworzone osobno przez każdego z rzeźbiarzy. Niedaleko **Estadio Azteca** ❿, jednego z największych stadionów piłki noż-

PONIŻEJ:
Frida Kahlo, autoportret.

FRIDA KAHLO

Frida Kahlo (1907–1954), pozostająca przez długi czas w cieniu swego męża, słynnego muralisty Diega Rivery, zyskała uznanie jako artystka w latach 80. XX w., 30 lat po śmierci. Jej obrazy osiągają na aukcjach zawrotne ceny i w wielu kręgach jest bardziej znana od samego Diega, a szeroką popularność zapewnił jej film *Frida* z Salmą Hayek w roli tytułowej (2002).

Tradycyjne haftowane stroje, wyszukane fryzury, egzotyczna biżuteria i grube, zrośnięte brwi Fridy – przerysowane na obrazach – stały się jej znakiem rozpoznawczym. Mimo że ona sama i Rivera byli głównymi postaciami meksykańskiego lewicowego ruchu, malarstwo Fridy jest surrealistyczne, bardzo symboliczne.

Zaczęła malować, gdy kalectwo – skutek wypadku tramwajowego – przykuło ją do wózka inwalidzkiego. Do jej najbardziej znanych prac należą autoportrety, w tym wiele nawiązujących w symboliczny sposób do wypadku i kalectwa. Introspekcje Fridy wyrażają niepokój kobiety, w której życiu nagle pojawiło się cierpienie fizyczne i duchowa udręka, spowodowana między innymi wieloma bolesnymi operacjami, dwoma poronieniami i burzliwym, szeroko komentowanym małżeństwem z Riverą.

nej na świecie, leży najstarszy ośrodek rytualny w Dolinie Meksyku; okrągła piramida **Cuicuilco** (codz.; bezpł.) powstała już 1000 lat p.n.e., ale została zasypana podczas wybuchu wulkanu Xitle około 100 r. n.e.

Bardzo nietypowe **Museo Anahuacalli** ❶ (wt.–nd.; wstęp płatny) zaprojektował Diego Rivera; mieści ono jego własną kolekcję sztuki prekolumbijskiej. Mroczny budynek z ciemnej skały wulkanicznej przypomina świątynię Azteków lub Majów. Poza skarbami starożytności (głównie kultur zachodniego i środkowego Meksyku), można obejrzeć replikę pracowni artysty, wybrane dzieła i przedmioty codziennego użytku. Widok z okna na wulkany jest naprawdę wspaniały. We Wszystkich Świętych i Dzień Zmarłych (1 i 2 listopada) oraz przez cały listopad muzeum prezentuje pracowicie wykonany ołtarz ku pamięci artysty.

Pływające ogrody

Słynne pływające ogrody **Xochimilco** ❷ (dojazd wąskotorówką od stacji metra Tasqueña) to jedyne pozostałości prekolumbijskich miast na wodzie. Są ulubionym miejscem niedzielnych wycieczek mieszkańców, przybywających tu, by jeść i pić przy dźwięku serenad *mariachi* na ukwieconych *trajineras* (łodzie), które w dni powszednie nie są nawet w połowie tak gwarne, za to bywają tańsze (stawka godzinowa za wynajem *trajinera* jest wywieszona, ale można się targować).

Na pobliskim targu na Nuevo León sprzedają egzotyczne owoce, takie jak tamaryndy, kaki, guawy i papaje. Tuż obok głównego placu stoi śliczny XVI-wieczny kościół **San Bernardino**. Przy Avenida México 5834 ma siedzibę **Museo Dolores Olmedo** (wt.–nd.; wstęp płatny). Muzeum na terenie wspaniałej posiadłości eksponuje znakomitą kolekcję ponad stu dzieł Diega Rivery i Fridy Kahlo. ❑

Słynna „meksykańska fala" pojawiła się na Estadio Azteca w czasie rozgrywek o puchar świata w 1986 r.

PONIŻEJ:
przejażdżka *trajiner* po jeziorze w Xochimilco.

WOKÓŁ MIASTA MEKSYKU

Monumentalne piramidy, bogato zdobione kolonialne budowle, ośnieżone wulkany, podzwrotnikowe ogrody – miasto Meksyk jest doskonałą bazą wypadową wycieczek we wszystkich kierunkach.

Mapa
s. 178

México City

Mimo że rozrastające się przedmieścia wchłonęły duży obszar wokół stolicy, godzinę drogi od miasta można się znaleźć wśród niemal nieskażonej przyrody i tajemniczych przedazteckich zabytków. Na wschód, na północ i na zachód od miasta Meksyku rozciąga się stan Meksyk, na południe – stan Morelos, na północ – Hidalgo, a na wschód – Puebla i Tlaxcala. Okolice stolicy, uważane za serce kraju, to prawdziwa mozaika krajobrazów – od bujnych sosnowych lasów i przykrytych śniegiem wulkanów, do gorących, wilgotnych dolin, w których bujnie kwitnie roślinność.

Na północ od Tepotzotlánu

Do Tepotzotlánu, około 35 km na północ od centrum stolicy, wiedzie droga Querétaro (Mexico 57), zaczynająca się w pobliżu areny walki byków Cuatro Caminos. Szosa prowadzi obok **Torres de Satélite**, gigantycznej grupy kolorowych nowoczesnych wieżowców projektu Mathíasa Goeritza, artysty niemieckiego pochodzenia, i przecina niemal niekończące się północne przedmieścia – dzielnice o charakterze przemysłowym oraz enklawy zamieszkiwane przez klasę średnią.

Wspaniały kościół i klasztor jezuitów w **Tepotzotlánie ❶** to perły meksykańskiej sztuki kolonialnej, w każdym calu wyjątkowe. Opactwo zostało zaprojektowane w XVI w. jako szkoła dla Indian. Później mieściło seminarium jezuitów, zamienione w latach 60. XX w. na Narodowe Muzeum Wicekrólestwa.

Kościół **San Francisco Javier** jest jednym z trzech najlepszych przykładów churrigueryzmu (hiszpańska wersja stylu barokowego) w architekturze Meksyku – pozostałe to Santuario de la Virgen de Ocotlán w Tlaxcali i Iglesia de Santa Prisca w Taxco (s. 189 i 193). Ukończony w 1762 r., ma bogato zdobioną fasadę i przepięknie rzeźbioną dzwonnicę. Po obu stronach drzwi i środkowego okna stoją cztery zdobione kolumny, okalające nisze pełne świętych figur. Szereg złotych rzeźb nad ołtarzem, otaczających go niczym szpaler tropikalnych drzew, sprawia, że mury świątyni tajemniczo połyskują w półmroku (gdzieniegdzie grubość złoconych dekoracji osiąga metr!). Jest to na pewno odpowiednia oprawa dla wybitnych dzieł z okresu kolonialnego, choćby takich, jak ołtarz Matki Boskiej z Guadalupe Miguela Cabrery.

Kwintesencję barokowych tradycji zdobniczych stanowi **Camarín de la Virgen**, gdzie każdy centymetr ścian pokrywają motywy archaniołów, cherubinów, owoców, kwiatów i muszli. Do tego małego, ośmiokątnego pomieszczenia, gdzie ubiera się figurę Najświętszej Marii Panny, wchodzi się przez Capilla de la Virgen de Loreto, niewielką kaplicę mieszczącą replikę domu, w jakim przypuszczalnie mieszkała w Nazarecie Maryja. Uważa się, że styl barokowy doskonale pasuje do meksy-

POPRZEDNIE STRONY: Iztaccíhuatl i Popocatépetl. **PO LEWEJ:** złocone wnętrza, Tepotzotlán. **PONIŻEJ:** atlanci w Tuli niegdyś podtrzymywali dach Świątyni Gwiazdy Porannej.

kańskiej duszy, szczególnie hojne szafowanie kolorem i nieposkromiona wyobraźnia. Być może Meksykanie są z natury barokowi – zakochani w barwach, muralach i dekoracjach, co doskonale widać w architekturze i sztuce tego kraju.

Przyległy klasztor, z pięknymi krużgankami i ogrodami, mieści **Museo Nacional del Virreinato** (Narodowe Muzeum Wicekrólestwa; wt.–nd.; wstęp płatny), najpiękniejszą w Meksyku kolekcję sztuki kolonialnej, na którą składają się m.in. obrazy św. Ignacego Loyoli, założyciela zakonu jezuitów oraz zbiory dekoracji, biżuterii i innych dzieł sztuki.

Tula i Toltekowie

Starożytna **Tula ❷** (codz.; wstęp płatny), stolica Tolteków, ważne ogniwo w łańcuchu cywilizacji panujących w środkowej części kraju, leży 50 km na północ od Tepotzotlánu. Miasto, które odegrało ważną rolę w historii Ameryki Środkowej, zostało założone na początku X w., po zniszczeniu Teotihuacánu, a przed rozkwitem Tenochtitlánu. Legenda mówi, że Topiltzin, jego legendarny władca, został zmuszony do ucieczki na Jukatan przez wojowniczy lud oddający część Tezcatlipocowi (Dymiące Zwierciadło), rządzący tutaj przez 300 lat.

Główna piramida Tuli to Tlahuizcalpantecuhtli, czyli Świątynia Gwiazdy Porannej. Na jej szczycie sprawują straż 4,6-metrowe posągi **atlantów** w wojennych strojach, niegdyś podtrzymujące drewniany dach. Przedstawiają Quetzalcoatla w stroju wojownika, trzymającego oszczep; na jego piersiach widnieje ozdoba w formie motyla. Na plecach niesie okrągłą tarczę w kształcie zachodzącego słońca, z umieszczoną pośrodku ludzką twarzą. Spośród ocalałych budowli najciekawszą jest **Coatepantli**, czyli Ściana Węża, wzniesiona wzdłuż północnego boku piramidy (40 m długości i 2 m wysokości). Pokrywają ją reliefy wyobrażające grupy wę-

Szwajcarski pisarz Erich von Däniken, lansujący teorię o powstaniu cywilizacji ludzkiej z inspiracji przybyszów z kosmosu, utrzymuje, że atlanci (zob. po prawej) podtrzymują miotacz wiązki laserowej, przywieziony z innej planety.

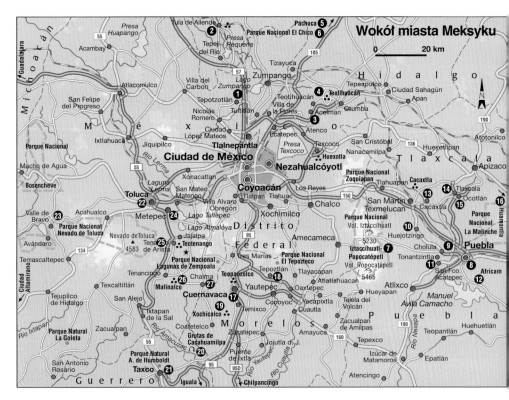

Wokół miasta Meksyku

0   20 km

ży pożerających ludzkie ciała. Nieopodal, przed **Palacio Quemado** (Spalony Pałac), jest *chacmool*, figura leżącego kapłana; na jego piersi ustawiono naczynie, w którym umieszczano ofiary przeznaczone dla bogów.

Siedziba bogów

Wyjeżdżając z miasta Meksyku drogą Insurgentes Norte, a później kierując się autostradą nr 132, dociera się do Acolmanu i starożytnego miasta Teotihuacán, około 50 km na północny wschód od stolicy. Przed Teotihuacánem należy skręcić w lewo, wypatrując przypominającego fortecę kościoła i klasztoru **San Agustín Acolman ❸** (wt.–nd.; wstęp płatny) z XVI w. Budowla wyróżnia się fasadą w stylu plateresco (styl w hiszpańskiej architekturze końca XV i połowy XVI w.; odznaczał się bogatą dekoracją, zbliżoną do ornamentacji złotnictwa) i gotyckim wnętrzem. Warto zwrócić uwagę na otwartą kaplicę, zbudowaną na potrzeby nawróconych Indian oraz oryginalne freski zdobiące krużganki. Pośrodku ustawiono krzyż misyjny, dzieło anonimowego indiańskiego artysty, ukazujące symbole Męki Pańskiej.

    Teotihuacán ❹ (codz.; wstęp płatny), miasto Quetzalcoatla, „miejsce, gdzie ludzie stają się bogami", jest ważnym ośrodkiem prekolumbijskim i jednym z najlepiej zachowanych stanowisk archeologicznych w Meksyku. Może nie jest tak egzotyczne jak miasta Majów ukryte wśród tropikalnej roślinności, ale jego piękno jest bezdyskusyjne. Założone przed naszą erą, początkowo było osadą rolniczą; później stało się jednym z największych ośrodków na świecie, liczącym około 200 tys. mieszkańców. W okresie największej świetności Teotihuacán, leżący w pozbawionej roślinności, nieurodzajnej dolinie, miał 20 km² powierzchni, a zatem więcej niż współczesny mu starożytny Rzym.

Mapa s. 178

RADA

Autobusy do Acolmanu odjeżdżają ze stacji metra Indios Verdes; pojazdy kursujące do piramid nie zatrzymują się na tym przystanku. Do Teotihuacánu można dojechać autobusem lub taksówką. Organizowane są też wycieczki z przewodnikiem.

PONIŻEJ:

Aleja Zmarłych i Piramida Księżyca, Teotihuacán.

RADA

W czasie zwiedzania piramid należy się przygotować na długi marsz. Warto zabrać ze sobą prowiant, nakrycie głowy i dużo wody, gdyż słońce mocno praży, a cienia prawie nie ma. Latem zdarzają się burze z piorunami.

PONIŻEJ: węże z piórami u szyi w Świątyni Quetzalcoatla.

Około 600 r. n.e. metropolia zaczęła powoli podupadać i prawdopodobnie wkrótce potem została opuszczona przez mieszkańców – dlaczego, nie wiadomo. Przyczyny upadku nie są dokładnie znane, lecz wstrząs, który ów upadek wywołał, był odczuwalny w całym prekolumbijskim Meksyku. Gdy w XIV w. przybyli Aztekowie, Teotihuacán był już od dawna opuszczony przez mieszkańców.

Zwiedzanie świątyni

Autobus (ok. godziny jazdy z Terminal del Norte w mieście Meksyku) zatrzymuje się przy bramie nr 1, gdzie jest pobierana opłata za wstęp i aparat fotograficzny lub kamerę. Mijając liczne stoiska z ubraniami i pamiątkami, dochodzi się do **muzeum**, gdzie można obejrzeć makietę kompleksu, mapy i schematy z objaśnieniami oraz kilka replik odnalezionych przedmiotów (oryginały są przechowywane w Muzeum Antropologii w mieście Meksyku). W Villa Arqueológica działa urocza, a przy tym wyborna restauracja. Obiekt jest ogromny, zatem tłok staje się tutaj pojęciem względnym. W rzeczywistości czasami się wydaje, że jest tu tyle samo sprzedawców pamiątek, co turystów.

Wejście jest na południowym krańcu **Avenida de los Muertos**, czyli Alei Zmarłych – głównej osi, która ciągnie się przez 3 km w kierunku północnym, następnie mija Piramidę Słońca i kończy się przy Piramidzie Księżyca. Na zapadniętym placu w pobliżu wejścia, znanym jako **Ciudadela** (cytadela), stoi **Templo de Quetzalcóatl** (Świątynia Quetzalcoatla). Wielopoziomową budowlę zdobią płaskorzeźby z naprzemiennie pojawiającymi się motywami Pierzastego Węża, wyłaniającego się z pierścienia piór i typowych, wyłupiastych oczu Tlaloca – boga deszczu. Świątynia została odkryta podczas prac wykopaliskowych na początku XX w. Mniej

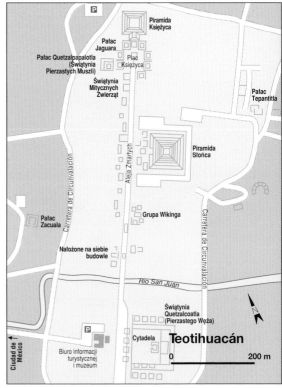

więcej w połowie alei stoi gigantyczna **Pirámide del Sol** (Piramida Słońca), najbardziej charakterystyczna budowla Teotihuacánu. Zbudowana około 100 r. n.e., była w całości, łącznie z podstawą mierzącą prawie 225 m², pokryta stiukami. Do szczytu wysokiej na 64 m konstrukcji, skąd rozpościera się imponujący widok na miasto, prowadzą strome schody (248 stopni). Za budowlą wyrasta **Palacio de Tepantitla** (Pałac Tepantitla), przechowujący m.in. pozostałości słynnego malowidła *Raj Tlaloca* (jego kopię można obejrzeć w Muzeum Antropologii w mieście Meksyku).

Czterokondygnacyjna **Pirámide de la Luna** (Piramida Księżyca), mimo że mniejsza od Piramidy Słońca, została zbudowa na wzniesieniu, więc wydaje się, że są równe (na jej szczyt łatwiej wejść). Budowlę górującą nad placem u północnego krańca alei otacza tuzin mniejszych świątyń. W pobliskim **Palacio del Quetzalpapalotl** (Pałac Quetzalpapalotla) zachowały się malowidła i stylizowane płaskorzeźby pół ptaków, pół motyli. Mają oczy z obsydianu, a otaczają je symbole wody i ognia.

Wart uwagi jest również **Palacio de los Jaguares** (Pałac Jaguarów), który wziął nazwę od malowideł z tym motywem, oraz **Templo de las Conchas Emplumadas** (Świątynia Pierzastych Muszli), gdzie zachowały się pozostałości płaskorzeźb wyobrażające pierzaste muszle i kwiaty, a także kolorowe malowidła ścienne przedstawiające m.in. ptaki.

Na terenie starożytnego miasta można spędzić cały dzień, jednak by zwiedzić najważniejsze zabytki, wystarczy kilka godzin. Piramidy wyglądają najbardziej tajemniczo o zachodzie słońca, lecz warto wziąć pod uwagę, że obiekt jest zamykany już o 18.00.

Trzecia co do wielkości tego typu konstrukcja na świecie, Piramida Słońca w Teotihuacánie, jest o połowę mniejsza od piramidy Cheopsa w Egipcie, mimo że rozmiary u podstawy obu piramid są takie same.

PONIŻEJ: dobrze zachowane freski w Pałacu Jaguarów.

Koniecznie trzeba zwiedzić okolice Teotihuacánu. W pobliżu leży wioska Otumba, gdzie Hernán Cortés pokonał Azteków w jednej z decydujących bitew czasów konkwisty. Dalej na północ jest Ciudad Sahagún, jeden z meksykańskich eksperymentów przemysłowych.

Krajobraz okolic jest typowy dla środkowego Meksyku – pustynne równiny i pagórki, porośnięte agawami wykorzystywanymi do wyrobu *pulque*, narodowego napoju Meksykanów (sok z agawy poddany fermentacji, przypominający w smaku kwaśne mleko, ceniony ze względu na wysokie wartości odżywcze). Specyficzny w smaku, pienisty i zawierający mnóstwo witamin *pulque* jest podobno bardzo pożywny (doskonała wymówka, by sięgnąć po kufel...). W czasach kolonialnych i w XIX stuleciu rozwinęły się wielkie plantacje agawy. Rezydencje plantatorów były niezwykle okazałe – niektóre przetrwały do dzisiaj, np. Xala w okolicach Ciudad Sahagún, przekształcona w hotel, gdzie ciągle można dostrzec ślady dawnej świetności.

Gdy Aztekowie dotarli do Teotihuacánu w XIV w., był on opuszczony od ponad 700 lat.

Hidalgo

Hidalgo, mimo że szczyci się bardzo pięknymi krajobrazami, jest jednym z najrzadziej odwiedzanych stanów Meksyku. Jego stolica, **Pachuca** ❺, oddalona o 90 km od miasta Meksyku, stanowi znakomitą bazę wypadową dla weekendowych wycieczek. Historia ośrodka jest ściśle związana z lokalnymi kopalniami srebra, eksploatowanymi od XVI w. przez firmy hiszpańskie, angielskie, meksykańskie i amerykańskie. Niedaleko na południowy wschód od Plaza de la Indepedencia stoi XVI-wieczny Ex-Convento de San Francisco, obecnie siedziba **Hidalgo Cultural Center** (wt.–nd.; bezpł.). Jego wnętrza zajmuje Museo Nacional de Fotografía (Narodowe Muzeum Fotografii), mające w swych zbiorach zdjęcia ze słynnego

PONIŻEJ:
przydrożny sklep.

archiwum Casasola, dokumentujące rewolucję meksykańską oraz życie codzienne po zrywie, i dużą kolekcję prac Tiny Modotti. W skład kompleksu wchodzi również Muzeum Regionalne. Po sąsiedzku wyrasta ładny kościół **La Asunción**.

Zaledwie 20 km na północ od stolicy stanu Hidalgo leży **Park Narodowy El Chico** ❻, wspaniały teren wędrówek wśród sosnowych lasów, jezior i efektownych formacji skalnych. **Mineral El Chico** to malownicze miasteczko górnicze, liczące niespełna 6 tys. mieszkańców.

Poniedziałek jest dniem targowym w **Ixmiquilpanie**, 75 km na północny zachód od Pachuki, jadąc autostradą 85. Można w tym dniu obejrzeć najpiękniejsze wyroby włókiennicze i pięknie inkrustowane przedmioty z drewna, przywożone na targ przez Indian Otomí. Po drodze warto się zatrzymać w **Actopanie**, aby zwiedzić XVI-wieczny warowny klasztor oraz obejrzeć wodospady, gorące źródła i pieczary Barranca de Tolatongo (najlepiej w dni powszednie, kiedy jest znacznie mniej turystów).

Na wschód od miasta Meksyku

Droga do Puebli i na wschodnie wybrzeże jest przedłużeniem alei **Calzada Ignacio Zaragoza**, głównej osi robotniczej części miasta Meksyku. Aleja zaczyna się w pobliżu lotniska i przecina rozległe **Ciudad Netzahualcóyotl**, przedmieście-sypialnię stolicy, liczące prawie 3 mln mieszkańców (często nazywane „trzecim co do wielkości miastem Meksyku").

Po opuszczeniu obszarów miejskich szosa do Puebli biegnie przez piękne górskie lasy sosnowe niedaleko **Parku Narodowego Iztaccíhuatl-Popocatépetl** ❼. Trasa do ośnieżonych wulkanów, zachwycających fenomenów natury, prowadzi drogą **Amecameca**, pośród sielankowych krajobrazów.

Mapa
s. 178

Piłka nożna dotarła do Meksyku w XIX w. wraz z górnikami z Kornwalii. Robotnicy-emigranci przywieźli również pastes, paszteciki z mięsem, które stały się bardzo popularne w Meksyku.

PONIŻEJ: wojownik Jaguara na muralu w Cacaxtli niedaleko Tlaxcali.

WULKANY

Miasto Meksyk leżące na obszarze aktywnym sejsmicznie otaczają wulkany – majestatyczny Popocatépetl (5452 m n.p.m.) i Iztaccíhuatl (5286 m n.p.m.), czule nazywane Popo i Izta. W odległej przeszłości te ogromne, przykryte śniegiem stożki stanowiły piękne tło stolicy oddalonej od nich o 60 km. Chociaż dziś rzadko wyłaniają się z oparów smogu, to nadal jednak robią wrażenie na turystach podróżujących na zachód od miasta Meksyku, w kierunku Puebli lub wybrzeża Zatoki Meksykańskiej. Legenda mówi, że Popocatépetl (w języku nahuatl Dymiąca Góra) był wojownikiem zakochanym w Iztaccíhuatl, pięknej azteckiej księżniczce, która myśląc, że jej ukochany zginął w walce, umarła z żalu. Gdy Popo wrócił cały i zdrowy, złożył jej ciało na wzgórzu, przy którym symbolicznie stoi do dzisiaj jako wieczny strażnik.

Niedawne przejawy aktywności wulkanicznej zmusiły władze do zamknięcia dojazdu do Popocatépetl. Droga jest otwarta do Paso de Cortés – przełęczy, przez którą konkwistadorzy weszli z Veracruz do Tenochtitlánu w 1519 r. Izta nie ma dziś nawet krateru i z tego powodu stanowi inne wyzwanie: przede wszystkim dla doświadczonych wspinaczy, podobnie jak najwyższa góra Meksyku, Pico de Orizaba (5700 m n.p.m.), znana także jako Citlaltépetl.

*Między 11.00 i 12.00
można wejść
(koniecznie z osobą
towarzyszącą)
na szczyt jednej z wież
katedry w Puebli, by
podziwiać wspaniały
widok na miasto
i pobliskie wulkany.*

Puebla – miasto ludzi aniołów

Po drugiej stronie gór szosa opada ku dolinie, w której leży **Puebla** ❽, stolica stanu o tej samej nazwie. Czwarte co do wielkości miasto Meksyku, założone w okresie kolonialnym, jest dziś prężnie rozwijającym się ośrodkiem przemysłowym (fabryka Volkswagena), ale na szczęście zachowało dawny charakter i część najcenniejszych dzieł sztuki i architektury.

Przykładem wyjątkowego klejnotu jest elegancka i majestatyczna **katedra** ❹, druga co do wielkości w kraju, z wysokimi dzwonnicami. Konsekrowana w 1649 r., łączy barok z wyrafinowanym stylem architektury hiszpańskiego renesansu, tzw. herreryjskim (od nazwiska Juana-Bautisty de Herrery, architekta hiszpańskiego Escorialu). Na zewnątrz budowla wygląda na surową i posępną, w środku zachwyca piękny ołtarz główny, dzieło słynnego neoklasycznego artysty – Manuela Tolsy, przypominające miniaturową rzymską świątynię. Figury aniołów wokół atrium są symbolem miasta, którego pełna nazwa brzmi Puebla de los Angeles (dosł. ludzie aniołów).

Biuro informacji turystycznej ma siedzibę z tyłu katedry, przy Calle 5 Oriente, niemal drzwi w drzwi z **Casa de la Cultura**. Dzisiejsze centrum kultury, założone jako seminarium w 1646 r., jest otoczone ogrodem z rzeźbami, ma małą kawiarnię i teatr na powietrzu. U szczytu wspaniałych schodów otwiera się wejście do **Biblioteca Palafoxiana** ❸, najstarszej na kontynencie amerykańskim; jej rzeźbione półki dźwigają 50 tys. tomów.

Dwa domy dalej na zachód ma siedzibę **Museo Bello y Gonzáles** ❸ (wt.–nd.; wstęp płatny), gromadzące fascynujące zbiory przedmiotów sztuki użytkowej pieczołowicie zebranych w XIX w. przez Mariana Bella, przemysłowca, właściciela fabryk cygar i tekstyliów. Niezwykle nowoczesne **Museo Amparo** ❹

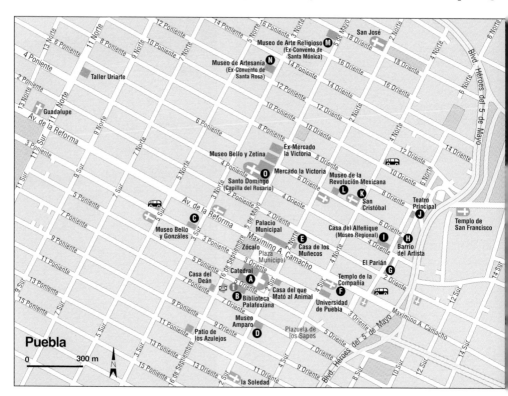

Puebla

0   300 m

Mapa s. 178
Plan s. 184

(śr.–pn.; wt. bezpł.), w XVIII-wiecznym budynku szpitala, gromadzi kolekcję sztuki prekolumbijskiej i z okresu kolonialnego. Drugi dział mieści wystawy mebli z epoki kolonialnej.

XVII-wieczna **Casa de los Muñecos ❸** (Dom Lalek), zajmowana przez Muzeum Uniwersyteckie (wt.–nd.; wstęp płatny), ma najzabawniejszą fasadę w Puebli; sportretowane postaci to podobno karykatury wrogów właściciela budynku.

Przecznicę dalej wyrasta charakterystyczna bryła **Templo de la Compañía ❻**, z kunsztownie zdobioną fasadą, uważana za ostatnie miejsce spoczynku XVII-wiecznej azjatyckiej księżniczki **China Poblana** (Chinka z Puebli), której pomnik ustawiono nad fontanną we wschodniej części miasta. Jej ubiór, złożony z plisowanej tuniki narzuconej na haftowaną i naszywaną cekinami spódnicę, stał się wzorem meksykańskiego stroju ludowego. Przy kościele, wzdłuż przyjemnej brukowanej alejki, stoją zabudowania XVI-wiecznego **Uniwersytetu Puebla**, niegdyś kolegium jezuickiego.

Na straganach głównej hali targowej, **El Parián ❼** (10.00–17.30), sprzedaje się wszystko, co meksykańskie – od wełnianych szali po sombrera. Miłośnicy kina powinni przejść na drugą stronę ulicy, by zwiedzić otwarte studia w **Barrio del Artista ❽** – Dzielnicy Artystów.

Większość architektury Puebli to meksykańska wersja hiszpańskiego baroku, z dużą ilością ceramicznych i gipsowych dekoracji. Najlepszym przykładem są stiuki w **Casa del Alfeñique ❶**, XVIII-wiecznym budynku zawdzięczającym nazwę białym sztukateriom przypominającym masę z migdałów i cukru, zwaną *alfeñique*. Mieści się tu obecnie **Museo Regional** (wt.–nd.; wstęp płatny), eksponujące przykłady ceramiki wytwarzanej w stanie Puebla oraz pamiątki ze słynnej bitwy Cinco de Mayo (5 V 1862 r.). Za Dzielnicą Artystów stoi siedziba **Teatro**

Specjalnością Fonda Santa Clara, niemal naprzeciw Museo Bello, są typowe dania kuchni meksykańskiej. Warto spróbować chile en nogada, na które składa się zielona papryczka chili faszerowana mięsem, z białym sosem orzechowym i granatem – wszystko w kolorach flagi Meksyku.

PONIŻEJ: katedra w Puebli.

5 maja 1862 r. armia
meksykańska pod
wodzą generała
Ignacia Zaragozy,
mająca w swoim
składzie batalion
ledwie uzbrojonych
Indian, pokonała
liczną i dobrze
uzbrojoną armię
francuską. Zwycięstwo
podniosło morale
Meksykanów, ale nie
zapobiegło francuskiej
okupacji, która
nastąpiła rok później.

PONIŻEJ: kuchnia
dawnego klasztoru
Santa Rosa.

Principal ❶, jednego z najstarszych teatrów w Ameryce. Budynek liczył już prawie 150 lat, gdy w 1902 r. niemal doszczętnie spłonął; na szczęście wkrótce został odbudowany.

Calle 6 Oriente to urzekająca uliczka, słynąca przede wszystkim z licznych *dulcerías* (cukiernie) z pięknymi wystawami, na których pysznią się wspaniałe słodycze. Sprzedaje się tu *camotes* (bataty z owocami i cukrem), przypominające krówkę *dulce de leche*, limonki ze słodkim nadzieniem kokosowym i *rompope* (rodzaj ajerkoniaku), nazywanego „dziecięcym wprowadzeniem do alkoholu".

Kościół **San Cristóbal ❸**, z alabastrowymi oknami i rzeźbionym sufitem, stoi przy tej samej ulicy. Sąsiedni dom należał do pewnego liberalnego działacza politycznego, przeciwnika dyktatury Porfiria Díaza; w sąsiedztwie stoczono pierwszą bitwę rewolucji 1910 r. Funkcjonuje tu **Museo de la Revolución Mexicana ❹** (wt.–nd.; wstęp płatny). Patrząc na zachód w górę ulicy 6 Oriente, można dostrzec stalową konstrukcję dawnego **Mercado la Victoria**, zamienionego na nowoczesne centrum handlowe. Była to jedna z ostatnich wielkich hal targowych zbudowanych z rozkazu Porfiria Díaza, który pragnął przekształcić Meksyk w idealną kopię Francji.

Mieszkańcy Puebli mają opinię najbardziej tradycyjnych i zagorzałych katolików w Meksyku. Klasztor **Santa Mónica ❶** (wt.–nd.; wstęp płatny), obecnie muzeum sztuki religijnej, funkcjonował potajemnie w okresie prześladowań księży po reformie 1857 r.; XVII-wieczne opactwo **Santa Rosa ❶** (wt.–nd.; wstęp płatny) ma długą historię – obecnie mieści muzeum rzemiosła, z przepiękną kolekcją wytworów rękodzieła z całego stanu. Każdy centymetr pięknie sklepionej klasztornej kuchni pokrywają ceramiczne płytki. Podobno przepis na słynny sos *mole poblano*, robiony m.in. z czekolady, migdałów i papryki, wymyśliły pracujące tutaj za-

konnice. Perła religijnej architektury Puebli jest ukryta w XVI-wiecznym **kościele Santo Domingo**. Zapierająca dech w piersiach **Capilla del Rosario** ❻ po lewej stronie ołtarza niemal oślepia blaskiem pozłacanych barokowych dekoracji (warto zwrócić szczególną uwagę na kopułę).

Mapa
s. 178
Plan
s. 184

Miasto kościołów

Cholula ❾ jest dziś przedmieściem Puebli, chociaż w okresie prekolumbijskim sama była ważnym centrum religijnym. W czasach konkwisty H. Cortés, obawiając się zasadzki, obmyślił fortel, w wyniku czego zginęło 3 tys. indiańskich wojowników, mieszkańców miasta. Później zdziesiątkowana przez zarazę Cholula zamieniła się w biedną wioskę. Dziś jest ciekawym ośrodkiem, siedzibą miasteczka akademickiego **Uniwersytetu Amerykańskiego**, słynącym z licznych kościołów.

Tradycja głosi, że Cortés ślubował postawić tu tyle świątyń, ile jest dni w roku (według innej legendy – jeden kościół w miejscu każdej indiańskiej świątyni). Największe wrażenie robi XVI-wieczny warowny klasztor franciszkański – **Convento de San Gabriel**. Jego ogromny przedsionek na wschodniej pierzei *zócalo* (główny plac) prowadzi do trzech pięknych kaplic, z których jedna, **Capilla Real**, powstała z inspiracji cudowną architekturą wielkiego meczetu w hiszpańskiej Kordowie. Początkowo była to niezadaszona kapliczka dla nawróconych Indian; dach dobudowano dopiero w XVIII w. Dziś przykrywa ją 49 małych kopuł (niestety, część uległa zniszczeniu w czasie trzęsienia ziemi w 1990 r.).

Większość turystów przybywa do Choluli, by zobaczyć coś, co na pierwszy rzut oka wygląda jak zwyczajne wzgórze zwieńczone jakąś budowlą. W rzeczywistości jest to **Gran Pirámide** (Wielka Piramida; codz.; wstęp płatny), największa piramida w Mezoameryce. W ostatniej fazie budowy cała konstrukcja została pokryta

Piękny przykład ceramiki typu Talavera.

PONIŻEJ:
w Meksyku robi się przetwory z wielu owoców i warzyw.

CERAMIKA TYPU TALAVERA

Ceramika typu Talavera jest bardzo charakterystyczna dla Puebli i widoczna niemal na każdym kroku. Technikę wyrobu kafli, mis, waz, doniczek, kubków i rzeźb przywieźli do Meksyku w XVI w. dominikańscy zakonnicy z miasta Talavera de la Reyna w Hiszpanii. Oryginalna ceramika była w kolorze białym i kobaltowym błękitnym, z silnymi motywami mauretańskimi, lecz meksykańscy garncarze dodali własne motywy, inspirując się również naczyniami z Chin i Włoch. Tym sposobem pojawiły się nowe wzory i kolory, zwłaszcza zielenie, żółcie i pomarańcze.

Wyrób naczynia typu Talavera przy zastosowaniu tradycyjnej techniki wymaga sześciu miesięcy pracy. Z łatwością można odróżnić mineralne kolory oryginałów od wyraźniejszych, mocniejszych odcieni kopii. Jest też znaczna różnica w cenie.

Niektóre warsztaty w Puebli i okolicach, na przykład historyczny Taller Uriarte, organizują dla turystów zwiedzanie, podczas którego można się zapoznać z procesem powstawania ceramiki. Najpierw glinę odstawia się na 3 miesiące, później ubija się ją stopami. Po upływie kolejnego miesiąca formuje się naczynie, a następnie pozostawia do wyschnięcia i w końcu wypala. Po nałożeniu koloru i glazury ceramika znów trafia do pieca.

RADA

Można przejść się
oświetlonymi
korytarzami piramidy
w Choluli. Najpierw
jednak warto przyjrzeć
się jej modelowi
w muzeum
naprzeciw wejścia.

PONIŻEJ: w tle
wieże piramidy
Choluli,
na pierwszym
planie kopuły
Capilla Real.

grubą warstwą gliny, którą z kolei z czasem porosła roślinność; w języku nahuatl nazwa piramidy to Tlachihualtépetl – Sztuczna Góra.

Karnawał w maskach

Huejotzingo ⑩, 17 km na północny wschód od Choluli, jest niewielkim miasteczkiem, słynącym przede wszystkim z jabłecznika, wełnianych koców (*sarapes*) i karnawałowych tańców przebierańców (luty), odgrywających bitwę między Francuzami i Meksykanami.

Tuż przy głównym placu stoi potężny XVI-wieczny **klasztor franciszkański** (wt.–nd.; wstęp płatny) – umocniony i otoczony murami z blankami, ma surowy wygląd. Dziś są w nim eksponowane przedmioty związane z misjami hiszpańskimi i życiem zakonnym.

W **Santa María Tonantzintla** ⑪, niewielkiej wiosce na południe od Choluli, przy starej drodze do Oaxaki, stoi godny uwagi kościół w stylu ludowego baroku. Jego wnętrze jest niemal całkowicie pokryte polichromią, złoceniami i rzeźbieniami; to doskonały przykład tego, jak rzemieślnicy – z pochodzenia Indianie – przetwarzali hiszpańską ikonografię (aniołki mają indiańskie rysy twarzy). Efektowna glazurowana fasada kościoła **San Francisco Acatepec**, kilka kilometrów dalej na południe, również dostarcza wspaniałych wrażeń, choć została zniszczona przez pożar w 1941 r. (później ją odbudowano).

Africam ⑫, 16 km na północny wschód od Puebli, przy drodze do Valsequillo, to pierwszy meksykański park safari, gdzie można miło spędzić czas, obserwując przedstawicieli 250 gatunków ptaków oraz wiele zwierząt z Afryki i innych kontynentów.

W sąsiednim stanie Tlaxcala, 18 km od jego stolicy, zachowały się ruiny uforty-
fikowanej **Cacaxtli** (wt.–nd.; wstęp płatny, dodatkowa opłata za aparat fotograficzny lub kamerę) – „miejsca, gdzie deszcz umiera w ziemi".

Stanowisko archeologiczne, niegdyś ośrodek Olmeca-Xicalanca, służący ludom
z wybrzeża Zatoki Meksykańskiej, pochodzi z VII w. W 1974 r. archeolodzy odkryli tu kilka niezwykłych malowideł ściennych, należących do najlepiej zachowanych w Meksyku, wśród których był 22-metrowy *Mural de la Batalla*, w ciekawy
sposób przedstawiający krwawą walkę wojowników Jaguara z wojownikami Orła.

Tlaxcala , stolica najmniejszego stanu Meksyku, jest perłą z czasów kolonialnych. Centrum miasta zostało pięknie odnowione, a regulacja ruchu kołowe-
go pozwala na spokojne spacerowanie ulicami i przesiadywanie w kawiarenkach
na świeżym powietrzu, z dala od spalin i hałasu autobusów, co w Meksyku należy do rzadkich przyjemności.

Chociaż dzieliło ich od stolicy Azteków zaledwie 115 kilometrów, mieszkańcy miasta zachowali niezależność, okupioną nieustannymi walkami. Kiedy
w 1519 r. przybył tutaj Hernán Cortés, stali się jego najważniejszymi sprzy-
mierzeńcami w podboju Tenochtitlánu. Mural autorstwa miejscowego malarza
Desideria Hernándeza Xochitiotzina w **Palacio de Gobierno** ilustruje historię
tych wydarzeń.

Convento de San Francisco na wzgórzu, z pięknym widokiem na miasto i arenę walk byków, zdobi drewniany sufit w stylu mauretańskim. W tutejszej chrzciel-
nicy udzielono chrztu czterem wodzom Tlaxcalanu. Obok, w **Museo Regional**,
można obejrzeć fascynującą kolekcję prekolumbijskich przedmiotów, w tym kamienny posąg Camaxtli, bóstwa wojny i myślistwa. Dwie sale na piętrze poświęcono sztuce z czasów kolonialnych.

Warte odwiedzin jest również **Museo de Artes y Tra-
diciones Populares** (wt.–nd.; wstęp płatny), tak zwane
żywe muzeum, gdzie miejscowi rzemieślnicy demon-
strują, w jaki sposób powstają przepiękne wyroby rzemiosła z Tlaxcali.

W wiosce Ocotlán na wzgórzu ponad miastem stoi
kościół z dwoma wieżami, który zdaje się być leciutki niczym wata cukrowa. Jest to XVIII-wieczna **Basílica
de Ocotlán** , kolejna meksykańska świątynia w stylu
churrigueryzmu. Bogactwo jej barokowej, złoconej cie-
sielki wręcz oszałamia.

Innym historycznym symbolem tego małego stanu są
pulque haciendas prosperujące do czasów rewolucji.
Najpiękniejsze to San Bartolomé del Monte, San Cristóbal Zacacalo i San Blas. **Huamantla** słynie z hucz-
nych obchodów święta Wniebowzięcia Najświętszej
Marii Panny (15 VIII) i następującej po nich *huaman-
tlada*, gdy wzorem hiszpańskiej Pampeluny ulicami miasta szarżują byki. **Museo Nacional del Títere** na głównym placu mieści ciekawą kolekcję lalek.

W miejscu, gdzie spokojna droga z miasta Meksyku – Insurgentes Sur – dochodzi do autostrady prowadzącej do **Cuernavaki** , staje się jedną z najbardziej ruchliwych arterii kraju. Szosa początkowo
wspina się na wzgórza, ale 75 km dalej opada poniżej
poziomu stolicy.

Cuernavaca jest weekendowym kurortem, do którego
ściągają *capitalinos* szukający świeżego powietrza

Mapa
s. 178

*Mimo że Tlaxcala
jest najmniejszym
stanem Meksyku,
zajmującym jedynie
2% terytorium kraju,
jego powierzchnia
jest porównywalna
z Belgią, Szwajcarią,
Holandią i Izraelem.*

PONIŻEJ: bogato
zdobiony kościół
San Francisco
Acatepec.

i należytego wypoczynku. Jedno z najstarszych meksykańskich miast od zawsze przyciągało elitę stolicy. Azteccy cesarze budowali tutaj świątynie, Cortés postawił pałac, bogaci obywatele, artyści, emeryci z Ameryki Północnej, a nawet uciekinier – szach Iranu – przyjeżdżali tu, by zamieszkać w pełnym kwiatów „mieście wiecznej wiosny". Mimo przyspieszonego rozwoju w ciągu kilku ostatnich dziesięcioleci oraz rosnącego zanieczyszczenia powietrza i uciążliwych ulicznych korków, weekend w Cuernavace wciąż jest niewątpliwą przyjemnością oraz ucieczką od hałasu dużych miast.

14 sierpnia, w czasie „nocy, gdy nikt nie śpi", mieszkańcy Huamantli układają piękne dywany z kwiatów i wysypują kolorowe trociny na ulicach.

Centralny rynek, **Plaza de Armas**, od wschodu ogranicza bryła **Palacio de Cortés** (wt.–nd.; wstęp płatny), postawionego na ruinach prekolumbijskiej świątyni. Mieści się tu obecnie **Museo Cuauhnáhuac** (indiańska nazwa Cuernavaki), w którym zgromadzono imponujące zbiory sztuki okresu kolonialnego. Jest tu również seria malowideł ściennych Diega Rivery (s. 108–111), ilustrujących 400 lat historii Meksyku (od czasów konkwisty do rewolucji 1910 r.). Przez dziesięciolecia, zanim rozpowszechniły się rysunkowe zagadki dla dzieci, murale stanowiły wyzwanie dla meksykańskich maluchów, rozpoznających na nich bohaterów i czarne charaktery narodowej legendy.

Kiosk Eiffela

Poniżej: detal z malowidła Rivery w Palacio de Cortés, Cuernavaca.

W **Jardín Juárez** po sąsiedzku, w północno-wschodnim rogu głównego placu, stoi kiosk projektu Gustave'a Eiffela, słynnego konstruktora wieży w Paryżu. Można tu kupić świeże soki owocowe lub *licuados* (koktajle mleczne) i sączyć je w cieniu drzew pomarańczowych.

Mapa s. 178

Wędrując Calle Hidalgo, dwie przecznice dalej na zachód, dochodzi się do ufortyfikowanego zespołu XVI-wiecznej **katedry** i otoczonego wysokim murem ogrodu. W czasie renowacji w 1959 r. natrafiono tu na freski o zadziwiająco orientalnym charakterze (zdają się przedstawiać ukrzyżowania misjonarzy w Japonii). Uważa się, że malowidła są dziełem japońskiego konwertyty. Niedzielna msza (11.00) z udziałem muzyków *mariachi* słynie w całym Meksyku.

W zespole katedralnym założono **Museo Casa Robert Brady** (wt.–nd.; wstęp płatny; po uprzednim zamówieniu dostępny jest przewodnik audio po angielsku), prezentujące zbiory sztuki, antyków i wyrobów rzemiosła meksykańskiego oraz wiele przedmiotów pochodzących z innych części świata. Brady, bogaty amerykański artysta i kolekcjoner, mieszkał i tworzył w Meksyku do śmierci w 1986 r.

W pobliżu wznosi się **Palacio Municipal** (pn.–pt.; bezpł.), gdzie warto obejrzeć zgromadzone wokół dziedzińca kolorowe obrazy, ukazujące romantyczną wizję życia Indian przed okresem kolonialnym.

Wiele pięknych miejsc Cuernavaki chowa się za murami prywatnych posiadłości, jednak najpiękniejszy ogród miasta, **Jardín Borda** (wt.–nd.; nd. bezpł.), otaczający niegdyś XVIII-wieczny dom najbogatszego „srebrnego" magnata Taxco, jest dziś dostępny dla wszystkich. Uroku dodają mu fontanny, tarasy, sztuczne jezioro z łodziami do wynajęcia i teatrem w plenerze. Muzeum, zajmujące jedno ze skrzydeł domu, prezentuje XIX-wieczne zbiory z czasów, gdy był on letnią rezydencją cesarza Maksymiliana i jego małżonki Charlotty.

Oprócz **targu** (po wschodniej stronie wąwozu) i niezbyt ciekawej piramidy **Teopanzolco** (wt.–nd.; wstęp płatny) w parku dalej na wschód, Cuernavaka ma nie-

Duchowa podpora: rzeźba w niszy kolonialnego kościoła.

PONIŻEJ:
rozmawiające dziewczęta.

Oscar Lewis
prowadził badania
do książki Live in
a Mexican Village
(Życie meksykańskiej
wioski) w Tepoztlánie;
w pobliżu nakręcono
część scen
do westernu
Butch Cassidy
i Sundance Kid.

PONIŻEJ:
brukowane boczne
uliczki Taxco.

wiele więcej do zaoferowania. Są tu natomiast znakomite hotele, w tym najsłynniejszy – **Las Mañanitas**. Każdy, kto marzy o nocy w przepięknym, pełnym kwiatów ogrodzie, gdzie szumi fontanna i przechadzają się pawie, o pokoju z meblami z epoki oraz wyśmienitych posiłkach, powinien przyjść właśnie tutaj.

Cuernavaka jest stolicą stanu Morelos, meksykańskiej „cukierniczki". Konkwistadorzy przywieźli tu trzcinę cukrową i czarnych niewolników, którzy pracując w nieludzkich warunkach, położyli podwaliny pod rolnictwo Meksyku. Rewolucyjny przywódca Emiliano Zapata pochodził z pobliskiej **Cuautli**; w okolicznych wioskach wciąż wiszą jego portrety w stroju *charro* i sombrerze.

Tepoztlán ⓲, którego nie należy mylić z Tepotzotlánem (s. 177), jest ciekawym miastem przytulonym do stóp wzgórza Tepozteco, 26 km na północny wschód od Cuernavaki. Nad centrum góruje potężnie ufortyfikowany **klasztor** i **kościół dominikański** z XVI w. Z tyłu świątyni działa małe **Muzeum Archeologiczne** (wt.–nd.; wstęp płatny) z godną uwagi kolekcją przedmiotów przywiezionych z różnych zakątków kraju. W drodze do **piramidy Tepozteco** (codz.; wstęp płatny) czeka męcząca godzinna wspinaczka. Ta prekolumbijska świątynia jest poświęcona Tepoztécatlowi, azteckiemu bóstwu płodności i *pulque* (napój alkoholowy ze sfermentowanego soku agawy).

Gwarny niedzielny targ rzemiosła w Tepoztlánie, na który łatwo dojechać ze stolicy, ściąga tłumy, podobnie jak wrześniowe święto *pulque*.

Zjeżdżając z prowadzącej na południe starej drogi do Taxco, po chwili trafia się do efektownego, choć rzadko odwiedzanego przez turystów kompleksu **Xochicalco** ⓳ (codz.; wstęp płatny), co w języku nahuatl znaczy „miejsce domu kwiatów". Rozwinął się on między VII i X w. jako ważny ośrodek handlo-

Mapa s. 178

vy i rytualny, wypełniając lukę powstałą po upadku Teotihuacánu, jeszcze zanim umocniła się potęga Tolteków w Tuli (Xochicalco jest czasami nazywane
rozstajnymi drogami starożytnego Meksyku). Jeden z najważniejszych ośrodków
w tym regionie, zajmujący 25 ha, został wpisany na Listę Światowego Dziedzictwa Kulturalnego i Przyrodniczego UNESCO. Największe wrażenie robi
pokryta wspaniałymi płaskorzeźbami **Piramida Pierzastego Węża**, stojąca
na szczycie platformy.

Miłośnikom jaskiń na pewno spodobają się **Grutas de Cacahuamilpa** ⓴
codz.; opłata za 2 godz. zwiedzania, tel. 555 150 5031), ogromne, intrygujące,
lecz przerażające dla klaustrofobików. Kilka kilometrów dobrze oświetlonych
korytarzy wiedzie przez rozległe pieczary ze stalagmitami, stalaktytami i niesa-
mowitymi formacjami skalnymi.

Miasto srebra

Taxco, ㉑ „srebrne" miasto, leży jakieś 72 km na południe od Cuernavaki, mniej
więcej w jednej trzeciej drogi między stolicą i Acapulco. Niezwykle malownicze,
est jednym z niewielu ośrodków w kraju uznanych za zabytki narodowe. Zachwycają czerwone dachy w zestawieniu z białymi ścianami domów, urocze ryneczki,
kaskady bugenwilli i wąskie brukowane uliczki wijące się po stromych wzgórzach,
wszystkie prowadzące do *zócalo* (główny rynek), nad którym góruje kolonialny
kościół **Santa Prisca** z różowego kamienia. Ukończony w 1758 r., ma dwie barokowe wieże sięgające 40 m. Zdobiona fasada w stylu churrigueryzmu i pokryte
płytkami sklepienie stanowią idealne połączenie z suto złoconym wnętrzem. Spe-
cjalna uwaga należy się pięknym niemieckim organom, delikatnie rzeźbionej am-
bonie i obrazom XVIII-wiecznego malarza Miguela
Cabrery. Kościół ufundował José de la Borda, przedsię-
biorca górniczy, niegdyś jeden z najbogatszych ludzi
w Meksyku.

Na rynku, po prawej stronie świątyni, stoi **Casa
Borda**, gdzie mieszkali bogaci opiekunowie miasta.
Przez przyległe arkady i schodami w dół dochodzi się
do **Museo de Plata** (Muzeum Srebra, wt.–nd.; wstęp
płatny), mieszczącego sporą kolekcję srebrnych przedmiotów, m.in. szachy z figurami Indian amerykań-
kich i konkwistadorów. Na początku lat 30. XX w.
William (Guillermo) Spratling (1900–1967), profesor
architektury z Nowego Orleanu, otworzył w mieście
pierwszy sklep ze srebrem. Gdy uczniowie Spratlinga
poznali tajniki rzemiosła, otworzyli własne interesy
i dziś w Taxco są setki sklepów złotniczych.

Museo de Taxco Guillermo Spratling (wt.–nd.; wstęp
płatny) było domem Spratlinga do jego śmierci w wypadku samochodowym w 1967 r.; dziś mieści prywatną
kolekcję sztuki i zabytków prekolumbijskich.

Wąskie schody za katedrą prowadzą na **Mercado
de las Artesanías**, gdzie na straganach można kupić ciekawe rękodzieło.

Casa Humboldt przy ulicy Juan Ruiz de Alarcón to
jeden z najstarszych domów kolonialnych w Taxco,
określany tak od nazwiska znanego niemieckiego od-
krywcy i naukowca, barona Alexandra von Humbold-
ta (1769–1859), który zatrzymał się tu w 1803 r. podczas podróży po środkowej i południowej Ameryce.

*Mimo że ceny biżuterii
są zbliżone do tych
w mieście Meksyku,
zdarzają się okazje
– wiele osób tylko
po to przyjeżdża
do Taxco. Ozdoby
są wykonane ze srebra
o próbie 925,
z domieszką miedzi.
Słowo ostrzeżenia:
alpaka (nowe srebro)
w rzeczywistości
nie zawiera srebra.*

PONIŻEJ: srebrne
pamiątki wypełniają
półki zakładów
złotniczych w Taxco.

Piękny mauretański budynek, pierwotnie klasztor, szpital i dom gościnny, mieści **Museo de Arte Virreinal** (Muzeum Sztuki Kolonialnej; wt.–nd.; wstęp płatny) ze zbiorami przedmiotów religijnych. Podczas świąt wielkanocnych, gdy ludzie zjeżdżają do Taxco na procesję skruszonych grzeszników i inscenizację Męki Pańskiej, warto dokonać rezerwacji miejsca w hotelu, ponieważ wówczas bardzo trudno o pokój.

Z Taxco można się udać dalej na południe, w stronę wybrzeża i słynnego kurortu Acapulco lub wrócić do Cuernavaki i miasta Meksyku.

Na zachód od miasta Toluca

Kilka dróg łączy miasto Meksyk z **Tolucą** ㉒, stolicą stanu Meksyk, oddaloną o dzień jazdy autobusem na zachód. Bezpośrednia trasa wiedzie z parku Chapultepec w mieście Meksyku poprzez Avenida Constituyentes. Droga przecina najpierw wiejski obszar porosły wysokimi sosnami, jednak po chwili znów pojawiają się piękne meksykańskie krajobrazy – suche, złociste pola, kaktusy i gliniane domy.

Bliskość stolicy wpłynęła na szybki rozwój przemysłowy Toluki, która dziś jest gwarnym centrum handlowym. Piątkowy **targ na powietrzu** (na krańcach miasta, w pobliżu dworca autobusowego), cieszący się opinią największego w Meksyku, przyciąga tłumy kupujących i sprzedających.

Centrum jest typowe dla prowincjonalnych miast: kolonialne kościoły, XIX-wieczne budowle, spory główny plac (Plaza de los Mártires) i 120 *portales* (arkady). Można tu kupić kulinarne specjały regionu – doskonałe dżemy, znakomite cukierki, ostre *chorizos* (kiełbaski hiszpańskie) i sprzedawane w butelkach z długą szyjką *moscos – muy traidores*, jak mawiają Meksykanie (bardzo zdradzieckie).

Mapa
s. 178

Przecznicę na północ od *zócalo*, w dawnej hali targowej na Plaza Garibay mieści się **Cosmovitral** (wt.–nd.; wstęp płatny), kryty ogród botaniczny.

Najpiękniejsze przykłady tradycyjnej miejscowej sztuki użytkowej ukazuje **Museo de Culturas Populares** (wt.–nd.; wstęp płatny); jest to jedno z trzech muzeów należących do Centro Cultural Mexiquense, z siedzibą znajdującą się 8 km na zachód od centrum.

Z Toluki warto sobie urządzić kilka ciekawych wycieczek. Na wschodzie leży **Valle de Bravo** ㉓, malownicza górska wioska oddalona od miasta 80 km. Zamożni turyści przybywający w weekendy ze stolicy wypoczywają w sielankowym otoczeniu krytych strzechą dachów, bielonych murów i kamiennych kominów górujących nad jeziorem i otaczającym krajobrazem. Entuzjaści sportów wodnych nie mogą narzekać; inne, cieszące się powodzeniem rozrywki to jazda konna, golf i turystyka górska. Z Toluki warto sobie urządzić wycieczkę na południe, przez **Metepec** ㉔, słynący z kolorowych ceramicznych „drzew życia", indiańskich przedstawień mitu Adama i Ewy.

Jeszcze dalej na południe, ponad miastem Tenango del Valle, widać ruiny **Teotenango** ㉕ (wt.–nd.; wstęp płatny), warownego ośrodka rytualnego Matlazinca, którego założenie datuje się na VII w.

Główna droga (Mexico 55) prowadzi na południe do kąpieliska **Ixtapan de la Sal**, którego wody mineralne mają podobno właściwości odmładzające i lecznicze. Na krańcu miasta rozciąga się **Parque de los Trece Lagos** (Park Trzynastu Jezior; codz.; wstęp płatny, osobne opłaty za poszczególne atrakcje), ze zjeżdżalniami, basenem olimpijskim, łaźniami rzymskimi z masażem, błotami i zabiegami kosmetycznymi. Park jest typową atrakcją rodzinną, z jednoszynową kolejką i dużymi terenami piknikowymi. Poza tym jest tu miejskie zdrojowisko (codz.; wstęp płatny).

Z Ixtapanu droga prowadzi na południe, do pieczar Cacahuamilpa i miasta Taxco.

Świątynie azteckie i chrześcijańskie

Nieopodal Teotenango leży **Malinalco** ㉖ (wt.–nd.; wstęp płatny) zbudowane przez lud Matlazinca, a następnie wchłonięte przez imperium Azteków. Główną świątynię, **Cuauhcalli** (Dom Orła), wykuto w całości w skalnej ścianie. Było to miejsce ceremonii inicjacyjnych młodych, szlachetnie urodzonych Azteków, wkraczających do elity wojowników. Wejście prowadzi ponad językiem i przez gigantyczny pysk węża. Wewnątrz kryje się okrągła sala z symbolem orła pośrodku podłogi. Wizerunki świętych zwierząt: orłów, węży i jaguarów zdobią całą świątynię, która dla Azteków musiała mieć szczególne znaczenie religijne.

Pobliskie miasteczko Malinalco stało się dla bogatych Meksykanów modnym celem weekendowych wyjazdów; jest tu klub golfowy, sklepy i restauracja.

Kilka razy w roku tysiące pielgrzymów zmierzają do wioski **Chalma** ㉗, 12 km dalej na zachód, by oddać cześć Santo Señor de Chalma, wizerunkowi Chrystusa, który objawił się w cudowny sposób w 1533 r., wkrótce po przybyciu misjonarzy, zajmując miejsce pogańskiego posągu. Można stąd wrócić do miasta Meksyku, i tym samym do współczesności. ❏

PONIŻEJ: żaglówka na Valle de Bravo.

PÓŁNOC

Kraina na południe od granicy z USA jest nie tylko strefą buforową; w tym często pomijanym przez turystów regionie zachowały się liczne skarby przyrody i kultury.

To, że północ Meksyku nie jest szczególnie popularna, czyni ją dla wielu podróżników podwójnie atrakcyjną. Ten meksykański Dziki Zachód, słynący z olbrzymich rancz (sporo westernów nakręcono w okolicach Durango), jeden z najżyźniejszych zakątków kraju, to odosobniona i niegościnna ziemia, z pustynnymi krajobrazami, ogromnymi kaktusami i wysokimi górami.

Sierra Madre Wschodnia i Sierra Madre Zachodnia wyrastają niemal równolegle do wybrzeży; na wschodzie jest to brzeg Zatoki Meksykańskiej, na zachodzie – Zatoki Kalifornijskiej i Oceanu Spokojnego. Aktywność sejsmiczna w rejonie uskoku San Andreas spowodowała, że 5 mln lat temu Półwysep Kalifornijski zaczął się oddzielać od kontynentu amerykańskiego, tworząc wąski pas lądu, na którym znalazły się zarówno łańcuchy górskie, jak i pustynie.

Dziś, dla rosnącej liczby turystów, dziki półwysep jest celem samym w sobie. Poza skomercjalizowaną Tijuaną (dokąd przybywa więcej Amerykanów niż do jakiegokolwiek innego miasta na świecie), obszar stanowi połączenie pustyni, górskich lasów sosnowych, sielankowych, niemal pustych plaż i nowoczesnych kompleksów turystycznych. Setki kilometrów wybrzeża są dostępne tylko od strony morza, a wiele dróg interioru można pokonać jedynie samochodem terenowym. Półwysep słynie jako raj dla wędkarzy, a coraz więcej miłośników przyrody przybywa na tutejsze plaże, by oglądać ogromne kalifornijskie wieloryby, baraszkujące w wodach Laguny Scammona.

Najpiękniejsze zakątki północnego Meksyku – rozległa i monotonna pustynia Sonora, wspaniała Sierra Madre czy rozrastające się miasta przemysłowe – są zwykle odwiedzane przejazdem, jednak jałowy krajobraz tej części kraju również kryje niespodzianki: prekolumbijskie ruiny Paquimé w Casas Grandes czy atrakcję każdej wycieczki do północnego Meksyku – podróż najbardziej widowiskową koleją na świecie, z Chihuahua do Los Mochis.

Na północ od Zwrotnika Raka okolica i klimat stają się łagodniejsze. Dla wielu turystów Mazatlán u wybrzeży Pacyfiku i plaże San Blas oznaczają koniec podróży. ❑

POPRZEDNIE STRONY: skalisty krajobraz Zatoki Aniołów, Półwysep Kalifornijski.
PO LEWEJ: długa droga pod górę.

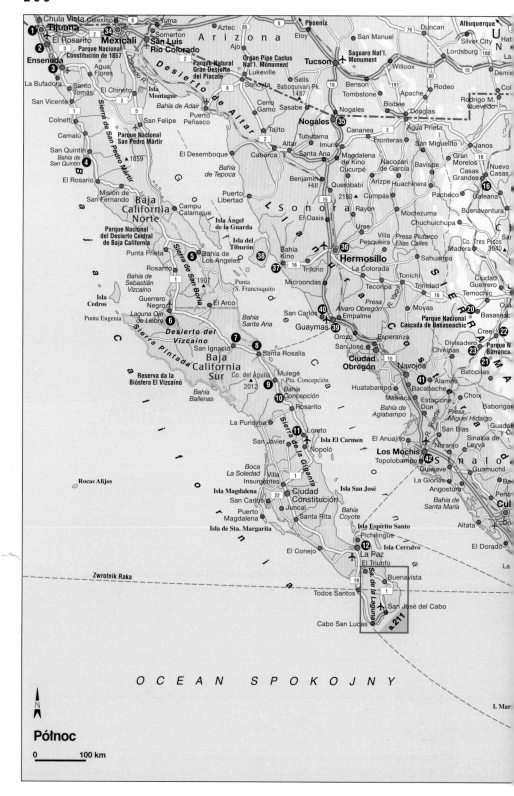

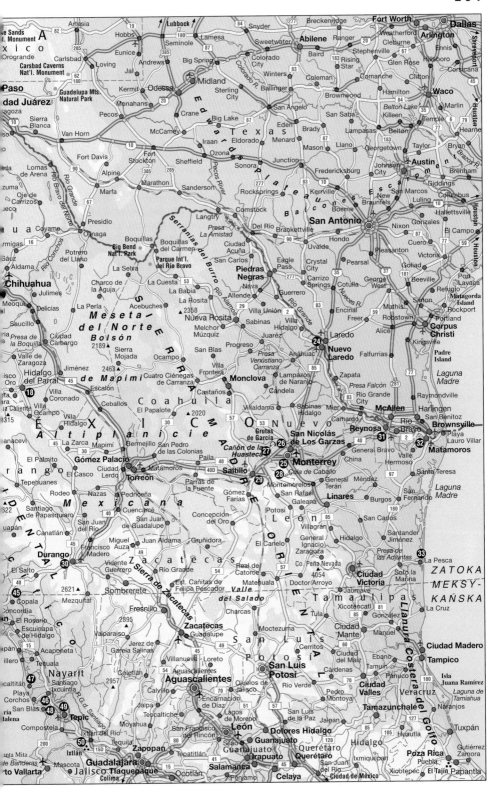

PÓŁWYSEP KALIFORNIJSKI

Mapa
s. 200
–201

Tysiące kilometrów linii brzegowej zachęca do nurkowania z maską, obserwacji morskich stworzeń i wędkowania na pełnym morzu, a majestatyczne góry i ciche pustynie zapraszają, by je odkrywać.

México City

Autostradę nr 1 o długości 1690 km, spinającą dwa krańce Półwyspu Kalifornijskiego (Baja California) – od Tijuany po Cabo San Lucas – zbudowano w 1973 r. Mimo że od tamtej pory powstało jeszcze kilka innych, krótszych szos, dojazd do niektórych zakątków wybrzeża i niemal całego interioru jest możliwy jedynie samochodem terenowym. Choć wiele osób ubolewa nad niedostępnością tego obszaru, wielbiciele ciszy i pięknych krajobrazów są zadowoleni, że mimo bliskiego sąsiedztwa gęsto zaludnionej amerykańskiej Kalifornii, ta część Meksyku wciąż pozostaje dzika.

Przybysze ze Starego Kontynentu zaczęli się osiedlać na tym najdłuższym półwyspie świata dopiero w XVII i XVIII w. Powstały wówczas pierwsze misje jezuickie, które jednak nie przetrwały zbyt długo – powodem ich upadku stały się choroby, które szybko zdziesiątkowały Indian. Dziś z 40 tys. autochtonów żyjących na tym obszarze pozostało około 500 osób, które mieszkają głównie na żyźniejszej północy (mimo trudnych warunków naturalnych z nawadnianych pól wokół Mexicali pochodzą rekordowe zbiory bawełny, lucerny, pszenicy, pomidorów i winogron), podczas gdy na południu jedyne ślady po dawnych mieszkańcach to około 400 stanowisk jaskiniowych malowideł naskalnych.

Istnieją trzy bramy wjazdowe na półwysep od strony amerykańskiej Kalifornii: **Tijuana**, **Tecate** i **Mexicali**, które łączy autostrada nr 2.

Wymarzone zakupy

Przygraniczna **Tijuana** ❶, niegdyś hałaśliwe „miasto grzechu" o atmosferze saloonu, jest dziś jednym z najbardziej ożywionych i najlepiej prosperujących meksykańskich ośrodków, bijących rekordy w ruchu granicznym. Ponieważ jest strefą wolnocłową, importowane towary są zwykle dużo tańsze; można tu okazyjnie kupić rosyjski kawior, hiszpańskie skóry, francuskie perfumy a nawet kubańskie cygara! Wzdłuż głównej osi miasta, Avenida Revolución, skupiają się liczne bary, kluby nocne, sklepy z atrakcyjnymi pamiątkami, ubraniami i biżuterią, wciśnięte pomiędzy stoiska z wełnianymi kocami i sandałami.

Jeszcze większy wybór jest na Plaza Río Tijuana w pobliżu rzeki, który jest zarazem największym centrum handlowym północno-zachodniego Meksyku. Ładne buty można kupić na Plaza del Zapato, w okolicy Plaza Fiesta.

Charakterystyczny czerwony **trolejbus** kursuje między głównymi atrakcjami miasta od 10.00 do 17.00, ale zdecydowanie milej się przespacerować Via Poniente, kierując się na północ, wzdłuż rzeki. Arteria doprowadza do bardzo charakterystycznego starego centrum handlowego **Pueblo Amigo**, ożywiającego się nocą.

PO LEWEJ: ogromny łuk skalny w Cabo San Lucas w południowej części Półwyspu Kalifornijskiego. **PONIŻEJ:** wyroby rzemiosła z El Rosario.

RADA

Jeśli planuje się podróż na południe, poza strefę wolnoclową, koniecznie trzeba podstemplować paszport.

Najważniejsze zabytki

Z tyłu Plaza Revolución ma siedzibę **Museo de Cera** (Muzeum Figur Woskowych; pn. i śr.–sb.; wstęp płatny, dzieci do 6 lat bezpł.), gdzie zgromadzono woskowe postaci: od Madonny, Mahatmy Gandhiego i Jana Pawła II do bohaterów rewolucji i siwowłosych dam, znanych jako **Tía Juana**, legendarnych ciotek, właścicielek *cantina*, od których pochodzi nazwa miasta. Supernowoczesne **Centro Cultural** (Ośrodek Kultury), przybliżające historię Meksyku, sąsiaduje z budynkiem przypominającym gigantyczną piłkę golfową. Jest to 26-metrowej wysokości **Omnimax Theater** – sala koncertowa, gdzie codziennie o 14.00 można obejrzeć film na temat historii i kultury Meksyku.

Tijuana jest ważnym regionem uprawy winorośli. Wycieczki po piwnicach winnych oraz degustacje organizuje **L.A. Cetto Winery** przy Avenida Cañon Johnson 2108 (tel. (6) 685 3031); na zwiedzanie należy się umówić telefonicznie. **Mundo Divertido** (Zabawny Świat) przy Paseo de los Héroes i José María Velasco w Zona Río jest parkiem rozrywki z minigolfem, kolejką górską, miniaturowym pociągiem, grami wideo, gokartami i innymi uciechami.

Na zachód od Tijuany autostrada doprowadza do **Plaza Monumental**, nadmorskiej areny walk byków, 10 km od centrum. Pokazy odbywają się (tu lub na starszej arenie w śródmieściu) w niedziele, od maja do września. Wzdłuż drogi biegnącej brzegiem stoją niedrogie motele i stragany z napojami i owocami morza.

Na południe

PONIŻEJ: targ rzemiosła w Tijuanie.

Autostrada do Ensenady (*cuota*, czyli płatna), wiedzie miejscami przez piękne urwiska nad Oceanem Spokojnym (*libre* – bezpłatna szosa – prowadzi niemal równolegle do niej przez większość trasy). 27 km na południe od granicy z USA

PRZYGRANICZNE MIASTA

W okresie prohibicji w USA graniczne miasta Meksyku, szczególnie Tijuana, były siedliskiem rozpusty i hazardu, ściągającym tłumy zarówno zwykłych amerykańskich obywateli, jak i gwiazd Hollywoodu. Reputacja Sodomy i Gomory jest wciąż żywa, mimo że Tijuana zrobiła wiele, by odpokutować swoje winy.

Większość przygranicznych meksykańskich miast to brudne, głośne ośrodki przemysłowe, otoczone niekończącymi się dzielnicami slumsów, przesiąkających najgorszymi wzorcami z obu stron granicy. Wpływ różnic kulturowych daje się mocno odczuć i termin Tex-Mex, który nie odnosi się już do kuchni czy muzyki, stał się nagle synonimem stylu życia. Południe USA opiera się na taniej sile roboczej z Meksyku, a inwestycje północnoamerykańskie rozkwitają w tysiącach *maquiladoras* (montownia) po południowej stronie granicy, które zatrudniają około 500 tys. robotników.

USA to magnes gospodarczy przyciągający tysiące nieposiadających dokumentów *mojados* (nielegalni imigranci) i wpływowe kartele narkotykowe.

Miliony osób przekraczają każdego roku granicę w obie strony – w samej Tijuanie ponad 35 mln rocznie.

leży **Rosarito** ➋, mocno skomercjonalizowane miasto z ładnymi plażami i kąpieliskiem, które stało się sławne po 1927 r., gdy do nowo otwartego Rosarito Beach Hotel zaczęły zjeżdżać gwiazdy filmowe i inne osobistości.

Ulubionym daniem podawanym w licznych restauracjach jest homar; istnieje nawet tzw. Lobster Village (dosł. wioska homarów) – **Puerto Nuevo**, 10 km na południe, gdzie można spróbować tego specjału (drogo).

Mapa
s.200
–201

Raj dla wędkarzy

Wjeżdżając do miasta **Ensenada** ➌ (300 tys. mieszkańców), 113 km na południe od granicy z USA, należy z autostrady nr 1 skręcić w prawo i podążać Avenida Alemán w kierunku wzgórz Chapultepec, drogiej dzielnicy, z której rozciąga się piękny widok na miasto położone wzdłuż zatoki Todos Santos, odkrytej przez portugalskiego podróżnika Juana Cabrillo.

Ruchliwy ośrodek portowy jest przystankiem statków wycieczkowych i najdalej na południe położonym miastem, do jakiego dociera większość turystów. Zwolennicy aktywnego wypoczynku znajdą tu znakomite warunki do uprawiania surfingu i wędkarstwa (łowi się m.in. seriole, strzępiele, skorpenowce). Z przystani Boulevard Lázaro Cárdenas są organizowane wycieczki – zimą można na przykład popłynąć na spotkanie z waleniami. Odbywają się również przeróżne regaty, a w listopadzie słynny wyścig po bezdrożach.

Ensenada jest ważnym centrum regionalnego przemysłu winiarskiego, a zwiedzanie winnic jest możliwe codziennie, oprócz poniedziałków, w **Bodegas de Santo Tomás** (Miramar 666). Główna strefa handlowa to **Avenida López Mateos** nieopodal zatoki, ale ceny są niższe w okolicy Avenida Ruiz i Calle 11, gdzie co drugi sklep i bar nazywa się Hussong. Do ścian autentycznej *cantiny* Hussonga,

Robert Louis Stevenson napisał część Wyspy skarbów *w porcie Ensenada.*

PONIŻEJ: Rockodile Bar, San Felipe.

Krajowe obserwatorium astronomiczne zbudowano na Półwyspie Kalifornijskim, gdyż tutejsze powietrze, podobnie jak na zachodnim wybrzeżu Afryki i w Chile, jest najczystsze na świecie.

PONIŻEJ:
wal szary w Lagunie San Ignacio.

z podłogą posypaną trocinami, od ponad stu lat turyści z całego świata przypinają banknoty. Warto odwiedzić targ rybny na drugim krańcu Avenida Macheros, gdzie można spróbować rybnych *tacos*.

Na południe od miasta jest zjazd do **La Bufadora** (dosł. dmuchająca dziura), gdzie fale oceanu wciskają się w wąską szczelinę w skale, co powoduje tworzenie się efektownej fontanny, wyrzucanej nawet na 18 m w górę. Efekt jest najlepszy w czasie nadchodzącego przypływu, dlatego warto sprawdzić pory pływów w gazecie „Baja Sun".

Diabelski szczyt

Po powrocie na autostradę nr 1, w **San Telmo de Abajo**, zaraz za miastem Colonet, dość dobra (w porze suchej) droga prowadzi na wschód, do rozległego Meling Ranch, gdzie można się zatrzymać w komfortowych pokojach, skorzystać z basenu i pojeździć konno po Parku Narodowym Sierra San Pedro Mártir, wśród przepięknych dębowych i sosnowych lasów.

W pobliżu najwyższego szczytu Półwyspu Kalifornijskiego – **Picacho del Diablo** (3090 m n.p.m.) – zbudowano obserwatorium astronomiczne.

Leżące przy autostradzie niewielkie miasto **San Quintín** otaczają żyzne ziemie. Aby dojechać do najlepszego miejsca noclegowego w okolicy, należy za jednostką wojskową w Lázaro Cárdenas skręcić w prawo, na południe, i przejechać 5 km nieutwardzoną drogą do **Old Mill** (Stary Młyn), pamiątki z czasów kolonizacji regionu przez angielską spółkę obrotu ziemią, której plany dotyczące uprawy pszenicy zniweczyła susza. Kilka samotnych grobów nad brzegiem morza przypomina nazwiska pionierów.

Dzika część półwyspu wzdłuż **Bahía de San Quintín** ❹ jest wspaniałym obszarem kempingowym, gdzie ulubionym zajęciem turystów jest wędkowanie i szukanie małży.

**Mapa
s. 200
–201**

Głazy, kaktusy i drzewa boojum

Na południe od San Quintín, tam gdzie droga skręca w stronę lądu, pojawiają się pająkowate drzewa *cirio* (*Idria columnaris*) z drobnymi, żółtymi kwiatami, nazywane również **boojum** (na pamiątkę baśniowego gatunku opisanego przez Lewisa Carrolla w wierszu *Wyprawa na żmirłacza*). Niemal całą okolicę przykrywają gigantyczne głazy. W kierunku południowym za **Cataviñą** (nieoczekiwanie pojawia się stacja Pemex) droga wspina się na szczyt sierry, by potem sprowadzić na wyschnięte dno **Laguny Chapala**.

U południowego krańca strefy drzew boojum utwardzona droga odchodzi na wschód, do **Bahía de Los Angeles** ❺ (Zatoka Aniołów) i spokojnych wód Zatoki Kalifornijskiej. Osłonięta przez **Isla Angel de la Guarda** (Wyspa Anioła Stróża), jest znakomitym miejscem na wędkowanie i zbieranie muszli. Niewielka **Isla de la Raza** to rezerwat ptactwa. W mieście jest zaledwie kilka obiektów turystycznych: miniaturowe muzeum, sklep i kilka hoteli oraz pole kempingowe.

Aż 80 gatunków jadalnych roślin występuje na smaganych wiatrem nieużytkach pustyni Vizcaíno. Warto skosztować soczystego owocu pitahaya, przypominającego opuncję.

Rezerwat wielorybów

Kierując się główną drogą na południe, dojeżdża się do 28 równoleżnika. Ogromna rzeźba w metalu znaczy granicę między Baja California Norte (Kalifornia Dolna Północna) i Baja California Sur (Kalifornia Dolna Południowa). Nieopodal, w **Guerrero Negro** (dosł. czarny wojownik), wielkiej wytwórni soli morskiej,

PONIŻEJ:
przewodnik
ze statku
wielorybników
w Guerrero Negro.

OBSERWACJA WIELORYBÓW

Od stuleci walenie płyną z lodowatego Morza Beringa na Alasce na gody do ciepłych, płytkich wód Zatoki Kalifornijskiej. Pokonanie aż 9500 km zajmuje im od dwóch do trzech miesięcy, co jest najdłuższą trasą migracji ssaków. Zwierzęta te przypływają na miejsce między grudniem a styczniem i zostają do marca, a zdarza im się czasami pozostać nawet do czerwca.

W 1857 r. ich tereny lęgowe odkrył chciwy kapitan z Maine, Charles M. Scammon – stąd nazwa Laguna Scammona. Przez następne sto lat polowano na wieloryby aż do niemal całkowitej zagłady tego gatunku; na szczęście w 1972 r. powstał Parque Natural de Ballena Gris, pierwszy rezerwat tych ssaków. Pobliskie Guerrero Negro (dosł. czarny wojownik) wzięło nazwę od brytyjskiej łodzi wielorybniczej, która zaraz potem rozbiła się u wybrzeża.

Na szczęście dzisiejsi wielorybnicy, w odróżnieniu od swych poprzedników, są uzbrojeni jedynie w lornetki i kamery, a populacja wali szarych odrodziła się niemal całkowicie. Najdogodniejsza pora do obserwacji to wczesny ranek lub późne popołudnie, kiedy zwierzęta te można podziwiać z brzegu, z wieży obserwacyjnej na Lagunie Scammona lub z wynajętej na miejscu łodzi. Daje to możliwość znacznie bliższego kontaktu z tymi wspaniałymi olbrzymami.

*Porzucony wagonik
w kopalni miedzi
El Boleo.*

widać hektary płytkich stawów z morską wodą (wytwórnię można zwiedzać z przewodnikiem). W mieście są hotele, restauracje, sklepy i stacje benzynowe, choć tylko od stycznia do marca przybywają tutaj turyści zainteresowani obserwacją wielorybów w **Lagunie Ojo de Liebre** ❻, gdzie pływacze odbywają gody; znana jako Laguna Scammona, leży kilka kilometrów na południe od miasta, na końcu gruntowej drogi mijającej solne panwie.

Za Guerrero Negro autostrada przecina półwysep, zmierzając w kierunku Zatoki Kalifornijskiej (Morze Cortésa). Koniecznie należy się zatrzymać w niewielkim **San Ignacio** ❼, nad którego obsadzonym drzewami laurowymi rynkiem góruje misja San Ignacio. Zbudowana przez dominikanów w 1786 r., zastąpiła wcześniejszą misję jezuitów z 1728 r. Budynek ma grube na 1,2 metra mury i sklepiony strop. Idealnie symetryczny kościół o barokowej fasadzie jest uroczym przykładem architektury kolonialnej. Oaza obsadzona przez prawie 100 tys. palm daktylowych, zasilana wodą z podziemnego źródła, jest podstawą utrzymania mieszkańców miasta.

Zatoka Kalifornijska

Po wielu ostrych zakrętach, 73 km za San Ignacio, autostrada nr 1 osiąga wybrzeże w **Santa Rosalía** ❽, które pisarz John Steinbeck nazwał „najmniej meksykańskim miastem", jakie kiedykolwiek widział. W 1887 r. francuska spółka otworzyła tu kopalnię miedzi El Boleo. Gdy się wycofała w 1954 r., po jej pracownikach pozostały małe drewniane domki, które nadają ośrodkowi dość dziwaczny wygląd. Kościół z tyłu rynku zaprojektował **Gustav Eiffel**, francuski inżynier, twórca słynnej paryskiej wieży. Stalowa konstrukcja świątyni zdobyła kilka nagród na Wystawie Światowej w Paryżu w 1889 r.; kupiona przez spółkę El Boleo, została przetransportowana z Francji do Meksyku i złożona na nowo.

PONIŻEJ: widok
z hotelu Old Mill,
San Quintín.

Nocny prom z Santa Rosalía płynie na drugą stronę zatoki do **Guaymas** na wybrzeżu stanu Sonora. Dalej można pojechać autostradą do **Mulegé ➒**, porosłego tropikalną roślinnością. W lipcu i sierpniu miasto jest wciąż duszne i gorące, ale drzewa palmowe i zieleń wzdłuż *río* Santa Rosalía czynią z niego przyjemną oazę.

Na przedmieściach stoi kościół misyjny jezuitów z 1766 r. i przypominające fortecę muzeum na wzgórzu, do 1975 r. służące za więzienie. Do miasteczka chętnie przyjeżdżają płetwonurkowie, ale więcej turystów bywa tu przejazdem, w drodze do **jaskiń**, w których zachowały się naskalne malowidła.

Na południe od Mulegé autostrada prowadzi wybrzeżem i można podziwiać niezapomniane widoki na zatoki, osiągalne jedynie samochodem terenowym. **Bahía Concepción ➓**, ograniczona od wschodu 40-kilometrowym cyplem skierowanym ku północy, słynie z kuszących plaż i kempingów z podstawową infrastrukturą. Na skałach między plażami przesiadują wpatrzone w morze pelikany.

Dawna stolica

Loreto ⓫, ok. 136 km dalej na południe, było przez 130 lat politycznym i religijnym sercem półwyspu. Zrównane z ziemią przez huragan w 1829 r., powoli zaczęło się odbudowywać, a stolicę przeniesiono do ośrodka hodowli pereł La Paz. Bliźniacze wieże odnowionej misji postawiono dzięki pieniądzom, jakie miejscowy ksiądz wygrał na loterii państwowej. Główna ulica miasta pochodzi od nazwiska jezuity, Juana Maríí Salvatierra, który założył i przez 20 lat prowadził tutaj misję.

W zbudowanym przez rząd kompleksie turystycznym nad zatoką **Nopoló**, 25 km na południe od Loreto, czekają liczne atrakcje: pole golfowe, korty tenisowe i ładny port jachtowy.

Oscar Fischer z motelu La Posada (tel. 115 40313) w San Ignacio organizuje zwiedzanie jaskiń z malowidłami naskalnymi.

PONIŻEJ: Nuestra Señora de Loreto.

Półwysep Kalifornijski jest dwa razy dłuższy niż Floryda, ale znacznie węższy. Zatoka Kalifornijska powstała przed milionami lat jako wielka szczelina uskoku tektonicznego San Andreas. Głębokość dna morskiego na wysokości La Paz to 3290 m n.p.m.

Poniżej: plaża przy hotelu Presidente w San José del Cabo.

Droga do La Paz

Śliczne plaże i czerwone zbocza Sierra de la Giganta za Loreto odwracają uwagę od niebezpiecznych zakrętów i wiraży. **Ciudad Constitución** w żyznej dolinie Santo Domingo to szybko rozwijający się, ruchliwy ośrodek rolniczy. Autostrada nr 22 prowadzi przez 57 km na zachód, do portu **San Carlos**, małego miasta rybackiego naprzeciw Bahía Magdalena, największej zatoki Półwyspu Kalifornijskiego od strony Pacyfiku, będącej schronieniem floty rybackiej, a w okresie godowym – waleni.

Już na początku XX w. z **La Paz** ⑫ do innych portów półwyspu pływał parowiec; dziś odchodzą codzienne promy do Mazatlánu i Topolobampo na wybrzeżu stanu Sonora. Stolica Kalifornii Dolnej Południowej (Baja California Sur), nad zatoką o tej samej nazwie, to piękne miasto, liczące ok. 180 tys. mieszkańców. Ulice o kolonialnej architekturze ocieniają palmy kokosowe i drzewa laurowe.

Oprócz wędkarstwa sportowego, La Paz jest znane ze wspaniałych zachodów słońca – najpiękniejszy widok roztacza się z tarasu kawiarni hotelu Perla przy Paseo Alvaro Obregón; miejscowe **biuro informacji turystycznej**, również na promenadzie, działa tuż obok.

Pod warunkiem, że ma się odpowiednio dużo czasu, warto zwiedzić **bibliotekę** naprzeciw katedry na głównym rynku i **Museo de Antropología** (wt.–sb.; wolne datki) przy ulicy Altamirano.

Na północ od La Paz droga pnie się w górę półwyspu **Pichilingue**, mija terminal promowy i dociera do ślicznych plaż i zatoczek w **Balandra** i **Tecolote**. Co godzina jeździ w tym kierunku autobus z La Paz. Innym popularnym celem wycieczek jest wyspa **Espíritu Santo** (Wyspa Ducha Świętego; 8 km od brzegu), do dziś niezamieszkała, kiedyś znana jako „isla de perlas" (w XVI w. Cortés wy-

ławiał tu czarne perły). Po wiekach eksploatacji handel perłami upadł pod koniec lat 40. XX w., gdy tajemnicza choroba zniszczyła hodowle ostryg w La Paz.

Mapa
s. 211

Los Cabos

Jeden z dwóch słynnych *cabos* (przylądek) na południowym krańcu półwyspu, **San José del Cabo** ⓭, jest niezwykle malowniczy. 32-kilometrowy odcinek autostrady między dwoma cyplami zapełniają kurorty i pola golfowe. Samo San José del Cabo na wschodnim krańcu „korytarza" od lat pozostaje niezmienione. Warto wypożyczyć rower lub samochód i udać się na plażę w **La Playita**, gdzie można spróbować świeżo złowionych owoców morza, wędkować z łodzi wiosłowych lub podziwiać ujście rzeki, schronienie tysięcy ptaków.

Autostrada prowadzi dalej do **Cabo San Lucas** ⓮ na samym krańcu półwyspu – dawna przystań zaopatrująca hiszpańskie galery przewożące skarby z Manili, dziś wyrosła na duży ośrodek turystyczny, pełen barów, kawiarni, klubów nocnych i luksusowych hoteli (niektóre mają prywatne plaże i lądowiska dla małych samolotów).

Prądy w zatoce są bardzo silne i zdradliwe, co oznacza, że żeglowanie jest niebezpieczne. Na promenadzie można wynająć łódkę z doświadczoną załogą; również stąd odpływają łodzie ze szklanym dnem do **El Arco**, naturalnego łuku skalnego na południowym krańcu półwyspu, symbolu Cabo.

Z Cabo San Lucas można wrócić do La Paz wzdłuż wybrzeża Pacyfiku – dobrą, choć częściowo nieutwardzoną drogą, mijającą piękne samotne plaże. Szosa opuszcza wybrzeże w pobliżu starego misyjnego miasteczka **Todos Santos**, leżącego niemal dokładnie na Zwrotniku Raka, i wiedzie w poprzek półwyspu do La Paz. ❏

Merlin, miecznik, seriola, koryfena, kabryl, tuńczyk i makrela to tylko niektóre z wielu gatunków ryb żyjących w wodach okolic La Paz.

PONIŻEJ: stoisko rybackie, Bahía de los Angeles.

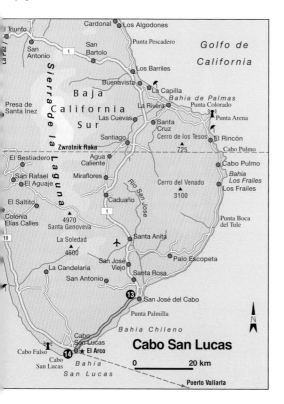

Przez Góry Sierra Madre

*Górzysta północ to meksykański Dziki Zachód,
gdzie mężczyźni zamiast sombrer noszą kowbojskie kapelusze.*

Mapa
s. 200
–201

Jadąc od amerykańskiego stanu Teksas w kierunku południowym, trafia się na dwa potężne łańcuchy górskie – Sierra Madre Zachodnią i Sierra Madre Wschodnią. Między Ciudad Juárez na granicy z USA i Guadalajarą 1600 km dalej na południu są tylko dwa sposoby, by pokonać masyw i dostać się na wybrzeże Pacyfiku: kolej z Chihuahua do Los Mochis lub droga z Durango do Mazatlánu.

México City

Tętniące życiem, choć niezbyt zadbane **Ciudad Juárez** ⑮, leżące naprzeciw teksańskiego El Paso, to największe miasto stanu Chihuahua. Nie ma tutaj zbyt wielu zabytków, ale można się wybrać na walki byków, wyścigi chartów, a nawet – jak amerykańscy turyści – do dentysty (usługi dentystyczne są tańsze niż w USA).

Casas Grandes ⑯ (codz.; wstęp płatny), 300 km na południe od Ciudad Juárez, to najważniejsze stanowisko archeologiczne w północnej części kraju. Indianie Paquimé, mieszkający na tych terenach od ok. 900 r. n.e., nawadniali ziemię i budowali trzypiętrowe domy z suszonej na słońcu cegły. Zabudowa tego niegdyś ważnego ośrodka handlowego łączy w sobie elementy indiańskiego puebla z południowo-zachodnich obszarów USA z wpływami cywilizacji mezoamerykańskich. Miasto zostało opuszczone około 1300 r., prawdopodobnie po napadach Apaczów.

Ceramika w stylu Paquimé jest wyrabiana przy wykorzystaniu dawnych technik w Mata Ortiz, małym mieście 55 km na południe od Nuevo Casas Grandes; dojazd nieutwardzoną drogą zajmuje godzinę.

Po lewej:
sprzedawczyni
papierowych
kwiatów.
Poniżej: Grutas de
García, Monterrey.

Chihuahua

W założonym około 1709 r. mieście **Chihuahua** ⑰ (1,5 mln mieszkańców), o ładnej kolonialnej architekturze, warto spędzić trochę czasu. Quinta Luz, 30-pokojowa rezydencja należąca do Pancha Villi, mieści obecnie **Museo de la Revolución** (wt.–sb.; wstęp płatny). W jego zbiorach jest m.in. podziurawiony od kul samochód marki Dodge, w którym były bandyta, późniejszy bohater rewolucji, został zastrzelony w 1923 r. Señora Luz Corral de Villa, jedna z wielu towarzyszek jego życia, mieszkała tutaj aż do śmierci w 1981 r.

Dwuwieżowa barokowa **katedra** stojąca na głównym placu jest jedną z niewielu perełek architektury kolonialnej w północnym Meksyku. Fundusze na jej budowę pochodziły ze składek górników z pobliskich kopalni srebra.

Akwedukt i kościół **San Francisco** również pochodzą z okresu kolonialnego. Murale zdobiące wnętrza **Palacio de Gobierno** ilustrują historię Chihuahua; na wewnętrznym dziedzińcu stoi pomnik ojca Miguela Hidalga y Costilli, bohatera wojny o niepodległość i dowódcy powstania przeciwko Hiszpanom, rozstrzelanego w tym miejscu w 1811 r. (można zwiedzić ponury loch w Palacio Federal, w którym był

więziony, czekając na egzekucję). Inna rezydencja, **Quinta Gameros**, pochodzi z przełomu wieków i mieści obecnie **Museo Regional** (wt.–nd.; wstęp płatny) wystawiające zbiory sztuki secesyjnej i przedmioty związane z kulturą Indian Paquimé z Casas Grandes.

Pieski chihuahua, tak kochane na całym świecie, pochodzą właśnie stąd, z największego stanu Meksyku.

Hidalgo del Parral i Pancho Villa

Na południe od miasta Chihuahua rozciągają się najżyźniejsze obszary rolnicze stanu, gdzie uprawia się wiele odmian słynnej meksykańskiej papryki chili. Głównym źródłem utrzymania dawnego górniczego miasta **Hidalgo del Parral** ⓲ było srebro. Pobliskie kopalnie są nadal czynne, jednak dziś równie ważne jak przemysł wydobywczy stały się tartaki i handel.

Piękny XVIII-wieczny kościół **Nuestra Señora del Rayo** zbudowano podobno za złoto ofiarowane przez miejscowych Indian, którzy odkryli żyłę, lecz nawet bici i torturowani odmówili wyjawienia, gdzie jest kopalnia. Inną świątynię, **Nuestra Señora de Fátima**, noszącą wezwanie patronki górników, zbudowano niemal w całości (łącznie z ławkami) z rudonośnej skały – złota, srebra, miedzi, ołowiu i cynku.

W Parral, jak się często nazywa miasto, w 1923 r. został zamordowany Pancho Villa. W pobliżu centrum jest małe muzeum ze starymi zdjęciami i zbiorem pamiątek po przywódcy rewolucji meksykańskiej. Przed kilkoma laty rząd zaliczył Villę w poczet miejscowych bohaterów i po ekshumacji jego ciało przeniesiono do wnętrza pomnika Rewolucji w mieście Meksyku.

PONIŻEJ: krajobraz Chihuahua.

Wioski wokół **Cuauhtémoc** ⓳, 95 km na południowy zachód od miasta Chihuahua, zamieszkuje ponad 15 tys. menonitów, członków protestanckiego

odłamu anabaptystów, których rodziny przybyły tu w latach 20. XX w. Mówiący staroniemieckim dialektem menonici są farmerami, słynącymi głównie z produkcji doskonałego sera (*queso menonito*). Żyją w wielodzietnych rodzinach, zwykle nie asymilują się z miejscową społecznością i niewielu z nich mówi po hiszpańsku. Mimo że zaakceptowali niektóre zdobycze techniki, unikają zbytku i nowoczesności – dla wielu najważniejszym środkiem transportu pozostaje wóz zaprzężony w konie (choć zdarza się zobaczyć samochód ciężarowy), a w większości domów nie ma telewizorów. W ciągu dnia w miasteczku widuje się tradycyjnie ubranych mężczyzn, mężatki w ciemnych strojach oraz dziewczynki i panny w kolorowych sukienkach w kwiaty. Program wielu wycieczek wyruszających z Creel przewiduje prosty posiłek w ich gospodarstwach.

Z Cuauhtémoc brukowana droga prowadzi do **Parku Narodowego Cascada de Basaseachi ㉑** i trzeciego wodospadu w Ameryce Południowej pod względem wysokości. Wcześniej należy się upewnić co do pogody, ponieważ do kaskady raczej trudno dotrzeć, szczególnie w porze deszczowej. Ściana wody ma ponad 300 m, a podejście na jej szczyt jest dość skomplikowane. Osoby o słabszej kondycji mogą zejść do połowy drogi prowadzącej w dół, skąd rozpościera się piękny widok. Najlepiej wynająć miejscowego przewodnika, ponieważ trasa jest słabo oznaczona.

Sierra Tarahumara

Barranca del Cobre ㉑ (Wąwóz Miedzi lub Miedziany Kanion, s. 220–221) na południowy zachód od miasta Chihuahua, jeden z wielu jarów w górach Sierra Tarahumara, jest głębszy niż słynny amerykański Wielki Kanion. To królestwo Indian Tarahumara – żyje ich tu około 500 tys., przeważnie w jaskiniach lub

Mapa s. 200 –201

PONIŻEJ: grupa menonitów.

Carta Blanca
to piwo pochodzące
z wielkiego browaru
w mieście Monterrey.

drewnianych chatach w górach. Są jedną z największych grup tubylczych w Meksyku, a także jednym z najbardziej odosobnionych plemion, co pogłębia ich niedostatek, ale pozwala zachować wiele zwyczajów. Można ich spotkać głównie w miastach i ich pobliżu – noszą kolorowe opaski, białe *tapote* (przepaska biodrowa) i koszule z grubego płótna. Sklep misyjny i dom rzemiosła w **Creel** ㉒ sprzedaje ich wyroby, a dochody są przeznaczane na potrzeby społeczności.

Uczestnicy zorganizowanych wycieczek po Wąwozie Miedzi, zwłaszcza prowadzonych przez Ecogrupos de México (z siedzibą w Meksyku; tel. 5661 9121), mają okazję odwiedzić San Ignacio, z dolinami pełnymi wielkich skał i pieczar, wśród których żyją Tarahumara.

Linia kolejowa Chihuahua–Pacífico, nazywana „najbardziej widowiskową linią kolejową świata", wije się wokół, ponad, pod i poprzez góry Sierra Madre. Można wysiąść w Creel lub przy **El Divisadero** ㉓, punkcie widokowym, i zwiedzić część kanionu na piechotę (wyznaczono szlaki).

Północno-wschodnia część Meksyku

Większość zagranicznych turystów przekracza granicę północno-wschodniego Meksyku w **Nuevo Laredo** ㉔. Stąd po dwóch godzinach jazdy po *cuota* (płatna droga) na południe dociera się do **Monterrey** ㉕, trzeciego co do wielkości miasta w kraju i ważnego ośrodka handlu i przemysłu. Stare przewodniki nazywają Monterrey „meksykańskim Pittsburghiem", lecz ten opis jest już dziś nieaktualny, ponieważ wielki przemysł hutniczy upadł wiele lat temu. *Regiomontanos* (urodzeni w Monterrey) nie potrafią się dogadać z rządem w stolicy, a lokalni biznesmeni zdają się mieć bliższe związki kulturalne z USA niż z resztą Meksyku.

PONIŻEJ: Cascada de Basaseachi.

Miasto zaczęło się dynamicznie rozwijać, kiedy doprowadzono do niego linię kolejową, a prezydent Porfirio Díaz wprowadził znaczne ulgi podatkowe. Dziś z Monterrey, stolicy stanu Nuevo León, pochodzi 25% meksykańskich towarów, w tym połowa wysyłanych na eksport. Dynamiczna metropolia jest krajowym ośrodkiem przedsiębiorczości, gdzie jest m.in. Cintermex, największe centrum targowe w kraju. Monterrey Institute of Technology (Instytut Technologii w Monterrey), wzorowany na amerykańskim Massachusetts Institute of Technology, jest powszechnie uważany za najlepszą meksykańską uczelnię.

W centrum miasta, na południowym krańcu wielkiej Macro Plaza rozciąga się **Plaza Zaragoza**. Po wschodniej stronie placu dominuje **katedra** z barokową fasadą, a po południowej – współczesny Palacio Municipal. Między nimi stoi **Museo de Arte Contemporáneo** (Muzeum Sztuki Współczesnej; MARCO; wt.–nd; wstęp płatny) mieszczące kolekcję sztuki latynoamerykańskiej. W pobliżu wyrasta duża abstrakcyjna rzeźba Rufina Tamaya, jednego z najsłynniejszych meksykańskich artystów XX w. (s. 111).

Ponad placem dominuje Faro del Comercio (dosł. latarnia handlu), betonowa abstrakcyjna rzeźba projektu Luisa Barragána, która każdego wieczora omiata miasto laserowym światłem. Na północno-wschodnim rogu Macro Plaza, przy Plaza Santa Lucía ma siedzibę **Museo de Historia Mexicana** (wt.–nd.; wstęp płatny), jedno z najlepszych muzeów historycznych w kraju, oferujące zwiedzanie z przewodnikiem.

Trzynaście przecznic dalej na zachód stoi **Purísima Concepción** projektu Enrique de la Mory, przykład architektury meksykańskiej lat 40. XX w. Mała drewniana figurka Matki Boskiej przechowywana w kościele słynie z tego, że uchroniła miasto przed wylewem *río* Santa Catarina w 1756 r. (W 1988 r. huragan Gilbert zamienił tę zwykle wyschniętą rzeczkę w rwące wiry; zginęło kilkaset osób).

XVIII-wieczny **Obispado** (pałac biskupi) na wzgórzu, 2,5 km na zachód od centrum, jest dziś siedzibą **muzeum** (wt.–nd.; wstęp płatny). Rozciąga się stąd piękny widok na miasto i imponujący **Cerro de la Silla**. Ślady po ostrzale artyleryjskim są pamiątką amerykańskiej inwazji we wrześniu 1846 r. W latach 60. XIX w. pałac oblegali Francuzi; był on także świadkiem potyczek między oddziałami Pancha Villi i konstytucjonalistami w czasie rewolucji pół wieku później.

Ciekawym sposobem rozpoczęcia lub zakończenia wycieczki po Monterrey, zwłaszcza dla spragnionych, jest wizyta w **Cervecería Cuauhtémoc**, największym i najstarszym browarze Meksyku, gdzie warzy się trunki Carta Blanca i Bohemia (piwo typu pilzner). Dawny browar zamieniono w **Museo de Monterrey** (wt.–nd.; bezpł.), jedno z najlepszych muzeów sztuki współczesnej w Meksyku, eksponujące prace Murilla, Siqueirosa, Orozca, Rivery, Tamaya i innych słynnych artystów oraz organizujące świetne wystawy gościnne.

Poza miastem

Warto poświęcić trochę czasu na zwiedzanie okolic Monterrey. Krótka przejażdżka w stronę sosnowych wzgórz za południowo-zachodnią granicą ośrodka dopro-

Mapa
s. 200
–201

PONIŻEJ: Barranca del Cobre, góry Sierra Madre.

*Najbardziej lubiane
miejscowe dania to:*
cabrito al pastor
*(koźlę pieczone
na węglu drzewnym),*
pan de pulque
*(pyszna słodka bułka
ze sfermentowanym
sokiem agawy)*
i huevos con machaca
*(jajecznica z suszoną
wołowiną
po meksykańsku).*

wadzi do **Chipinique Mesa**, eleganckiego przedmieścia. Jest tu restauracja, hotel, miejsce piknikowe, a w czasie miłego spaceru można podziwiać piękny widok na miasto i okolicę.

Grutas de García ㉖ (codz.; wstęp płatny), 35 km na północny zachód od miasta, w pobliżu Villa de García, to widowiskowa grupa pieczar ze zdumiewającymi skalnymi formacjami, stalaktytami i stalagmitami. Droga z Monterrey w to miejsce jest bardzo piękna, choć kręta i wąska; mała kolejka linowa dowozi turystów pod samą jaskinię.

Cañón de la Huasteca ㉗ (kanion Huasteca), zaledwie 15 minut jazdy od centrum, za przedmieściem Santa Catarina, to zapierający dech w piersiach wąwóz, głęboki na 300 metrów (dobra droga dochodzi do Gruta de la Virgen). Wodospad **Cola de Caballo** ㉘, 35 km na południe od Monterrey, przypomina kształtem koński ogon. Okolica wokół potrójnej kaskady zwanej **Tres Gracias** idealnie się nadaje na piknik. Po drodze mija się tamę **La Boca**, z dobrymi warunkami do uprawiania wędkarstwa i sportów wodnych.

Historyczne miasto

Powierzchnia stanu Coahuila niemal dorównuje obszarowi sąsiedniego Chihuahua. Jego stolicą jest **Saltillo** ㉙ na wysokości 1598 m n.p.m., które liczy 600 tys. mieszkańców. Słoneczny, suchy klimat powoduje, że ośrodek szczyci się opinią popularnego letniska, do którego zjeżdżają turyści z USA. Jest tu również dobry uniwersytet organizujący letnie kursy hiszpańskiego dla cudzoziemców.

Miasto – założone w 1575 r. przez kapitana Francisca Urdiñolę – stało się kwaterą główną Hiszpanów badających i kolonizujących ziemię na północ stąd, a na początku XIX w. było stolicą dużego obszaru obejmującego również Teksas. W 1847 r. pod **Buena Vista** (30 minut jazdy na południe autostradą nr 54) roze-

Poniżej: winnica
w stanie Coahuila.

grała się jedna z najkrwawszych bitew tzw. wojny meksykańskiej (miejsce potyczki znaczy mały pomnik). Niedługo potem walki ustały i Meksyk utracił połowę terytorium na rzecz USA. Dziś Saltillo jest ciekawym połączeniem cech miast epoki kolonialnej i nowoczesnych ośrodków.

Bogata fasada XVIII-wiecznej **Catedral de Santiago** na głównym rynku jest jednym z najpiękniejszych i najokazalszych przykładów meksykańskiego churrigueryzmu. Warto również zwiedzić elegancki **Palacio de Gobierno** po przeciwnej stronie placu.

Najciekawsze muzea Saltillo to m.in. **Archivos Juárez** oraz **Museo de las Aves** (wt.–nd.; wstęp płatny), imponująca placówka poświęcona ptakom żyjącym w Meksyku – 2 tys. gatunków, które tu wystawiono, zebrał w ciągu 40 lat Aldegundo Garza de León.

Parras, miasteczko leżące ok. 160 km na zachód od Saltillo, to oaza na pustyni, a także miejsce urodzenia rewolucyjnego przywódcy Francisca Madera. W pobliskim San Lorenzo butelkuje się wyborne miejscowe wino pochodzące z najstarszej winnicy Meksyku, założonej w 1626 r. (zwiedzanie z przewodnikiem). Inną specjalnością słynnych winnic okolic Saltillo jest Brandy Madero.

Na południe od stanów Chihuahua i Coahuila, choć nadal w części północnej, leży Durango, stan znany z tartaków i hodowli bydła, niegdyś ulubiony rejon reżyserów hollywoodzkich westernów. Miejscowe biuro informacji turystycznej organizuje wycieczki połączone ze zwiedzaniem zachowanych dekoracji filmowych w **Chupaderos** i **Villa del Oeste** ❸⓿.

Przemysłowe miasto **Durango** ❸⓿, z ciekawym rynkiem, barokową katedrą i innymi ładnymi obiektami kolonialnymi, leży na skrzyżowaniu dróg: jadąc na południowy wschód, trafia do Zacatecas i serca dawnej kolonii, a na południowy zachód – do Sinaloa i na wybrzeże Pacyfiku w Mazatlánie.

Wybrzeże Zatoki Meksykańskiej

Podróżni przekraczający granicę w Brownsville lub McAllen na wschód od Teksasu wjeżdżają do Meksyku przez miasta **Reynosa** ❸⓵ lub **Matamoros** ❸⓶ w stanie Tamaulipas. 619-kilometrowy odcinek linii brzegowej Zatoki Meksykańskiej od granicy z USA do Tampico ma niewiele do zaoferowania turystom, oprócz kilku domków myśliwskich i obozowisk wędkarskich. Drogi są przeważnie nie najlepszej jakości, a wybrzeże bywa zanieczyszczone przez rafinerie ropy naftowej i tankowce.

Większość turystów woli jechać na południe przez Monterrey i dalej do kolonialnego centrum w środkowych stanach. Podróżujący wschodnią trasą mogą się zatrzymać w ważnym ośrodku myśliwskim San Fernando, bardzo lubianym miejscu postojów, z dobrymi restauracjami i hotelami.

Mniej więcej trzy godziny jazdy na południowy wschód od Soto La Marina leży **La Pesca** ❸⓷ – senna rybacka wioska, którą od losu Cancúnu – typowej „pułapki na turystów" – uchronił jedynie brak środków. W 1991 r. rząd objął ją ambitnym projektem rozwoju – zbudowano małe lotnisko, zaplanowano wybudowanie pięciogwiazdkowych hoteli i zaczęła się gorączkowa spekulacja gruntami. Szczęśliwie projekt upadł, a wioska wraz z hotelami i domkami myśliwskimi zachowała część uroku. Z Soto La Mari na do Tampico jedzie się samochodem około trzech godzin. ❑

Saltillo słynie z kolorowych, ręcznie tkanych ponch, które można kupić na targu na Plaza Acuña.

PONIŻEJ: prosto do gardła; święto wina w Coahuili.

NAJBARDZIEJ WIDOWISKOWA LINIA KOLEJOWA ŚWIATA

Mosty ponad zionącymi przepaściami, budząca grozę sceneria i stuletnie osady – Ferrocarril Chihuahua al Pacífico wita podróżnych.

Jeden z najpiękniejszych widoków w Meksyku można podziwiać w stanie Chihuahua – to ogromne kaniony i wąwozy w Sierra Madre Zachodniej, znane jako Barranca del Cobre (Wąwóz Miedzi lub Miedziany Kanion). Przez miliony lat rzeki i wiatr kształtowały łańcuch połączonych jarów o powierzchni 64 tys. km², którego najniższe partie leżą poniżej poziomu morza, a najwyższy punkt sięga 3046 m n.p.m. To właśnie tu spada kaskadą największy wodospad w Meksyku, 300-metrowa Cascada de Basaseachi, tu również żyje wiele indiańskich plemion kultywujących dawne tradycje. Wąwóz to swoiste muzeum historii naturalnej, ale choć ciągle można tu obserwować myszołowy i bieliki, większość gatunków zwierząt wyginęła.

NIEZRÓWNANE WIDOKI

Ferrocarril Chihuahua al Pacífico, „najpiękniejsza linia kolejowa świata", przewozi drewno i turystów widowiskową trasą pośród przepięknych krajobrazów. Jest to wspaniałe osiągnięcie techniki: budowę trasy o długości 661 km rozpoczęto w 1881 r., a ukończono w 1961 r. Całkowity jej koszt szacuje się na ponad 100 mln USD. Trasa przechodzi przez 87 tuneli (w tym jeden o długości prawie półtora kilometra!) i 35 mostów. Podróż z Chihuahua do Los Mochis zajmuje ok. 12 godz., z krótkimi przystankami przeznaczonymi na podziwianie widoków: górskich lasów, rwących rzek, suchych wąwozów usianych osadami Indian Tarahumara i ruin dawnych misji i górniczych osiedli.

► STROJE LUDOWE

Indianki Tarahumara ubierają się zwykle w workowate tuniki. Czasami dodatkiem jest wełniana spódnica owinięta wokół bioder i podtrzymywana paskiem.

► RĘKODZIEŁO

Indianka Tarahumara z córką sprzedają wyroby rękodzielnicze przy linii kolejowej na krawędzi kanionu.

▲ PYSZNA TORTILLA

Ferrocarril Chihuahua al Pacífico jest znana ze wspaniałej scenerii, ale i skromnych posiłków. Miejscowe przekąski wypełniają lukę w ofercie kolei.

▲ POCIĄG

Linię kolejową zaprojektował amerykański idealista Albert Owen, który przybył do Meksyku, aby budować utopijną kolonię na wybrzeżu Pacyfiku.

► NA WYŻYNACH

Dla tych, którzy wolą oglądać widoki z okien własnego pokoju, wymarzonym miejscem będzie hotel Posada Barrancas Mirador w Divisadero – pokój z widokiem gwarantowany.

INDIANIE TARAHUMARA

Na długo przed rozwojem kolei wyżyny i głęboki Barranca del Cobre były zamieszkiwane przez Indian Tarahumara. Wyzyskiwane przez hiszpańskich osadników i Metysów plemię, liczące ok. 50 tys. osób, dziś trzyma się na uboczu, broniąc się przed nowoczesnością. „Dom" Indian Tarahumara to pieczara lub prosty szałas, a na ich skromne pożywienie składają się kukurydziane tortille, ziemniaki, fasola i dynie. **Starodawni bogowie** *Raiénari* (Słońce) i *Mechá* (Księżyc) pokojowo dzielą miejsce na ołtarzykach i w świadomości członków plemienia z wizerunkami Chrystusa i katolickich świętych.

▲ SPOKOJNE WODY
Społeczność menonitów zakupiła ziemie w okolicach miasta Cuauhtémoc i przybyła tu w 1921 r.

▼ WIDOK Z URWISKA
Najlepiej poznawać kanion w czasie wędrówki, lecz miejscowi *rancheros* rzadko rozstają się z końmi.

Mapa
s. 200
–201

México City

PÓŁNOCNO-ZACHODNIA CZĘŚĆ WYBRZEŻA

Od wielkiej pustyni do tropików stanu Nayarit
– północno-zachodnia część Meksyku charakteryzuje się pięknymi
plażami, wybornymi daniami z owoców morza i bogactwem fauny.

Północno-zachodni Meksyk był ignorowany aż do XVII w., gdy misjonarze zaczęli szerzyć chrześcijaństwo wśród tutejszych plemion. Największe sukcesy odnosili jezuici – wprowadzili nowe odmiany roślin, nauczyli Indian technik rolniczych, hodowli zwierząt i prac budowlanych. Problemy pojawiły się, gdy hiszpańscy osadnicy próbowali przejąć najżyźniejsze ziemie i zaczęli zmuszać członków autochtonicznych plemion do ciężkiej pracy. Ci stawiali opór, a ponieważ byli rozbici na wiele szczepów i rozproszeni na dużym obszarze, nie można ich było ujarzmić. Przez wiele lat niemal bez przerwy dochodziło do buntów.

Kiedy jezuici zostali w 1767 r. wydaleni z Meksyku, misje uległy rozdrobnieniu i osadnicy bez skrupułów wkroczyli na tereny plemienne. Waleczni Yaqui nie ustępowali, ale żądni zysków Hiszpanie ostro się z nimi rozprawili.

Od wieków plemiona zamieszkujące północno-zachodnią część wybrzeża pozostawały w izolacji, biorąc niewielki – raczej symboliczny – udział w życiu kraju i walce o niepodległość w pierwszej dekadzie XIX w. Francuzi pod wodzą Gastona Raousseta de Burbona zdobyli Hermosillo w 1852 r., a w 1857 r. Henry Crabb, Amerykanin z Kalifornii, próbował zająć południową część stanu

PONIŻEJ: pelikany czekają na kolację, La Paz.

Sonora. W obu przypadkach Meksykanie zawzięcie się bronili, pokonując wrogów i zabijając ich przywódców.

La Família Revolucionaria

Do czasu rewolucji w 1910 r. rdzenni mieszkańcy północno-zachodniej części kraju wzmocnili siły i byli gotowi do czynnego udziału w walce, zapewniając oddziały partyzanckie i przywódcę – generała Alvara Obregóna, późniejszego prezydenta Meksyku, który został wyniesiony na to stanowisko po walce o władzę.

Przez dziesięć lat Meksykiem rządziła – bezpośrednio lub pośrednio – Família Revolucionaria z Sonory, najpierw Obregón, a później Elías Calles.

Rzeźbiony orzech kokosowy, oryginalna pamiątka.

Yaqui i inne plemiona

Yaqui, którzy przyłączyli się do sił generała Obregóna, żądali przede wszystkim zwrotu swoich ziem. Gdy w latach 30. XX w. prezydentem został Cárdenas, nakazał budowę tamy w górnym biegu rzeki Yaqui, przeznaczając 4,5 mln ha ziemi dla rdzennych plemion. Obszar, który przeszedł na własność Indian obejmował cały północny brzeg rzeki i część południowego. Ustanawiając rezerwat, Yaqui przejęli ziemie, które należą do nich po dziś dzień.

Pozostałe plemiona z północno-zachodniej części Meksyku nie miały tyle szczęścia. Na przykład liczba Seri spadła z 5 do 2 tys. w wyniku walk lub epidemii. Indianie Opata natomiast bardzo chętnie się asymilowali – nauczyli się mówić po hiszpańsku, zawierali mieszane małżeństwa i brali udział w walkach przeciwko Apaczom.

Północno-zachodni Meksyk słynie z żyznych ziem – Sonora przoduje pod względem produkcji bawełny, pszenicy i soi, Sinaloa ma rekordowe zbiory pomidorów (przeznaczonych głównie na rynek USA), a także przyzwoite plony pszenicy, bawełny, trzciny cukrowej i ciecierzycy eksportowanych do Hiszpanii i na Kubę. Mimo że kopalnie srebra zostały niemal całkowicie wyeksploatowane, Sonora przoduje w wydobyciu miedzi (strajk górników w Cananea w 1906 r. stał się ważnym bodźcem rewolucji).

PONIŻEJ: siodło i fale.

Z Mexicali do Mazatlánu

Plaże Pacyfiku są główną atrakcją podróży od granicy Arizony do Mazatlánu, ale po drodze mija się również ciekawe górskie miasta i ważne miejsca historyczne. Znakomita, choć droga autostrada prowadzi wzdłuż niemal całego wybrzeża. Alternatywą są *libre* (bezpłatne) szosy – dłuższe i bardziej zatłoczone.

Wielu turystów jadących z USA przez **Mexicali** ㉞ lub **Nogales** ㉟ rozpoczyna swoją przygodę z Meksykiem wycieczką do **Puerto Peñasco** na północno-zachodnim wybrzeżu Sonory. Jest to rybackie miasteczko, popularne wśród mieszkańców amerykańskiej Arizony, którzy przyjeżdżają tu, by wędkować i plażować. Wynajmując łódź należy zachować szczególną ostrożność, jako że prądy w płytkich wodach Zatoki Kalifornijskiej są wyjątkowo zdradliwe, a dodatkowo wieją silne wiatry. Podobnie jak w większości kurortów na północy, w Puerto Peñasco są dobrze wyposażone pola kempingowe z pitną wodą i źródłami zasilania.

W oczekiwaniu na falę?

El Gran Desierto

Niewiele atrakcji urozmaica monotonną drogę od granicy do Hermosillo. W maleńkim miasteczku **Magdalena**, 20 km na północny wschód od rozwidlenia szos w Santa Ana, jest przechowywany szklany relikwiarz ze szczątkami Eusebia Kina, jezuity, który przyczynił się do założenia misji wzdłuż wybrzeża, a później w Arizonie i Kalifornii. Dotknięty artretyzmem Kino, matematyk, astrolog, architekt i ekonomista, zmarł w 1711 r., a jego grób został odkryty dopiero w 1966 r.

Wokół Santa Ana wydobywa się złoto, ale ani tu, ani w stolicy stanu Sonora, **Hermosillo** ㊱, kwitnącym mieście z fabryką samochodów Forda, nie ma nic szczególnie ciekawego dla turystów.

Rzeźby Seri

Kolejny przystanek warto sobie zrobić w **Bahía Kino** ㊲ z atmosferą rybackiej wioski, mimo wielu *norteamericanos*, którzy spędzają tu zimowe miesiące.

Miejscowi Indianie Seri sprzedają fantastyczne wyroby rzemiosła, takie jak koszyki i rzeźby z tzw. drzewa żelaznego (ich tworzywem jest wyjątkowo twardy gatunek miejscowego drewna). Seri to lud koczowniczy, który przeniósł się do Sonory z pobliskiej **Isla del Tiburón** ㊳ (Wyspa Rekinów), obecnie rezerwatu przyrody.

Zimne zimowe noce

We wszystkich kurortach wzdłuż plaży można wynająć łódź i popłynąć na ryby. Łatwo zdobyć pozwolenie, na łodzi jest zwykle takielunek, załoga i zimne piwo, ale ceny bywają bardzo różne, więc warto najpierw popytać.

Zimą noce na wybrzeżu są chłodne i choć w dzień świeci słońce, woda jest zbyt zimna na kąpiel. Ocean często bywa wzburzony i pływacy muszą uważać na wiel-

PONIŻEJ: nabrzeże o wschodzie słońca, Guaymas.

Mapa
s. 200
–201

:ie fale i silne prądy poza osłoniętymi zatokami. Oceaniczną bryzę można również
ɔoczuć wtedy, gdy jest cieplej, a plaże wybrzeża Pacyfiku rzadko bywają tak dusz-
ıe, jak te nad Zatoką Meksykańską.

Ɔazy gringo

Ⲙimo że dla wielu turystów **Guaymas** ㊴ to niewiele więcej niż plażowy kurort,
ⱬst to przede wszystkim rybackie miasto i największy port Sonory, skąd odcho-
Ⅾzą promy do Santa Rosalía w Kalifornii Dolnej (Baja California). Płynąc pro-
ⱂem na pewno nie oszczędza się pieniędzy, ale zyskuje się czas, trudno jednak
ⱡokładnie zaplanować podróż, gdyż rozkład dzienny i tygodniowy bardzo często
ię zmienia.

Pobliskie **San Carlos** ㊵ to oaza gringo zamieszkana głównie przez emerytów ze
Ⴝtanów Zjednoczonych i Kanady. Jest tu kilkanaście hoteli i restauracji oraz jed-
ⱥa z największych przystani jachtowych w kraju, z jednostkami pływającymi z ca-
ⱸgo świata. W pobliżu w 1970 r. nakręcono film *Paragraf 22* według książki
ⱼosepha Hellera.

Navojoa na południe od **Ciudad Obregón** jest centrum dużego obszaru uprawy
ɔawełny i domem Indian Mayo. 53 km od miasta w głąb lądu, po zachodniej stro-
ⱥie Sierra Madre Zachodniej leży piękne miasto **Alamos** ㊶. W XVIII w. był to bo-
ⱬaty ośrodek górniczy z dziesiątkami okazałych rezydencji. Po rewolucji kopalnie
ⱬamknięto, a miasto niemal opustoszało. Po koniec lat 40. XX w. Alamos odkryli
ɔogaci Amerykanie, którzy wykupili i odnowili wiele kolonialnych pałaców. Pięk-
ⱥy rynek zdobi barokowa fasada kościoła **Nuestra Señora de la Concepción**.
Ⲙiasto ma status narodowego zabytku – zachowało się tu wiele wyjątkowych przy-
ⱡadów architektury kolonialnej i zwiedzanie go to swoista podróż w czasie.

*Alamos jest stolicą
meksykańskiej
„skaczącej fasoli",
której strąki są tak
ruchliwe dzięki
maleńkiej larwie
ćmy mieszkającej
w środku.*

PONIŻEJ: przystań
jachtowa w zatoce
San Carlos.

Los Mochis

Z miasta Navojoa główna autostrada prowadzi przez najżyźniejsze ziemie Meksyku do miłego **Los Mochis ④**, które przeżyło gwałtowny rozwój dzięki uprawie ryżu, bawełny, warzyw, trzciny cukrowej i nagietków.

Wiele osób spędza tu dzień lub dwa w oczekiwaniu na pociąg do **Barranca del Cobre** (s. 220–221), pokonujący urwiste góry w drodze do Chihuahua. Skład wyrusza wczesnym rankiem i dojeżdża na miejsce pod wieczór.

Prom z La Paz w Kalifornii Dolnej dociera do portu w **Topolobampo** na południe od Los Mochis. Tuż przy brzegu leży skalista wyspa **Farallón** (zwana czasem Isla las Animas), legowisko lwów morskich i ulubione miejsce morskich ptaków. Podwodna fauna i flora obok wysepki jest kolorowa i bardzo ciekawa.

78 km na północny wschód od Los Mochis leży **El Fuerte**, w okresie kolonialnym ważne hiszpańskie osiedle, a później stolica stanu Sinaloa. Oprócz rynku, muzeum i kościoła warto tutaj zwiedzić Posada del Hidalgo, XIX-wieczny dwór zamieniony na piękny hotel. W pobliskim Presa Miguel Hidalgo, jednym ze wspaniałych meksykańskich jezior, można łowić sumy i karpie.

W drodze z Los Mochis do Mazatlánu autostrada prowadzi przez **Culiacán**, stolicę Sinaloa słynącą z wyjątkowo obfitych zbiorów pomidorów i opium, przeznaczonych na rynek USA (część opium jest legalnie eksportowana dla celów medycznych). Na plantacjach ukrytych pośród dolin Sierra Madre Wschodniej uprawia się również marihuanę.

Culiacán to strategiczny ośrodek handlu narkotykami; turystów ostrzega się przed ich kupowaniem i zażywaniem – ustawy o przeciwdziałaniu narkomanii są w Meksyku restrykcyjne, a kary bywają bardzo wysokie.

Poniżej: Mazatlán, największy port Meksyku nad Oceanem Spokojnym.

Najdroższy odcinek płatnej autostrady z Culiacánu do Mazatlánu pozwala zaoszczędzić 1,5 godziny, gdyż bezpłatna szosa jest bardzo zatłoczona (ma dość dobrą nawierzchnię). W połowie drogi między tymi miastami można zjechać do miejscowości **Cosalá**, starej górniczej osady, w pobliżu której biją gorące źródła.

Perła Pacyfiku

Mazatlán ❸ (w języku nahuatl „Miejsce Jelenia") to doskonale prosperujący kurort, leżący 15 km na południe od Zwrotnika Raka. Jest to jednocześnie najważniejsza przystań na zachodnim wybrzeżu Meksyku i macierzysty port największej floty krewetkowej kraju. Większość krewetek eksportuje się do USA (dbając o kieszeń, lepiej pozostać przy rybach). Restauracje na plaży lub w hotelach przy plaży serwują najwyższej jakości owoce morza, z reguły bardzo drogie. Im dalej od wybrzeża, tym niższe ceny.

Stara część miasta na półwyspie skupia się wokół Plaza Principal i XIX-wiecznej katedry, której niezwykła fasada jest ozdobiona pełnymi detali rzeźbami w skale wulkanicznej. Nad starą częścią ośrodka góruje **Cerro de la Nevería**, skąd roztacza się panoramiczny widok na morze. Większość turystów spędza czas w tzw. **Zona Dorada** (Złota Strefa), długim skupisku obiektów noclegowych, restauracji i sklepów 3 km na północ od starówki. Tutaj, w pobliżu największych hoteli, jest dobrze zaopatrzone **Centro de Artesanías** (Centrum Wyrobów Rzemieślniczych). Nieco dalej na południe, w pobliżu Playa del Norte zaprasza **Acuario Mazatlán**, gdzie żyje prawie 200 gatunków ryb. Miejscowe agencje turystyczne organizują zwiedzanie miasta i wyprawy do dżungli; są także wycieczki łodzią po porcie i do pobliskich wysepek.

Szczyt sezonu w Mazatlánie przypada zimą, choć przez cały rok jest tu bardzo przyjemnie. Lato to pora „deszczowa", lecz jeśli w pobliżu nie przechodzi żaden huragan, nie jest to dużą przeszkodą. *Carnaval* (tydzień przed środą popielcową) to jedno z najweselszych meksykańskich świąt (koniecznie trzeba zarezerwować hotel, podobnie jak między świętami Bożego Narodzenia i Nowym Rokiem, oraz tydzień przed Wielkanocą, kiedy wszystkie kurorty są przepełnione).

W pochmurny dzień warto się wybrać z Mazatlánu na krótki wypad na wschód autostradą nr 40 do przedgórza Sierra Madre. Kolonialne miasto **Concordia** ❹ w otoczeniu bujnej tropikalnej roślinności, z gorącymi źródłami, jest znane z ceramiki i ręcznie rzeźbionych mebli. Pocztówkowa **Copala** ❺ 25 km dalej, z brukowanymi ulicami, czerwonymi dachówkami i balkonami z kutego żelaza, to ośrodek założony przy kopalni srebra.

Mexico through the Centuries (Meksyk na przestrzeni wieków), ciekawy spektakl teatralny w plenerze, można obejrzeć w środy i soboty o 18.30 na Avenida Camarón Sábalo i Calle Tiburón.

Huicholowie

Mazatlán słynie z rękodzieła, a szczególnie piękne są wyroby z koralików i tkaniny wytwarzane przez Indian Huicholów.

W **Santiago Ixcuintla** ❻ na południu jest Ośrodek Przetrwania Kultury Huicholów, do którego

---

Mapa s. 200 –201

Najpiękniejszy widok w Mazatlánie rozciąga się z El Faro, latarni morskiej na południowym krańcu półwyspu, zbudowanej na wysokości 157 m n.p.m. (najwyżej położona na świecie, po Gibraltarze).

PONIŻEJ:
zachód słońca nad morzem.

Mapa
s. 200
–201

*Godło narodowe
Meksyku ma korzenie
w azteckim micie.*

PO PRAWEJ: gotowa
na fiestę.
PONIŻEJ: lot
na spadochronie
za motorówką.

dostarczają rękodzieło całe rodziny Indian – najlepiej kupować pamiątki właśnie w takich miejscach, gdyż pieniądze tu wydane trafiają bezpośrednio do ludowych artystów i są wykorzystywane na realizację ich potrzeb; część datków zostaje przekazana do pobliskiego szpitala – gruźlica, niedożywienie i inne choroby powodują, że śmiertelność wśród dzieci Huicholów wynosi 50%.

Meksykańska Wenecja

Mała wyspiarska wioska **Mexcaltitán** ④⑦ jest często nazywana „meksykańską Wenecją", ponieważ w czasie ulewnych deszczów jej ulice są zalewane i trzeba się poruszać w kanu. (Ostatnio wiele ulic zasypano, więc podtapianie Mexcaltitánu zdarza się coraz rzadziej).

W osadzie podają wyśmienite owoce morza, ale nie ma tutaj żadnych luksusowych hoteli. Część historyków uważa, że Mexcaltitán to legendarna wyspa Aztlán, pierwotna siedziba Azteków i miejsce, gdzie po raz pierwszy ujrzeli orła siedzącego na opuncji z wężem w szponach (ten symbol ziemi obiecanej łączy się powszechnie z Tenochtitlánem, czyli dzisiejszym miastem Meksykiem).

Miasto surfingu

San Blas ④⑧ jest spokojnym rybackim miasteczkiem, którego utrapieniem są wyjątkowo złośliwe muszki *jejenes*. Owady są najbardziej dokuczliwe wczesnym rankiem, wieczorem i w czasie pełni.

Miłośnicy surfingu przybywają tłumnie na tutejszą plażę, by korzystać ze słynnych długich fal, a ornitolodzy – by obserwować liczne gatunki ptaków znajdujących tu schronienie. Można się udać na wycieczkę do **Santuario de Aves** (rezerwat ptaków); inną popularną rozrywką jest wyprawa łodzią przez dżunglę w górę ujścia *río* San Cristóbal, zielonym tunelem do źródła **La Tovara**, gdzie można pływać w krystalicznie czystej wodzie lub zjeść posiłek w którejś z licznych restauracji.

Choć trudno dziś w to uwierzyć, San Blas było niegdyś ośrodkiem stoczniowym i miejscem, skąd wypływały hiszpańskie wyprawy na północno-zachodnie wody Pacyfiku. Pozostałości z tego okresu to m.in. **Aduana** (urząd celny) w porcie i **Fuerte de Basilio**, biuro księgowe wybudowane w 1768 r. Tutejszy kościół zainspirował XIX-wiecznego amerykańskiego poetę Henry'ego Wadswortha Longfellowa do napisania wiersza *Dzwony San Blas*.

Podróż do Ixtlánu

70 km w głębi lądu leży **Tepic** ④⑨, stolica stanu Nayarit. Pośrodku miasteczka rozciąga się miły rynek zamknięty katedrą z imponująco wysokimi neogotyckimi wieżami. **Museo Regional** (pn.–sb.; wstęp płatny) mieści zbiory prekolumbijskiej ceramiki, a **Museo de Artes Populares** (pn.–pt., sb. i nd. tylko przed południem; bezpł.) gromadzi wyroby Huicholów, Indian Cora, Nahuatl i Tepehuano, które można kupić na miejscu.

Zaraz za miastem **Ixtlán del Río** ⑤⓪, znanym dzięki *Podróży do Ixtlán* Carlosa Castanedy (wyd. pol. 2003 r.), leży **Los Toriles**, przeżywające rozkwit w II w. n.e. (codz.; wstęp płatny). Główna budowla to nietypowa świątynia na planie koła z oknami w kształcie krzyża, poświęcona **Quetzalcoatlowi**. ❏

ŚRODKOWY MEKSYK

Środkowa część Meksyku, słynna dzięki plażom i doskonałej tequili, zachwyca także zabytkami z czasów kolonialnych.

Rozległy płaskowyż w środkowej części kraju stał się niegdyś źródłem bogactwa hiszpańskich kolonizatorów, co przejawia się dzisiaj w wyjątkowo ciekawej architekturze tego obszaru. Srebrny szlak z Zacatecas do miasta Meksyku przecina piękne miasta pełne wspaniałych budowli – tzw. kolonialne serce kraju. Katedry, klasztory i rezydencje, które warto zwiedzić, są wspaniałą spuścizną po czasach wielkiego dobrobytu, a z drugiej strony widocznym świadectwem wyzysku Indian w czasach rządów Hiszpanów. Nie przypadkiem ruch niepodległościowy w XIX w., który miał na celu uniezależnienie się od Hiszpanii czerpiącej zyski z meksykańskich bogactw naturalnych, stał się szczególnie aktywny właśnie tutaj, w El Bajío, trójkącie wyznaczonym przez miasta Querétaro, San Luis Potosí i Aguascalientes.

Na południe od El Bajío wyrastają pofałdowane zielone wzgórza Michoacánu, jednego z najpiękniejszych i najciekawszych meksykańskich stanów, gdzie turyści mogą wjechać na szczyt tlącego się wulkanu lub zobaczyć migrację milionów motyli z gatunku monarcha wędrowny, przybywających co roku z Kanady.

Rzemieślnicy z Michoacánu zasłynęli w świecie dzięki swym umiejętnościom i przedmiotom, które wykonują, a każdy podróżujący w listopadzie koniecznie powinien spędzić Dzień Zmarłych w przepięknym mieście Pátzcuaro lub na pobliskiej wyspie Janitzio.

Niezliczone pola agaw otaczają urocze miasto Tequila w sąsiednim Jalisco, skąd pochodzą *charro, mariachi,* Taniec z Kapeluszami i, oczywiście, tequila. Lecz stan i jego stolica Guadalajara (drugie co do wielkości miasto Meksyku) wykraczają poza ramy stereotypów: to ojczyzna żyjących w górach Indian Cora i Huicholów, odbywających coroczne pielgrzymki do San Luis Potosí po pejotl służący do tajemniczych rytuałów. W czasie swojej podróży na świętą górę pielgrzymi przemierzają aż 1600 km.

Stan Jalisco jest również bramą wybrzeża Pacyfiku, gdzie leżą kurorty przyciągające turystów spragnionych słońca. Obsadzone palmami plaże i lazurowe laguny mają za tło skaliste góry Sierra Madre Zachodnia i Sierra Madre Południowa. Większość miejscowości jest nastawiona na plażowiczów, wędkarzy i miłośników wszelkiego rodzaju sportów wodnych, ale na każdego, kto zechce uciec od tłumów, czekają setki kilometrów pustego wybrzeża graniczącego z plantacjami bananów, mango i orzechów kokosowych. ❏

POPRZEDNIE STRONY: wiosłowanie po spokojnej tafli jeziora Pátzcuaro.
PO LEWEJ: ofiary składane Chrystusowi w Dniu Zmarłych.

EL BAJÍO I KOLONIALNE SERCE MEKSYKU

Mapa
s. 236
–237

Od stuleci w kopalniach środkowego Meksyku wydobywano srebro, na którym bogacili się kolonizatorzy. Pozostałością z tamtych czasów są piękne miasta i wyjątkowa architektura.

Choć rzadziej odwiedzane niż kurorty na wybrzeżu i południowa część kraju, pięć stanów leżących w środkowej części Meksyku, na północ od stolicy, ma bardzo wiele do zaoferowania turystom ciekawym nowych odkryć, a dysponującym przy tym czasem i cierpliwością.

Zacatecas, Aguascalientes, San Luis Potosí, Guanajuato i Querétaro to kolonialne serce Meksyku, gdzie zachowały się najpiękniejsze budowle architektury kolonialnej – stylu, który rozwinął się i rozkwitał pod rządami Hiszpanów.

México City

Zacatecas, różowe miasto

Stan **Zacatecas** jest bramą oddzielającą ogromną, pustą i jałową północ od bogatszego, żyźniejszego i gęściej zaludnionego środkowego Meksyku. W **Chalchihuites ❶** w północno-wschodniej części stanu, w ufortyfikowanych stanowiskach archeologicznych (rozkwit odkrytych obiektów przypadł na lata 900–1200), odnaleziono wyjątkową ceramikę – w jej zdobieniach mieszają się elementy charakterystyczne dla stylu mezoamerykańskiego i sztuki amerykańskiego Zachodu, z prostymi geometrycznymi wzorami.

Miasto **Zacatecas ❷** leży między jałowymi wzgórzami na wysokości 2500 m n.p.m. W 1546 r. zostało ogłoszone własnością hiszpańskiej Korony, a wkrótce zaczęto wywozić do Europy ogromne ilości srebra wydobywane w tym regionie. Fortuny kolonizatorów rosły, na czym zyskało również miasto – owocem czasów prosperity są najpiękniejsze budowle kolonialne w Meksyku, łączące północny wigor i surowość z architektonicznym wyrafinowaniem środkowej części kraju.

Ośrodek wpisany w 1993 r. na Listę Światowego Dziedzictwa Kulturalnego i Przyrodniczego UNESCO jest jednym z najczystszych i najprzyjemniejszych w Meksyku. Eleganckie kamienne rezydencje, z których słynie miasto, mają kraty w oknach i ładne balkony z kutego żelaza. Główne zabytki skupiają się wokół 12 przecznic i najwygodniej zwiedza się je pieszo. W północnej części tego obszaru, na Plaza de Armas stoi **katedra** o delikatnie rzeźbionej różowej fasadzie, uważana za jedno z arcydzieł churrigueryzmu. Na tym samym placu wyrastają dwie kolonialne rezydencje: **Palacio de la Mala Noche** i **Palacio de Gobierno**.

XIX-wieczny **Teatro Calderón** i **Mercado González Ortega** to żeliwna konstrukcja z przełomu XIX i XX w., przekształcona później w centrum handlowe. Na północ od Plaza de Armas wznosi się XVIII-wieczny kościół **Santo Domingo** z pozłacanymi rzeźbami wokół ołtarza. XVII-wieczny klasztor (po sąsiedzku) mieści **Museo Pedro Coronel** (pt.–śr.; wstęp płatny), prezentujące

PO LEWEJ: dachy miasta Pátzcuaro.
PONIŻEJ: maska używana w Tańcu Jaguara, Museo Rafael Coronel, Zacatecas.

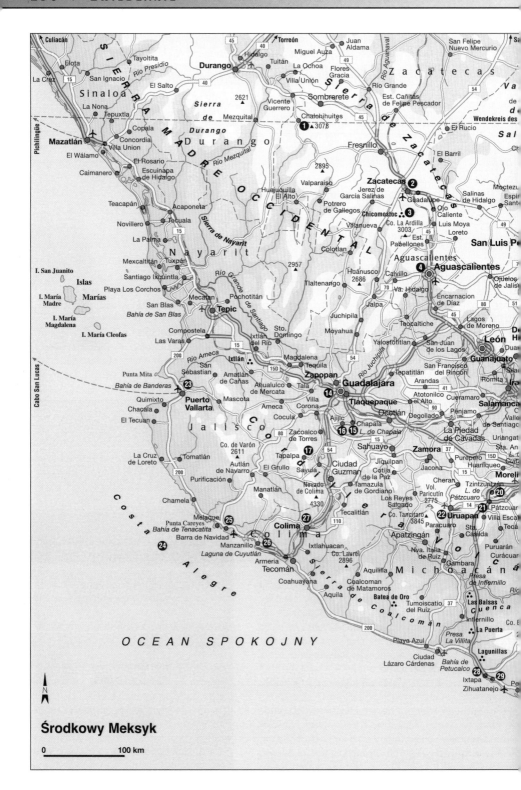

Środkowy Meksyk

0 _____ 100 km

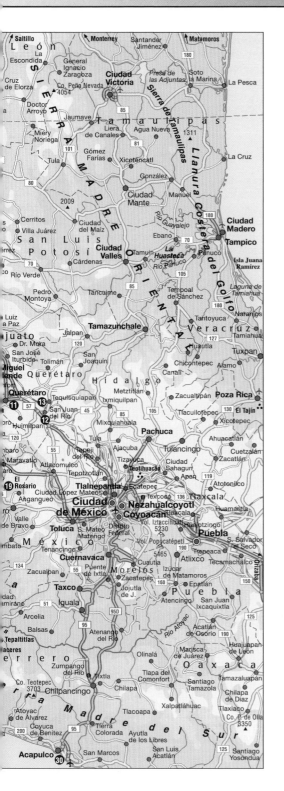

wspaniałą kolekcję dawnych i współczesnych dzieł sztuki (m.in. Picassa, Braque'a, Chagalla i Miró), które Pedro Coronel zapisał rodzinnemu miastu. Brat artysty również darował Zacatecas swoją kolekcję, tyle że masek, XIX-wiecznych marionetek i prekolumbijskiej ceramiki. Wszystkie dzieła sztuki pięknie wyeksponowano w odrestaurowanym Convento de San Francisco, obecnie **Museo Rafael Coronel** (czw.–wt.; wstęp płatny).

Prawdopodobnie najciekawszą miejscową atrakcją jest wycieczka do serca **Mina El Eden** (codz.; wstęp płatny), jednej z najbogatszych kopalni w Meksyku, eksploatowanej od 1586 r. do lat 50. XX w. Zwiedzający mijają podświetlone szyby, podziemne zbiorniki wodne i uskoki, a przewodnicy opisują ciężkie warunki pracy górników w okresie kolonialnym. Sprzed wejścia odjeżdża kolejka linowa, zawożąca turystów na **Cerro de la Bufa**, skąd roztacza się piękny widok na miasto. W weekendy w dyskotece niedaleko wejścia do kopalni można potańczyć.

Convento de Guadalupe z początku XVIII w. (wt.–nd.; wstęp płatny), 10 km na południowy wschód od Zacatecas, to godne uwagi muzeum i klasztor z wyjątkowo bogato zdobioną kaplicą i imponującym zbiorem malarstwa kolonialnego.

45 km na zachód od Zacatecas, gdzie od wieków hoduje się różne rasy bydła, w ciekawym kolonialnym miasteczku **Jerez** stoi **Teatro Hinojosa** w kształcie podkowy, replika teatru Forda w Waszyngtonie.

Przy drodze do Guadalajary, 50 km na południe od Zacatecas wyrastają ruiny **Chicomostoc ❸** (codz.; wstęp płatny). La Quemada (bo pod tą nazwą jest znane stanowisko archeologiczne), uważane za część większej całości, było zamieszkane od roku 300 do 1300, kiedy prawdopodobnie zostało zniszczone przez pożar.

Aguascalientes

Miasto **Aguascalientes ❹** to stolica małego stanu o tej samej nazwie, który był niegdyś ważnym regionem produkcji wina, ale niestety, miejscowi winiarze nie sprostali konkurencji importowanych trunków pod względem ceny i jakości. Dziś owoce wykorzystuje się do produkcji

Większość winogron zbierana w Aguascalientes jest przerabiana na miejscowy gatunek brandy.

meksykańskiej brandy, w niewielkim stopniu przypominającej hiszpańskie lub francuskie alkohole. Turyści mogą odwiedzić **winnicę San Marcos** na północ od miasta; niedaleko stąd biją gorące źródła, od których Aguascalientes wzięło nazwę.

Jardín San Marcos na zachód od centrum gości największy meksykański festiwal – od końca kwietnia do początku maja tysiące turystów przybywają na gwarną **Feria de San Marcos**, by oglądać parady, wystawy, walki byków, śpiewać, tańczyć i oczywiście pić miejscową brandy.

Na głównym Plaza de la Patria stoi monumentalny XVIII-wieczny **Palacio de Gobierno**, wyróżniający się plątaniną kolumn, schodów i krużganków; jaskrawe malowidła ścienne autorstwa chilijskiego malarza Oswalda Barra Cunninghama zdobią ściany patia.

XVIII-wieczną barokową **katedrę** i galerię malarstwa religijnego działającą po sąsiedzku zdobią obrazy kolonialnego malarza Miguela Cabrery. W Aguascalientes jest również kilka muzeów, a najciekawsze z nich to **Museo José Guadalupe Posada** (wt.–sb.; bezpł.) przy Templo del Encino. Posada, słynny dzięki satyrycznym grafikom przedstawiającym m.in. kościotrupy (s. 262–263), żarliwy krytyk społeczny i polityczny w okresie porfiriatu, stał się inspiracją dla wielu późniejszych artystów, m.in. Diega Rivery i José Clemente Orozca. W zbiorach placówki jest również ponad 200 prac miejscowych artystów.

San Luis Potosí

PONIŻEJ: zasłużony odpoczynek.

Stan San Luis Potosí jest duży i bardzo różnorodny – na wschodzie gorący i podzwrotnikowy, w części środkowej suchy, a na zachodzie (podobnie jak sąsiedni Zacatecas) górzysty i surowy. Przemysłowe miasto **San Luis Potosí ❺**, dziś stolica stanu, było niegdyś siedzibą rządu Juáreza (przed śmiercią Maksymiliana

Ferdynanda Józefa). W jego ciekawym centrum wyróżnia się wiele ładnych placów, eleganckich rezydencji i świątyń, m.in. **Templo del Carmen**, kościół w stylu churriguryzmu ukończony w 1764 r., którego fasadę zdobią muszle, kopułę wielokolorowe dachówki, a wnętrze piękny ołtarz.

Teatro de la Paz powstał w czasach dyktatury Porfiria Díaza. Po drugiej stronie ulicy ma siedzibę **Museo Nacional de la Máscara** (wt.–nd.; bezpł.), gromadzące ponad 2 tys. rytualnych masek, zarówno prekolumbijskich, jak i współczesnych.

Museo Regional de Arte Popular (wt.–nd.; wstęp płatny) to regionalna galeria rzemiosła w byłym klasztorze franciszkańskim. Na piętrze mieści się XVII-wieczna Capilla de Aranzazú.

Miasto duchów

Real de Catorce ❻ w górach Sierra Madre Wschodnia, niegdyś kwitnący ośrodek górniczy z mennicą królewską, jest dziś niemal wymarłe. By dotrzeć do tego niezwykłego miasteczka, przy którego ulicach zamiast dawnych okazałych rezydencji straszą ruiny, trzeba pokonać 2,5-kilometrowy tunel – dawny szyb górniczy. Licząca tysiąc osób społeczność wynajmuje pokoje; są tu również restauracje, pracownie złotnicze i sklepy z dewocjonaliami.

Raz w roku, 4 października, Real de Catorce budzi się z letargu – tego dnia tysiące pielgrzymów przybywają na obchody dnia św. Franciszka.

Guanajuato

Guanajuato ❼, stolica stanu i jeden z najważniejszych punktów na turystycznej mapie kraju, w epoce kolonialnej było ważnym ośrodkiem wydobycia srebra. W czasie walk o niepodległość kopalnie zostały zalane, lecz otwarto je ponownie za rządów

Mapa s. 236 –237

La Posada de la Virreina, dawna rezydencja hiszpańskich wicekrólów, to dziś jedna z najlepszych restauracji w Meksyku.

PONIŻEJ: zbiory pejotlu w Real de Catorce.

RYTUAŁ PEJOTLU

Przez dzień i noc przed wymarszem na coroczną pielgrzymkę do San Luis Potosí w pobliżu Real de Catorce, Huicholowie składają ofiary bogom i czynią inne skomplikowane przygotowania. Każdego roku pokonują ponad 1000 km, by zebrać pozbawione łodyg i cierni halucynogenne kaktusy, które odgrywają najważniejszą rolę w rytuale. Kiedyś było to 20 dni marszu; dziś pielgrzymi wędrują tylko dzień lub dwa, a później jadą autobusem lub ciężarówką, zatrzymując się po drodze, by złożyć ofiary w świętych miejscach.

Nie jest łatwo odnaleźć rośliny, których tylko czubek wystaje z ziemi, a kolor zlewa się z pyłem. Zebranie 10–15 kg pejotlu zajmuje dwa do trzech dni. Część jest spożywana na miejscu; reszta jest suszona i zabierana do wioski.

Zanim powrócą do rodzin, Huicholowie składają ofiary bogom, by w kolejnym roku zbiory były obfite, a życie pomyślne. W osadzie wszyscy rytualnie przyjmują pejotl, łącznie z dziećmi, które popijają go czekoladą. Szamani jedzą pejotl, by widzieć choroby; ma on również znaczenie w obrzędzie sadzenia i zbiorów, polowania na jelenie oraz modlitw do boga deszczu.

*Posągi Don Kichota
i Sancha Pansy
przed Museo
Iconográfico
del Quijote
w Guanajuato.*

Porfiria Díaza; opuszczone w okresie rewolucji, niedawno znów zostały uruchomione, gdyż wzrosły ceny srebra.

Miasto wpisane na Listę Światowego Dziedzictwa Kulturalnego i Przyrodniczego UNESCO jest czarujące, romantyczne i niesamowite, zachwycające wspaniałą architekturą. Zostało zbudowane w wąwozie i na brzegach rzeki, więc żadna ulica nie jest prosta – wszystkie są kręte, biegną w górę i dół po wzgórzach, a niektóre prowadzą ku przepaściom. Tunele i szosy wiją się wzdłuż fundamentów starych domów, a niezliczone stopnie doprowadzają do rynku lub krętych alei.

Serce miasta

Centrum Guanajuato wyznacza **Jardín de la Unión** Ⓐ, dobre miejsce na rozpoczęcie zwiedzania – chłodny i cienisty trójkątny plac otoczony kawiarniami. Niemal naprzeciw wznosi się kościół **San Diego** Ⓑ, a obok wyrasta wspaniały **Teatro Juárez** Ⓒ (wt.–nd.; wstęp płatny) z wnętrzem w stylu francusko-mauretańskim, którego działalność osobiście zainaugurował w 1903 r. dyktator Porfirio Díaz.

Niemal wszystkie zabytki Guanajuato skupiają się na zachód od Jardín de la Unión, oprócz **Museo Iconográfico del Quijote** Ⓓ (wt.–nd.; wstęp płatny) kilka przecznic na wschód. Kolekcja poświęcona Don Kichotowi, bohaterowi powieści Miguela de Cervantesa – obejmująca zarówno drobne przedmioty o niewielkiej wartości, jak i prace Picassa czy Dalego – jest darem bogatego miłośnika powieści, zajmującego wysokie stanowisko w branży reklamowej.

Dwie przecznice na zachód od Jardín de la Unión, w pobliżu **Plaza de la Paz** Ⓔ stoją najpiękniejsze kolonialne budowle miasta. **Sąd Najwyższy** z XVIII w., którego projekt wykonał architekt Eduardo de Tresguerras, należał do górniczego rodu Condes de Rul y Valenciana, właścicieli najbogatszej kopalni srebra w Meksyku.

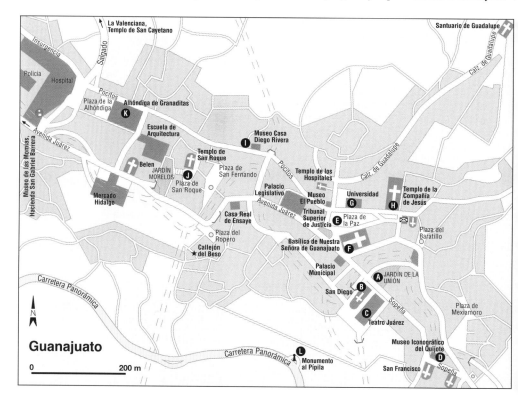

Plan
s. 240

Przy wschodniej pierzei placu wznosi się **Basílica de Nuestra Señora de Guanajuato** ❻, gdzie jest przechowywany wizerunek patronki miasta, dar hiszpańskiego króla Filipa II z 1557 r., datowany na VII w.

Ogromny biały budynek **uniwersytetu** ❼ z 1955 r., znakomity przykład architektury będącej pod wpływem stylu mauretańskiego, jest dumą Guanajuato i centrum **Festival Cervantino**, ważnego festiwalu sztuki organizowanego co roku w październiku. W jego sąsiedztwie stoi barokowa **Templo de la Compañía** ❽ z różowego marmuru, z pokaźną XIX-wieczną kopułą i obrazami Miguela Cabrery.

Przecznicę dalej na zachód ma siedzibę **Museo Casa Diego Rivera** ❾ (codz.; wstęp płatny), prezentujące kolekcję prac słynnego muralisty, który urodził się w tym domu w 1886 r. W pobliskiej hali jest **targ**, głośny i pełen zarówno apetycznych, jak i nieprzyjemnych zapachów.

Plaza San Roque ❿ słynie z przedstawień *Entremeses Cervantinos*; są to żartobliwe intermedia teatralne autorstwa Miguela de Cervantesa, które stały się tradycją Guanajuato i najważniejszym wydarzeniem Festiwalu Cervantino.

Pípila i okolice

Wielki **Alhóndiga de Granaditas** ⓚ (wt.–nd.; wstęp płatny), początkowo spichlerz, w czasie wojny o niepodległość służył Hiszpanom i rojalistom za twierdzę, aż w końcu został zdobyty. Niosąc na plecach kamienną płytę (dla ochrony), miejscowy górnik Pípil sforsował wrota Alhóndigi i podpalił je, w wyniku czego buntownikom udało się wedrzeć do środka. Pozostałościami z tamtych czasów są m.in. cztery haki, na których powieszono później głowy czterech przywódców rebelii. Dziś Alhóndiga de Granaditas mieści muzeum murali Cháveza Morada oraz kolekcję malarstwa XIX-wiecznego artysty z Guanajuato, Hermenegilda

PONIŻEJ: panorama Guanajuato od strony pomnika Pípila.

Nazwa Callejón del Beso (dosł. aleja pocałunku), najsłynniejszej alei w Guanajuato, nawiązuje do pary zakochanych odseparowanych od siebie przez rodziny. Mogli się pocałować, stojąc na balkonach w swoich domach po dwóch stronach wąskiej uliczki.

PONIŻEJ:
ładny kościół
San Cayetano
w Guanajuato.

Bustosa. Wielki pomnik ku czci **Pípila**  stoi na grani ponad miastem. Najlepsza panorama Guanajuato rozciąga się z **La Valenciana** (codz.; wstęp płatny), kopalni, w której pod rządami kolonizatorów wydobywano znaczną część światowego srebra. Stojący przy kopalni bogato zdobiony kościół **San Cayetano** jest arcydziełem churrigueryzmu.

W drodze powrotnej warto wstąpić do wywierającego niesamowite, groteskowe wrażenie **Museo de las Momias** (codz.; wstęp płatny), gdzie wystawiono zmumifikowane ciała ponad stu mieszkańców miasta odkryte głównie na cmentarzu komunalnym przy okazji jego rozbudowy w 1865 r. (ziemia bogata w minerały w połączeniu z wyjątkowo suchym klimatem mumifikuje ciała w ciągu 5 lat).

Piękna XVII-wieczna **hacjenda San Gabriel Barrera** (codz.; wstęp płatny) przy drodze do Marfil nie jest całkowicie autentyczna, lecz daje pojęcie o bogactwie miasta w epoce kolonialnej.

Kolebka niepodległości

Miasteczko **Dolores Hidalgo** ❽, 45 km na północny zachód od Guanajuato, zasłynęło jako kolebka meksykańskiej niepodległości. Piękna XVII-wieczna **Parroquia** na głównym placu, gdzie rozległo się *grito del Dolores* (s. 244), zachowała się w doskonałym stanie. **Museo-Casa de Hidalgo** (wt.–nd.; wstęp płatny) na rogu ulic Hidalgo i Morelos to miejsce, gdzie mieszkał i spiskował Miguel Hidalgo y Costilla, planując powstanie. Muzeum gromadzi przedmioty osobiste i dokumenty związane z życiem księdza.

Dolores to typowe meksykańskie miasto: solidne domy, dużo kościołów. W kilku warsztatach produkuje się ceramikę w stylu Talavera; stoiska wokół rynku słyną z doskonałych lodów.

San Miguel de Allende

Ładne kolonialne ulice i budowle **San Miguel de Allende** ❾ od 1926 r. są objęte szczególną ochroną, gdyż wówczas całe miasto zaliczono w poczet narodowych zabytków. W 1938 r. amerykański artysta Stirling Dickinson założył tu akademię sztuki. Niebawem ośrodek zaczął przyciągać artystów, pisarzy, a w końcu i turystów. **Instituto Allende** w byłym XVIII-wiecznym Conde de Canal jest wciąż prężnie działającym centrum sztuki i nauki języków oraz główną atrakcją miasta. W San Miguel de Allende żyje obecnie liczna społeczność amerykańska, w tym wielu artystów i pisarzy. W 2003 r. otwarto **Sazón**, szkołę kucharską, organizującą dla turystów kursy gotowania.

Na głównym rynku wznosi się neogotycka **Parroquia** zaprojektowana w XIX w. przez kamieniarza samouka Zeferina Gutiérreza, czerpiącego natchnienie z pocztówek z francuskimi kościołami. **Museo Histórico de San Miguel de Allende** (wt.–nd.; bezpł.) zajmuje elegancki budynek naprzeciw, w którym urodził się Ignacio Allende. Ekspozycję poświęcono miejscowej historii, w szczególności ruchowi niepodległościowemu i jego bohaterom. Na tym samym placu stoi **Casa de los Condes de Canal**, jedna ze wspaniałych rezydencji arystokratycznej rodziny Canal (obecnie mieści biura firmy Banamex, jednej z największych instytucji finansowych w Meksyku); to za ich pieniądze zbudowano w latach 30. XVIII w. **Santa Casa de Loreto**, część XVIII-wiecznego Oratorio de San Felipe Neri, stojącego kilka przecznic dalej na północny wschód. Kaplica poświęcona Najświętszej Marii Pannie to replika kaplicy w Loreto we Włoszech (w środku zachwyca *camerino*, gdzie stroi się figurę). Główny kościół zdobi ponad 30 olejnych obrazów przedstawiających sceny z życia św. Filipa Neri, niektóre autorstwa Miguela Cabrery.

Mapa s. 236–237 **Plan** s. 240

RADA

Informacje na temat rzemiosła artystycznego i kursów języka hiszpańskiego w Instituto Allende można uzyskać pod numerem tel. (415) 152 0190.

PONIŻEJ: *campesinos* gawędzą w Atotonilco.

*Cerro de Cubilete,
góra między miastami
Guanajuato i León,
jest geograficznym
środkiem Meksyku.
Na szczycie
ustawiono
20-metrową
figurę Chrystusa
z rozpostartymi
ramionami.*

Dwie przecznice za Jardín na Calle Canal stoi klasztor i kościół **La Concepción** (Niepokalanego Poczęcia), którego ogromna kopuła (dodana w końcu XIX w. przez Zeferina Gutiérreza) była inspirowana budowlami zespołu architektonicznego Les Invalides w Paryżu. Dawny klasztor mieści **Bellas Artes**, Państwową Akademię Sztuk Pięknych i ośrodek kultury. Podobnie jak Instituto Allende, Bellas Artes prowadzi kursy rzemiosła artystycznego (głównie w języku hiszpańskim). Jedną z sal zdobią nieukończone murale Davida Alfara Siqueirosa (s. 108–111), który uczył w instytucie w latach 40. XX w.

Główną atrakcją San Miguel są galerie i sklepy z wyrobami rzemiosła, skupiające się w uliczkach wokół rynku. Wiele oferuje piękne ręcznie robione przedmioty, w tym delikatnie tkane obrusy i wyroby z mosiądzu.

El Charco del Ingenio (codz. od wschodu do zachodu słońca; wstęp płatny) na wzgórzu, 1,5 km na północny wschód od San Miguel, to 65-hektarowy ogród botaniczny, w którym rosną głównie kaktusy i inne rośliny z na wpół pustynnych regionów. Rozciąga się stąd przepiękny widok na miasto.

W okolicy San Miguel Allende zaprasza kilka kurortów z gorącymi źródłami i wodami mineralnymi. **Taboada**, 10 km na północny zachód, jest najbardziej znana. Nieco dalej, w wiosce **Atotonilco** ❿ stoi barokowy kościół, cel pielgrzymek pełen zabytków sztuki, m.in. fresków kolonialnego malarza Miguela Antonia Martíneza de Pocasangre.

Miasta El Bajío

Kolonialne miasta **León**, **Irapuato**, **Salamanca** i **Celaya** w stanie Guanajuato szybko się rozwijają, ale nie są specjalnie lubiane przez turystów. Ożywione **León** to ważny ośrodek handlu i przemysłu – meksykańska „stolica butów" i odpowiedni ad-

PONIŻEJ:
panna młoda
przybywa
do kościoła.

WOŁANIE O NIEPODLEGŁOŚĆ

Rankiem 16 września 1810 r. w mieście Dolores proboszcz Miguel Hidalgo y Costilla uderzył w kościelne dzwony, po czym zwrócił się do parafian z płomienną przemową, zakończoną słynnym *grito de Dolores* – wołaniem o niezależność od rządów kolonizatorów: „Śmierć Hiszpanom" (*Que mueran los gachupines*).

Hidalgo, który był Kreolem, szybko stał się liderem moralnym i politycznym ruchu niepodległościowego. Nie miał wykształcenia wojskowego, lecz z pomocą takich osób, jak Ignacio Allende jego oddziały, złożone z Kreoli, Metysów i Indian przejęły kontrolę nad dużą częścią zachodniego Meksyku i były bliskie zdobycia stolicy. 10 miesięcy później Hidalgo został uwięziony i stanął przed plutonem egzekucyjnym w Chihuahua.

11 lat później, po uzyskaniu niepodległości, miasto przemianowano na Dolores Hidalgo. Co roku w nocy 15 września w całym kraju zbierają się tłumy, by usłyszeć powtarzane przez prezydenta i polityków *El Grito*, otwierające obchody Dnia Niepodległości. Jest to jedyna noc w roku, gdy w kościele w Dolores Hidalgo biją dzwony.

res na zakupy wyrobów galanterii skórzanej. **Salamanca**, niegdyś senne rolnicze miasto, od kiedy stała się siedzibą dużej rafinerii zmieniła się w dobrze prosperujący, lecz chaotyczny ośrodek, ale wszelkie niedostatki rekompensuje piękny kościół **San Agustín**, który mieści jeden z najpiękniejszych ołtarzy w Meksyku. Na południe od Salamanki leży rolnicza wioska **Yuriria**, gdzie wyrasta XVI-wieczny klasztor Augustianów z bogato zdobioną fasadą w stylu plateresco.

W miasteczku **Celaya** zachowało się trochę późnokolonialnej architektury oraz neoklasyczna **Templo del Carmen** z XVIII w., projektu Eduarda de Tresguerrasa.

Mapa
s. 236
–237

Querétaro

Z Guanajuato sąsiaduje stan Querétaro, którego stolica, również **Querétaro ⑪**, słynie ze skarbów sztuki kolonialnej wpisanych na Listę Światowego Dziedzictwa Kulturalnego i Przyrodniczego UNESCO. Jest tu również ładna arena walki byków, a festyny przyciągają słynnych *toreros* i entuzjastów tej rozrywki z dalekich stron.

Querétaro było świadkiem najważniejszych wydarzeń w historii Meksyku, również tych, które przyśpieszyły ogłoszenie niepodległości. Traktat kończący wojnę meksykańską, na mocy którego kraj utracił połowę terytorium, podpisano w Querétaro w 1848 r. Tutaj w 1867 r. stracono cesarza Maksymiliana Ferdynanda Józefa, a w 1917 r. zatwierdzono konstytucję.

Główny plac, Jardín Obregón, chowa się w cieniu kościoła **San Francisco**, jednego z pierwszych wybudowanych w mieście. Kolorowe dachówki kopuły przywieziono z Hiszpanii w 1540 r. Krużganek sąsiedniego klasztoru mieści **Museo Regional** (wt.–nd.; wstęp płatny) gromadzące przedmioty odkryte podczas wykopalisk archeologicznych oraz malarstwo kolonialne. XIX-wieczny **Teatro de la República**

*Liście kaktusa
nopal są smaczne
po upieczeniu
i ugotowaniu – należy
jednak pamiętać
o usunięciu kolców!*

PONIŻEJ:
meksykańska
rozrywka.

PONIŻEJ: orka
na płaskowyżu.

(pn.–sb.; bezpł.) wznosi się przecznicę od placu. Obradujący tutaj sąd zdecydował w 1867 r. o losie cesarza Maksymiliana Ferdynanda Józefa; również w tym miejscu ratyfikowano w 1917 r. meksykańską konstytucję.

Naprzeciw ciekawej Plaza de la Independencia stoi **Casa de la Corregidora** (obecnie Palacio de Gobierno), niegdyś rezydencja Doñy Josefy Ortiz de Domínguez, żony miejscowego burmistrza (*corregidor*). W 1810 r. Doña Josefa, *La Corregidora*, ostrzegła niepodległościowców, że jej mąż odkrył spisek (później została stracona). Jej czyn zainspirował ojca Hidalgo do wygłoszenia *grito de Dolores*.

Pomniki i maszkarony

Co ciekawe, mimo tak wielu postaci historycznych związanych z miastem na rynku Querétaro stoi pomnik kolonialnego arystokraty Juana Antonia Urrutia y Arandy, który 250 lat temu zbudował wspaniały 1170-metrowy **akwedukt**, ciągle służący mieszkańcom (można go podziwiać w całej okazałości z punktu widokowego na zachodzie).

Museo de Arte de Querétaro (wt.–nd.; wstęp płatny) mieści się w późnobarokowym klasztorze Augustianów z pięknie rzeźbionymi kolumnami i łukami. Łypiące na turystów maszkarony podobno odmawiają modlitwę *Ave Maria* w języku migowym. Placówka gromadzi cenną kolekcję malarstwa z XVI–XX w.

Religijny barok

Surowa fasada kościoła **Santa Clara** na rogu ulic Madero i Allende kryje piękne barokowe wnętrze. Ściany wokół ołtarzy pokrywają bogate złocone ozdoby, a krata oddzielająca chór od nawy jest bez wątpienia wyjątkowym arcydziełem. Na ze-

wnątrz stoi fontanna poświęcona Neptunowi, zaprojektowana w 1797 r. przez Francisca Eduarda Tresguerrasa, jednego z największych architektów Meksyku.

W **Santa Rosa de Viterbo**, kościele i konwencie na południowy zachód od centrum, zachwycają wielkie rzeźby wokół ołtarza i wspaniałe organy. Kopuła w stylu mudejar i odwrócone przypory zwieńczone rzygaczami to znaki rozpoznawcze świątyni.

Oddalając się od centrum w kierunku wschodnim, dochodzi się do **Convento de la Santa Cruz** (codz.; wolne datki), zbudowanego w miejscu klęski Indian Otomí w 1531 r., a dziś podobno zamieszkanego przez ducha cesarza Maksymiliana Ferdynanda Józefa więzionego tutaj przed egzekucją.

W zachodniej części Querétaro wyrasta **Cerro de las Campanas**, jałowe wzgórze, na którym Maksymilian stanął przed plutonem egzekucyjnym. W pobliżu stoi skromna kaplica poświęcona jego pamięci, a także wielki pomnik Benita Juáreza.

Wokół Querétaro

60 km na południe od Querétaro leży **San Juan del Río** ⑫, popularne miejsce weekendowego wypoczynku mieszkańców stolicy. Miasteczko targowe z wąskimi uliczkami i solidnymi prowincjonalnymi domami nie jest tak eleganckie jak Querétaro, ale daje pojęcie o wiejskich regionach Meksyku. Hoduje się tu najsłynniejsze byki wykorzystywane do walk; poza tym ośrodek jest znany z plecionych koszyków i szlifowanych kamieni (opali i ametystów).

Nieopodal, przy szosie nr 120 leży ładna wioska **Tequisquiapan** ⑬, słynąca z gorących źródeł, łagodnego klimatu, znakomitych warunków do uprawiania sportów wodnych oraz święta wina i serów organizowanego w lecie. ❑

Mapa s. 236 –237

Opisy naocznych świadków natchnęły francuskiego impresjonistę Édouarda Maneta do namalowania słynnego obrazu przedstawiającego egzekucję cesarza Maksymiliana.

PONIŻEJ: El Jardín Obregón, główny rynek Querétaro.

JALISCO I MICHOACÁN

Mapa
s. 236–237
Plan s. 250

*Guadalajara i Morelia – stolice stanów Jalisco i Michoacán
– to miasta o typowo kolonialnej architekturze, lecz w wielu wioskach
Tarasków i Huicholów przetrwały indiańskie tradycje.*

México City

Jalisco, obszar na północny zachód od stolicy oraz część Wyżyny Meksykańskiej, jest jednym z najważniejszych meksykańskich stanów, żyjącym z rolnictwa i turystyki – to właśnie stąd pochodzi tequila, Taniec z Kapeluszami i muzycy *mariachi*.

Leżąca na wysokości 1524 m n.p.m. **Guadalajara ⓮**, drugi co do wielkości ośrodek kraju (ponad 4 mln mieszkańców), była niegdyś nazywana „największym z małych miasteczek Meksyku". Dziś jest to ruchliwa metropolia z atmosferą prowincji, a do tego ma podobno najlepszy klimat w tej części świata – średnia temperatura, około 20°C, utrzymuje się tutaj przez cały rok.

PO LEWEJ: kapelusz w kształcie *campesino* z prasowanego włókna kaktusowego zwanego *ixtle*. **PONIŻEJ:** imitacja stroju *charro* na sprzedaż.

Kolonialna perła

Stolica stanu Jalisco jest miastem parków, pomników, zacienionych chłodnych placów z uroczymi fontannami i zachwycającej architektury. Są tu również restauracje dla smakoszy i luksusowe hotele, a także bogate galerie sztuki.

Założona w 1532 r. przez Nuña de Guzmána, została uznana przez hiszpańską Koronę dopiero dziesięć lat później. Okrutny i ambitny konkwistador chciał, aby stała się stolicą Nowej Galicji i wielką potęgą, ale został w niełasce odesłany do Hiszpanii. Wkrótce miasto zaczęło się dynamicznie rozwijać i stało się ważnym ośrodkiem handlu, któremu zawsze udawało się zachować pewną autonomię polityczną i sądową.

Guadalajara leży w strategicznym miejscu, w jednym z przesmyków wiodących przez góry do żyznego wybrzeża Pacyfiku. Jej dumą jest niewątpliwie uniwersytet – dawniej studenci przybywali tu nawet z południowego Teksasu, wówczas należącego do Nowej Hiszpanii.

Większość miejsc wartych odwiedzin skupia się w śródmieściu. Najbardziej charakterystycznym zabytkiem jest otoczona czterema placami **katedra Ⓐ** o iglicy krytej żółtą dachówką, połączenie różnych stylów – od neogotyku do baroku i neoklasycyzmu.

Fontanna na **Plaza de los Laureles Ⓑ** upamiętnia założenie Guadalajary. Prawą pierzeję wypełnia Presidencia Municipal (ratusz) z portykami. Najznakomitsi obywatele Jalisco znaleźli miejsce wiecznego spoczynku pod **Rotonda de los Hombres Ilustres Ⓒ**, budowlą w greckim stylu otoczoną doryckimi kolumnami, stojącą pośrodku placu na północ od katedry. Posągi słynnych *jalicienses* stoją tu i ówdzie wzdłuż ocienionych ścieżek. **Museo Regional Ⓓ** (wt.–nd.; wstęp płatny) zajmuje ciekawą XVIII-wieczną budowlę – byłe seminarium po wschodniej stronie placu. Galerie są poświęcone archeologii, historii kolonialnej, malarstwu i etnografii.

Po południowej stronie świątyni rozciąga się **Plaza de Armas ❺**, pierwotnie główny plac targowy Guadalajary, dawne miejsce egzekucji. Estrada ustawiona pośrodku gości artystów w każdy czwartkowy i niedzielny wieczór. Tuż obok stoi późnobarokowy **Palacio de Gobierno ❻** (codz.; bezpł.) ozdobiony muralem **José Clemente Orozca** (s. 110). To zadziwiające malowidło jest hołdem złożonym Miguelowi Hidalgo y Costilli – „ojcu niepodległości Meksyku".

Plaza de la Liberación ❼ po wschodniej stronie katedry jest największym z czterech placów. Zaprojektowana przez współczesnego architekta z Guadalajary, Ignacia Díaza Moralesa, doskonale współgra z budynkami i fasadą XIX-wiecznego **Teatro Degollado ❽** (pn.–pt. przed południem i w czasie przedstawień). Ten niedawno odnowiony teatr ma okazałe wnętrze zdobione czerwonym aksamitem i złoceniami, a na suficie widnieją sceny z *Boskiej Komedii* Dantego.

Hospicio Cabañas

Plaza Tapatía ❾ na tyłach teatru to długi deptak prowadzący do eleganckiego **Instituto Cabañas Cultural ❿** (wt.–nd.; wstęp płatny), założonego i sfinansowanego przez jednego z największych dobroczyńców Guadalajary, biskupa Juana Ruiza de Cabañasa. Ponad 20 tarasów łączy różne części neoklasycznego budynku zaprojektowanego przez Manuela Tolsę w 1805 r. Pośrodku stoi Capilla Tolsá, której ściany i sufit zdobi mural Orozca, przez wielu uważany za najlepsze dzieło tego artysty. Ta symboliczna, bardzo dynamiczna praca odwołuje się m.in. do zniszczeń i cierpień spowodowanych hiszpańską konkwistą. W Instituto Cabañas Cultural jest również muzeum gromadzące kolekcję grafik i obrazów urodzonego w Jalisco Orozca, a także czasowe wystawy innych, głów-

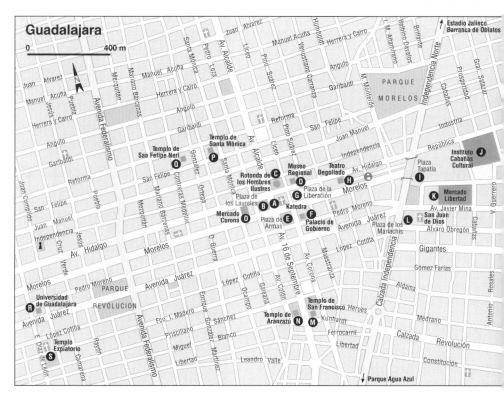

nie współczesnych artystów. Jako najważniejszy ośrodek kulturalny miasta, instytut organizuje wiele imprez związanych ze sztuką, na przykład zabawy, koncerty i projekcje filmów.

Stragany i *mariachi*

Tuż obok Hospicio Cabañas (od strony południowej), w samym środku starego centrum Guadalajary funkcjonuje **Mercado Libertad** Ⓚ, kolorowy targ na powietrzu. Znany jako San Juan de Dios – od patrona pobliskiego kościoła – oferuje niemal wszystko: zioła, warzywa i owoce, wyroby rzemiosła, dżinsy oraz elektronikę.

   Plaza de los Mariachis Ⓛ na tyłach kościoła ożywia się co wieczór, gdy wokół gromadzą się muzycy *mariachi*, by grać tradycyjne pieśni i *corridos* (ballady) przed wejściami do kawiarni i restauracji.

   W południowej części śródmieścia wyrastają dwa godne uwagi kolonialne kościoły zbudowane przez franciszkanów – **San Francisco** Ⓜ i **Aranzazú** Ⓝ. Obecnie stoją w ruchliwym centrum finansowym, a niegdyś ich ogrody rozciągały się na przedmieściach. Templo de Aranzazú ma bardzo piękne, bogato zdobione wnętrze z trzema złotymi ołtarzami w stylu churrigueryzmu. Ołtarz w starym kościele San Francisco został podpalony w latach 30. XX w.

   Kawałek dalej na południe (w kierunku dworca) można odetchnąć w dużym, dobrze utrzymanym **Parque Agua Azul** (wt.–nd.; wstęp płatny), podziwiając ptaszarnię, zwieńczone kopułą terrarium dla motyli i szklarnię pełną orchidei. W **Casa de las Artesanías de Jalisco** (codz.) na północnym krańcu parku są sprzedawane wspaniałe wyroby rzemieślnicze z całego stanu. Dwie przecznice na zachód od katedry na innym ciekawym bazarze – **Mercado Corona** Ⓞ

Plan
s. 250

RADA

Wielki wybór artykułów skórzanych – w tym pasów, toreb i *huaraches* (sandały z twardej skóry) – można kupić na Mercado Libertad. Tradycyjne ręcznie robione słodycze to specjalność miasta; warto spróbować kokosowych *cocada envinada*.

PONIŻEJ:
zabytkowe powozy, Guadalajara.

Plan
s. 250

– handluje się wszystkimi odmianami herbat ziołowych i naturalnych środków leczniczych.

Wiele ulic w tej części miasta obsadzono drzewami pomarańczy, a otynkowane domy, które przy nich stoją, mają piękne kraty z kutego żelaza oraz patia porosłe bugenwillą i jaśminem. Warto zajrzeć do dwóch tutejszych świątyń, **Santa Mónica** ❷ i **San Felipe Neri** ❶; pierwszy to kościół zakonny, z cudownie rzeźbioną późnobarokową fasadą, gdzie kobiety modlą się do św. Krzysztofa o dobrego męża (lub o pozbycie się obecnego). XVIII-wieczny kościół Felipe jest okazałą budowlą z dzwonnicą i kopułą o pięknych proporcjach.

Uniwersytet i okolice

Przy Avenida Juárez ma siedzibę **uniwersytet** ❶, którego główny budynek pochodzi z lat 20. XX w. Imponujące murale Orozca zdobią kopułę i tylną ścianę *Paraninfo* (główna sala). W tym samym budynku mieści się **Museo de Arte Contemporáneo** (wt.–sb.; wstęp płatny) gromadzące kolekcję miejscowej sztuki współczesnej oraz goszczące wystawy czasowe. Na tyłach zabudowań uczelni stoi neogotycki kościół wzorowany na katedrze we włoskim Orvieto, znany jako **Expiatorio** ❺. Obszar tuż za uniwersytetem, wzdłuż ulic Vallarta i Chapultepec, to zakątek oddalony od zgiełku i ruchu, z szerokimi ulicami obsadzonymi drzewami oraz miłymi kawiarniami.

Calzada Independencia, główna oś popularnej części Guadalajary, nie jest zbyt ładna, ale ruchliwa i pełna życia. Jej północny kraniec zamyka wielki stadion piłki nożnej, **Estadio Jalisco**, „świątynia" najpopularniejszego (niektórzy uważają, że aż do przesady) sportu w Meksyku.

PONIŻEJ:
miniaturowi
mariachi.

Tequila i spółka

Podobnie jak Szampania we Francji, miasteczko Tequila zdobyło sławę znacznie przekraczającą jego niewielkie rozmiary – wiedzą o nim nawet ci amatorzy specyficznego alkoholu, którzy nigdy tutaj nie byli.

Oddalone o niecałą godzinę jazdy na północny zachód od Guadalajary, leży w cieniu wygasłego wulkanu sięgającego 2950 m n.p.m. Tysiące hektarów wokół niego porastają niebieskawe krzewy *Agave tequilana*. Mimo że są setki rodzajów tej rośliny, prawo meksykańskie stanowi, że tequila musi być w co najmniej 51% zrobiona z gatunku *Agave tequilana Weber*, która rośnie tylko w okolicach Tequili. Najlepsze gatunki trunku są produkowane z wyciśniętego soku; do wyrobu tańszych używa się koncentratu.

Po 8–10 latach uprawy z agawy usuwa się liście, pozostawiając 50-kilowy rdzeń, tzw. *piña*, który miażdży się i gotuje na parze, a później rozdrabnia i wyciska. Po dodaniu drożdży i (niekiedy) cukru następuje czterodniowa fermentacja poprzedzająca dwie destylacje. Część bezbarwnego alkoholu przelewa się do butelek, a resztę do dębowych kadzi, gdzie leżakuje przez kilka lat, nabierając złotego koloru i łagodnego posmaku tequila *añejo* (czyli leżakującej przez co najmniej rok).

Mezcal i *pulque* to inne słynne meksykańskie alkohole. *Pulque* – jedyny napój alkoholowy znany najdawniejszym cywilizacjom indiańskim (używany w wielu przypadkach przez kapłanów, którzy pijąc go, wprowadzali się w trans), powstaje poprzez fermentację, nie destylację (destylacja nie była znana przed przybyciem konkwistadorów). W niewielkim stopniu halucynogenne, jest napojem o ostrym aromacie i zdecydowanym smaku. Pije się je w *pulquerías*, które mają przeważnie męską klientelę, głównie robotniczą. Gdy *pulque* jest doprawione owocami, na przykład guawą, ananasem czy truskawkami, staje się przyjemne w smaku i czasem jest podawane na weselach lub innych imprezach.

Mezcal jest wysokoprocentowym trunkiem, który – podobnie jak tequila – został poddany destylacji, ale innym sposobem. Mały robak zakonserwowany w alkoholu produkowanym w okolicach stanu Oaxaca (*mezcal con gusano*)

jest uważany za wyjątkowy przysmak. Tequila jako jedyna z trzech wymienionych wyżej alkoholi zyskała uznanie na świecie, zwłaszcza w Stanach Zjednoczonych, które w 2002 r. kupiły od południowego sąsiada 7,2 mln skrzynek po 12 butelek. Tequila stała się słynna już w XVII w., ale międzynarodową sławę zawdzięcza głównie żołnierzom z USA spędzającym urlopy w Tijuanie i innych przygranicznych miastach podczas II wojny światowej. Sprzedaż tego alkoholu podwoiła się w ciągu ostatniej dekady dzięki popularności koktajlu *margarita*, a niedawno również dzięki obniżkom cen.

Rytuał picia tequili ma kilka wersji, jedna z nich to nasypanie szczypty soli w zagłębienie między kciukiem i palcem wskazującym, a następnie wyciśnięcie na nią soku z limonki. Po zlizaniu mokrej mieszaniny upija się łyk z *caballito* (mały kieliszek używany do picia tequili) – chodzi o uzyskanie odpowiedniej równowagi między silnymi wrażeniami, gdy słodki płomień trunku uzupełnia słono-kwaśny smak „zakąski". Niektórzy piją tequilę z dodatkiem Sangrita, ostrej mieszanki zawierającej sok pomidorowy i pomarańczowy. ❑

PO PRAWEJ: przerwa na łyk tequili.

Barranca de Oblatos kilka kilometrów dalej na północ to wspaniały 600-metrowy kanion, którego ostro opadające skalne ściany łagodzi bujna roślinność. Spływa tu kaskadą imponujący wodospad **Cola de Caballo**. Na dnie kanionu *río* Santiago płynie w kierunku Pacyfiku. Piękny widok na jar roztacza się z pobliskiego zoo w **parku Huentitán**, gdzie żyje ponad 2 tys. gatunków zwierząt.

Północno-zachodnie przedmieście Guadalajary, **Zapopán**, warto odwiedzić z powodu barokowej bazyliki, mieszczącej cudowną figurkę Matki Boskiej, która każdego lata jest niesiona w procesji z kościoła do kościoła, by 12 października powrócić do bazyliki.

Obok świątyni działa małe, ale bardzo interesujące **Museo Huichol** (codz.; bezpł.) z wystawami związanymi ze sztuką, rzemiosłem i obyczajami Indian.

Tlaquepaque i Tonalá

San Pedro Tlaquepaque, południowo-wschodnie przedmieście miasta, słynie z pięknej ceramiki, choć obecnie jakość i wygląd wielu przedmiotów znacznie się pogorszyły, gdyż część jest produkowana na masową skalę. Piękne, ręcznie robione wyroby rzemiosła zgromadzono w **Museo Regional de Cerámica y las Artes Populares** (wt.–nd.; bezpł.), które warto odwiedzić, by obejrzeć wystawę miejscowego garncarstwa. Ale w Tlaquepaque najlepiej spędzić czas, spacerując po brukowanych ulicach i oglądając XIX-wieczne domy, mieszczące dziś sklepy i restauracje. **El Parián**, zadaszony targ w Jardín Hidalgo jest szczególnie lubiany przez *tapatíos* (przezwisko nadawane mieszkańcom Guadalajary), którzy zjeżdżają tutaj tłumnie w weekendy, by napić się piwa, zjeść *birria* (danie z pieczonego na ruszcie koźlęcia) i posłuchać występów *mariachi*.

Większość wyrobów z ceramiki i szkła sprzedawanych w Tlaquepaque i Guadalajarze pochodzi z *fábricas* niedalekiego miasta **Tonalá**. W czwartki i niedziele miasto zamienia się w uliczny targ, choć wiele straganów sprzedaje odrzuty z produkcji i czasami lepiej pójść prosto do sklepu.

Mapa
s. 236
–237

Chapala i okolice

Na południowy wschód od Guadalajary leży **Chapala**, największe, choć w szybkim tempie kurczące się meksykańskie jezioro, słynące z pięknych zachodów słońca. Wygodne domy weekendowe bogatych *tapatíos* i emerytowanych *norteamericanos* wyrastają wzdłuż północnego brzegu akwenu. Miasto **Chapala** ⓕ, oddalone o 40 minut jazdy od Guadalajary, staje się bardzo tłoczne w weekendy; można tu wynająć łódź i popłynąć na lancz na jedną z wysepek. Dalej na zachód przy brzegu leży ciekawa, choć trochę senna wioska **Ajijic** ⓖ, w dużej części zamieszkana przez obywateli USA, oraz uzdrowisko z gorącymi źródłami **San Juan Cosalá**.

Miasto **Tapalpa** ⓗ na południowy zachód od jeziora, z pięknymi domami (z drewnianymi balkonami) na wzgórzach porosłych sosnowym lasem, wyróżnia się zupełnie odmiennym pejzażem i jest świetnym punktem na sobotnio-niedzielny wypad z miasta.

Na spragnionych kilku dni wypoczynku na plaży czeka **Puerto Vallarta** – ekskluzywny kurort w granicach stanu Jalisco na wybrzeżu Pacyfiku, tylko kilka minut lotu samolotem i trzy godziny jazdy samochodem od miasta. Szukający prywatności, znajdą ją na kremowym piasku plaż na północ od Puerto Vallarty i w romantycznych zatoczkach na południe od letniska.

PONIŻEJ: spokojne miasto Tapalpa.

Pocztówki o tematyce religijnej.

Michoacán

Górzysty **Michoacán** to ulubiony meksykański stan wielu turystów, gdyż jego jeziora, rzeki, indiańskie wioski, wulkany i kolonialne miasta to swoisty Meksyk w miniaturze. W północno-wschodniej części stanu leży jego stolica, **Morelia** ⓲, kiedyś znana jako Valladolid, a przemianowana w 1828 r. na cześć José Maríi Morelosa y Pavóna, jednego z bohaterów ruchu niepodległościowego. Szosy (płatne i bezpłatne) prowadzące stąd do stolicy są bardzo malownicze. Bezpłatna droga wije się wokół **Mil Cumbres** (dosł. tysiąc szczytów – jest na niej chyba tysiąc zakrętów) przez las sosnowy, mijając wodospady.

Klimat Morelii, ładnego kolonialnego miasta z budynkami z różowego kamienia, jest łagodny, a życie toczy się tutaj powolnym rytmem. **Katedra Ⓐ**, której wybudowanie zajęło cały wiek (1640–1744) jest wspaniałym połączeniem stylu herreryjskiego (inaczej zwanego *estili desornamentado*), baroku oraz neoklasycyzmu. Niestety, większość barokowych płaskorzeźb wewnątrz zastąpiono w XIX w. innymi; na szczęście zachowały się niemieckie organy i figura Chrystusa z masy kukurydzianej, nosząca XVI-wieczną koronę, dar hiszpańskiego króla Filipa II. W **Palacio de Gobierno Ⓑ**, dawnym seminarium po drugiej stronie Avenida Madero, miejscowy artysta Alfredo Zalce namalował murale oddające piękno Michoacánu i jego bogatą historię.

Casa Natal de Morelos (pn.–nd.; bezpł.) na rogu ulic Corregidora i Obeso to miejsce urodzenia José Maríi Morelosa y Pavóna, wspomnianego bohatera ruchu niepodległościowego, który był uczniem Hidalga i również został księdzem. Przecznicę dalej na wschód ma siedzibę **Museo Casa de Morelos Ⓒ** (codz.; wstęp płatny). Dom, w którym Morelos mieszkał od 1801 r., mieści wystawę poświęconą jego życiu oraz ekspozycję pamiątek (jest np. opaska, któ-

PONIŻEJ:
Morelia nocą.

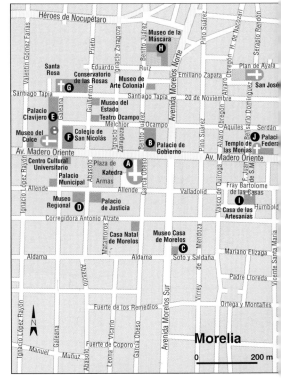

Morelia

0   200 m

rą nosił w momencie egzekucji w 1815 r.). **Museo Regional** ❶ (wt.–nd.; wstęp płatny) przy placu prezentuje zbiory historyczne, etnologiczne i co najciekawsze – rekonstrukcję w pełni wyposażonej apteki z 1868 r.

Elegancki **Palacio Clavijero** ❷, dawne seminarium jezuitów założone w 1660 r., mieści **biuro informacji turystycznej**. Jego nazwa to hołd oddany Francisco Xavierowi Clavijerowi, jezuicie który tu uczył i napisał – uważaną przez wielu za najlepszą – historię Meksyku. Pobliskie **Colegio de San Nicolás** ❸, gdzie Morelos uczył się w młodości, jest jednym z najstarszych uniwersytetów obu Ameryk. Przecznicę dalej na północ, naprzeciw spokojnego placu ozdobionego posągiem Miguela de Cervantesa stoi ładny barokowy kościół **Santa Rosa** ❹. Sąsiednie XVIII-wieczne **Conservatorio de las Rosas** wciąż jest liczącą się akademią muzyczną.

Wspaniałe maski

Mały, lecz bardzo ciekawy zbiór rytualnych masek z różnych regionów Meksyku eksponuje **Museo de la Máscara** ❺ (codz.; bezpł.), filia Casa de la Cultura, dynamicznego centrum kulturalnego z siedzibą w zaadaptowanym **Convento del Carmen**, organizującego warsztaty sztuki, spektakle i ekspozycje czasowe.

Trzy przecznice na wschód od placu, w byłym Convento de San Francisco mieści się **Casa de las Artesanías** ❻ (wt.–nd.; wstęp płatny), z oddzielnymi salami, w których wystawiono rękodzieło pochodzące z wiosek stanu Michoacán. Dalej na wschód, za piękną **Templo de las Monjas** ❼ przy Avenida Madero stoi XVIII-wieczny **akwedukt** z 253 arkadami. Na południe od niego rozciąga się największy park Morelii, Bosque de Cuauhtémoc; ma tutaj

Mapa
s. 236–237
Plan s. 256

Każdy łakomczuch powinien spróbować chongos zamoranos, niezrównanego miejscowego specjału z cukrowym nadzieniem; można go nawet kupić w puszkach i zabrać do domu.

PONIŻEJ:
targ Tarasków.

Lodziarnia w Morelii.

siedzibę **Museo de Arte Contemporáneo** (wt.–nd.; bezpł.), z interesującymi zbiorami sztuki współczesnej.

Każdego roku od 30 do 100 milionów motyli z gatunku monarcha wędrowny pokonuje zatokę w drodze z Kanady i USA do terenów lęgowych na wschodzie Michoacánu. W pobliżu wioski Angangueo, niedaleko od szosy Meksyk–Morelia leży **Santuario de Mariposas El Rosario ⑲** (codz. XI–III; wstęp płatny). Najlepszą porą na odwiedziny w rezerwacie jest poranek, gdy motyle zlatują z drzew na wilgotną ziemię. Widok kolorowych owadów przykrywających całą okolicę pomarańczowym dywanem jest niezapomniany.

Pátzcuaro i Janitzio

Typowo kolonialna Morelia wyraźnie odróżnia się od reszty Michoacánu, który pozostał w znacznym stopniu indiański. Bezpośrednio na zachód od miasta, w otoczeniu indiańskich wiosek leży **jezioro Pátzcuaro ⑳**, w którym rybacy – posługując się charakterystycznymi sieciami w kształcie motyli – łowią przeróżne gatunki ryb. Będąc tu, warto się wybrać na wycieczkę łodzią na wyspę **Janitzio** pośrodku akwenu, z ogromnym 40-metrowej wysokości pomnikiem José Maríi Morelosa y Pavóna; można wejść do środka i wspiąć się do zaciśniętej pięści giganta, skąd rozciąga się piękna panorama okolicy.

Janitzio jest znane dzięki obrzędom związanym z Dniem Zmarłych (s. 262 i 263), odbywającym się 1 i 2 listopada, gdy miejscowi – w procesji na cmentarz – przepływają jezioro oświetlonymi świecami kanu, przywożąc kwiaty, jedzenie i inne ofiary dla swoich zmarłych bliskich. (By uszanować ich prywatność, turystów prosi się, by nie brali udziału w nocnym czuwaniu na Janitzio).

PONIŻEJ: połów ryb w jeziorze Pátzcuaro.

Pátzcuaro

W miasteczku **Pátzcuaro ㉑**, sercu indiańskiej krainy Purépecha (Tarasków) na południowym brzegu jeziora, przy brukowanych uliczkach stoją bielone domy z suszonej cegły i kolonialne wille z balkonami udekorowane herbami, a w powietrzu unosi się zapach palonego drewna. Piątkowy targ jest tu wyjątkowo ożywiony, choć importowane towary zaczynają powoli przeważać nad miejscowymi wyrobami.

Wszystkie główne zabytki Pátzcuaro (inaczej Tarascanu), skupiają się w okolicy centralnych placów: pierwszy to ocieniona **Plaza Vasco de Quiroga**, nosząca imię XVI-wiecznego biskupa, który poświęcił życie dla Tarasków (jego pomnik stoi pośrodku placu). We wschodniej pierzei wyrasta XVII-wieczna **Casa del Gigante** (dosł. dom olbrzyma), była rezydencja książąt Menocal, dzisiaj dom prywatny. Inne rezydencje zamieniono na hotele, restauracje i sklepy z rzemiosłem.

Plaza Gertrudis Bocanegra, przecznicę dalej na północ, nosi imię bohaterki ruchu niepodległościowego. Ruchliwy targ odbywa się po jego zachodniej stronie, a po północnej stoi XVI-wieczna Biblioteca Central, zajmująca były kościół **San Agustín**. Wnętrze zdobią murale Juana O'Gormana, ilustrujące historię Michoacánu. We wschodniej pierzei placu wyrasta **Basílica de Nuestra Señora de la Salud**, świątynia szukających uzdrowienia chorych z całego Meksyku, którzy przybywają tu, by czcić figurę Matki Boskiej Zdrowia. Ogromną i majestatyczną świątynię zaprojektował de Quiroga, lecz niestety, większości jego planów nigdy nie zrealizowano.

Budynek **Museo Regional de Artes Populares** (wt.–nd.; wstęp płatny) na południe od bazyliki, przy ulicy Alcantarillas, powstał w 1640 r. jako siedziba

Mapa
s. 236
–237

RADA

W środowe i sobotnie noce warto wziąć udział w *Noche Mexicana* i obejrzeć *Baile de los Viejitos* (Taniec Starców) w hotelu Posada de Don Vasco.

PONIŻEJ: typowa ulica w Pátzcuaro.

Mapa
s. 236
–237

RADA

Drewniane zabawki z Michoacánu są wspaniałą pamiątką, ale trzeba zachować ostrożność, gdyż farba może być przygotowana na bazie ołowiu.

PO PRAWEJ: estrada, Santa Clara del Cobre. **PONIŻEJ:** ulubione zajęcia Meksykanów – taniec i śpiew.

Colegio de San Nicolás założonego przez Vasca de Quirogę. Muzeum gromadzi cenne zbiory rzemiosła, m.in. wyrobów z laki, ceramiki i tkanin oraz przedmiotów z miedzi z Santa Clary.

Casa de los Once Patios na południowy wschód od głównego placu jest ważnym centrum rzemiosła, z warsztatami i butikami wokół dziedzińca dominikańskiego klasztoru z XVIII w.

Wioski w stanie Michoacán

Wioska **Tzintzuntzán** (dosł. siedziba kolibrów) na wschodnim brzegu jeziora Pátzcuaro to dawna stolica Tarasków. Plemię, nieujarzmione do czasu przybycia opancerzonych i uzbrojonych w armaty Hiszpanów, do dziś zachowało swoje tradycje, język i obyczaje, zwłaszcza w górskich siedliskach. Ruiny dawnej siedziby ich władców, zwane również **Tzintzuntzán** (codz.; wstęp płatny), jeden z najważniejszych starożytnych zabytków na terenie Michoacánu, składają się głównie z grupy pięciu *yácatas*, czyli podstaw świątyń na planie koła, stojących na zrekonstruowanym tarasie, skąd rozpościera się niezrównany widok na jezioro i okolicę. W wiosce wyrasta potężny XVI-wieczny klasztor franciszkański otoczony ogrodami. Tutejsze drzewa oliwne są uważane za najstarsze w Meksyku – podobno przywiózł je z Hiszpanii sam de Quiroga.

Okolica jest usiana indiańskimi wioskami, z których każda specjalizuje się w innym rodzaju rzemiosła. Ich wyroby są sprzedawane w mieście targowym **Quiroga**, słynącym z produkcji barwnie malowanych drewnianych mebli i masek. Na południe od Pátzcuaro leży **Santa Clara del Cobre** (nazywana też Villa Escalante), słynna z wyrobów miedzianych, choć w miejscowych kopalniach nie wydobywa się już rudy. Gitary i wszelkiego rodzaju drewniane przedmioty pochodzą z warsztatów w **Paracho**.

Miasto **Uruapan** ㉒, 62 km na zachód od Pátzcuaro, jest punktem granicznym, w którym łączy się *tierra fría* (chłodne wyżyny) z *tierra caliente* (wilgotne niziny). Miasto to centrum żyznego obszaru rolniczego słynącego z upraw awokado. Ciekawą wystawą wyrobów rzemiosła (m.in. lakowanych tac i skrzynek) może się pochwalić **Museo Regional de Arte Popular** (wt.–nd.; bezpł.), mieszczące się w najstarszej budowli Uruapanu, XVI-wiecznym **Huatapera**, postawionym jako jeden z pierwszych szpitali. Kilka przecznic na zachód od *zócalo* (główny plac) jest wejście do uroczego **Parku Narodowego Eduardo Ruiz** z bujną tropikalną roślinnością, gdzie biją źródła *río* Cupatitzio.

Popularną wycieczką jest wyprawa do oddalonego o 10 km wodospadu **Tzararácua** na *río* Cupatitzio, opadającej kaskadami 25 m w dół przez podzwrotnikową zieleń.

Warto również pojechać do tlącego się wulkanu **Paricutín**, który wybuchł w 1943 r., a jego aktywność trwała do 1952 r. Do niezwykłego księżycowego krajobrazu powoli powraca kiełkująca zieleń. Można wynająć kucyka lub na piechotę udać się do miasteczka **Angahuan**, 30 km na północny zachód od Uruapanu, które zachowało swój dawny charakter. ❏

KU CZCI PRZODKÓW

Co roku w dwa pierwsze dni listopada Meksykanie wspominają swoich zmarłych w pełnych powagi, lecz radosnych obrzędach.

Obchody *Día de los Muertos* (Dzień Zmarłych), którym towarzyszy duch meksykańskich Metysów, są dla przybyszów bardzo interesujące.

Ślady ceremonii ku czci przodków odkryto już w rytuałach okresu prekolumbijskiego poświęconych Mictlantecuhtli, władcy podziemi czczonemu przez lud Mexica, i Huitzilopochtli, azteckiemu bogowi wojny (to właśnie jemu składano na specjalnych ołtarzach ofiary z ludzi). Konkwistadorzy podjęli nieudane próby nadania świętu chrześcijańskiego charakteru – hiszpańscy księża przesunęli datę Dnia Zmarłych, by przypadał na Dzień Zaduszny, ale nie udało im się wyplenić pradawnych obyczajów, dziś mieszających się z tradycją chrześcijańską.

WSPÓŁCZESNE ZMIANY

Dzień Zmarłych łączy rytuały prekolumbijskie i chrześcijańskie, a obrzędy są inne w każdym stanie. Najsłynniejsze są jego obchody w stanie Michoacán, gdzie całonocne czuwanie na cmentarzu i procesja łodzi sunących w świetle świec po jeziorze Pátzcuaro na wysepkę Janitzio przyciągają turystów z całego świata.

W mieście Meksyku i jego okolicach prym wiodą szkielety i czaszki z papier mâché, czekolady i cukru oraz tańce przebierańców w makabrycznych maskach.

Aby podtrzymać dawne obyczaje, ostatnio coraz częściej wypierane przez wpływy amerykańskie, których symbolem są chociażby dynie, w dużych miastach organizuje się wystawy *ofrendas* (ołtarzyki ku czci zmarłych).

◄ **ŻYCIE I ŚMIERĆ**
Dualizm życia i śmierci zaznaczony w tej prekolumbijskiej czaszce jest doskonale widoczny również w dzisiejszych obchodach Dnia Zmarłych.

▼ **KWIATY I ŚMIERĆ**
Jasnopomarańczowe kwiaty *cempasúchil* (aksamitki) to „kwiaty śmierci", w Dniu Zmarłych wykorzystywane do dekoracji.

► **ŻYWE KOŚCIOTRUPY**
Sugestywne grafiki José Guadalupe Posady (zdjęcie w lewym górnym rogu), stanowiące dowód czarnego humoru artysty, stały się inspiracją rzemieślników i malarzy w całym Meksyku.

▼ **SŁODYCZE**
Stragany na targowiskach są pełne czaszek z cukru i czekolady nawiązujących do azteckich *tzompantli* (ściany czaszek). Można również kupić małe szkielety oraz trumny z gliny i papier mâché.

◄ POWRACAJĄCE DUSZE
Część osób przygotowuje ołtarz w domu, inni odwiedzają cmentarze, chcąc przeżyć święto razem z duchami krewnych.

ANIOŁKI WĘDRUJĄ DO DOMU

▲ CHWILA MEDYTACJI
Dzień Zmarłych to dla meksykańskiej społeczności czas pogłębionej duchowej refleksji i wspólnych wspomnień, jednoczących żywych ze zmarłymi.

Meksykanie wierzą, ze dusze zmarłych dzieci (nazywane *angelitos* – aniołki) wracają do swoich ziemskich domów 1 listopada, a dusze dorosłych – 2 listopada. Każdej powracającej duszy należy zapalić świeczkę, a we wszystkich meksykańskich domach przygotowuje się piękne *ofrendas*, czyli ołtarzyki.

Zdjęcia zmarłych ustawia się wokół stołu wraz z ich ulubionymi daniami lub *antojitos*, tradycyjnym *pan de muerto* (dost. chleb zmarłych) i szklanką tequili lub kubkiem *atole* (napój z mąki kukurydzianej). Ołtarzyk dekoruje się wycinankami z bibuły i pomarańczowymi kwiatami *cempasúchil*. Małe czekoladowe lub cukrowe czaszki i inne dekoracje ustawia się wokół *ofrenda*, zapalając kadzidło zwane *copal*.

Czasami posypuje się płatkami kwiatu pomarańczy ścieżkę wzdłuż ulicy do ołtarzyka, by pomóc duszom odnaleźć drogę do domu i oddać hołd bliskim.

▲ JADALNE OFIARY
Ofrendas różnią się w poszczególnych stanach i domach, lecz *pan de muerto*, chleb dekorowany „piszczelami", jest wspólną tradycją.

▼ Z UŚMIECHEM
Meksykanie boją się śmierci, ale jednocześnie kpią z niej. Takie zachowanie należy rozumieć jako próbę wyśmiania tego, co nieuchronne.

ACAPULCO I PLAŻE PACYFIKU

Mapa s. 236 –237

Wybrzeże Pacyfiku obfituje w ekskluzywne plaże z luksusowymi hotelami i wszelkimi udogodnieniami, ale i tu zachowały się odosobnione zatoczki, gdzie można poleżeć w hamaku, podziwiając zachód słońca.

Acapulco leżące nad piękną zatoką, z górami schodzącymi do Pacyfiku, było pierwszym kurortem na meksykańskim wybrzeżu, który stał się znany na całym świecie jako mekka *beautiful people* („piękni ludzie"). Później, gdy turystyka stała się strategiczną gałęzią gospodarki, 257 km na północny zachód rozwinęła się Ixtapa.

Romantyczna Vallarta

Puerto Vallarta ㉓ zawdzięcza dzisiejszą sławę gwiazdom Hollywood, które odkryły ten uroczy zakątek w latach 60. XX w. Miasto zyskało na znaczeniu, kiedy na ekrany kin wszedł film Johna Hustona *Noc iguany*, nakręcony w 1964 r. na plaży Mismaloya. Richard Burton, gwiazdor tej adaptacji sztuki T. Williamsa, kupił w pobliżu dom, a jego znajomość z przyszłą żoną Elizabeth Taylor przyciągnęła uwagę mediów. Wkrótce potem pojawili się turyści. Dom sławnej pary, przy ulicy Zaragoza 445, jest w tej chwili pensjonatem i zachował autentyczne meble (codz.; wstęp płatny). Później nakręcono tu jeszcze m.in. sceny do *Predatora* z Arnoldem Schwarzeneggerem (1987 r.) i *Puerto Vallarta Squeeze* z Harvey'em Keitelem (2002 r.).

PO LEWEJ: skoki do wody w La Quebrada.
PONIŻEJ: czujne oko.

Vallarta rozciąga się wzdłuż brzegu **Bahía de Banderas**, jednej z największych zatok na świecie, gdzie każdej wiosny zbierają się migrujące walenie, a delfiny odbywają gody. Główna ulica i deptak uległy zniszczeniom w czasie huraganu, który nawiedził tę część wybrzeża w 2002 r., ale szybko zostały odbudowane. Na **starówce** leżącej na obu brzegach *río* **Cuale** stoją białe gliniane domy z czerwonymi dachówkami, a po brukowanych uliczkach biegają osły.

Templo de Guadalupe, najbardziej charakterystyczna budowla Vallarty, jest zwieńczona ogromną koroną, repliką korony Charlotty, żony cesarza Maksymiliana Ferdynanda Józefa. Ponad rzeką przerzucono mosty prowadzące na wyspę, gdzie zapraszają galerie sztuki, sklepy, restauracje i małe **Muzeum Archeologiczne** (wt.–sb.; wstęp płatny).

Na północ od starej części miasta rozciąga się tzw. **Zona Hotelera**, długi pas wybrzeża zabudowany luksusowymi hotelami, kończący się przy **Marina Vallarta**, 178-hektarowym kurorcie, gdzie skupiają się najbardziej ekskluzywne hotele i rezydencje (jest również 18-dołkowe pole golfowe).

Najpopularniejszy sport na tutejszych plażach to latanie na lotni za łodzią motorową; poza tym

uprawia się nurkowanie z maską lub akwalungiem, jazdę na skuterach wodnych, windsurfing i żeglarstwo. Wędkarze mogą się wyprawić na pełne morze na merlina, doradę i tuńczyka.

Manzanillo pretenduje do miana „światowej stolicy merlina". Sezon rybacki trwa tutaj od listopada do marca.

Playa Olas Altas i **Playa de los Muertos** na południowym brzegu *río* Cuale to chyba najbardziej zatłoczone zakątki wybrzeża, lecz nieco dalej na południe jest kilka innych ładnych plaż, już poza granicami miasta: w **Mismaloya** i **Boca de Tomatlán**. Warto popłynąć na wycieczkę łodzią lub katamaranem z Los Muertos Pier do **Las Animas**, małej miejscowości z niedrogimi hotelami, do **Quimixto**, gdzie stoi dom reżysera Johna Hustona, lub do **Yelapy** w zatoce. Wynajmując konia lub *burro* (osioł), warto się wybrać przez dżunglę do pobliskich wodospadów.

Na południe od Puerto Vallarty

Droga wiodąca na południe kieruje się początkowo w głąb lądu, po czym przecina **Playa Blanca**, hałaśliwy ośrodek Club Medu, oraz **Pueblo Nuevo**, dynamicznie rozwijający się kurort w amerykańskim stylu. Dalej mija się **Bahía Chamela**, szykowną **Costa Careyes** oraz **Costa Alegre** ㉔, 96-kilometrowy odcinek stosunkowo rzadko zabudowanego wybrzeża, którego urocze zatoczki niewiele się zmieniły od czasów przybycia hiszpańskich galeonów 400 lat temu.

PONIŻEJ: jachty zacumowane w przystani Puerto Vallarty.

Kolejny kurort to **Barra de Navidad** ㉕, senne miasto przy plaży, odwiedzane głównie przez urlopowiczów z Guadalajary. Ci sami wczasowicze jeżdżą do **San Patricio Melaque** 2 km dalej – to właśnie z tej plaży Miguel López Legazpi wypłynął w 1564 r. na podbój Filipin.

Mapa
s. 236
–237

Manzanillo ㉖ w stanie Colima, godzinę drogi stąd, jest ważnym węzłem kolejowym i portem z wąskimi, zakorkowanymi ulicami. W mieście jest kilka dobrych hoteli, a najlepsze z nich skupiają się w zachodniej części zatoki, wokół **Playa Audiencia**. Kompleks **Las Hadas** odwiedzany przez zamożną klientelę został zbudowany przez boliwijskiego przedsiębiorcę; jest mieszaniną stylu mauretańskiego i śródziemnomorskiego z elementami rodem z Disneylandu. Po przejechaniu gajów cytrynowych w głębi lądu dojeżdża się do kolonialnej **Colimy** ㉗, stolicy stanu i pierwszego miasta założonego przez Hiszpanów w Meksyku.

Na turystów czekają tutaj dwa godne uwagi muzea: **Museo Regional de Historia** (wt.–nd.; bezpł.) i ciekawsze **Museo de las Culturas de Occidente** (wt.–nd.; wstęp płatny), eksponujące duże zbiory ceramiki prekolumbijskiej stworzonej przez cywilizacje zachodniego Meksyku – wśród eksponatów są m.in. pękate psy itzcuintli. W okolicy Colimy wyrastają dwa wulkany: wciąż aktywny **Volcán de Fuego**, i jego większy, nieczynny sąsiad – **Nevado de Colima**, bardzo popularny wśród wspinaczy.

*Zielony Bałwan,
gigantyczna
10-metrowa fala,
dopływa
do Cuyutlánu,
na południe
od Manzanillo,
w kwietniu lub maju
każdego roku.*

Bliźniacze kurorty

O kurortach Ixtapa i Zihuatanejo, które dzieli tylko kilka kilometrów, mówi się z reguły jako o całości, gdyż ich granice uległy niemal zatarciu. **Ixtapa** ㉘, podobnie jak Cancún na Jukatanie, powstała w wyniku planowej rozbudowy w latach 70. XX w. i od tamtej pory przyciąga co roku prawie pół miliona turystów, z czego trzy czwarte to Meksykanie. Luksusowe hotele kurortu skupiają się wzdłuż Playa del Palmar i Punta Ixtapa.

PONIŻEJ: rokokowy garbus.

*Sprzedaż kolorowych
koszyków
z włókna ixtle.*

Przy zadbanej szosie stoi przemyślnie zaprojektowane centrum handlowe. Sąsiadują tu ze sobą stoiska ze świeżymi sokami, sklepy z artykułami codziennego użytku, restauracje i butiki z drobiazgami. Robienie zakupów to zresztą miejscowa atrakcja – w sumie w obu kurortach jest ponad tysiąc sklepów, w tym modne butiki, dobry sklep ze srebrem (Platería Roberto) i trzy targi z rękodziełem.

Oprócz hoteli w Ixtapie są luksusowe rezydencje, dwa pola golfowe (jedno zaprojektowane przez Roberta Trenta Jonesa) i osłonięta marina. Kurort oferuje znakomite warunki do uprawiania sportów wodnych. Z Playa Quieta (oraz – choć rzadziej – z Zihuatanejo) odpływają statki na **Isla Ixtapa**, będącą rezerwatem morskiej przyrody. Wyspa zapewnia doskonałe warunki do kąpieli i nurkowania z maską; można tu również zjeść posiłek w restauracji na plaży.

Miasto z prawdziwego zdarzenia

Zihuatanejo ㉙, inaczej Zee lub Ziwa, to nie tylko centrum turystyczne, lecz miasto z prawdziwego zdarzenia, gdzie żyją zwyczajni ludzie prowadzący zwyczajne życie. Poruszanie się po Zihuatanejo lub Ixtapie (albo między nimi) jest bardzo łatwe – hotele podają taryfy taksówek, a kierowcy rzadko wykorzystują naiwność turystów.

W odróżnieniu od Ixtapy, gdzie uprawia się wędkarstwo dla sportu, w Zihuatanejo rybołówstwo wciąż jest głównym źródłem utrzymania wielu mieszkańców, dostarczając pożywienia tak miejscowym, jak i turystom. Czasami rybacy zgadzają się zabrać turystę na pokład; większość statków

PONIŻEJ: relaks
w Acapulco.

Mapa
s. 236
–237

wycieczkowych odpływa z plaży w centrum, a w cenie wycieczki jest często uwzględniony smaczny lancz.

Przy Paseo del Pescador w centrum ma siedzibę niewielkie **Museo Arqueológico de la Costa Grande** (wt.–nd.; wstęp płatny), przybliżające kulturę wybrzeża Guerrero. W Ziwie działa mnóstwo małych restauracji – szczególnie lubiane są te specjalizujące się w owocach morza. W małej kuchni lokalu **Paul's** przy 5 de Mayo naprzeciw bazaru (gdzie duży utarg pochodzi ze sprzedaży modnych kauczukowych butów, w sam raz na plażę), kucharz, a zarazem właściciel – z pochodzenia Szwajcar – przygotowuje bardziej wyszukane dania, m.in. takie rarytasy jak kurki w aromatycznych ziołach i przepiórki sauté.

Wiele hoteli w miasteczku zalicza się do klasy ekonomicznej (np. Villas Miramar i Bungalows Pacíficos), z kilkoma wyjątkami, jak choćby La Casa Que Canta, wspaniała kaskadowa budowla wzniesiona na wzgórzu nad plażą **La Ropa**, oraz starsza i pięknie utrzymana Villa del Sol.

By zmienić otoczenie, warto się udać do niewielkiej wioski i **Playa Troncones**, pół godziny jazdy samochodem na północny zachód. Nadbrzeżne Burro Borracho i Casa de la Tortuga to świetne miejsca do odpoczynku; ich właściciele zapewniają dojazd i powrót do Ixtapy i Zihuatanejo.

Brama Wschodu

W XVI w. duża zatoka **Acapulco** ❸⓿ była jedynym portem, w którym Hiszpanie pozwalali cumować galeonom przewożącym skarby z Chin i Filipin. Towary transportowano drogą lądową przez miasto Meksyk do portu Veracruz w Zatoce Meksykańskiej, skąd były wysyłane do Hiszpanii. W ciągu

RADA

Playa Escolleras na zachodnim krańcu Playa del Palomar w Ixtapie jest szczególnie lubiana przez surferów; wysoka fala i silne prądy podpowierzchniowe są niebezpieczne dla pływaków.

PONIŻEJ: muły objuczone piaskiem.

kilku następnych stuleci z Acapulco wywieziono srebro o wartości 200 mln pesos w zamian za jedwab, porcelanę, przyprawy i kość słoniową ze Wschodu. Kwitnący handel i cenne ładunki przyciągały piratów, korsarzy i wrogów Hiszpanii. Wojna o niepodległość Meksyku zakończyła handel galeonowy i Acapulco popadło w zapomnienie do czasu odkrycia go jako kurortu w latach 30. XX w. Dziś miasto jest znane nawet tym, którzy nigdy tu nie byli.

Bahía de Acapulco

Acapulco rozpieszcza turystów. Na zachodnim krańcu szerokiej, osłoniętej Bahía de Acapulco leży **Stare Miasto**. Wokół **Playa Caleta Ⓐ** zapraszają hotele (godne zaufania, lecz niezbyt luksusowe). Skalisty cypel **La Quebrada Ⓑ** i Mirador, hotel z tradycjami, dominują nad starą częścią Acapulco, od frontu zatoki ciągnie się *malecón* (nadmorska promenada), a na wschodzie wybudowano klika nowoczesnych hotelików. Kurort powiększa się z każdym rokiem, a na jego rozwój ku wschodowi, w stronę lotniska, miała wpływ budowa płatnej szosy z Cuernavaki i miasta Meksyku.

Acapulco bardzo ucierpiało podczas huraganu Pauline w październiku 1997 r., który przetoczył się po ulicach, powywracał samochody, przykrył miasto warstwą błota i zabił 120 osób. Pięciogwiazdkowe hotele wzdłuż zatoki nie doznały zniszczeń, więc miasto nie straciło płacących twardą walutą turystów.

Na *zócalo* (główny plac) stoi **katedra** z lat 30. XX w., z kopułą przypominającą meczet; działają tu również kawiarnie ze stolikami na powietrzu, niedrogie restauracje, liczne sklepy i największy w mieście **targ rzemiosła**.

Po drugiej stronie bulwaru jest **Malecón Ⓒ** i doki, gdzie cumują rybackie statki. Wszyscy odwiedzający Acapulco są pod dużym wrażeniem **skoków**

do wody w La Quebrada. Codziennie o pierwszej po południu i kilka razy nocą młodzi ludzie rzucają się z 40-metrowej skały do wąskiego kanału poniżej, a ułamek sekundy decyduje o tym, czy skoczek trafi w nadchodzącą falę, czy uderzy w ostre skały.

Fuerte de San Diego , najbardziej charakterystyczny budynek Acapulco, powstał w 1616 r. by chronić port przed piratami, głównie Holendrami i Anglikami. Fort runął w czasie trzęsienia ziemi w 1776 r., lecz został szybko odbudowany i obecnie – odrestaurowany – mieści małe **Museo Histórico de Acapulco** (wt.–nd.; wstęp płatny).

Pozostawiając za sobą zgiełk ulic starego Acapulco, większość turystów uda-je się na spacer 11-kilometrowym **Costera Miguel Alemán** , szerokim bulwarem wiodącym wzdłuż brzegu zatoki, zabudowanym wysokimi hotelami, restauracjami i barami reklamującymi *la hora feliz* (happy hour), gdy za cenę jednego można kupić trzy kieliszki trunku.

W Acapulco jest mnóstwo sklepów i centrów handlowych; zapraszają również galerie sztuki i lokale serwujące dania niemal wszystkich kuchni świata na każdą kieszeń. Wielką radością dla dzieci jest **Centrum Rozrywki CICI** na Costera Miguel Alemán, wyposażone w baseny z falami, zjeżdżalniami, wielkim akwarium i pokazem delfinów. Alternatywą może być **Parque Papagayo** , gdzie cumuje galeon „Manila"; są również łodzie, kolejka linowa i tor saneczkowy.

Ceny hoteli zależą od pory roku; szczyt sezonu przypada od połowy grudnia do Wielkanocy, a pokoje należy rezerwować dużo wcześniej. Elity korzystające z programu jet-set wolą luty, a najsprytniejsi przyjeżdżają w listopadzie i na początku grudnia, gdy pogoda jest idealna, a ceny rozsądne.

Czwartek jest dniem pozole w Guerrero. Restauracje podające regionalne specjały, czerwoną lub zieloną zupę z mamałygi (w zależności od przypraw), wystawiają szyldy lub ogłaszają się w lokalnej prasie.

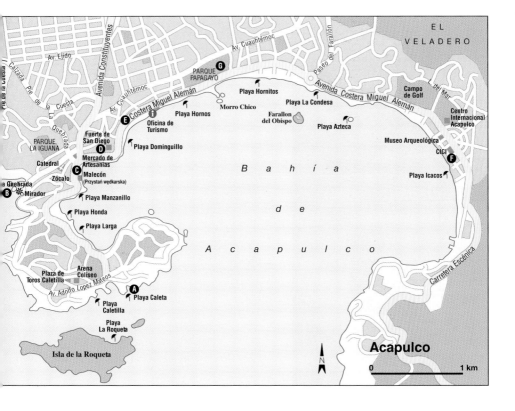

Acapulco

0   1 km

Nawet w porze deszczowej, od czerwca do października, przedpołudnia w Acapulco są zwykle słoneczne, a deszcz pada tylko popołudniami. Najlepszy czas na wędkowanie to okres od listopada do maja. Wynajęcie statku w hotelu lub bezpośrednio w centrum, na Malecón, kosztuje co najmniej 200 USD dziennie (mniej poza sezonem); można również wypożyczyć żaglówkę, łódź motorową, rower wodny i kanu.

Część plaż jest trochę zanieczyszczona, więc wielu turystów woli korzystać z hotelowych basenów. Wszystkie znane sporty wodne – od nart i skuterów wodnych po przejażdżki na „bananie" – uprawia się w całej zatoce. Najlepsze warunki do nurkowania z maską są w płytkich wodach przy **Isla Roqueta**. Łodzie ze szklanym dnem odpływają w kierunku wyspy z plaż Caleta i Caletilla – po drodze można podziwiać różnorodną faunę i florę morską oraz **Capilla Submarina**, piękną podwodną kaplicę Matki Boskiej z Guadalupe.

Zachód słońca nad Pie de la Cuesta

Około 8 km na północ od miasta leży **Pie de la Cuesta**, wioska rybacka z plażą i restauracjami, wymarzone miejsce na odpoczynek i podziwianie zachodów słońca, ale niezbyt dobre do pływania, gdyż tutejsze prądy są zdradliwe.

Długa piaszczysta mierzeja osłaniająca **Laguna de Coyuca** (pełną sumów i barwen) powoli wypełnia się nowoczesnymi willami i hotelami nastawionymi na turystów. W lagunie uprawia się narciarstwo wodne, żegluje i wędkuje z łódki.

Luksusowe hotele

Taksówki są dość tanie, a większość hoteli podaje taryfy za dojazd do okolicznych miejscowości (uwaga – trzeba ustalić cenę wcześniej, gdyż taksów-

RADA

Voladores de Papantla (s. 281) występują kilka razy w tygodniu w Convention Center. Informacja – tel. 744 484 7046.

PONIŻEJ: tequila odmierzona szczodrym gestem.

NOCNE ŻYCIE ACAPULCO

Wizerunek Acapulco jako kurortu szczególnie lubianego przez elity nieco przybladł, w każdym razie za dnia, jednak po zmroku styl i szyk obejmują miasto we władanie (najlepszą wskazówką, który klub jest najpopularniejszy w danym miesiącu jest długość kolejki przed wejściem).

Po godzinie 23.00 większość turystów udaje się do dyskotek i klubów. Młodsi wyruszają do strefy barów plażowych, gdzie są mniej pretensjonalne lokale, takie jak **Disco Beach** i **El Alebrije**. **Salon Q** to miejsce dla miłośników salsy, a **Baby-O Disco** jest dużym, gwarnym klubem z pokazem świateł laserowych.

Spokojniejszy wieczór można spędzić, biorąc udział w **Fiesta Mexicana** organizowanej dwa razy w tygodniu w **Convention Center** oraz w wybranych hotelach. Są to tradycyjne tańce, bufet serwujący meksykańskie dania i drinki z tequili.

Najbardziej romantyczna jest prawdopodobnie nocna przejażdżka wokół zatoki Acapulco jednym z wielu statków wycieczkowych z barami, dyskoteką, opowieściami przewodnika i ciekawym przedstawieniem.

karze nie używają taksometrów). Dla osób z ograniczonym budżetem najlepsze będą autobusy kursujące regularnie wzdłuż wybrzeża, dowożące w wiele ciekawych miejsc.

Po drodze na plażę w **Puerto Marqués** mija się najbardziej ekskluzywne hotele Acapulco: **Elcano**, **Las Brisas**, **Quinta Real** i **Camino Real** u stóp zabudowanego willami wzgórza. Każdy z tych wysokiej klasy ośrodków ma widok na zatokę, lecz cena za ten luksus jest bardzo wysoka.

Około 19 km w kierunku południowo-wschodnim od centrum, przy drodze na lotnisko stoi interesująca metalowa konstrukcja – dzieło znanego kowala i jubilera Pala Kepenyesa, stanowiące oryginalną „bramę" ośrodka **Acapulco Diamante**.

Warto również zwrócić uwagę na **Fairmont Princess** i **Pierre Marqués** – bliźniacze hotele i miejscowe zabytki. Oba gwarantują prywatność i luksus, dwa pola golfowe, kilka kortów tenisowych, baseny, restauracje, nocne kluby i bary. Architektura hotelu Fairmont Princess jest ciekawsza – ma przypominać prekolumbijskie piramidy. Sąsiedni elegancki Pierre Marqués został zaprojektowany przez nieżyjącego Johna Paula Getty'ego jako jeden z pałaców służących rozrywce.

Niedaleko za Fairmont Princess stoi **Vidafel Mayan Palace**, wspaniały kompleks, gdzie elementy stylizowane na budowle Majów sąsiadują z przeszklonymi pawilonami i basenami. Kanu i łodzie wiosłowe czekają na chętnych do przepłynięcia po sztucznym zarybionym kanale. Kompleks zajmujący ponad 4,5 ha obejmuje kilka budynków z wynajmowanymi na czas wakacji apartamentami, a także kilkanaście krytych kortów tenisowych o różnej powierzchni. ❏

Plan
s. 271

Barra Vieja, niegdyś rybacka wioska, zyskała sławę dzięki *pescado a la talla*, czyli rybie panierowanej w dużej ilości chili, a następnie pieczonej na otwartym ogniu.

PONIŻEJ: najmłodsi uczestnicy fiesty.

POŁUDNIE

*Południowy Meksyk to kraina niespodzianek,
gdzie zachwycają piękne plaże, zielone lasy,
a przede wszystkim zabytki starożytnych kultur.*

Jeśli chodzi o bogactwo krajobrazów i rozrywki kulturalne, południowa część Meksyku oferuje turystom dużo więcej niż jakikolwiek inny region. Tropikalne plantacje Veracruz i dżungla Tabasco kontrastują z chłodnymi puszczami Chiapas, wzgórzami Oaxaki oraz płaskim, wapiennym szelfem półwyspu Jukatan.

Veracruz na wybrzeżu Zatoki Meksykańskiej jest jednym z najbardziej zielonych i najpiękniejszych stanów Meksyku. Chociaż jego plaże nie dorównują tym na wybrzeżu Morza Karaibskiego czy Oceanu Spokojnego, ma bardzo wiele do zaoferowania turystom: od ruin El Tajín i ekscytujących spływów na tratwach, po historyczny szlak Hernána Cortésa i konkwistadorów. Najlepszym miejscem na zapoznanie się z historią regionu jest Muzeum Antropologiczne w Jalapie, gdzie można obejrzeć m.in. tajemnicze olmeckie głowy. Jeśli kogoś bardziej interesuje muzyka, taniec i zabawa, od razu powinien się udać do miasta Veracruz, popularnego nadmorskiego kurortu, najbardziej uroczego ze wszystkich ośrodków wybrzeża.

Krajobrazy stanu Oaxaca są inne – surowe i skaliste. Panują tu warunki skrajnej biedy, w której żyje wiele miejscowych społeczności, jednak to właśnie ich członkowie, twórcy wspaniałego rękodzieła, są siłą napędową rozwoju turystyki w regionie. Oprócz indiańskich wiosek zachwyca dzika przyroda, plaże nad Oceanem Spokojnym, modny kurort Bahías de Huatulco, a także kosmopolityczne miasto Oaxaca, stolica stanu.

Bogate w ropę Tabasco, najbardziej deszczowy stan Meksyku, to miejsce narodzin najstarszych kultur mezoamerykańskich i brama do starożytnego świata Majów. Chiapas jest bardzo różnorodny – zachwycają urocze kolonialne miasteczka, tradycyjne indiańskie wioski, przepastny Cañón del Sumidero, mieniące się kolorami Lagos de Montebello, kaskady Agua Azul i otoczone przez gęsty las tropikalny starożytne miasto Palenque.

Po wyjeździe z Chiapas trafia się na równiny półwyspu Jukatan, do krainy Majów, gdzie turyści mogą na przemian podziwiać błękit Morza Karaibskiego i stanowiska archeologiczne porównywalne z odkryciami z czasów starożytnej Grecji i Rzymu. Jukatan słynie również z eleganckich miast kolonialnych oraz rezerwatów, których celem jest ochrona niezwykłej flory i fauny. ❏

POPRZEDNIE STRONY: grupa Indian Tzeltal ze stanu Chiapas.
PO LEWEJ: w stanie Tabasco kwitnie przemysł naftowy.

WYBRZEŻE ZATOKI MEKSYKAŃSKIEJ

Najbardziej zielony ze stanów Meksyku słynie z wielu atrakcji – najwyższy szczyt, najwspanialsze zabytki z czasów najdawniejszych cywilizacji, jedno z najlepszych muzeów w kraju...

Mapa s. 280 –281

México City

Tropikalny stan Veracruz, zajmujący wąski pas lądu wzdłuż brzegu Zatoki Meksykańskiej, wyróżnia się gorącym i wilgotnym klimatem, a mimo to wciąż jest stosunkowo mało popularny wśród turystów, bywających tu najczęściej jedynie przejazdem. Region był niegdyś ośrodkiem trzech prekolumbijskich kultur – olmeckiej, totonackiej i huasteckiej; później stał się bramą do skarbów Nowej Hiszpanii i drogą do bogactw Chin i Dalekiego Wschodu. W pobliżu dzisiejszego portu Veracruz w 1519 r. wylądował ze swoim wojskiem Hernán Cortés – stamtąd wyruszył na podbój Azteków z Tenochtitlánu (s. 42).

Dziś z portu miasta Veracruz wypływa „czarne złoto" do największych meksykańskich rafinerii na północy i południu, w Tampico (graniczącym z Tamaulipas), Minatitlánie i Coatzacoalcos (w pobliżu Tabasco). Jednak stan, liczący 7 mln mieszkańców, z których 350 tys. stanowi ludność autochtoniczna, utrzymuje się przede wszystkim z rolnictwa – to właśnie stąd pochodzi lwia część krajowej produkcji trzciny cukrowej, wanilii, owoców tropikalnych, kawy, kakao.

PO LEWEJ: *voladores* mogą nauczyć skoczków na bungee kilku sztuczek.
PONIŻEJ: dzieci odświętnie ubrane na ostatki.

La Huasteca

Północna część Veracruz leży między **Tampico** i Poza Ricą – ośrodkami przemysłu naftowego, gdzie stosunkowo rzadko bywają turyści. To pierwsze miasteczko, z nowym kompleksem portowym, wyróżnia się żywą atmosferą i doskonałymi owocami morza serwowanymi w nadbrzeżnych restauracjach. Na południe od niego rozciąga się rozległa **Laguna de Tamiahua** – jej wyspy i namorzyny można oglądać z pokładu wypożyczonych łodzi.

Urodzajny region **La Huasteca** ❶ sąsiaduje ze stanami Tamaulipas, Hidalgo, San Luis Potosí i Veracruz. Starożytna kultura huastecka, o której mówi się, że poprzedzała kulturę Tolteków z Tuli (s. 33), przeżywała największy rozkwit od ok. 800 do 1200 r. n.e. Do tej pory przeprowadzono stosunkowo niewiele badań archeologicznych i chociaż sporo miejsc związanych ze starożytnymi cywilizacjami można zwiedzać (chociażby Tamuín i Tampamolón), żadne nie jest zbyt interesujące dla laików. W istocie najlepszym pomysłem są odwiedziny w Muzeum Antropologii w Jalapie (s. 286), gdzie zgromadzono wspaniałe dzieła sztuki kultury huasteckiej.

Potomkowie Huasteków żyjący w tym regionie mówią dialektem spokrewnionym z dawnym językiem Majów. Na południe od miasta Ciudad Valles, za dżunglą bambusów i drzew bananowych leży

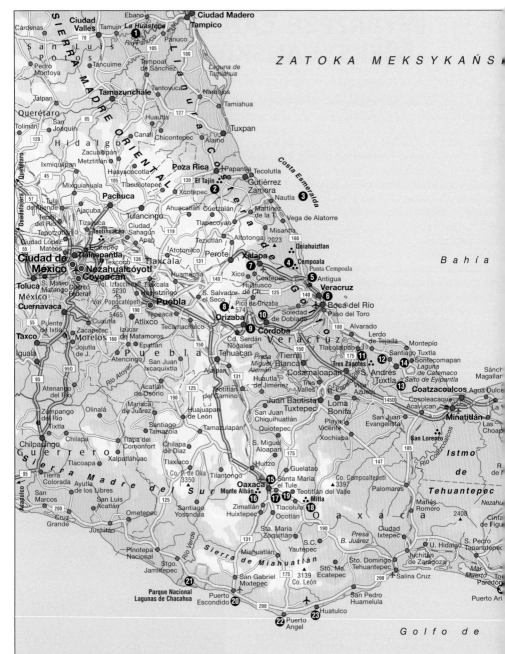

Południe i wybrzeże Zatoki Meksykańskiej

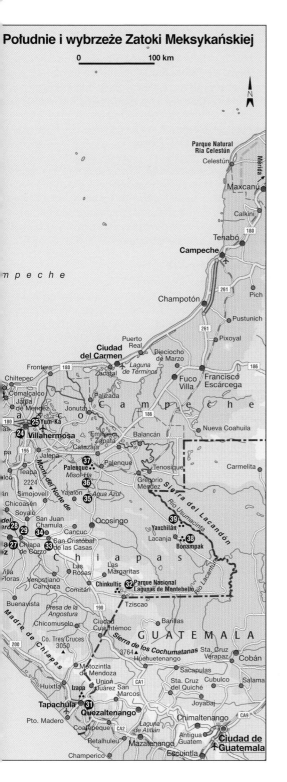

0   100 km

huasteckie miasteczko **Xilitla**, gdzie ekscentryczny Anglik Edward James (1907–1984) zbudował surrealistyczny park rzeźb. Jeszcze dalej na południe, w mieście **Tamazunchale**, warto odwiedzić kolorowy niedzielny targ. Dużym przeżyciem mogą być również obchody Święta Zmarłych (s. 262/263).

Wśród tropikalnych gatunków żyjących w tej części Meksyku podziwiać można niezwykle piękne motyle. Zasuszone owady można kupić w wielu miejscowych sklepach.

Latający ludzie

Miasteczko **Papantla**, chyba najlepsze miejsce na przerwę w podróży dla udających się do ruin El Tajín, słynie z tego, że jest głównym meksykańskim ośrodkiem uprawy wanilii i kolebką **Voladores de Papantla**.

W słynnym tańcu bierze udział pięciu „latających ludzi" ubranych w kolorowe kostiumy. Gdy jeden z nich siedzi na szczycie małej platformy, grając na piszczałce i bębenku, czterech pozostałych, symbolizujących cztery strony świata, z liną przywiązaną do nogi, rzuca się do tyłu z 32-metrowego masztu, powoli wykonując obrót wokół niego. Lina rozwija się, po czym *voladores* osiadają z wdziękiem na ziemi. Pierwotnie taniec stanowił punkt kulminacyjny symbolicznego rytuału z czasów prekolumbijskich i był związany z kultem bóstw płodności. Dziś jest przede wszystkim źródłem dochodu *voladores*, dających codzienne pokazy w okolicy ruin El Tajín i innych popularnych miejscach odwiedzanych przez turystów.

Niedaleko Papantli leży **El Tajín** ❷ (codz.; wstęp płatny) – duże, religijne centrum cywilizacji przedtotonackiej, figurujące na Liście Światowego Dziedzictwa Kulturalnego i Przyrodniczego UNESCO. Bujne, tropikalne otoczenie i fakt, że jest prawie niewidoczne z dżungli, czynią to miejsce jeszcze ciekawszym i bardziej tajemniczym. W czasach swojej świetności (800–1150 r. n.e.) ośrodek musiał wywoływać jeszcze większy podziw, gdyż wszystkie jaskrawo pomalowane budowle były ozdobione reliefami i rzeźbami.

Oryginalna pielęgnacja zieleni przy szosie.

Doskonałym przykładem architektury prekolumbijskiego miasta jest **Pirámide de los Nichos** (Piramida Nisz) z 365 kwadratowymi wnękami – po jednej na każdy dzień roku. Gra *pelota* pełniła ważną rolę w życiu mieszkańców; 6 płaskorzeźb na ścianach **Juego de Pelota Sur** (południowe boisko do gry w piłkę) ilustruje rytuał i największą ofiarę – śmierć jednego lub kilku graczy.

El Tajín Chico w środkowej części stanowiska był niegdyś dzielnicą mieszkaniową elit. Wyżej stoi pałac władcy z fantastycznym widokiem na miasto, gdzie dziś mieści się niewielkie muzeum. Wiele innych rzeźb i reliefów z El Tajín można obejrzeć w Muzeum Antropologicznym w Jalapie.

Chociaż w stanie Veracruz jest wiele wyjątkowo pięknych zakątków, nie ma wśród nich zbyt wielu plaż. **Costa Esmeralda ❸** (Szmaragdowe Wybrzeże) – wbrew temu, co sugeruje nazwa – stanowi jedynie odcinek bardzo prostego nabrzeża między miastami Tecolutla i Nautla, gdzie przycupnęły ośrodki wypoczynkowe. Dla tych, którzy wolą być bliżej morza, to doskonała alternatywa wobec Papantli – tradycyjnej bazy wypadowej dla odwiedzin w El Tajín (dużo hoteli dwu- i trzygwiazdkowych, mało parkingów).

Przymierze totonacko-hiszpańskie

Na wybrzeżu jest wiele punktów archeologicznych, które warto odwiedzić, np. cmentarz totonacki w Quiahuiztlánie. Do większości stanowisk nie wskazują drogi żadne znaki, nie ma ich również na lokalnych mapach, dlatego najlepiej zapytać miejscowych. Duże znaczenie historyczne ma ufortyfikowany ośrodek obrzędowy w **Cempoali ❹** (codz.; wstęp płatny), w okresie hiszpańskich podbojów liczący ok. 30 tys. mieszkańców. Gdy w 1519 r. Hernán Cortés z wojskiem po raz pierwszy wylądował w Nowej Hiszpanii, został serdecznie

PONIŻEJ: warto się na chwilę zatrzymać, by coś kupić.

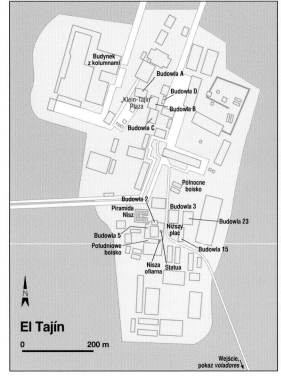

Budynek z kolumnami

Budowla A

Budowla D

„Klein-Tajín" Plaza

Budowla B

Budowla C

Północne boisko

Budowla 2

Piramida Nisz

Budowla 3

Niższy plac

Budowla 23

Budowla 5

Południowe boisko

Budowla 15

Nisza ofiarna

Statua

El Tajín

0   200 m

Wejście, pokaz *voladores*

przyjęty przez Totonaków z Cempoali (czasami pisanej Zempoala). Ich wódz wkrótce zawarł przymierze z Hiszpanami przeciwko silnym Aztekom, którzy przez wiele lat wymuszali daninę na jego poddanych.

Na południe od Cempoali leży założone w 1525 r. miasto **Antigua** ❺, jedno z najwcześniejszych osiedli Nowej Hiszpanii. Choć dzisiaj trudno w to uwierzyć, było ono przez pewien czas ważnym ośrodkiem handlu między Europą i Nową Hiszpanią. Z tych czasów pochodzi kościółek **Ermita del Rosario** i ruiny **Casa de Cortés** (faktycznie Cortés nigdy tu nie mieszkał).

Pieśni i tańce w Veracruz

Miasto **Veracruz** ❻, gdzie podczas karnawału ściągają tłumy, słynie z wyjątkowej atmosfery. Jego *zócalo*, **Plaza de Armas**, jest chyba najweselszym miejscem w Meksyku, które za dnia i przez większą część nocy wibruje dźwiękami salsy i *danzón*. Ładny, ocieniony palmami plac, okalają eleganckie XVIII-wieczne budynki i *portales* z restauracjami i kawiarniami. Kilka razy w tygodniu odbywają się tutaj muzyczno-taneczne imprezy – wędrowni muzykanci grają dla mieszkańców i turystów, jedzących późną kolację. Zabawa osiąga apogeum w lutym, na tydzień przed środą popielcową, kiedy zaczynają się obchody karnawału, na który napływają do miasta goście ze wszystkich stron świata i całego Meksyku.

Spacer po nabrzeżu **Paseo del Malecón** to również miła rozrywka – można obserwować wspaniałe statki wpływające do portu, a na straganach lub od ulicznych sprzedawców kupić zabawki i pamiątki, np. cygara – zarówno miejscowe, jak i kubańskie, biżuterię z bursztynu, skórzane paski oraz rzeźbione przedmioty z pobliskiego stanu Chiapas. Wycieczka do Veracruz nie by-

PONIŻEJ: Piramida Nisz, El Tajín.

RADA

W Gran Café
la Parroquia warto
zamówić *lechero*:
kelner podaje mocną
czarną kawę, a klient,
uderzając łyżeczką
w szklankę, przywołuje
lechero – mleczarza,
który przybiega
z czajnikiem pełnym
gorącego mleka.

PONIŻEJ:
dziedziniec kościoła
w Veracruz
i pomnik
Jana Pawła II.

łaby kompletna bez odwiedzin w **Gran Café de la Parroquia** (Gómez Faría 34) – kawiarni będącej niemal narodową instytucją i tradycyjnym miejscem spotkań towarzyskich. Długotrwały spór rodzinny wymusił w 1994 r. przeniesienie kawiarenki z dawnego miejsca na placu do obecnego na *malecón* (promenada). Na szczęście przenieśli się nie tylko kelnerzy, ale i klienci (oraz piękne włoskie maszyny do parzenia kawy). Interes kwitnie jak dawniej.

Museo Histórico Naval (Morskie Muzeum Historyczne; Arista 418; wt.–nd.; wstęp płatny), otwarte w 1997 r., gromadzi eksponaty związane z fascynującą morską historią portu Veracruz. Przecznicę dalej na południe stoi **Baluarte de Santiago** (wt.–nd.; wstęp płatny), jedyny bastion, jaki pozostał z fortyfikacji okalających miasto do końca XIX w. Wewnątrz zgromadzono niewielki zbiór złotej biżuterii z czasów prekolumbijskich. Sądzono, że zaginęła bezpowrotnie w czasie katastrofy statku, który wywoził ją z Veracruz do Hiszpanii setki lat temu, ale w 1976 r. klejnoty zostały znalezione przez rybaka.

Niewielkie **Museo de la Ciudad** (Muzeum Miejskie; Zaragoza 397; wt.–nd.; wstęp płatny) gromadzi przedmioty przypominające o niewolnictwie i systemie kastowym w kolonialnym Meksyku.

Acuario de Veracruz (codz.; wstęp płatny), ok. 2 km od centrum, jest jednym z największych i najlepszych akwariów w Ameryce Łacińskiej.

Oblężone miasto

Na wyspie, połączonej z lądem szosą, na grobli wyrasta twierdza **San Juan de Ulúa** (wt.–nd.; wstęp płatny), strzegąca wejścia do portu. Z murów fortecy można odczytać 500-letnią historię Meksyku – począwszy od ataków sir Fran-

...isa Drake'a i piratów holenderskich, aż po potężne floty francuskie, angielskie amerykańskie. Podczas dyktatury Porfiria Díaza (s. 58) bastion był więzieniem) zaostrzonym rygorze, gdzie w wilgotnych celach osadzano więźniów politycz-nych (właśnie z San Juan de Ulúa na początku rewolucji meksykańskiej uciekł na wygnanie sam dyktator).

Mapa
s. 280
–281

Boca del Río

Przed dużymi hotelami w **Mocambo** i **Playa de Oro**, kilka kilometrów na połu-dnie od miasta, plaże są bardziej czyste i nie tak bardzo zatłoczone, jak w oko-licach centrum, choć oczywiście nie dorównują bajecznym plażom wybrzeża Morza Karaibskiego. Za to Veracruz jest zdecydowanie bezkonkurencyjne w owocach morza. 10 km na południe od centrum leży **Boca del Río** – wioska ry-backa słynąca z restauracji podających frutti di mare (otwarta od południa do ok. 18.00).

W stolicy stanu i mieście uniwersyteckim **Jalapa** ❼ (Xalapa), 135 km w głąb kraju od Veracruz, klimat jest bardziej chłodny i wilgotny. Największą atrakcją ośrodka jest świetne Muzeum Antropologiczne, chętnie odwiedzane – szczegól-nie w mgliste dni, kiedy siąpi mżawka. Z **Parque Juárez** wczesnym rankiem roz-tacza się piękny widok na pobliski wulkan Cofre de Perote (4274 m n.p.m.), a dalej na Pico de Orizabę, najwyższy szczyt kraju (s. 287).

Parę schodków w dół placu jest **El Agora**, ośrodek sztuki (znajdują się tutaj: teatr, galeria, kino i kawiarnia). W górę od centrum oraz w jego okolicy krzyżu-ją się brukowane ulice z kolorowymi domami ze spadzistymi dachami krytymi dachówką i kutymi żelaznymi balkonami.

RADA

Warto spróbować świeżych ostryg na połówkach muszli, egzotycznej zupy krewetkowej lub ryby *huachinango a la veracruzana* w którejś z restauracji podających owoce morza w Boca del Río.

PONIŻEJ:
chłodna i elegancka Plaza de Armas, Veracruz.

W stanie Veracruz rośnie wiele gatunków orchidei.

Muzeum Antropologiczne w Jalapie

Na południu miasta, z dala od dymów i hałasu samochodów, jest miasteczko uniwersyteckie i piękny deptak nad jeziorem – **Paseo de los Lagos**. Przy Avenida Xalapa ma siedzibę jedna z najlepszych placówek muzealnych w kraju – **Museo de Antropologia de Xalapa** (wt.–nd.; wstęp płatny), gromadząca znaleziska z obszaru Veracruz. Duża placówka z jasnym wnętrzem, dziewięcioma marmurowymi salami i słonecznymi patiami gromadzi wiele bezcennych skarbów trzech prekolumbijskich kultur wybrzeża Zatoki Meksykańskiej.

Pierwsze sale poświęcono **Olmekom**, najstarszej i jednej z najznakomitszych cywilizacji Mezoameryki. Najbardziej uderzające eksponaty to kolosalne głowy z 1200–400 r. p.n.e., o których się mówi, że są gigantycznymi portretami elity olmeckich władców. Muzeum przechowuje 7 z 17 głów odkrytych do tej pory.

Inna część wystawy jest poświęcona kulturom **środkowego Veracruz**, głównie Totonakom. Są tu m.in. wizerunki Cihuateotli – wykonane z terakoty figurki kobiet zmarłych podczas porodu – i tajemnicze, uśmiechnięte postaci, najbardziej charakterystyczne elementy tej kultury. W ostatniej sali warto zwrócić uwagę na piękne rzeźby **huasteckie** i zachwycające figurki z terakoty odkryte na północy regionu. Godne uwagi jest również **Museo Ex-Hacienda El Lencero**, dawna plantacja trzciny cukrowej, przybliżająca życie w hacjendzie.

W Jalapie warto się zatrzymać na kilka dni, choćby tylko po to, by zwiedzić okoliczne wsie i miasteczka. Można również przyjechać do miasta z pobliskiego **Coatepec**, słynącego z doskonałej kawy i upraw orchidei. Posada de Coatepec, przebudowana hacjenda, stanowi alternatywę dla hoteli w Jalapie.

PONIŻEJ: osiodłany osioł, gotów do drogi.

Niedaleko leży malownicze miasto **Xico**, do którego prowadzi szosa biegnąca pośród plantacji bananowców. W pobliżu warto zobaczyć **Cascada de Texolo**, wodospad będący tłem filmu *Miłość, szmaragd i krokodyl* z 1984 r.

Najwyższy szczyt

Najwyższy szczyt Meksyku, **Pico de Orizaba** ❽ (5747 m n.p.m.), trzeci co do wielkości (po Mount McKinley na Alasce i Mount Logan w Kanadzie) w Ameryce Północnej, był nazywany przez Azteków Citlatépetl – Góra Gwiazd. Ostatnia erupcja wulkanu miała miejsce w 1546 r. Pierwszymi cudzoziemskimi wspinaczami, którzy w 1848 r. weszli na krater, byli amerykańscy żołnierze z armii generała Winfielda Scotta. Tylko 2 z 16 tras nadają się dla niedoświadczonych wspinaczy, ale nawet wtedy zaleca się skorzystanie z usług miejscowego przewodnika.

W przemysłowym mieście **Orizaba** ❾, na południe od Jalapy, przy głównej drodze z miasta Meksyku do Veracruz, zachowało się kilka przykładów pięknej kolonialnej i neoklasycznej architektury. **Palacio Municipal** jest wspaniałym obiektem w stylu secesyjnym – został zbudowany w Belgii pod koniec XIX w., a później przewieziono go w częściach i ustawiono w Orizabie. Warty obejrzenia jest mural José Clemente Orozca (s. 110) z 1926 r. w obecnym Palacio Municipal oraz kolekcja obrazów od czasów kolonialnych do współczesnych w **Museo de Arte del Estado de Veracruz** (wt.–nd.; wstęp płatny), obok pięknego kościoła **La Concordia**.

Kilka kilometrów dalej na wschód leży **Córdoba** ❿ – ważne centrum przemysłu kawowego. Jednym z najważniejszych tutejszych zabytków jest **Portal**

Mapa
s. 280
–281

RADA

W miasteczku Coatepec są dwie wspaniałe restauracje: El Tío YeYo, podająca dania z górskiego pstrąga, oraz Casa Bonilla, ze wspaniałą atmosferą i apetyczną langustą.

PONIŻEJ: stoki Pico de Orizaby w chmurach.

Mapa
s. 280
–281

Dwie najpopularniejsze marki meksykańskiego piwa – Dos Equis i Superior – są warzone w browarze Cerveceria Moctezuma w mieście Orizaba.

PONIŻEJ:
tradycyjna sztuka tkacka dostosowuje się do dzisiejszych potrzeb.

de Zevallos – arkada w północnej pierzei Plaza de Armas, gdzie w kawiarniach podają aromatyczną kawę (dla prawdziwych fanów tego napoju są organizowane wycieczki na plantacje).

Piękny, zachowany w nienaruszonym stanie port **Tlacotalpan** ⓫, na brzegu szerokiej *río* Papaloapan (dosł. rzeka motyli), figuruje na Liście Światowego Dziedzictwa Kulturalnego i Przyrodniczego UNESCO. Wizyta tutaj to jakby wstęp do historii; piękne miasto, z jaskrawo malowanymi domami i portalami w stylu arabskim, zachowało wiele uroku i elegancji. Przez większą część roku Tlacotalpan jest bardzo spokojny, jednak podczas styczniowego festiwalu Candlemas, którego atrakcją są byki pędzące ulicami i towarzyszące imprezy na rzece, staje się najbardziej kolorowym i gwarnym miejscem w Meksyku. Jeżeli przyjazd jest planowany w czasie festiwalu, należy wcześniej zarezerwować pobyt.

Los Tuxtlas

Miasteczko **Santiago Tuxtla** ⓬ na pogórzu Sierra de los Tuxtla to kraina zamieszkiwana 3 tys. lat temu przez Olmeków, najstarszą cywilizację Mezoameryki. Na *zócalo* (główny plac) ustawiono największą z 17 olmeckich głów, jakie do dzisiaj odkryto. Ogromny pomnik waży prawie 50 ton i ma 3,4 m wysokości. W niewielkim, ale dobrze zorganizowanym **Museo Tuxtleco** (codz.; wstęp bezpł.), można obejrzeć bardzo bogatą i wspaniałą kolekcję eksponatów z pobliskiego **Tres Zapotes** oraz innych olmeckich osad. To również tutaj znajduje się słynna olmecka głowa, o której niezwykłych mocach krążyły już od dawna legendy.

Niedaleko **San Andrés Tuxtla**, miasta handlowego i ośrodka produkcji cygar, spływa kaskadą piękny wodospad **Salto de Eyipantla** ⓭. Jest prawie tak szeroki, jak wysoki i niemal nieustannie otoczony chmurą mgły. Prowadzi do niego utwardzona droga, biegnąca przez rozległe pola trzciny cukrowej, bananowców i tytoniu.

Laguna de Catemaco ⓮ to malownicze jezioro kraterowe o długości 16 km, kraina *brujos* (szamanów), o czym przekonują naganiacze i pamiątki sprzedawane niemal na każdym kroku.

Linia podziału między prawdziwymi szamanami a szarlatanami robiącymi interes na turystach jest bardzo subtelna, jednak tradycja jest żywa od wielu stuleci. Osoby postronne nie są mile widziane na dorocznych spotkaniach szamanów, jakie odbywają się w pierwszy piątek marca.

W pobliskiej **Nanciyaga**, 40-hektarowym parku ekologicznym w tropikalnym lesie deszczowym, kręcono sceny do filmu *Uzdrowiciel z tropików* z Seanem Connerym. Do tutejszych atrakcji zaliczyć można wiszące mosty, prekolumbijskie łaźnie parowe, kąpiele błotne i sadzawki z mineralną wodą źródlaną. Do parku najłatwiej dojechać samochodem lub dopłynąć łodziami z Catemaco. Niektóre z nich opływają **Isla de los Monos** – wysepkę zamieszkiwaną przez makaki przywiezione z Tajlandii dla celów badawczych. ❏

Turystyka przygodowa

Meksyk jest bardzo lubiany przez podróżników, głównie z powodu pięknych, nadmorskich miejscowości wypoczynkowych i słonecznej pogody. Jednak w ostatnich latach, kiedy powstało wiele parków narodowych, a kilka powiększyło swój obszar, coraz więcej turystów przyjeżdża tutaj w poszukiwaniu mocniejszych wrażeń.

Wspaniałej przyrodzie tego kraju dorównuje jedynie jego bogate dziedzictwo kulturowe. Warto się wybrać na wędrówkę do olbrzymiego Barranca del Cobre, czyli Wąwozu Miedzi (przyćmiewającego cztery razy mniejszy Wielki Kanion w USA), lub do bujnego lasu tropikalnego Selva Lacandona w stanie Chiapas.

Kajakarze mogą się przemieszczać z wyspy na wyspę, pływając po Zatoce Kalifornijskiej (Morze Cortésa) lub wiosłując przez namorzyny Jukatanu.

Moda na spływy górskimi rzekami pojawiła się w Meksyku stosunkowo niedawno. Do późnych lat 80. XX w. jedynie najbardziej nieustraszeni entuzjaści spienionej wody przyjeżdżali na spływy do stanu Veracruz, mekki miłośników tego sportu. Dziś jest już kilka dużych firm organizujących tego typu imprezy w Jalapie i innych miejscowościach, więc warto skorzystać z ich usług. Profesjonalnie przygotowane wyprawy to jednodniowe wycieczki i dłuższe eskapady, podnoszące poziom adrenaliny i dające możliwość obejrzenia starożytnych zabytków – niedaleko Jalapy płynie *río* Filobobos, którą uczestnicy dopływają do ruin El Cuajilote.

Chociaż to Veracruz jest sercem rzecznych wypraw, spływy są coraz bardziej popularne również w stanie Morelos, na południe od miasta Meksyku. *Río* Amacuzac – ciągle jeszcze mało zatłoczona – ma szczególnie bystry nurt w porze deszczowej, która trwa tu od czerwca do października.

Rajskie rafy przy brzegach wyspy Cozumel to 32 km czarnych koralowców, ponad 200 tropikalnych gatunków ryb i setki podziemnych jaskiń.

Meksyk oferuje również wspaniałe warunki dla miłośników pieszych wycieczek i wspinaczki. Nieustraszeni poszukiwacze przygód mogą się wdrapać na uśpione wulkany, jak np. Pico de Orizaba czy Iztaccíhuatl; bazą wypadową wypraw na Izta jest miasteczko Amecameca, zaledwie godzinę drogi na południowy wschód od stolicy. Wychodzą stąd również łatwiejsze wycieczki na niższe stoki wulkanu.

Najlepsze miejsca do wspinaczki leżą bardzo blisko granicy ze Stanami Zjednoczonymi. El Gran Trono Blanco, kilka godzin na południowy wschód od Tijuany, słynie wśród alpinistów z powodu ogromnej, skalistej ściany i tras o zróżnicowanym stopniu trudności. Park Narodowy Cumbres de Monterrey otacza miasto Monterrey, największy ośrodek przemysłowy kraju; można się tu wspinać na 300-metrowe ściany kanionu Huasteca.

(Szczegóły na temat miejscowych biur podróży – zob. *Rady dla podróżnych*). ❏

PO PRAWEJ: spływy górskimi rzekami to tylko jedna z atrakcji Meksyku.

OAXACA

*Stan Oaxaca na południu Meksyku ma bogatą historię:
począwszy od kultur przedhiszpańskich, a skończywszy na dziejach
narodowych przywódców – Benita Juáreza i Porfiria Díaza.*

Mapa
s. 280–281
Plan s. 292

Oaxaca jest przede wszystkim krainą Indian, pośród których dominują Zapotekowie i Mistekowie, ale oprócz nich żyje tu aż 16 innych plemion, różniących się zarówno pod względem językowym, jak i kulturowym.

Na turystów czeka tutaj mnóstwo atrakcji – szczególnie warto odwiedzić stanowiska archeologiczne, małe wioski, których mieszkańcy zajmują się rękodziełem, oraz wspaniałe morskie wybrzeże za górami.

Górskie widoki

Do miasta Oaxaca, oddalonego od stolicy o 584 km, można dotrzeć samolotem, pociągiem lub płatną, lecz stosunkowo tanią szosą przez góry. Jeśli ktoś nie chce korzystać z płatnej drogi przez Pueblę, gdzie są hotele, powinien się zatrzymać w **Atlixco** – mieście słynącym z wrześniowego festiwalu tańca. „Drzewo życia", o którym często się mówi, że zostało wymyślone w Metepec niedaleko miasta Toluca (s. 194), pochodzi z **Izúcar de Matamoros**, ośrodka wyrobu ceramiki kawałek dalej na południe.

Stan Oaxaca jest miejscem urodzenia dwóch meksykańskich przywódców – Benito Juárez, Zapotek z wioski na wzgórzach San Pablo Guelato, około 65 km na północ od Oaxaki, był pierwszym liberalnym prezydentem kraju; Porfirio Díaz, który objął prezydenturę w 1877 r., pozostawał u władzy aż do wybuchu rewolucji meksykańskiej w 1910 r.

Hiszpańskie miasto Villa de Antequera de Guaxaca, znane jako **Oaxaca ⓯**, którego nazwa oznacza „miejsce, gdzie rosną tykwy", zostało założone w 1529 r. obok indiańskiej osady Huaxyacac. Górski klimat ośrodka, leżącego na wysokości 1500 m n.p.m., jest optymalny i bardzo przyjemny: nigdy nie jest tu ani za zimno, ani za gorąco.

W Oaxace, gdzie żyje około 500 tys. osób, panuje zaskakująco kosmopolityczna atmosfera. Wpływy indiańskie zaznaczyły się tutaj mocniej niż w stolicach innych stanów, a hiszpańska architektura kolonialna zachowała się w bardzo dobrym stanie; jest również kilka ciekawych muzeów, które trzeba odwiedzić.

Miasto słynie z targowisk. Na **Mercado de Abastos**, niedzielnym bazarze, mieszkańcy robią cotygodniowe zakupy. Gorączka zakupowa panuje również na olbrzymim terenie przy dworcu autobusów 2 klasy na południe od centrum, niedaleko obwodnicy (Periférico). Szczególnie interesująca jest część bazaru z owocami, warzywami i ceramiką, ale można również kupić meble, ubrania i sprzęt kuchenny.

Na targowiskach **Benito Juárez** i **Mercado 20 de Noviembre ⓐ** przy Calle 20 de Noviembre, kilka przecznic na południe od głównego placu, codziennie kwitnie interes (dla amatorów fotografii artystycznej i kuchni szczególnie interesujące są sterty różnokolorowej suszonej papryki). Na bazarach oferują swoje wyroby rzemieślnicy, ale rękodzieło można również kupić na ulicznych straganach poza targami.

PO LEWEJ: wspaniała gama kolorów.
PONIŻEJ: gadający indyk.

Zócalo B, porosły pięknie kwitnącymi roślinami główny plac, to ważne miejsce spotkań towarzyskich mieszkańców – tu można zacząć zwiedzanie lub po prostu posiedzieć przy stoliku którejś z przytulnych kawiarni lub restauracji w arkadach (*portales*). Historię Oaxaki przybliża malowidło ścienne zdobiące klatkę schodową w imponującym XIX-wiecznym **Palacio de Gobierno C** po południowej stronie.

Na północ od placu, naprzeciw **Alameda** wyrasta ogromna **katedra** z piękną barokową fasadą. Budowlę zaczęto wznosić w 1554 r., a ukończono ją dopiero w XVIII w. Katedra często pełni funkcję sali koncertowej – o szczegóły należy pytać w **biurze informacji turystycznej** na rogu ulic Independencia i García Vigil.

Barokowe kościoły

Dwie przecznice na zachód od katedry, przy ulicy Independencia stoi kościół **San Felipe Neri D**, gdzie brał ślub Benito Juárez.

Kawałek dalej wznosi się XVII-wieczna **Basílica de Nuestra Señora de la Soledad E** (codz.) z bogatym barokowym wnętrzem. Świątynia mieści wysadzaną kamieniami szlachetnymi figurę Matki Boskiej Samotnych, posiadającą według wierzeń moc uzdrawiającą. W budynku za bazyliką (pn.–sb.; wymagany datek) założono małe muzeum religijne. (A przy placu można kupić wyśmienite lody).

Sztuka dawna i współczesna

XX-wieczny artysta Rufino Tamayo (s. 111) przez 20 lat gromadził niezwykłą kolekcję przedmiotów z czasów przedhiszpańskich, którą przekazał później swojemu rodzinnemu miastu. Zbiory artysty umieszczono w ekskluzywnym **Museo Rufino Tamayo F** (śr.–pn.; wstęp płatny).

Instituto de Artes Gráficas de Oaxaca **G** (śr.–pn.; wymagany datek) w eleganckim budynku (niegdyś domu mieszkalnym) szczyci się niewielką, ale ważną kolekcją rycin artystów o międzynarodowej renomie. Zbiory są darem Francisca Toleda, również urodzonego w Oaxace. Warte uwagi są również freski znakomitych meksykańskich muralistów – Rivery i Orozca (s. 108–111) – oraz czasowe wystawy grafiki.

Na północ od głównego rynku stoi piękny XVIII-wieczny budynek, siedziba **Museo de Arte Contemporáneo de Oaxaca** (śr.–pn.; wstęp płatny) z dziełami głównie miejscowych artystów i kilkoma zagranicznymi eksponatami.

Niedawno odnowione **Museo Regional de Oaxaca** **H** (wt.–nd.; wstęp płatny), pośród zabudowań klasztoru Dominikanów, jest znane z kolekcji misternej biżuterii misteckiej i innych eksponatów ze złota, turkusu, obsydianu, bursztynu, muszli i szkła. Przedmioty te, pochodzące z ok. 500 r. n.e., odkryto w pobliskim Monte Albán w 1932 r. (często są wiernie kopiowane przez miejscowych jubilerów w złocie lub pozłacanym srebrze i sprzedawane w kilku eleganckich sklepach w mieście). W muzeum można również podziwiać ciekawe tekstylia, stroje i odkrycia archeologiczne. Dawny klasztor **Santo Domingo** **I** w sąsiedztwie, najznakomitszy z kościołów w Oaxace, ma dwie ładne dzwonnice i wspaniałe złocone wnętrze z barwną sztukaterią. Szczególnie piękne są misterne złocenia w olśniewającej XVIII-wiecznej **Capilla del Rosario**.

Zakupy

Oaxaca jest doskonałym miejscem na zakupy, gdyż Indianie sprzedają tutaj wspaniałe wyroby rękodzielnicze, m.in. tkane dywany – można się targować, chociaż ceny są często tak niskie, że próba dalszego ich zbijania mogłaby już być obraźliwa.

Plan
s. 292

RADA

Oaxaca to miasto, które łatwo się zwiedza pieszo, ale można również skorzystać z tanich taksówek.

PONIŻEJ: barokowy kościół Santo Domingo w Oaxace.

Z Santo Domingo warto odbyć krótki spacer z powrotem na główny plac ulicą **Macedonio Alcalá**, przy której stoją starannie utrzymane kolonialne domy i eleganckie sklepy z wyrobami rękodzielniczymi i biżuterią (np. **La Mano Mágico** lub **Yalalag de Oaxaca**). Przy pobliskiej ulicy García Vigil firma **Artesanías Chimalli** sprzedaje oryginalne rękodzieło.

Za niewielką opłatą można się zapisać do prywatnej **Biblioteca Circulante de Oaxaca** z ciekawymi książkami o stanie i mieście Oaxaca oraz całym Meksyku po angielsku i hiszpańsku. Bibliotekarka Ruth González chętnie udziela informacji i służy pomocą.

Guelaguetza to chyba najbardziej kolorowy ze słynnych festiwali religijnych, odbywający się w amfiteatrze Cerro del Fortín w dwa pierwsze poniedziałki po 16 lipca. 23 grudnia, w czasie **Noche de los Rábanos** (Noc Rzodkiewek), na głównym placu odbywa się niecodzienna wystawa figurek (często przedstawiają sceny z narodzin Jezusa) wykonanych z rzodkiewek (s. 115).

Monte Albán

W okolicy Oaxaki skupia się wiele archeologicznych cudów, do których z pewnością należą ruiny **Monte Albán** ⑯ (codz.; wstęp płatny). Wspaniały ośrodek obrzędowy Zapoteków leży ok. 10 km na zachód od miasta, na sztucznie zniwelowanym szczycie, skąd roztacza się fascynujący widok.

Monte Albán powstało ok. 500 r. p.n.e., chociaż apogeum rozwoju osiągnęło dopiero tysiąc lat później, kiedy liczba mieszkańców osiągnęła 25 tys. Wejście do **Gran Plaza** (Wielki Pałac) otwiera się w północno-wschodnim rogu ośrodka, pomiędzy **boiskiem do rytualnej gry w piłkę** a **Plataforma Norte** (Platforma Północna). Pośrodku placu dominuje **budowla J**, znana jako Obserwatorium.

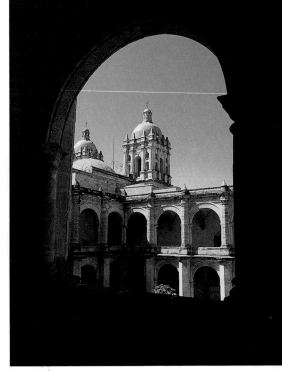

Nad południową częścią góruje najwyższy budynek Monte Albán – **Plataforma Sur** (Platforma Południowa).

Na ścianach **Palacio de los Danzantes** (zachodnia strona placu) widnieje płasko-rzeźba *Loz Danzantes* (*Tańczący*). Archeolodzy ciągle nie są zgodni co do jej zna-czenia; postacie o cechach olmeckich są postrzegane jako gracze w piłkę, osoby ułomne, ofiary rytualne lub pokonani wrogowie.

Wewnątrz niektórych kurhanów zachowały się stare freski. W **grobowcu nr 104** (w północno-zachodniej części) można podziwiać piękną ceramiczną urnę przed-stawiającą Cocijo – zapoteckiego boga deszczu o rozdwojonym języku.

W **Museo Regional de Oaxaca** (s. 293) zostały wystawione skarby z **grobowca nr 7**, w którym pochowano XIV-wiecznego dygnitarza.

„Nawet dzisiaj... to miejsce Zapoteków robi nadzwyczajne wrażenie".

– ALDOUS HUXLEY

Mitla i Santa María de Tule

Około 10 km od Oaxaki, przy drodze do Mitli leży wioska **Santa María de Tule** ⓱, gdzie odbywa się niewielki targ wyrobów ludowych; stoi tu również ciekawy ko-ściół, a obok rośnie ogromne drzewo liczące pond 2 tys. lat, o obwodzie 50 m, uwa-żane za jedno z największych na świecie.

Gdy Monte Albán straciło na znaczeniu, **Mitla** ⓲ (codz.; wstęp płatny) stała się jednym z najważniejszych ośrodków Zapoteków. Główne budowle powstały w sty-lu misteckim, inne – z charakterystycznymi kamiennymi mozaikami – przypomi-nają geometryczne fryzy starożytnych Greków. Najbardziej misterne mozaiki można oglądać na **Patio de las Grecas**. Pod **Patio de las Tumbas** mieszczą się pod-ziemne groby w kształcie krzyża – jeden z nich wspiera **Columna de la Vida** (Ko-lumna Życia) – według wierzeń, przerwa pomiędzy rękami osoby obejmującej kolumnę odpowiada liczbie lat życia, które jej jeszcze zostały. W przeciwieństwie

PONIŻEJ: imponujące budowle w Monte Albán.

do większości innych ośrodków obrzędowych, Mitla nie została opuszczona po hiszpańskim podboju; była zamieszkana prawie przez cały XVI w.

W pobliżu Mitli stoi kościół z kamieni zabranych z ośrodka obrzędowego. Na pobliskim targu z rękodziełem można kupić koronkowe, ręcznie tkane szale. Nieopodal ma siedzibę **Museo de Arte Zapoteca** (codz.; wstęp płatny) ze świetną kolekcją przedmiotów zapoteckich i wyrobami rękodzielniczymi na sprzedaż. Wycieczkę do Mitli można połączyć ze zwiedzaniem mniejszych, ale równie ciekawych ruin w **Dainzu**, **Lambityeco** i **Yagul**.

Kilka firm organizuje transport (minibusy z przewodnikami mówiącymi po angielsku) do stanowisk archeologicznych. Jeden kursuje do Monte Albán z hotelu Mesón del Angel i do Mitli z hoteli Camino Real, Victoria i Marqués del Valle. Do prehiszpańskich ośrodków można również dojechać na własną rękę: samochodem, taksówką lub autobusem. W wielu okolicznych hotelach i księgarniach są dostępne przewodniki z informacjami i wskazówkami dotyczącymi najbardziej znanych obiektów.

Zwiedzanie okolic

Wiedzy o tym górskim rejonie dostarczy wyprawa do odległych o parę godzin jazdy wiosek, gdzie wiele indiańskich plemion żyje w odosobnieniu (jeździ tam również autobus). Oaxaca jest jednym z najbiedniejszych stanów w Meksyku. Erozja powoduje niszczenie gleby, a pola rolników są tak małe, że trudno im się z nich utrzymać, dlatego wielu miejscowych zajmuje się rzemiosłem. W wioskach wokół miasta Oaxaca można zobaczyć rzemieślników przy pracy. Ceny ich wyrobów są prawie takie same jak na targu, ale dużo niższe niż w stolicy lub w innych miejscach odwiedzanych przez turystów.

RADA

Ceny wypożyczania samochodów są tak wysokie, że bardziej się opłaca wynająć na parę godzin taksówkę, ale wcześniej należy uzgodnić cenę.

PONIŻEJ: Indianie ze stanu Oaxaca sprzedają na targach swoje wyroby.

RZEMIOSŁO W OAXACE

Choć w mieście Oaxaca jest dużo dobrych sklepów z rzemiosłem, warto odwiedzić okoliczne wioski, gdzie ciągle powstają nowe wyroby:

☛ **San Bartolo Coyotepec** jest znana z wypolerowanej czarnej ceramiki;

☛ **San Martin Tilcajete** to miejsce, gdzie można kupić fantazyjne rzeźbione i jaskrawo malowane drewniane zwierzęta;

☛ **Ocotlán de Morelos** to rodzinna miejscowość wielu znakomitych garncarzy. W piątek (dzień targowy) warto poszukać ciekawych naczyń;

☛ **Santo Tomás Jalieza** jest ośrodkiem tkactwa, w którym powstają paski, torby, maty oraz serwetki, zazwyczaj zdobione wzorami roślin i zwierząt;

☛ **Santa María Atzompa** jest znana z finezyjnej ceramiki z surowej gliny. Wyrabia się tu m.in. figurki La Virgen de la Soledad (Matka Boska Samotnych). Wiele naczyń ceramicznych jest glazurowanych na zielono – ze względu na zawartość ołowiu nie można ich używać do gotowania;

☛ **Teotitlán del Valle** słynie z koców, dywanów, ponch i innych wyrobów tkackich. Motywy zdobnicze zaczerpnięto z tradycyjnych wzorów, kopii prekolumbijskich rzeźb lub nawet obrazów Picassa czy Miró.

W **Teotitlán del Valle** ⓳, kilka kilometrów w bok od głównej drogi do Mitli, można spotkać tkaczy tworzących wzory z wełny. Niektórzy turyści przybywają tu również po to, aby zjeść coś w **Tlamanalli** – restauracji, której specjalnością są nowoczesne wersje tradycyjnych dań Zapoteków.

W XVI-wiecznym kościele dominikańskim w pobliskiej **Tlacoluli** warto zwrócić uwagę na wpływy indiańskie w zdobieniach wnętrza i organów. W mieście odbywa się najlepszy niedzielny targ w regionie, oferujący wysokiej jakości *mezcal*, czasami aromatyzowany ziołami i „doprawiony” robakiem, który żyje w jednym z gatunków agawy.

Na południe od Oaxaki, w misteckim mieście **Cuilapan** zachowały się ruiny dawnego kościoła i klasztoru dominikańskiego. W 1831 r. został tu stracony Vicente Guerrero, bohater walk o niepodległość. Cuilapan był niegdyś ośrodkiem wyrobu koszenili, szkarłatnego barwnika wytwarzanego z owadów żerujących na kaktusach (stosowano go m.in. do barwienia płaszczy armii brytyjskiej). Eksport tego wysoce cenionego pigmentu za panowania Hiszpanów podlegał ścisłej kontroli.

Wybrzeże

Na 480-kilometrowym wybrzeżu Oceanu Spokojnego w granicach stanu Oaxaca są doskonałe plaże, spokojne laguny i świetne warunki do uprawiania surfingu. Droga z Acapulco (w sąsiednim stanie Guerrero) do Salina Cruz (w stanie Oaxaca) ma nową nawierzchnię, chociaż w wielu miejscach nadal jest wyboista. Najpopularniejsze zakątki na tym odcinku to Puerto Escondido, Puerto Angel i Huatulco. Wprawdzie w ostatnich latach wszystkie miasteczka zostały zniszczone przez huragany, ale szkody szybko naprawiano.

Mapa
s. 280
–281

PONIŻEJ: Huatulco w stanie Oaxaca.

Puerto Escondido ❷ jest od dawna znane turystom, chociaż w żadnym razie nie można go nazwać wytwornym. Rybołówstwo to wciąż ważne źródło dochodów mieszkańców, a świeżo złowione owoce morza pojawiają się na targowisku i w miejscowych restauracjach.

W miasteczku panuje spokojna atmosfera i choć niewiele się tutaj dzieje, można się po prostu cieszyć słońcem i morzem. **Stare Miasto** leży na wzgórzu nad zatoką. Najważniejszy rejon turystyczny rozciąga się od **Playa Principal** (główna plaża), gdzie cumują łodzie rybackie, do **Playa Marinero**. Za zakrętem długa, piaszczysta plaża **Zicatela** przyciąga surferów. Niestety, w pobliżu występuje bardzo niebezpieczny podpowierzchniowy prąd przeciwny, więc pływanie jest bardzo ryzykowne.

Międzynarodowe turnieje surfingowe w Puerto Escondido przyciągają wytrawnych surferów z całego świata.

Obiekty turystyczne skupiają się na plaży lub w jej pobliżu. Przy pasażu biegnącym przez turystyczną część miasta skupia się mnóstwo sklepów z biżuterią, wyrobami ze srebra i rozmaitymi świecidełkami.

Restauracje specjalizujące się w owocach morza (np. **La Perla Flamante** i **Nautilus**) są skromne, ale można w nich zjeść po królewsku. Turystów zapraszają gościnne bary z muzyką taneczną i jazzową na żywo, otwarte od 22.00 prawie przez całą noc. Najbardziej elegancki hotel w Puerto Escondido, **Santa Fe**, stoi w miejscu, gdzie łączą się plaże.

Na wzgórzu na drugim końcu miasta zbudowano nowy hotel – **El Aldea del Bazar**, do którego można się dostać tylko taksówką.

Dzika przyroda

PONIŻEJ: procesja i Taniec z Piórami.

Każdy, kogo interesują ptaki i dzika przyroda, powinien się wybrać do **Parku Narodowego Lagunas de Chacahua** ❷, 60 km na zachód od Puerto Escondido.

Do wycieczek po lagunach i wyspach okolonych namorzynami można w wiosce Zapotalito wynająć *lanchas* (małe łodzie motorowe).

Tylko wczesnym rankiem lub późnym popołudniem udaje się zaobserwować ibisy, warzęchy, papugi, aligatory, żółwie i inne zwierzęta zamieszkujące laguny. Poza tym są tu piękne, piaszczyste plaże i osłonięte zatoczki; warto pamiętać o środku odstraszającym owady, ponieważ komary mogą być bardzo dokuczliwe.

Mapa s. 280 –281

Puerto Angel i Huatulco

W **Puerto Angel** ㉒ panuje nawet bardziej senna atmosfera niż w Puerto Escondido. Jest to typowy kurort z tropikalną scenerią i plażami dla osób liczących na spokojny wypoczynek. Wioska rybacka leży po wschodniej stronie zatoki, chociaż lepiej pływać przy **Playa del Panteón**, po stronie zachodniej.

W mieście jest kilka wygodnych, choć niezbyt luksusowych hoteli. Zaledwie 5 km dalej rozciąga się piaszczysta plaża Zipolite, na której rosną palmy.

Rozbudowa obszaru w rejonie zatok **Huatulco** ㉓ ma na celu stworzenie wielkiego kompleksu turystycznego z przystanią dla łodzi i polami golfowymi. Plaże rozciągają się na całej długości 35-kilometrowego wybrzeża. Ukończono już budowę licznych hoteli, takich jak choćby Barceló, Holiday Inn, Camino Real Zaashila, Quinta Real i Las Brisas, więc jest gdzie nocować. Punta Celeste, otwarty w 2003 r. park rozrywki o tematyce archeologicznej, to najnowsza miejscowa atrakcja.

Łodzie wypływające z portu w Bahía de Santa Cruz dowożą turystów na najlepsze plaże, gdzie można nurkować bez akwalungu. Dok dla statków żeglugowych, ukończony w 2003 r., prawdopodobnie zmieni oblicze zatoki.

W nowym mieście **La Crucecita**, 2 km od wybrzeża, jest kilka restauracji, niedrogie hotele i wspaniałe targowisko. ❏

RADA

Zawsze należy pilnować swoich rzeczy, zwłaszcza w Puerto Escondido i Puerto Angel, gdzie kradzieże są dość częste; w nocy warto się również trzymać dobrze oświetlonych ulic.

PONIŻEJ: rybacy w Puerto Escondido.

TABASCO I CHIAPAS

*Płaski i tropikalny stan Tabasco mocno kontrastuje
z górzystym stanem Chiapas.*

Mapa
s. 280
–281

Tabasco i Chiapas – dwa bardzo odmienne stany – rozciągają się od Zatoki Meksykańskiej aż po Ocean Spokojny, na wschód od przesmyku Tehuantepec.

Zielony, tropikalny Tabasco, stolica meksykańskiego przemysłu naftowego, leży po drodze do Chiapas i na półwysep Jukatan. Tę parną, nisko położoną nadbrzeżną krainę przecinają liczne rzeki, wykorzystywane jako drogi handlowe przez Olmeków, którzy mieszkali tu 3 tys. lat temu.

Dynamicznie rozwijające się miasto

23 marca 1519 r. konkwistador Hernán Cortés wylądował na brzegu Zatoki Meksykańskiej (s. 42) i założył hiszpańską osadę u ujścia *río* Grijalva. Dzisiejsza **Villahermosa** ㉔ to stolica stanu Tabasco zamieszkana przez ponad 250 tys. osób, ważne centrum przemysłu naftowego, zachwycające ocienionymi bulwarami i parkami, a przede wszystkim jedynym w swoim rodzaju muzeum w plenerze, gdzie zebrano pamiątki po cywilizacji Olmeków.

Ożywienie gospodarcze, wywołane wydobyciem ropy w latach 70. XX w., mocno zmieniło oblicze miasta. W ostatnich latach olbrzymie sumy zainwestowano w rozwój turystyki: powstały nowe parki i ogrody, kilka muzeów i wspaniałe centrum handlowe **Tabasco 2000**, z planetarium, ośrodkiem konferencyjnym i ekskluzywnymi butikami.

Największą atrakcją pozostaje nadal rozległy **Parque Museo La Venta** (wt.–nd.; wstęp płatny) w północno-zachodniej części miasta, odtwarzający scenerię dżungli dawnego olmeckiego ośrodka w **La Venta** (130 km na zachód od Villahermosy), którego rozkwit przypadł na lata 1000–400 p.n.e.

Pierwsze wykopaliska w 1925 r. przeprowadził tutaj archeolog Franz Blom, a po nim – w latach 40. Matthew Sterling. Później, gdy La Venta (pierwotne miejsce badań) była zagrożona wierceniami w poszukiwaniu ropy – w zakrojonej na szeroką skalę operacji, na czele której stanął poeta i antropolog z Tabasco Carlos Pellicer, przewieziono 32 monumentalne obiekty kultury olmeckiej do muzeum w Villahermosie. Najbardziej imponujące ze wszystkich eksponatów są trzy dwumetrowe głowy, które rzekomo przedstawiają potężnych władców meksykańskiej *cultura madre* (kultury ojczystej).

Doskonałym wprowadzeniem do kultury Olmeków i Majów jest wizyta w **Museo Regional de Antropología Carlos Pellicer** (wt.–nd.; wstęp płatny) na południu miasta, gdzie jest dział poświęcony ruinom oraz doskonała reprodukcja malowideł ściennych z Bonampaku.

PO LEWEJ: artyści w maskach podczas święta San Sebastián.
PONIŻEJ: psi odpoczynek.

*Wielu nie wie,
że Tabasco
to nie tylko ostra
przyprawa, ale też
nazwa stanu na
południu Meksyku.*

PONIŻEJ:
zagadkowe rysy
twarzy masywnych,
kamiennych
olmeckich głów.

Ekoturystyka szybko zyskuje w Meksyku na popularności – coraz częściej są organizowane wycieczki w odległe rejony południowo-zachodniego Tabasco i wyprawy rzekami Usumacinta i Grijalva.

Zaledwie 18 km od Villahermosy leży park safari i ośrodek badań nad środowiskiem **Yumka** ㉕ (codz.; wstęp płatny), nazwany imieniem karła chroniącego dżunglę. Wycieczka z przewodnikiem po tym ogromnym parku obejmuje spacer, przejazd pociągiem przez „afrykańskie sawanny", wycieczkę łodzią wokół laguny oraz zakupy w sklepie z pamiątkami. Po drodze można podziwiać małpy, papugi, słonie, antylopy gnu i hipopotamy.

Stosunkowo niewielu turystów odwiedza piękne ruiny Majów w **Comalcalco** ㉖ (codz.; wstęp płatny), 62 km na północny zachód od Villahermosy. Są tam trzy grupy budynków: Plaza Norte, Gran Acrópolis i Acrópolis Este, z których większość pochodzi z lat 700–900. Z powodów praktycznych (brak kamienia w okolicy) Majowie użyli do budowy wypalanej cegły. Zbiory ziarna kakaowego, którym handlowali, stanowią do dziś ważną gałąź gospodarki regionu; w mieście Cárdenas jest przetwarzana większość pozyskiwanego tutaj surowca – kupują je producenci czekolady na całym świecie.

Chiapas

W przeciwieństwie do płaskiego Tabasco, graniczący z nim stan Chiapas to górzysty region, słynący z wyjątkowych krajobrazów i zmiennego klimatu – w niektórych zakątkach pada nieustannie niemal przez cały rok, chociaż na ogół pora deszczowa trwa od maja do października (najbardziej dżdżyste miesiące to lipiec i sierpień).

Stan słynie z pięknych miast – należy do nich bez wątpienia San Cristóbal de las Casas otoczone wioskami Indian, którym udało się zachować tradycje i obyczaje swoich przodków. Tuxtla Gutiérrez to stolica Chiapas, nowoczesny ośrodek będący ważną bazą wypadową dla wielu spragnionych wrażeń podróżników.

Do innego rodzaju atrakcji zalicza się Cañón del Sumidero (wąwóz Sumidero) w przepięknym parku narodowym, z którym wiąże się ciekawa legenda: podobno w XVI stuleciu kilkuset Indian, którzy nie chcieli się poddać władzy konkwistadorów, rzuciło się z urwistych skał jaru w przepaść.

Podobnie jak Oaxaca, Chiapas jest stanem indiańskim, gdzie grupy tubylcze stanowią około jednej trzeciej ludności, przy czym większość żyje w warunkach skrajnej nędzy. Postrzegani jako obywatele drugiej kategorii, zostali stopniowo (i pod przymusem) wyparci ze swoich ziem do najmniej urodzajnych części stanu. Mimo wybuchu powstania zapatystów w 1994 r. (s. 90), turyści stale odwiedzają wyżyny Chiapas, ponieważ jednak konflikt nie został ostatecznie rozwiązany, przed podróżą warto zasięgnąć języka na temat aktualnej sytuacji politycznej.

Tuxtla Gutiérrez

Stolica stanu, **Tuxtla Gutiérrez** ㉗ (dosł. miejsce królików), 290 km na południe od Villahermosy, oferuje niewiele atrakcji. W **Museo Regional de Chiapas** (wt.–nd.; wstęp płatny) w Parque Madero warto obejrzeć piękne eksponaty sztuki prekolumbijskiej i kolonialnej, jak również ciekawe mapy. W fascynującym **Zoológico Miguel Alvarez del Toro** (wt.–nd; datki mile widziane)

Mapa s. 280 –281

PONIŻEJ: spokojne wody Cañón del Sumidero.

w naturalnej scenerii żyją tapiry, jaguary i oceloty. Inna atrakcja to katedralne kuranty w niemieckim stylu, w których co godzina pojawiają się figurki 12 apostołów.

Najlepszym sposobem na wizytę w **Cañón del Sumidero** ❷❽ (jego część leży na terenie parku „ekoturystycznego") jest wycieczka łodzią po płynącej jego dnem *río* Grijalva. Ściany kanionu wznoszą się na ponad kilometr, ale woda jest spokojna dzięki zaporze w Chicoasén. Warto się wybrać na spacer przez dżunglę, wynająć kajaki i obejrzeć tradycyjne imprezy ludowe. Miasto **Chiapa de Corzo** ❷❾, 15 minut jazdy na wschód od Tuxtli, to pierwsza osada hiszpańska w Chiapas. O ośmiokątnej fontannie **La Pila** z XVI w. mówi się, że inspiracją do jej powstania była hiszpańska korona.

Pobliska **Templo de Santo Domingo** (kościół św. Dominika), także z XVI w., szczyci się jednym z najstarszych dzwonów w Ameryce Łacińskiej. Chiapa de Corzo słynie z wyrobów z laki, a w **Museo de la Laca** (wt.–nd.; bezpł.) można się zapoznać z różnymi metodami stosowanymi w tej sztuce. Wyroby rzemieślnicze (głównie haftowaną odzież) można kupić w sklepach wokół placu.

Innym sposobem na obejrzenie kanionu są punkty widokowe (*miradores*); dojazd minibusem (*combi*) z Parque Madero. Na zachód od Tuxtli zjazd z drogi (na północ) prowadzi do oddalonej o 40 km **zapory Chicoasén**. Zaraz za tunelem, gdy szosa wynurza się nad zaporą, pojawia się zakręt oznaczony tablicą „Mirador", a parę kilometrów dalej – wspaniały punkt widokowy. Po jednej stronie widać imponujący **Kanion Grijalva**; po drugiej – koronę zapory i sztuczne jezioro. Do Chicoasén kursują autobusy z Tuxtli.

PONIŻEJ: Indianie
Tzeltal wspólnie
popijający napój.

Wybrzeże Chiapas

Arriaga i **Tonalá** na południowy wschód od Tuxli to podobno najgorętsze zakątki w stanie Chiapas. Warto się stąd udać samochodem do **Paredón** **③⓪** nad Mar Muerto, które jest właściwie laguną z doskonałymi łowiskami dla wędkarzy i wodą znakomitą do pływania. Nie ma tutaj hoteli, ale jest wiele restauracji z owocami morza.

W **Puerto Arista** (19 km dalej), gdzie również warto pojechać na wycieczkę, mają weekendowe domy zamożni mieszkańcy Chiapas. W wynajętym hamaku pod *palapą* z palmowych liści świetnie się odpoczywa (zimą przyda się lekki koc).

Banany, bawełna i kakao

Niedaleko granicy z Gwatemalą leży **Tapachula** **③①**, ważny ośrodek upraw bananów, bawełny, kakao i kawy, należących do ludności niemieckiego pochodzenia, która przybyła tu z Gwatemali w czasie rządów Porfiria Díaza. Produkcja kawy gwałtownie spadła, kiedy osadników internowano w czasie II wojny światowej. Ci, którzy zostali są dziś obywatelami meksykańskimi, a ich plantacje noszą meksykańskie nazwy (o pochodzeniu osadników przypomina nazwa Nueva Alemania – Nowe Niemcy – niedaleko Tapachuli).

Z **Huixtli**, 42 km na północ od Tapachuli, droga wznosi się bardzo stromo, a następnie opada wzdłuż granicy z Gwatemalą do przejścia granicznego w **Ciudad Cuauhtémoc**. Przejazd tą szosą jest wart zachodu, choć zdecydowanie nie jest polecany w nocy: na drodze celnicy często zatrzymują podróżnych, szukając przemycanych lekarstw, broni oraz nielegalnych imigrantów z Gwatemali.

Mapa s. 280 –281

RADA

Do przejścia przez granicę z Gwatemalą w Ciudad Cuauhtémoc jest potrzebna wiza (granicę najlepiej przekroczyć do 13.00 lub między 16.00 a 18.00). Większość problemów można rozwiązać za „dodatkową opłatą".

PONIŻEJ:

uczestnicy fiesty San Sebastián w Chiapa de Corzo.

Kolorowe jeziora

Ciudad Cuauhtémoc leży na końcu autostrady zaczynającej się na północy w Ciudad Juárez, zaraz za granicą z Teksasem.

W miarę, jak autostrada wspina się na wyżyny Chiapas, wokół roztacza się coraz wspanialszy widok na szeroką dolinę i imponujące gwatemalskie góry majaczące na horyzoncie. Przed miastem **Comitán** zjazd z drogi (na wschód) prowadzi do **Parku Narodowego Lagunas de Montebello** ❸❷ na skraju lasu deszczowego **Lacandón** i w pobliżu granicy z Gwatemalą. Leży tam około 60 jeziorek o wspólnej nazwie **Lagunas de Colores**, których woda mieni się przeróżnymi barwami – od turkusowej i fioletowej do szmaragdowej i szarej. Tak różne odcienie nadają wodzie rozległe złoża mineralne. Niedaleko stąd, w wiosce **Tziscao** otwarto kemping oraz schronisko turystyczne (*Albergue turístico*).

Pomiędzy autostradą a parkiem narodowym w lewo odchodzi bita droga prowadząca do prekolumbijskich ruin Majów **Chinultic**, z dużą świątynią El Mirador górującą nad doliną. Jedynie część tego ogromnego obiektu została uporządkowana i odnowiona, ale sceneria i widoki są niezapomniane.

Garncarki Tzeltal

Miasto **Comitán**, około 45 minut jazdy samochodem na południowy wschód od Lagunas de Montebello, słynie z mocnych trunków, stromych ulic, wielu odmian orchidei i kolb kukurydzy o prawie metrowej długości. Jest tu również uroczy plac i wiele wygodnych hoteli.

PONIŻEJ: kościół Santo Domingo w San Cristóbal de las Casas.

Indianki Tzeltal z **Amatenango del Valle** specjalizują się w wyrobie pięknej, niepokrytej glazurą ceramiki, którą wypalają w ten sam sposób, jak ich przodkowie: nie korzystają z pieca, lecz rozpalają ogień wokół wysuszonych na słońcu glinianych naczyń. Naturalne kolory są trwałe, choć ceramikę ko-

niecznie trzeba przewozić bardzo ostrożnie, ponieważ jest dość krucha i nie tak twarda, jak ta wypalana w piecach.

San Cristóbal de las Casas ❸❸ na wysokości 2300 m n.p.m. wielu turystów uważa za jeden z najprzyjemniejszych ośrodków w Meksyku; panuje tu spokojna atmosfera i chłodny, zdrowy klimat. Jest też dużo czystych, niedrogich hoteli i smaczne jedzenie za rozsądną cenę – prawie co drugi budynek to restauracja!

San Cristóbal do XIX w. było stolicą Chiapas pod zarządem Gwatemali. Założone w 1528 r., zostało nazwane od imienia dominikańskiego biskupa ojca Bartolomé de las Casas, który bronił Indian przed kolonistami. Miasto ma dużo wdzięku: domy są zwykle bielone, jednopiętrowe, z dachami krytymi czerwoną dachówką.

Wznosi się tu kilka kościołów, w tym najbardziej znany – barokowa **Templo de Santo Domingo** (kościół św. Dominika), którego budowę rozpoczęto w 1547 r. Jego misterna, różowa fasada pochodzi z XVII w. Wewnątrz zwracają uwagę religijne obrazy, złocenia i ambona.

Oprócz tego na uwagę zasługują Palacio Municipal i katedra na głównym placu; warto również wspiąć się na wzgórza, do Iglesia de San Cristóbal i Iglesia de Guadalupe, skąd można podziwiać wyjątkowo ciekawe widoki na miasto.

Indiańskie rzemiosło

Przed kościołem Santo Domingo Indianki sprzedają kolorową odzież, a także ceramikę i wyroby skórzane, wełniane i bawełniane. Nieopodal, w spółdzielni **Sna Jolobil** (w narzeczu Indian Tzotzil „dom tkaczy") wystawiono ciekawe rzemiosło.

Indianie z San Cristóbal i pobliskich wiosek nie lubią być traktowani jak atrakcja turystyczna. Zawsze należy ich pytać o zgodę na zrobienie zdjęcia.

PONIŻEJ: piękna płaskorzeźba w kamieniu.

Mapa s. 280 –281

KALENDARZ MAJÓW

Majowie doskonale się znali na matematyce i astronomii. Aby móc zapisywać historię obrzędów wymyślili skomplikowany system hieroglifów, kresek i kropek. Dla zaplanowania czynności związanych z uprawą ziemi opracowali również zdumiewająco dokładny kalendarz astrologiczny. Podstawą obliczeń wszystkich ludów mezoamerykańskich był wprowadzony przez nich 260-dniowy cykl (tzolkin), chociaż jednocześnie używali innego kalendarza, według którego rok składał się z 365 dni (haab). Obydwa cykle przebiegały jednocześnie, łącząc się i uzupełniając (Kalendarz Okrągły); trzeba było czekać aż 52 lata, aby data się powtórzyła.

Cykl 52-letni, zwany Rundą Kalendarzową lub Świętą Rundą, był stosowany przez wiele ludów Mezoameryki, ale to właśnie Majowie, jeszcze bardziej wymagający jeśli chodzi o obliczenia, udoskonalili dawne kalendarze, osiągając największą dokładność w pomiarze czasu. Po 104 latach kilka cykli czasowych zdumiewająco zbiegło się w jednym momencie: 584-dniowy cykl Wenus (mający również duże znaczenie dla Majów), haab oraz tzolkin. Zdarzenie to było hucznie świętowane.

RADA

Większość mieszkańców wiosek wokół San Cristóbal przychodzi na targ w niedzielę rano – jest to najlepszy czas na zwiedzanie.

Indianie przybywają do San Cristóbal de las Casas z pobliskich górskich wiosek, z których każda ma własne tradycyjne stroje. W Chamuli mężczyźni noszą białe tuniki, podczas gdy urzędnicy świeccy lub przywódcy kościelni ubierają się na czarno. Członkowie plemienia Tzotzilów z Zinacantánu chodzą w tunikach w białe i czerwone pasy, a na głowy wkładają płaskie kapelusze z barwnymi wstążkami (dłuższe wstążki mają kawalerowie). Misterne dekoracje kobiecych *huipiles* często przedstawiają stylizowane zwierzęta i ptaki.

Na-Bolom

Podczas pobytu w San Cristóbal de las Casas warto odwiedzić **Na-Bolom** (wt.–nd.; wstęp płatny), centrum założone przez szwajcarską pisarkę, fotografika i językoznawcę Gertudę Duby-Blom oraz jej męża, duńskiego archeologa i odkrywcę La Venty. Trudi, jak ją nazywano, poświęciła pół wieku na badanie obyczajów, języka i historii ludów tego regionu, jak również na walkę o ich prawa.

Ośrodek Na-Bolom, z biblioteką, muzeum i domem dla gości, mieszczący się w dużym budynku z ukwieconym patio, pięknie wyposażonymi pokojami i kominkami, szczególnie dba o ochronę lasu Lacandón.

Wioski indiańskie

Chyba najłatwiej dostępną wioską indiańską leżącą na wzgórzach, 9,5 km na północ od San Cristóbal, jest **San Juan Chamula** ❸❹, gdzie można dojechać samochodem, autobusem lub konno. Wstęp do miejscowego kościoła uzyskuje się po wykupieniu niedrogiego pozwolenia w miejscowym biurze informacji turystycznej, ale robienie zdjęć jest zabronione.

PONIŻEJ: kochające się rodzeństwo.

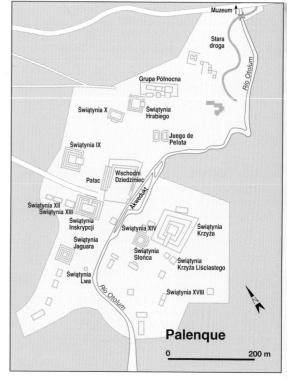

Muzeum

Stara droga

Río Otolum

Grupa Północna

Świątynia X
Świątynia Hrabiego

Świątynia IX
Juego de Pelota

Pałac
Wschodni Dziedziniec

Świątynia XII
Świątynia XIII
Świątynia Inskrypcji
Świątynia XIV
Świątynia Krzyża
Akwedukt
Świątynia Jaguara
Świątynia Słońca
Świątynia Krzyża Liściastego
Świątynia Lwa
Río Otolum
Świątynia XVIII

Palenque

0   200 m

Religia miejscowych Indian to połączenie katolicyzmu i prekolumbijskich wierzeń Majów. Podłoga świątyni jest usłana gałązkami sosnowymi, a za oświetlenie służą setki świec, których światło odbija się w lustrach otaczających figury świętych.

Wśród innych wiosek wartych odwiedzin jest **Zinacantán** – jedzie się do niego tą samą drogą, która prowadzi do San Juan Chamula, skręcając jednak w lewo; w **Tenejapie**, oddalonej o niemal 30 km, na niedzielnym targu można kupić doskonałe wyroby tkackie, haftowane i zdobione wytłoczonym wzorem.

Agua Azul i Misol-Ha

W drodze z San Cristóbal do Palenque warto się zatrzymać w dwóch miejscach. Pierwsze (4 km od głównej drogi) to **Agua Azul** ❸❺ na *río* Tulijá – kilkanaście zapierających dech w piersiach wodospadów ukrytych w dżungli. Najlepiej je podziwiać wiosną, gdyż woda pod kaskadami rzeczywiście ma wtedy niebiesko-zielony kolor. Do pływania bardziej się nadaje zbiornik pod 35-metrowym wodospadem w **Misol-Ha** ❸❻, 22 km od Palenque, leżący w bujnym tropikalnym lesie. Można się tutaj wspaniale ochłodzić przed dalszą drogą.

Wyłaniające się z gęstej dżungli ruiny Majów w **Palenque** ❸❼ (codz.) są dla wielu turystów głównym celem podróży do Meksyku. Ich widok wywołuje jednocześnie strach i zachwyt, a przecież to co zachowało się do dzisiaj, to zaledwie 10% niewiarygodnego kompleksu izb, tarasów, schodów, świątyń, pałaców i innych konstrukcji stojących na tym miejscu w VII w. W owych czasach sztukaterie i wapienne płaskorzeźby były pokryte polichromią, a kontrast żywych kolorów i białego tynku – szczególnie na tle ciemnozielonych liści – po prostu musiał budzić zachwyt.

Mapa s. 280 –281

RADA

Ruiny Majów w Palenque są otwarte od 8.00; należy przyjść wcześnie, aby uniknąć upału i tłumów.

PONIŻEJ: Piramida Inskrypcji w Palenque.

Mapa
s. 280
–281

PONIŻEJ:
mieszkaniec lasu
równikowego
Lacandón palący
cygaro domowej
roboty.
PO PRAWEJ:
Tzeltalowie podczas
festiwalu religijnego
przed kościołem
w Tenejapie,
Chiapas.

W Palenque zwraca uwagę słynny grobowiec Pakala w **Templo de las In-scripciones** (Świątynia Inskrypcji) – wspaniały przykład klasycznej architektury Majów. W istocie jest to piramida ze świątynią górująca nad całym obszarem, której nazwa pochodzi od hieroglificznych inskrypcji na ścianach z 692 r. W 1952 r. archeolog Alberto Ruz Lhuillier odkrył pośrodku piramidy zamurowane przejście prowadzące do komory grobowej 25 m pod ziemią. Znaleziono w niej szkielet króla Pakala pochowanego w mozaikowej masce pośmiertnej z nefrytu.

Niemal naprzeciw piramidy, pośrodku kompleksu na platformie stoi **Palacio** (Pałac) – budynki z dziedzińcami, przejściami i tunelami, zwieńczone zrekonstruowaną czteropiętrową wieżą, która prawdopodobnie służyła jako obserwatorium. Ściany budowli są pokryte płytami ze sztukaterią, a dziedzińce otaczają niskie mury zdobione kamiennymi rzeźbami i hieroglifami.

Na północ od Palacio jest **boisko do gry w piłkę** (*pelota*) i druga grupa świątyń, **Grupo del Norte** (Grupa Północna). Z kolei na wschód, za strumieniem i na skraju dżungli wznoszą się świątynie: **Templo de la Cruz** (Świątynia Krzyża), **Templo del Sol** (Świątynia Słońca) i **Templo de la Cruz Foliada** (Świątynia Krzyża Liściastego).

Do punktu informacji turystycznej przy muzeum (wt.–nd. 10.00–17.00) można się dostać często kursującym z Palenque minibusem. Najlepszym miejscem noclegowym w okolicy jest Chan Kah, ale należy wziąć po uwagę, że hotele w pobliżu ruin są bardzo drogie.

Ruiny w lesie tropikalnym

Pozostałe dwa ważne obiekty kultury Majów, **Bonampak** ❸❽ i **Yaxchilán** ❸❾, chowają się w tropikalnym lesie w pobliżu *río* Usumacinta, wzdłuż której biegnie granica z Gwatemalą.

W suchej porze roku do Bonampaku można dojechać ciężarówką z Palenque (140 km na północny zachód). Archeolodzy, którzy odkryli to miejsce w 1946 r., byli zdumieni malowidłami ściennymi (zdjęcie s. 32) przedstawiającymi wojny, rytuały i święta Majów.

Sięgające od podłogi do sufitu freski to żywa opowieść historyczna o obrządkach, bitwach, festiwalach, uroczystościach i tańcach, „opowiedziana" w najdrobniejszych szczegółach. Ci, którym nie uda się tu dotrzeć, mogą obejrzeć reprodukcje malowideł w Museo Regional de Antropología Carlos Pellicer w Villahermosie czy w Museo Nacional de Antropología w mieście Meksyku.

Trzeba mieć duszę podróżnika, aby dojechać do dużo większych (i dla wielu bardziej zachwycających) ruin **Yaxchilánu** na brzegu *río* Usumacinta, podziwianych przede wszystkim za misterne sztukaterie i ozdoby dachowe.

Do Yaxchilánu można się dostać tylko łódką lub samolotem. Łodzie wynajmuje Frontera Echeverría (zwana również Corozal), a udział w grupowej wycieczce samolotowej trzeba zarezerwować w biurze podróży w Palenque Villahermosie lub w San Cristóbal de las Casas. ❑

PODWODNE OAZY JUKATANU

Morze Karaibskie to raj dla amatorów nurkowania, gdyż jego wody są zamieszkane przez niezliczone gatunki fauny i flory.

Chociaż większość turystów przyjeżdżających na Jukatan interesują przede wszystkim tajemnicze ruiny miast Majów i wypoczynek na wspaniałych plażach z białym piaskiem, nurkujący z akwalungiem lub rurką ściągają tłumnie na półwysep w jednym celu – aby oglądać podmorski świat.

Puerto Morelos, wioska rybacka leżąca 32 km na południe od Cancúnu, jest jedną z baz, z których można rozpocząć peregrynację Wielkiej Rafy Mezoamerykańskiej, części drugiego co do długości systemu raf na świecie (ok. 350 km), rozciągającego się wzdłuż wschodniego wybrzeża Jukatanu i na południe do Belize i Hondurasu. Mimo że jest dużo węższa niż australijska Wielka Rafa Koralowa, w rejonie wyspy Cozumel sięga na głębokość ponad 40 m. Wyjątkowa przejrzystość wody (miejscami widoczność sięga 27 m) oraz ogromne bogactwo ryb i koralowców sprawiają, że jest to jedno z ulubionych miejsc wielu turystów.

PODWODNA DZIEWICZA PUSZCZA

Karaibskie rafy są wyjątkowo bogate w rzadkie okazy flory i fauny – do dziś zidentyfikowano tu ponad 50 gatunków korali, 440 gatunków ryb i 30 gatunków gorgonii, a także setki gatunków mięczaków, skorupiaków, gąbek i alg, których bogactwo jest porównywalne z zasobami dziewiczej puszczy. Ogromna różnorodność gatunkowa wynika m.in. z długotrwałego działania huraganów, co powstrzymywało rozwój gatunków dominujących i sprzyjało tworzeniu miejsca dla nowych form podwodnego życia.

▲ PTAKI JUKATANU

Jukatan jest znany wielkiej różnorodności ptaków. Występuje tutaj aż 530 gatunków, m.in. niezwykle rzadka czapla biała.

▼ REZERWAT BIOSFERY

Rezerwat Sian Ka'an niedaleko Tulum chroni lasy tropikalne, sawannę i wybrzeże oraz wiele gatunków zwierząt.

▼ TERENY LĘGOWE

Żółw morski jest jednym z pięciu gatunków tych gadów przybywających na plaże Jukatanu między majem a wrześniem, by złożyć jaja.

◄ FLAMINGI

W okolicach Celestún na północno-zachodnim wybrzeżu żyje kilkutysięczna kolonia flaminga różowego. To jedyne takie miejsce w Meksyku.

ROZKOSZE NURKOWANIA

Wyspa Cozumel
u wschodnich wybrzeży
Jukatanu słynie
z zachwycającego
podmorskiego
krajobrazu i doskonale
zachowanego systemu
raf, przyciągając
amatorów nurkowania
z całego świata.

Najlepsze stanowiska
znajdują się na
południowo-wschodnim
wybrzeżu wyspy oraz
na rozciągającej się
wzdłuż południowego
brzegu rafie Maracaibo.
Pionowe ściany niknące
w morskich głębinach
są pokryte egzotyczną
roślinnością.

Na tutejszych rafach
koralowych rozwinęły
się ważne ekosystemy.
Niedawno towarzystwo
dobroczynne
Amigos de Sian Ka'an
z Cancúnu rozpoczęło
kampanię
informacyjną
mającą na celu
ich ochronę.

◄ ŚWIĘTE WODY

Jukatan pokrywają dziesiątki
naturalnych lejów krasowych
nazywanych *cenotes*, takich
jak ten w Valladolid. Niektóre
z nich były uważane przez
Majów za święte (składali
tam ofiary).

▲ PODWODNA OAZA

W porównaniu z innymi
rejonami Morza Karaibskiego,
Wielka Rafa Mezoamerykań-
ska jest prawdziwą oazą.
Obfitość pożywienia sprawiła,
że zadomowiły się tu
niezliczone gatunki fauny.

▲ MORSKIE SPECJAŁY

Ciepłe wody Karaibów słyną
z doskonałych owoców
morza. Zamieszkują je m.in.
małże, krewetki, homary,
kraby, kalmary i graniki.

► POD OCHRONĄ

Morski ślimak skrzydelnik,
ceniony za walory
smakowe i piękno muszli,
jest dzisiaj gatunkiem
chronionym.

JUKATAN

Mapa
s. 318
–319

*Państwo Meksyk, rozciągające się wzdłuż zachodniego
i południowego wybrzeża Zatoki Meksykańskiej, przypomina
kształtem haczyk – za przynętę służy półwysep Jukatan, a narybkiem
są turyści przyciągani przez karaibskie plaże i miasta Majów.*

Po podbiciu przez Hiszpanów Jukatan nie podlegał wicekrólom rezydującym w mieście Meksyku, ale bezpośrednio hiszpańskiej Koronie. W ciągu niemal 300 lat rządów kolonialnych powstała synkretyczna kultura Majów i Hiszpanów. Oddalenie półwyspu od ośrodka władzy sprawiło, że nie odegrał on właściwie żadnej roli w meksykańskim zrywie niepodległościowym w XIX w.

Wojna kast

W okresie kolonialnym Jukatanem wstrząsały liczne konflikty. Majowie przez długi czas stawiali zaciekły opór hiszpańskiej inwazji i odpierali pirackie ataki. Dochodziło również do starć pomiędzy franciszkańskimi mnichami, władzami świeckimi i klerem. Region był regularnie pustoszony z powodu klęsk głodu wywoływanych przez częste susze. Majów, podobnie jak inne grupy tubylcze, traktowano w sposób uwłaczający ich godności: odbierano im ziemię, tyranizowano powszechnie nimi gardzono. Skutkiem tego był gwałtowny spadek zaludnienia, do czego przyczyniły się dodatkowo epidemie chorób przywleczonych z Europy.

Po uzyskaniu przez Meksyk niepodległości w 1821 r. Jukatan ogłosił niezależność od nowego państwa. Brak porozumienia z rządem centralnym przerodził się w otwarty konflikt: miejscowi właściciele ziemscy (*hacendados*) uzbroili tysiące Indian, którzy napadli na zamieszkane w większości przez Hiszpanów miasto Valladolid i wypędzili z niego wojska federalne. Był to początek tzw. **wojny kast** (1847 r.).

Gniew Majów skierował się nie tylko przeciwko rządowi centralnemu i wojskom federalnym, ale przeciwko wszystkim białym osadnikom. Jednak tubylcy zawsze byli przede wszystkim rolnikami, a nie żołnierzami, więc gdy po trwających wiele miesięcy zamieszkach nadeszła pora zasiewów, Majowie wrócili do swoich wiosek, aby jak co roku zadbać o zbiory kukurydzy.

Kiedy rebelianci odeszli, biali zebrali siły. Z Kuby przywieziono karabiny i artylerię, rząd federalny przysłał wojsko i zapasy, a z USA nadciągnęło około tysiąca najemników. W efekcie krwawego odwetu w ciągu następnych 5 lat populacja Indian w regionie zmniejszyła się o połowę.

Jukatan nie poddał się władzy rządu centralnego aż do 1876 r., kiedy urząd prezydenta objął Porfirio Díaz. Na początku XX w. nastąpił gwałtowny rozwój gospodarki regionu dzięki *henequén* (włókno z agawy stosowane do wyrobu lin), którego produkcja między 1879 a 1916 r. wzrosła dziesięciokrotnie. Dzisiaj, na skutek wprowadzenia sztucznych włókien, ta gałąź przemysłu nie przynosi już takich zysków, a głównymi źródłami dochodu mieszkańców Jukatanu jest wydobycie ropy i siarki oraz turystyka.

STRONY 311/312:
ośrodek Majów
w Tulum.
PO LEWEJ: punkt
obserwacyjny
sępów.
PONIŻEJ: piękna
kolonialna fasada
w Campeche.

Jukatan

0 — 50 km

N

Z A T O K A   M E K S Y K A Ń S K A

Parque N
San F

Dzilam
de Bravo

Telchac
Puerto

Dzidzantún

Chuburna

Progreso

10

Baca

Cansahcab

Punta Baz
Sisal

261

Temax

Punta Boxcohuo

Parque Natural
Ría Celestún

Hunucmá

Dzibilchaltún

9

Motúl

Tepakán

Mérida

7

Kinchil

Umán

Celestún

8

Sevé

Aké

Izamal

11

Bella Flor

Chocholá

261

Tecoh

Hóctun

180

Kantunil

Libre
Unió

180

Y

Mayapán

u

c

a

Chiché

Maxcanú

Muna

18

Sotuta

Oxkintoc

Mama

Tekit

Tankuché

Halachó

Lázaro
Cárdenas

Ticul

Teabo

Calkiní

Uxmal

Maní

Jaina
(Zac-Pol)

Pochoc

4

Oxkutzcab

Grutas de Loltún

Punta Nitún

Kabah

5

6

Tekax de A.O.

Pomuch

Hecelchakán

Labná

Ticum

Peto

Xcalumkin

Sayil

184

Tzucacab

Tenabó

261

Kihuic

Boxol

Nocuchich

Xkichmook

Dzuiche

Campeche

2

Chencoyi

Hopelchén

Chumul

Hunto Chac

José Maríá
Morelos

Lerma

Cayal

Seybaplaya

Tixmucuy

Nohyaxché

Dzibilnocac

Q   u

Balneario Acapulco

261

Edzná

3

Pich

Chunl

Haltunchén

Champotón

1

Moquel

Ruíz
Cortines

Dzibalchén

Hochob

San Enrique

Xmaben

Chencán

Pustunich

M

E

X

I

Huayahaca

Pustunich

212

180

Pixoyal

Reserva de la
M e s e t a

Puerto
Real

250

Biósfera de
de Zohlaguna

Isla del
Carmen

Ciudad del
Carmen

C   a   m   p   e   c   h   e

Calakmul

Dzibanché

Laguna
de Términos

Diecfocho
de Marzo

Ponte
Díaz Ordaz

Francisco
Escárcega

Lechugal

Zecatal

Mamantal

186

Lago
Sivituc

Dzinapara

Conhuas

Becán

Xpujil

Francisco
Villa

Coyoc

Fuco Villa

Chicanná

Xpujil

186

Río
Candelaria

Buenavista

El Ramonal

Río Bec

Kohunlich

Reserva de la

Tortuga

Río Este

Candelaria

Río Caribe

Río Chumpan

Maruchín

365

Cuauhtémoc

El Tigre

Biósfera de
Calakmul

Tomás
Garrido

Or

186

Río Azúl

El F

Río Palizada

El Triunfo

Nueva
Coahuila

C a l a k m u l

Playas de
Catazajá

Chablé

Balancán

Balakbal

G   U   A   T   E   M   A   L   A

Bahía de Campeche

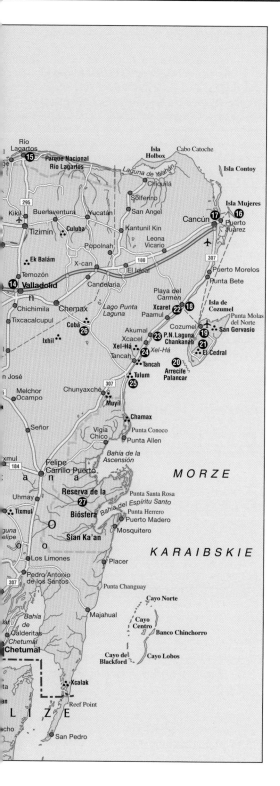

Z Villahermosy (s. 301) w stanie Tabasco można się dostać na półwysep na dwa sposoby: albo kierując się bezpośrednio na wschód do Chetumalu i na Wybrzeże Karaibskie, albo na północ, do **Ciudad del Carmen**, skąd niedaleko do kolonialnych miast Campeche i Mérida.

Z **Isla del Carmen**, niegdyś twierdzy piratów, biegnie wybrzeżem na północ do **Champotón ❶** źle oznakowana droga. W 1517 r. właśnie w tym miejscu doszło do pierwszej potyczki Hiszpanów z tubylcami, kiedy ekspedycja, na czele której stał Francisco Hernández de Córdoba, starła się z Majami. Córdoba został ranny i wkrótce zmarł w Hawanie.

Warowne miasto

Do **Campeche ❷**, miasta wpisanego na Listę Światowego Dziedzictwa Kulturalnego i Przyrodniczego UNESCO, można dojechać samochodem wzdłuż wybrzeża. Miasto, stolica stanu o tej samej nazwie, będące w czasach swej największej świetności częstym celem pirackich ataków, zachowało w dużym stopniu kolonialny charakter. Po niszczycielskim ataku piratów w 1663 r. władze hiszpańskie otoczyły je 2,5-kilometrowym murem o grubości 2,5 metra. Dostępu do twierdzy zbudowanej na planie sześciokąta strzegło osiem wież. W 1717 r., po ataku odwetowym na Isla del Carmen, korsarze zostali ostatecznie pokonani.

Uzyskanie przez Meksyk niepodległości w 1821 r. oznaczało koniec związków Campeche z Koroną. Gospodarka miasta, oparta na eksporcie dóbr do Hiszpanii, bardzo szybko podupadła i w ciągu następnych dziesięcioleci ludność musiała się utrzymywać z rybołówstwa. Mury jeszcze raz ocaliły ośrodek w połowie XIX w., w czasie tzw. wojny kast, kiedy zbuntowani Majowie zajęli wszystkie miasta na półwyspie z wyjątkiem Campeche i Méridy.

Pod koniec XIX w. miasto zaczęło się rozrastać poza mury, które przestały spełniać funkcję obronną. Na szczęście do dziś, mimo planów wyburzenia, duża część umocnień obronnych (*baluartes*) pozostała w nienaruszonym stanie. Rozebrana w 1893 r. **Puerta del Mar** (Brama

Wysokiej jakości ręcznie wykonane kapelusze panama (wytwarzane w pobliżu Campeche) po zwinięciu w ciasny rulon wracają do poprzedniego kształtu.

PONIŻEJ: Fuerte de San Miguel, Campeche.

Morska) została odbudowana w latach 50. XX w., kiedy dostrzeżono jej zabytkowe walory.

W obrębie Baluarte Santiago rozciąga się piękny tropikalny ogród – **Jardín Botánico Xmuch Haltún** (wt.–nd.; bezpł.). W **Museo de las Estelas Mayas** (wt.–nd.; wstęp płatny) w Baluarte de la Soledad można obejrzeć stele ze stanowiska archeologicznego w Edzná (s. 321); odkryte tam hieroglify miały kluczowe znaczenie dla odczytania języka Majów. Nowoczesny **Congreso del Estado** (Kongres Stanowy) – ze względu na kształt nazywany UFO, latającym talerzem lub kanapką – stoi obok **Baluarte San Carlos** (codz.; bezpł.), mieszczącego niewielkie **Muzeum Broni**. **Baluarte de San Juan** wciąż jeszcze łączy się z fragmentem murów starej części miasta i z **Puerta de Tierra**, dawną bramą dla podróżujących lądem. W piątkowe i niedzielne wieczory odbywają się tu widowiska typu światło i dźwięk.

W pobliżu bramy stoi siedziba **Museo Regional de Arqueología** (wt.–nd.; wstęp płatny), gdzie zgromadzono dużą kolekcję eksponatów związanych z kulturą Majów; ciekawostką są drewniane formy stosowane do kształtowania głów dzieci w celu nadania im pochyłej linii czoła, uważanej kiedyś przez Majów za ideał piękna.

Piękna zabudowa

Centrum Campeche wyznacza kolonialny plac, czyli **Parque Principal** – obecnie ważny ośrodek życia towarzyskiego, gdzie zbierają się mieszkańcy, aby odpocząć w cieniu drzew, wysłuchać koncertu lub wziąć udział we mszy św. w **Catedral de la Concepción**. Prosta fasada i dwie wysokie wieże świątyni są charakterystyczne dla pierwszych kościołów zbudowanych na półwyspie. Jej kopuła intryguje ciekawą linią łuków przyporowych. Warto zwrócić uwagę na zabytkowe **Portales**, z wdzięczną fasadą i arkadami.

NAPADY KORSARZY

Po przybyciu Hiszpanów do Nowego Świata Campeche stało się głównym portem na Jukatanie. Holenderscy, francuscy i angielscy korsarze, skuszeni wywożonymi do Europy bogactwami, stanowili duże zagrożenie dla hiszpańskiej floty na Karaibach. Pierwszy napad na Campeche nastąpił w 1540 r., zaledwie sześć lat po założeniu miasta. Przez ponad sto lat mieszkańcy żyli w strachu, bowiem piraci nie ograniczali się do napaści na statki opuszczające port, ale dopuszczali się również krwawych najazdów.

Podczas historycznej napaści w 1633 r. rywalizujący ze sobą korsarze zjednoczyli się i zaatakowali port. Po tym wydarzeniu zbudowano masywne umocnienia, m.in. imponującą twierdzę San Juan de Ulúa w porcie Veracruz, a całe Campeche otoczono potężnymi szańcami.

Na „zlecanym" przez imperium brytyjskie rabowaniu hiszpańskich statków na Karaibach wyrosły fortuny takich osób, jak sir Francis Drake. Choć wiceadmirał otrzymał szlachectwo od królowej Elżbiety I, w Meksyku jest w dalszym ciągu uważany za pirata i awanturnika.

Liczba okazałych rezydencji w Campeche świadczy o niegdysiejszym bogactwie miasta. Jedną z bardziej luksusowych budowli (przy ulicach nr 10 i 53) jest **Mansión Carvajal** z mauretańskimi łukami, czarno-białymi marmurowymi podłogami i szerokimi schodami.

W latach 70. XX w. za sprawą koniunktury na ropę sytuacja gospodarcza w regionie zaczęła się poprawiać (do dzisiaj przemysł naftowy stanowi główne źródło dochodu). Campeche słynie z gościnności i doskonałych owoców morza, a także z kapeluszy panama (zwanych tu *jipis*), biżuterii z bydlęcych rogów, tradycyjnej odzieży i rękodzieła.

Mapa
s. 318
–319

Edzná

Większość zburzonych świątyń w mieście **Edzná** ❸ (codz.; wstęp płatny), 65 km na południowy wschód od Chetumalu, pochodzi z lat 550–800 n.e. Najciekawszą budowlą jest ogromna **Templo de los Cinco Pisos** (Świątynia o Pięciu Piętrach). Na każdej kondygnacji mieszczą się komnaty, a dach jest ozdobiony grzebieniem.

Pod względem architektonicznym budynki w Edzná przypominają tzw. styl Puuc, znany z wykopalisk prowadzonych dalej na północ, w rejonie miast Uxmal i Kabah.

Uxmal

Chociaż nazwa **Uxmal** ❹ (codz.; wstęp płatny) w języku maja znaczy „budowany trzy razy", w historii wpisanego na Listę Światowego Dziedzictwa Kulturalnego i Przyrodniczego UNESCO stanowiska archeologowie doliczyli się aż pięciu różnych okresów budowy – prace rozpoczęto w tzw. okresie klasycznym (VI–VII w. n.e.), a rozkwit miasta nastąpił w latach 600–900.

PONIŻEJ: Catedral de la Concepción, Campeche.

Tuż przy wejściu na teren wykopalisk stoi wspaniała **Pirámide del Adivino** (Piramida Wróżbity). Legenda głosi, że postawił ją w ciągu jednej nocy syn czarodziejki – karzeł, który narodził się z jaja. W rzeczywistości składa się na nią pięć konstrukcji postawionych jedna na drugiej, budowanych przez kilka stuleci. Sprawni fizycznie, pełni energii i pozbawieni lęku wysokości turyści mogą się wspiąć po bardzo stromych i wąskich schodach na wysokość 35 metrów (łańcuchy po bokach służą za poręcze).

Cuadrángulo de las Monjas (Czworokąt Mniszek), plac utworzony przez cztery budynki na zachód od piramidy, został tak nazwany przez hiszpańskiego odkrywcę w XVII w., ponieważ przypominał krużganek klasztoru. Zdaniem archeologów otaczające go budynki, liczące 74 pomieszczenia, mogły służyć jako rezydencje lub szkoła.

Czworokąt Mniszek

Czworokąt Mniszek zainspirował jednego z najbardziej znanych meksykańskich architektów, Pedra Ramíreza Vásquezana, do zrealizowania w stolicy projektu Museo Nacional de Antropología (s. 164).

Cały kompleks jest typowym obiektem architektury w stylu Puuc, której podstawowy element stanowi chata Majów, czyli *na*, z gładkimi ścianami i wysokim, krytym strzechą dachem. Na szczególny podziw zasługuje skomplikowana kamieniarka – została skomponowana w taki sposób, że jej elementy zazębiają się, tworząc trójwymiarową układankę. Fasadę zdobią liczne maski **Chaca**, boga deszczu.

Nie bez powodu akurat to bóstwo otaczano tak wielką czcią; w tej części Jukatanu nie ma rzek ani właściwych terenom północnym *cenotes*. W Uxmal wodę

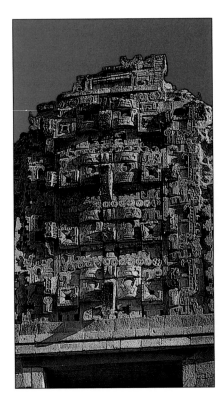

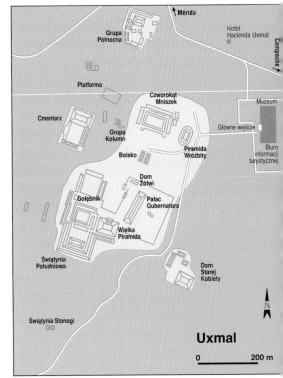

deszczową zbierano i przechowywano w *chaltunes*, wydrążonych w kamieniu i pokrytych wieloma warstwami gipsu zbiornikach w kształcie butelki.

Pomiędzy Czworokątem Mniszek a **Palacio del Gobernador** (Pałac Gubernatora) zachowały się pozostałości po starym **boisku do gry w piłkę**, np. kamienny pierścień wbudowany w jedną ze ścian. Pałac stojący na podwyższeniu, skąd roztacza się widok na okolicę, jest uznawany za jedno z arcydzieł architektury Majów, której cechami charakterystycznymi były łuki z wysadzonym gzymsem oraz światłocieniem powstającym dzięki rzeźbionym ozdobom. Na fasadzie dopasowano do siebie 20 tys. ręcznie rzeźbionych kamieni, by tworzyły fryzy o geometrycznych kształtach.

Badacz kultury Majów, Sylvanus Morley, nazwał Palacio del Gobernador „najwspanialszą budowlą pochodzącą z okresu prekolumbijskiego". Pobliski **Casa de las Tortugas** (Dom Żółwi) jest ozdobiony – zgodnie z nazwą – rzeźbami przedstawiającymi żółwie. Według Majów zwierzę to cieszyło się specjalnymi względami boga Chaca. Na tyłach pałacu stoją częściowo odnowione **Grán Pirámide** (Wielka Piramida) i **El Palomar** (Gołębnik), kryty dachem zdobionym perforowanymi trójkątnymi grzebieniami, które być może służyły do obserwacji astronomicznych.

Szlak Puuc

W **Kabah** ❺ (codz.; wstęp płatny) dosłownie całą fasadę **Palacio de las Máscaras** (Pałac z Maskami) pokryto kamieniarką przedstawiającą maskę boga deszczu Chaca.

Arco de Kabah, porównywany z rzymskim łukiem triumfalnym, stanowił niegdyś miejsce, gdzie zaczynała się trasa procesji prowadzącej do ośrodka obrzędowego w Uxmal.

Mapa s. 318 –319

RADA

Wycieczka autobusowa szlakiem Ruta Puuc wyrusza z Méridy codziennie rano. Trasa obejmuje Uxmal i inne miejsca z zabytkami architektury Majów: Kabah, Sayil, Labná i Loltún.

PONIŻEJ: Piramida Wróżbity, Uxmal.

Monumento a la Patria (Pomnik Ojczyźnie), dzieło sztuki współczesnej inspirowane kulturą Majów.

PONIŻEJ: wąskie uliczki Méridy były pierwotnie przewidziane dla ruchu *calesas* (rodzaj małego powozu).

Aby obejrzeć inne zabytki stylu Puuc, należy się wybrać do miejscowości **Sayil** i **Labná** przy drodze do **Grutas de Loltún** ❻ (codz.; wstęp płatny). Z punktu widzenia badacza jest to najważniejszy i najbardziej imponujący system grot w stanie Jukatan. Oprócz wielkiego posągu wojownika-jaguara przy wejściu można tu podziwiać stalaktyty, stalagmity i wspaniałe formacje skalne oraz starożytne rzeźby i malowidła na ścianach. W wyniku badań stwierdzono, że rozległa sieć jaskiń była zamieszkana już 2,5 tys. lat temu.

Nieopodal leży wioska **Ticul**, gdzie można kupić kapelusze, obuwie, ceramikę i biżuterię. Nieco dalej na wschód przycupnęło miasteczko Mani. To właśnie tu w 1562 r. przed wielkim klasztorem franciszkańskim biskup Diego de Landa spalił setki bezcennych pism Majów, nazywając je „diabelskimi kłamstwami".

Paryż Nowego Świata

Mieszkańcy **Méridy** ❼ nazywali kiedyś z dumą swoje miasto „Paryżem Nowego Świata". Na przełomie XIX i XX w. dzięki zyskom z handlu włóknem *henequén* mieszkało tu więcej milionerów niż gdziekolwiek indziej w Meksyku.

W okresie kolonialnym Mérida stała się zdecydowanie najważniejszym ośrodkiem regionu. Jako że była również siedzibą władz religijnych i świeckich, zbudowano tu piękną katedrę, klasztor i szereg budynków użyteczności publicznej. Hiszpanie mieszkali w centrum, podczas gdy Indianom i Metysom wydzielono specjalne rejony na peryferiach.

Centrum dzisiejszego miasta jest gęsto zabudowane. Wąskie ulice i domy stojące jeden przy drugim musiały zmieścić się w obrębie dawnych murów obronnych. Obecnie z 13 bram w stylu mauretańskim pozostały tylko dwie: **La Ermita** i **Arco de San Juan**.

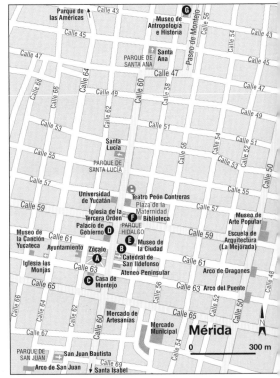

Mérida, zwana często La Ciudad Blanca (dosł. białe miasto), doskonale się nadaje do zwiedzania na piechotę; wiele obiektów stoi blisko siebie, a samo miasto rozplanowano na prostokątnej siatce: ulice parzyste wiodą z północy na południe, a nieparzyste ze wschodu na zachód.

Ocienione wawrzynem **zócalo** , czyli Plaza de la Independencia, zachęca do przechadzki i jest dobrym miejscem na rozpoczęcie spaceru. Po wschodniej stronie stoi masywna **Catedral de San Ildefonso** Ⓑ (katedra św. Ildefonsa) o surowym, choć eleganckim wyglądzie. Wzniesiono ją z kamieni pozostałych po rozebranej świątyni, która poprzednio stała w tym miejscu.

Casa de Montejo Ⓒ wznosi się po południowej stronie placu. Dom postawił w połowie XVI w. zdobywca Méridy, Francisco de Montejo el Mozo. Jego potomkowie mieszkali tu do lat 80. XX w., a później Casa de Montejo przeszła w posiadanie firmy Banamex. Na misternej fasadzie widnieje dwóch konkwistadorów stojących na głowach pokonanych Indian. Nad każdym oknem umieszczono herb rodziny Montejo.

Malowidła ścienne

W XIX-wiecznym **Palacio de Gobierno** Ⓓ (wt.–nd.) przy północnym krańcu placu można podziwiać imponujące malowidła ścienne przedstawiające historię Jukatanu, wykonane przez Fernanda Castra Pacheca. Przecznicę dalej, na rogu Calle 58, w **Museo de la Ciudad** Ⓔ (wt.–nd.; wstęp płatny) mieszczącym się w dawnym kościele San Juan de Dios (św. Jana Bożego) zgromadzono zabytkowe fotografie.

We wnętrzu franciszkańskiej **Iglesia de la Tercera Orden** Ⓕ (zwanej również Iglesia de Jesús) warto zwrócić uwagę na panoramiczny obraz przedstawiający

RADA

Wybierając się w Méridzie na zakupy, warto zwrócić uwagę na koszule *guayabera*, haftowane bluzki, kapelusze panama, buty i hamaki.

PONIŻEJ: okazały dom przy Paseo de Montejo, Mérida.

Droga do ruin.

PONIŻEJ: szosa
biegnąca przez
równiny Jukatanu.

oficjalną wizytę, jaką złożył konkwistadorowi Montejo Tutul Xiu, władca Majów z Mani. Dwie wysokie wieże są pokryte gontami zwiniętymi pod krzyżami. Pewien miejscowy przewodnik twierdzi, że ten element ozdobny wprowadzili indiańscy murarze na cześć boga Majów Kukulcána, którego symbolizuje wąż pokryty piórami. Jeżeli to prawda, to również dziś zajmuje on honorowe miejsce, podobnie jak kiedyś w świątyniach budowanych na szczytach piramid.

Na zwiedzanie można się wybrać wypożyczonym w centrum miasta konnym wozem zwanym *calesa* (należy uzgodnić z woźnicą trasę i opłatę). Dużą popularnością cieszy się przejażdżka eleganckim **Paseo de Montejo**, gdzie stoją rezydencje i pałace zbudowane na początku XX w. przez bogatych fabrykantów.

We wspaniałym Palacio Cantón mieści się obecnie **Museo de Antropología e Historia ❻** (wt.–nd.; wstęp płatny), poświęcone historii Jukatanu od czasów prehistorycznych, a także kulturze i obrzędom starożytnych Majów. W muzeum można uzyskać informacje o stanowiskach archeologicznych w regionie.

Jednodniowe wycieczki z Méridy

Rezerwat ptaków w **Celestún ❽**, 90 km na wschód, jest znany przede wszystkim z kolonii flamingów różowych. Aby móc się lepiej przyjrzeć ptakom, warto wynająć łódź (*lancha*).

Na północ od Méridy jest stanowisko archeologiczne w **Dzibilchaltún ❾** (codz.; wstęp płatny), gdzie niegdyś Majowie założyli jedno ze swoich najważniejszych miast. Należy ono do najstarszych zasiedlonych osad w obu Amerykach – pierwsze domostwa zbudowano tu w XV w. p.n.e. Uwagę zwraca **Templo de las Siete Muñecas** (Świątynia Siedmiu Lalek), nazwana tak od wykopanych w tym miejscu zdeformowanych glinianych figurek. Tysiące podobnych przedmiotów złożonych

niegdyś w ofierze bogom wydobyto z **Xlacah**, głębokiej rytualnej studni; niektóre z tych znalezisk są prezentowane w miejscowym muzeum. Kilka kilometrów dalej rozciąga się plaża w **Progreso ⑩** – łatwo się tu dostać z Méridy, co poleca się zwłaszcza smakoszom owoców morza.

Jadąc z Méridy do Chichén Itzá, warto skręcić na chwilę do spokojnego miasteczka **Izamal ⑪**, niegdyś ważnego ośrodka kultu religijnego Majów, gdzie zachowały się ruiny nieodrestaurowanych piramid. Najważniejsza świątynia została zniszczona i całkowicie rozebrana przez Hiszpanów, którzy wykorzystali kamień z budowli do wzniesienia masywnego **Convento de San Antonio de Padua** (klasztor św. Antoniego Padewskiego), szczycącego się największym atrium ze wszystkich klasztorów w Meksyku.

Majowie i Toltekowie

Imponujące rozmachem **Chichén Itzá ⑫** (codz.; wstęp płatny) to najczęściej odwiedzane stanowisko archeologiczne kultury Majów, jednak dziś większość ważnych budowli jest pozbawiona charakterystycznych elementów ich wyrafinowanej architektury, jako że wznosili je przede wszystkim Toltekowie, którzy przybyli na Jukatan pod koniec X w. i rozpowszechnili tutaj kult Quetzalcóatla. Efektem tej swoistej „współpracy" była fuzja kultury i sztuki obu ludów, której świadectwem są widoczne w całym mieście przedstawienia Chaca, boga deszczu Majów, oraz czczonego przez Tolteków Pierzastego Węża Quetzalcóatla (zwanego w języku maja Kukulcan).

Nad okolicą góruje świątynia Kukulcána, którą Hiszpanie nazwali **El Castillo** (Zamek). Konstrukcja piramidy kryje w sobie tajemnicę opracowanej przez Majów metody pomiaru czasu: cztery ciągi schodów mają po 91 stopni, co po

Mapa
s. 318–319
Plan s. 324

RADA

Ruiny najlepiej zwiedzać rankiem lub późnym popołudniem, dzięki czemu można uniknąć upału i tłoku oraz zyskać szansę na obejrzenie spektaklu typu światło i dźwięk (o 21.00).

PONIŻEJ: szczęki Quetzalcóatla, węża z ptasimi piórami, Chichén Itzá.

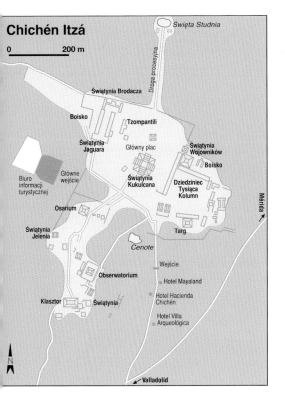

Chichén Itzá

0 — 200 m

- Święta Studnia
- Droga procesyjna
- Świątynia Brodacza
- Boisko
- Tzompantili
- Świątynia Jaguara
- Główny plac
- Świątynia Wojowników
- Boisko
- Biuro informacji turystycznej
- Główne wejście
- Świątynia Kukulcana
- Dziedziniec Tysiąca Kolumn
- Osarium
- Mérida ↗
- Świątynia Jelenia
- Targ
- Cenote
- Wejście
- Obserwatorium
- Hotel Mayaland
- Klasztor
- Świątynia
- Hotel Hacienda Chichén
- Hotel Villa Arqueológica
- N
- Valladolid

zsumowaniu z platformą na szczycie daje liczbę 365. Po każdej stronie piramidy 52 płyty przedstawiają 52-letni cykl kosmiczny. Jak wierzono, wraz z końcem cyklu czas się kończył i zaczynał na nowo.

Co roku w dniu równonocy wiosennej (21 marca) tysiące ludzi przybywa do Chichén Itzá, by obserwować zapierającą dech w piersiach grę promieni słonecznych na balustradzie północnego ciągu schodów. Daje ona złudzenie świetlistego węża pełznącego w dół ku podstawie piramidy, a następnie znikającego w ziemi. Indiańscy kapłani przedstawiali to zjawisko jako znak od boga Kukulcána, przypominający o rozpoczęciu zasiewów. Dla odmiany w dniu równonocy jesiennej (21 września) „wąż" pokonuje odwrotną drogę, wskazując czas zbioru plonów.

Obok piramidy stoi **Templo de los Guerreros** (Świątynia Wojowników); przylega do niej **Patio de las Mil Columnas** (Dziedziniec Tysiąca Kolumn), którego dach podtrzymuje wiele kolumn z atlantami. Na szczycie świątyni pomiędzy dwoma masywnymi kamiennymi wężami stoi prawdopodobnie najczęściej fotografowany posąg w obu Amerykach – *chacmool*, na którego kolanach spoczywało niegdyś naczynie na serca nieszczęśników składanych w ofierze bogom.

Jednym z najbardziej intrygujących obiektów w Chichén Itzá jest odrestaurowane **Juego de Pelota** (boisko do gry w piłkę), największe i najlepiej zachowane w Mezoameryce. Reguły tej rytualnej gry wciąż nie są do końca jasne. Gracze na pewno mogli odbijać piłkę tylko biodrami lub barkami, a ich zadaniem było umieszczenie jej w jednym z dwóch pierścieni na krańcach boiska. Naścienne płaskorzeźby przedstawiają klęczącą postać bez głowy z wijącymi się wężami symbolizującymi tryskającą krew; według przekazów przegranym obcinano głowy.

PONIŻEJ: *El Castillo,* świątynia boga Kukulcana w Chichén Itzá.

Święta studnia

Cenote Sagrado (Święta Studnia) to mieszkanie boga Chaca. Naturalne leje krasowe widoczne w krajobrazie nizin północnego Jukatanu były jedynym źródłem wody dla jego mieszkańców. Niektóre służyły także celom rytualnym – świadczą o tym wydobyte z ich głębin posągi, cenne wyroby z nefrytu i złota, a także ludzkie kości, w tym kości dzieci poniżej 12 lat składanych w ofierze bogowi deszczu.

Najciekawszą budowlą w **Chichén Viejo** (Stare Chichén) jest **Obserwatorium**, znane jako **El Caracol** (Ślimak). Aby do niego trafić, trzeba zjechać z drogi na południe. Układ okien tego okrągłego budynku, przypominającego kształtem nowoczesne obserwatoria, umożliwia obserwację zjawisk astronomicznych.

Niedaleko stoi kilka hoteli; najstarszym z nich jest przytulny **Mayaland**, z którego okien roztacza się widok na świątynie Majów. **Hotel Hacienda Chichén** należał do Edwarda D. Thompsona, amerykańskiego konsula prowadzącego wykopaliska w Cenote Sagrado. **Villa Arqueológica** zarządzana przez Club Med jest nastawiona na turystów zainteresowanych wykopaliskami.

W drodze na wybrzeże

6 km na wschód od Chichén Itzá leżą **Grutas de Balankanché** ⑬ – sieć jaskiń (codz.; wstęp płatny), w których składano ofiary Tlalocowi, bogowi deszczu Tolteków. Zwiedzanie obejmuje spektakl *luz y sonido* (światło i dźwięk), oglądanie stalaktytów, stalagmitów oraz podziemnego jeziorka. Przy wejściu jest niewielkie muzeum i ogród botaniczny.

Valladolid ⑭ to interesujące miasto z okresu kolonialnego, które w czasie tzw. wojny kast w połowie XIX w. utraciło niemal całą swoją elitę gospodarczą. Jako że ceny hoteli są tu niższe niż w Chichén Itzá, warto się zdecydować na nocleg, by

Nazwa Isla Mujeres (Wyspa Kobiet) pochodzi przypuszczalnie od licznych figurek kobiet znalezionych przez konkwistadorów w świątyni Ixchel.

PONIŻEJ: flamingi lecące nad Jukatanem.

W Cancúnie jest mnóstwo restauracji oferujących owoce morza.

następnego dnia pojechać do oddalonego o 40 km stanowiska archeologiczne-go. Najciekawszym kościołem w mieście jest **katedra** na głównym placu. **San Bernardino de Siena** (kościół św. Bernarda ze Sieny), stojący obok umocnio-nego **Convento de Sisal**, został wzniesiony w 1552 r.

Z dwóch miejscowych krasowych lejów wapiennych ładniejszy jest nie Cenote Zací niedaleko centrum, ale Cenote Dzitnup 7 km dalej.

Río Lagartos ⑮, na północnym wybrzeżu Valladolid słynie z rezerwatu z ty-siącami flamingów różowych gromadzących się w lagunach. W mieście jest nie-drogi hotel, a niedaleko można złowić tarpona. Choć Río Lagartos z pewnością warto odwiedzić, większość turystów prosto z miasta Valladolid kieruje się na pla-że Quintana Roo.

Z **Puerto Juárez** na północ od Cancúnu kursują promy na **Isla Mujeres ⑯** (Wyspa Kobiet), która nie jest już niestety tak cicha i spokojna jak dawniej, ale tu-ryści nadal czują się tutaj dość swobodnie, ponieważ atmosfera nie jest tak snobi-styczna jak w hałaśliwym kurorcie Cancún 13 km dalej.

Na południowym krańcu **Playa los Cocos** można nurkować bez akwalungu w pod-wodnym ogrodzie koralowym **El Garrafón** (niestety, większość koralowców jest mar-twa). W **Parque de las Tortugas** żyją olbrzymie żółwie, a na głębokości 10 metrów rozciąga się cmentarzysko pirackich okrętów nazwane **El Dormitorio** (Sypialnia). Organizowane są również wyprawy łodzią do rezerwatu ptaków na **Isla Contoy**.

Złoty port

Na 23-kilometrowym odcinku wybrzeża w **Cancúnie ⑰** wzniesiono około 50 ho-teli. W architekturze nowoczesnych wieżowców widać niemal wszystkie koncepcje architektoniczne – za przykład mogą służyć: tropikalny hol w Meliá Cancún oraz

Mapa
s. 318
–319

kosmopolityczne otoczenie hotelu Ritz Carlton. Kopulasta neokolonialna architektura kontrastuje z budynkami, których architekci najwyraźniej czerpali inspirację z pochyłych murów piramid Majów. Luksus jest na wyciągnięcie ręki: można delektować się wykwintną kuchnią, skorzystać z oferty miejscowych klubów i barów lub sączyć drinki na plaży pod *palapą*.

Rafy koralowe chronią przed falami legendarną turkusową lagunę i jej białe plaże. Wybrzeże przyciąga turystów jak magnes, gdyż można tu uprawiać różnego rodzaju sporty wodne: nurkowanie z akwalungiem lub bez, jazdę na skuterach i nartach wodnych, windsurfing oraz wędkarstwo.

Cancún w języku maja oznacza „naczynie pełne złota".

Inwestycje w kurorcie Cancún rozpoczęły się za prezydentury Luisa Echeverríi Alvareza (1970–1976), gdy kompleksowe badania wykazały, że najlepszym miejscem w Meksyku do założenia światowej klasy centrum wypoczynkowego jest właśnie ten wąski pas piasku zamykający lagunę na półwyspie Jukatan. Inaczej niż portowe Acapulco, Cancún zbudowano od zera wraz z kompletną infrastrukturą, w której uwzględniono mieszkania dla personelu pracującego w strefie hotelowej. Pierwsze hotele przyjęły gości w 1972 r., a koniunktura budowlana trwa po dziś dzień.

Centra handlowe

Po mieście można się poruszać samochodem, taksówką lub autobusem (należy szukać tych oznakowanych *Hotels* lub *Turismo*). W części handlowej centrum skupiają się sklepy i restauracje, chociaż większość z nich jest zlokalizowana w strefie hotelowej przy **Boulevard Kukulcán**.

Plaza Caracol obejmuje 200 sklepów, restauracji i kawiarni, podczas gdy ekskluzywne Plaza Kukulcán, ozdobione fryzem inspirowanym hieroglifami Majów,

PONIŻEJ:
po pierwsze
bezpieczeństwo.

mieści 350 rozmaitych punktów sprzedaży. Meksykańską sztukę ludową i wyroby rzemieślnicze można kupić w Plaza La Fiesta i Plaza Mayfair. Z kolei w Plaza Flamingo zakupy robi się w scenerii inspirowanej sztuką Majów. Warto odwiedzić imponujące centrum kongresowe, gdzie mieści się muzeum z eksponatami kultury Majów i sztuką ludową.

Nad brzegiem morza, mijając nowoczesne miejscowości turystyczne, biegnie autostrada. Jadąc na południe, można nią dojechać do Chetumalu. 32 km za **Puerto Morelos** – skąd odpływa prom na wyspę Cozumel – odchodzi w bok nieutwardzona droga prowadząca przez bananowy gaj do idyllicznej **Punta Bete**. Chociaż **Playa del Carmen** ⑱ nie jest cichą rybacką wioską, panujący tu spokój i kawiarnie zachęcające do odwiedzin sprawiają, że nie czuje się przytłaczającej atmosfery właściwej wielu miejscowościom turystycznym. Warunki do nurkowania na rafie są tak samo dobre lub nawet lepsze niż w innych miejscach wzdłuż wybrzeża. Z portu w Playa del Carmen warto popłynąć promem na wyspę Cozumel 19 km od brzegu.

Wyspa Jaskółek

Cozumel ⑲, nazywana przez Majów Wyspą Jaskółek, była ich ważnym miejscem kultu – przybywali tu, by oddać cześć bogini Ixchel. Później był tu ważny port handlowy, stale nękany przez piratów.

Wyspa chlubi się najczystszą wodą na świecie, o przejrzystości sięgającej 70 m. **Arrecife Palancar** ⑳ (rafa Palancar), gdzie w 1960 r. francuski badacz Jean Jacques Cousteau nakręcił jeden ze swoich filmów, jest w dalszym ciągu mekką nurków z całego świata. W stolicy wyspy, **San Miguel**, działa interesujące **Museo de la Isla de Cozumel** (nd.–pt.; wstęp płatny). Mieszkańcy chętnie wynajmują kwatery, jednak większość turystów przyjeżdża tu tylko na jeden dzień.

W 2001 r. otwarto na wyspie profesjonalne pole golfowe z 18 dołkami, otoczone przez pięć ekskluzywnych hoteli.

8 km za miastem rozciąga się **Laguna Chankanab ㉑**, której nadano niedawno status parku narodowego. W stanowiącym jego część ogrodzie botanicznym umieszczono repliki budynków Majów. Za sprawą czystej wody i bogatej fauny i flory morskiej zatoka cieszy się ogromną popularnością – robi się tutaj tłoczno już w południe.

Jadąc dalej na południe, trafia się na inne ładne plaże, jak choćby Playa San Francisco. Droga biegnąca wybrzeżem omija **Xcaret ㉒** – tematyczny park, gdzie można nurkować bez akwalungu w podziemnych rzekach, pływać z delfinami, a wieczorami bawić się przy meksykańskiej muzyce. Dalej na południe leży **Akumal ㉓** słynący z dogodnych warunków do nurkowania, a także rojąca się od tropikalnych ryb (i turystów) laguna **Xel-Há ㉔**.

Tulum

Stanowisko archeologiczne w **Tulum ㉕** (codz.; wstęp płatny) to jedna z niewielu osad Majów z okresu poklasycznego (po 900 r. n.e.), kiedy porzucili już swoje główne ośrodki obrzędowe. Tulum było bez wątpienia portem, jednak mogło również służyć za twierdzę ochraniającą morskie szlaki handlowe. Nawet w okresie największej świetności liczba jego mieszkańców nie przekraczała 600 osób; prawdopodobnie dostojnicy religijni i arystokracja mieszkali po wewnętrznej stronie murów, a pozostali mieli domostwa na zewnątrz.

Przypuszcza się, że **El Castillo** (Zamek), zbudowana na krawędzi klifu wieża strażnicza (zdjęcie s. 312 i 313), mogła niegdyś pełnić funkcję latarni morskiej. Archeolog Michael Creamer doszedł do wniosku, że służyła za stację nawigacyjną: „Umieściliśmy dwie latarnie na półce za dwoma oknami wysoko na ścianie

Mapa
s. 318
–319

Relaks w Laguna Bacalar.

PONIŻEJ:
bar przy plaży,
Cozumel.

Mapa
s. 318
–319

RADA

Na wyprawę do ruin
w okolicach Coby
warto zabrać środek
przeciw owadom,
solidne obuwie
i mapę obszaru.

PONIŻEJ: Wielka
Piramida, Cobá.
PO PRAWEJ: figurka
Majów.
NASTĘPNA STRONA:
maska
demona o dwóch
twarzach.

El Castillo. Kiedy będąc na morzu zobaczyliśmy dwa światła jednocześnie, znaleźliśmy się akurat na wysokości naturalnej przerwy w rafie". Teorię tę potwierdzają zapiski hiszpańskich konkwistadorów w dziennikach pokładowych – gdy przepływali w pobliżu, widzieli światło. **Templo de los Frescos** (Świątynia Fresków) to dwupiętrowa budowla z kolumnami na dolnym poziomie i dużo mniejszym pomieszczeniem na górze. Freski wewnątrz budynku noszą cechy stylu Tolteków, a maski na fasadzie przedstawiają, jak się wydaje, boga deszczu Chaca. **Templo del Dios Descendente** (Świątynia Zstępującego Boga) jest ozdobiona płaskorzeźbą ukazującą prawdopodobnie Ab Muxen Caba, boga pszczół.

Cobá

W mieście **Cobá** 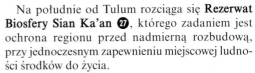 (codz.; wstęp płatny), 40 km w głąb lądu, niegdyś znajdował się ważny węzeł słynnego systemu dróg Majów, zwanego *sacbé*. Najdłuższa z nich, wiodąca na odcinku 100 km przez dżunglę i bagna, docierała aż do Yaxuná w pobliżu Chichén Itzá. Przypuszcza się, że licząca niegdyś ponad 55 tys. mieszkańców Cobá mogła być największym miastem Majów.

Pomiędzy dwoma jeziorami rozciągają się starożytne ruiny **Coby**. Ze wysokiej na 24 metry dziewięciopoziomowej piramidy, na której szczycie stoi świątynia w stylu tolteckim, roztacza się wspaniały widok. Lepiej jednak zachować siły na pokonanie 120 stopni 42-metrowej **Wielkiej Piramidy** w grupie obiektów **Nohoch Mul** 2 km na wschód.

Ścieżki prowadzą przez dżunglę do obejmującego 6 tysięcy budowli stanowiska archeologicznego zajmującego 77 km²; jak do tej pory niewiele budynków udało się odrestaurować.

Na południe od Tulum rozciąga się **Rezerwat Biosfery Sian Ka'an** ㉗, którego zadaniem jest ochrona regionu przed nadmierną rozbudową, przy jednoczesnym zapewnieniu miejscowej ludności środków do życia.

Obszar chroniony obejmuje tereny podmokłe i nabrzeżne, jak również okresowo zalewane lasy równikowe, sawannę, namorzyny i rafy koralowe, a także wyjątkową faunę: małpy czepiaki i wyjce, tapiry, krokodyle, kilka gatunków dzikich kotów, pekari, jelenie i ponad 300 gatunków ptaków. W rezerwacie jest również ośrodek naukowo-badawczy (tel. 998-887 3080), a turyści są tu bardzo mile widziani.

W wiosce rybackiej **Punta Allen** na końcu wąskiego półwyspu można wynająć hamak i zdrzemnąć się na plaży.

Przy uroczej **Laguna Bacalar** ㉘ stoi Fuerte San Felipe Bacalar, twierdza zbudowana w XVIII w. dla ochrony przed piratami, wykorzystywana w czasach tzw. wojny kast. Zaraz za laguną, na wschód od starożytnego portu **Chetumal** ㉙ jest miejsce zbiórki turystów jadących do Belize.

Droga nr 186 prowadzi na zachód przez półwysep i gęstą dżunglę, zataczając pełne koło wokół Jukatanu na wysokości miasta **Escárcega**. Na trasie napotyka się wiele stanowisk archeologicznych. Najciekawszym z nich jest **Kohunlich** przy bocznej szosie z Francisco Villa, gdzie można podziwiać Piramidę Masek pochodzącą z lat 250–600 n.e. ❏

Rady dla Podróżnych

SPIS TREŚCI

Rady dla podróżnych

Kraj

Powierzchnia: 1 958 202 km²
Stolica: miasto Meksyk
Ludność: 105 mln, z czego 35% poniżej 15 lat
Języki: hiszpański (92%) i języki indiańskie
Religia: katolicyzm (89,7%), judaizm i wyznania ewangelickie (10%)
Strefy czasowe: Meksyk jest podzielony na trzy strefy czasowe, a różnica między nimi wynosi 1 godzinę. Na dużej części terytorium kraju obowiązuje przez cały rok tzw. czas centralny (GMT minus 6 godz.); w stanach na północnym wybrzeżu Oceanu Spokojnego – tzw. czas górski (GMT minus 7 godz.), a w Kalifornii Dolnej Północnej (Baja California Norte) tzn. czas Pacyfiku (GMT minus 8 godz.; 1 IV–31 X GMT minus 7 godz.).
Waluta: meksykańskie peso. Banknoty mają nominały 10, 20, 50, 100, 200 i 500 pesos, a monety 1, 2, 5, 10 i 20 pesos oraz 5, 10, 20 i 50 centavos. Peso mają metalowe obrzeża o kontrastowych barwach, a monety o nominałach 5, 10 i 20 centavos są małe, cienkie i srebrne; 50 centavos ma kolor miedziany.
Wagi i miary: system metryczny
Prąd: 110 V; płaskie wtyczki o dwóch bolcach
Międzynarodowy numer kierunkowy: 52
Lokalne numery kierunkowe: miasto Meksyk – 55; Guadalajara – 33; Monterrey – 81; Acapulco – 744; Ixtapa/Zihuatanejo – 755; Puerto Vallarta – 322; Cancún – 998; Los Cabos – 624; Mazatlán – 669
Najwyższy szczyt: Pico de Orizaba (5747 m n.p.m.)

Klimat

Środkowy Meksyk

Miasta Meksyk, Guadalajara i wiele innych leżą na centralnym płaskowyżu, gdzie panuje klimat umiarkowany. Pora deszczowa przypada latem – w lipcu i sierpniu w stolicy pada niemal codziennie przez kilka godzin.

Dzięki położeniu na dużej wysokości, w tych ośrodkach nawet latem nie jest zbyt upalnie. Średnia temperatura w mieście Meksyku to ok. 31°C, a w Guadalajarze ok. 35°C. Najcieplejsze miesiące w stolicy to kwiecień i maj, kiedy średnia temperatura przekracza 25°C. Latem i jesienią temperatura sięga 20°C; w zimie może nocą spaść do 0°C.

Półwysep Kalifornijski

Roczne opady deszczu na Półwyspie Kalifornijskim są niewielkie – pada głównie późną jesienią i wiosną. Temperatura w mieście Ensenada nie przekracza 35°C, a w San Felipe na wybrzeżu może wzrosnąć nawet do 48°C. Na pustyniach jest w nocy bardzo zimno.

Północny Meksyk

Północny Meksyk to w przeważającej części pustynia, gdzie latem dni są wyjątkowo gorące – temperatura przekracza 38°C. Na obszarach górskich jest chłodniej, a zimą temperatury w nocy mogą spaść poniżej zera. Na wschód, w kierunku Monterrey klimat staje się bardziej wilgotny i umiarkowany, chociaż wciąż latem jest bardzo gorąco. Nawet na tropikalnym wybrzeżu Zatoki Meksykańskiej temperatura może być zimą niska ze względu na zimne powietrze napływające z południa z USA.

Wybrzeże Oceanu Spokojnego

Na wybrzeżu Oceanu Spokojnego temperatury w nocy są niższe niż na południu. Średnio maksymalna temperatura w Mazatlánie i Puerto Vallarcie to ok. 35°C.

Na północ od Mazatlánu wybrzeże zamienia się w pustynię, a lato jest bardziej upalne. W najcieplejszych miesiącach temperatura wynosi zwykle 25–30°C, a zimą – ok. 20°C.

Południowy Meksyk i Jukatan

Na południu panuje najbardziej zmienny klimat – niektóre rejony są suche, podczas gdy w innych spada prawie 5 m deszczu rocznie. W mieście Oaxaca leżącym ponad 1500 m n.p.m. zimą temperatura w nocy może spaść poniżej zera, a latem w południe często dochodzi do 38°C. W Acapulco przez cały rok temperatura wynosi 27–32°C i rzadko spada nocą poniżej 21°C. Pora deszczowa przypada latem i wczesną jesienią. Zimą opady deszczu są niewielkie.

Na półwyspie przez cały rok należy się spodziewać w ciągu dnia temperatury powyżej 25°C, a nocą rzadko poniżej 16°C. W Méridzie jest czasami aż 42°C, a w mieście Cozumel niedaleko wybrzeża maksymalna temperatura wynosi ok. 32°C.

Huragany

Na wybrzeżach zatok Meksykańskiej i Kalifornijskiej oraz na wybrzeżu Oceanu Spokojnego późnym latem występują huragany; najbardziej zagrożony jest Jukatan.

Święta

- **1 stycznia** Nowy Rok
- **5 lutego** Dzień Konstytucji
- **21 marca** Urodziny Benita Juáreza
- **marzec/kwiecień** Wielki Piątek, Poniedziałek Wielkanocny
- **1 maja** Święto Pracy
- **5 maja** rocznica bitwy pod Pueblą
- **ostatni poniedziałek maja** ustawowy dzień wolny
- **16 września** Dzień Niepodległości
- **12 października** Día de la Raza/Dzień Kolumba
- **20 listopada** Dzień Rewolucji
- **25 grudnia** Boże Narodzenie

Godziny urzędowania

Banki są zwykle czynne
pn.–pt. 9.00–16.30, a w większych
miastach główne oddziały często
pracują po południu i w sobotę
przed południem. Urzędy przyjmują
petentów między 9.00 a 14.00 oraz
między 16.00 a 18.00. Sklepy są
czynne od 9.00 lub 10.00 do 19.00
lub 20.00 (w prowincjonalnych
miasteczkach mogą być zamknięte
między 14.00 a 16.00).

Inne dni wolne

Wiele punktów nie pracuje lub
pracuje w niepełnym wymiarze
godzin w święto Trzech Króli (6 I),
Dzień Matki (10 V), Święto Zmarłych
(2 XI) oraz święto Matki Boskiej
z Guadalupe (12 XII). Z wyjątkiem
nadmorskich kurortów, życie niemal
zamiera przed Wielkanocą oraz
pomiędzy Bożym Narodzeniem
i Nowym Rokiem.

Planowanie podróży

Wizy i paszporty

Polacy nie potrzebują wiz na pobyt
turystyczny w Meksyku (do 90 dni),
ale – jak wszyscy – muszą odebrać
kartę turystyczną, czyli Forma
Migratoria para Turista (FMT), ważną
maksymalnie przez 180 dni. Można
ją otrzymać na pokładzie samolotu,
w porcie wjazdowym, biurze podróży
na lotnisku lub w najbliższym
meksykańskim konsulacie.

Należy unikać przekraczania
granicy nocą (z wyjątkiem przelotu
samolotem): funkcjonariusz służb
granicznych, którego sen zakłócono,
może mniej przychylnie rozpatrzyć
prośbę o 180-dniową kartę
turystyczną.

Wszyscy turyści powinni mieć
paszport ważny jeszcze przez
minimum 6 miesięcy od daty
podróży, lotniczy lub inny bilet
powrotny oraz potwierdzenie
posiadania wystarczających środków
finansowych (w przypadku pobytu
6-miesięcznego).

Czas pobytu

Przy pierwszym przekroczeniu granicy
Meksyku przedstawiciel urzędu
imigracyjnego, który stempluje kartę
turystyczną, określa długość
pobytu: 30, 60, 90 lub 180 dni.

Po wjeździe do kraju można
przedłużyć ważność karty
w Dirección General de Servicios
Migratorios (Meksykańskie Służby
Imigracyjne), które mają
przedstawicielstwa w większych
miastach. Procedura może czasem
zająć dużo czasu, zwłaszcza poza
stolicą, dlatego należy ją rozpocząć
minimum tydzień wcześniej.
W mieście Meksyku urząd działa
w Polanco, przy Ejército
Nacional 862 (tel. 55-2581 0128).
Turysta musi przedstawić
odpowiednie dokumenty
i zapłacić 189 pesos. Inną opcją jest
wjazd na terytorium USA lub
Gwatemali i odnowienie karty
turystycznej przy ponownym
przekraczaniu granicy Meksyku.

Kartę turystyczną należy mieć
zawsze przy sobie, a przy wyjeździe
trzeba ją zwrócić służbom
imigracyjnym. Jej utratę zgłasza się
w biurze informacji turystycznej.

Dzieci

Dzieci powyżej 15 lat muszą mieć
przy sobie dokument potwierdzający
obywatelstwo oraz kartę turystyczną,
a poniżej 18 lat – pisemne,
zatwierdzone notarialnie pozwolenie
drugiego z rodziców na podróż.
W stosownych przypadkach dzieci
powinny mieć dokumenty
potwierdzające przyznanie praw
do opieki jednemu z rodziców lub
świadectwo zgonu drugiego rodzica.

Cło

Niemal wszystkie artykuły wwożone
do Meksyku podlegają ocleniu
i wymagają pozwolenia na import.

Zwierzęta muszą mieć
świadectwo zdrowia podpisane przez

Artykuły wolne od cła

Turyści mogą wwieźć bez cła
określone ilości towarów, w tym:

- **Papierosy i cygara**
Do 20 paczek papierosów,
25 cygar lub 200 g tytoniu.

- **Alkohol**
Turyści powyżej 18 lat mogą

wwieźć do 3 l wina lub alkoholu
wysokoprocentowego.

- **Sprzęt elektroniczny**
Jeden aparat fotograficzny lub
kamera wideo (poza profesjonalnym
sprzętem), lornetka, przenośny
telewizor, przenośne radio lub
magnetofon, wideo i laptop.

weterynarza i zaświadczenie
o szczepieniu przeciwko wściekliźnie
wydane w czasie ostatnich
6 miesięcy. Oba dokumenty powinien
podstemplować konsul Meksyku.

Absolutnie nie wolno wywozić
z kraju narkotyków i przedmiotów
posiadających wartość historyczną.

Zdrowie i ubezpieczenie

Przed wyjazdem koniecznie trzeba
wykupić ubezpieczenie. Stawki
i warunki w różnych towarzystwach
różnią się, więc wcześniej należy się
dokładnie rozejrzeć w ofercie. Polisa
zawsze powinna obejmować
przypadkową śmierć, koszty
leczenia w nagłych wypadkach,
odwołanie wyjazdu oraz utratę
pieniędzy lub bagażu. Wielu
wystawców kart kredytowych
gwarantuje ograniczone
ubezpieczenie od następstw
nieszczęśliwych wypadków
w przypadku podróży, którą
opłacono ich kartą.

Środki ostrożności

W najdalszych rejonach Meksyku
występuje malaria, więc osoby, które
tam jadą, powinny wziąć to
pod uwagę. Doradza się szczepienia
przeciwko polio, tężcowi
i wirusowemu zapaleniu wątroby.
Zdarzają się również przypadki
cholery, dlatego stołując się
na mieście, należy zwrócić uwagę
na poziom czystości lokalu.

Po przylocie do stolicy przez kilka
pierwszych dni trzeba zwolnić tempo.
Wielu podróżnych odczuwa
wyczerpanie z powodu zmian stref
czasowych, jednak od razu

Uwaga na kaktusy

Podróżując przez obszar, gdzie
rosną kaktusy, należy koniecznie
zabrać świecę i pęsetę.
W przypadku pokłucia kolcami
kaktusów, które są zbyt małe,
by je wyjąć pęsetą, należy pokryć
skórę roztopionym, lekko
schłodzonym woskiem. Kiedy
wosk zastygnie trzeba go zerwać
szybkim ruchem, usuwając wraz
z nim małe kolce.

przystępuje do intensywnego
zwiedzania, próbując nowych potraw
– a wszystko to w zadymionym,
leżącym na dużej wysokości mieście,
gdzie zawartość tlenu w powietrzu
jest niewielka. Wówczas gwałtownie
spada odporność organizmu
na infekcje, co powoduje słynną
„zemstę Montezumy"
(czyli biegunkę).

Warto zabrać ze sobą apteczkę
ze środkami przeciwko biegunce
i skurczom żołądka, preparat
odstraszający owady, aspirynę lub
podobny lek, krem antyseptyczny,
plastry, krem z filtrem i wszystkie
potrzebne leki na receptę.

Woda pitna

W Meksyku nie należy pić wody
z kranu. Wszystkie hotele
i restauracje przyjmujące
obcokrajowców zapewniają
oczyszczoną wodę. W restauracjach
należy prosić o *agua purificada*,
a mając wątpliwości co do jej
czystości, najlepiej zamawiać *una
botella de agua* (woda butelkowana)
lub pić piwo, napoje bezalkoholowe
albo sok (najlepiej bez lodu – *sin
hielo*). Uwaga: jest zasadnicza
różnica pomiędzy sokiem owocowym
(*jugo*) i napojem owocowym (*agua
fresca*), do którego dolewa się wodę,
prawdopodobnie nieoczyszczoną.

Zęby należy myć wodą używaną
do picia; owoce i warzywa najlepiej
obierać. Obozując lub podróżując
w odległe rejony, trzeba się
przygotować do samodzielnego
uzdatniania wody: należy ją gotować
przez przynajmniej 20 minut
(w zależności od wysokości) lub
stosować specjalne tabletki. Dużą
ostrożność trzeba zachować, jedząc
sałatę, truskawki i dania
z wieprzowiny lub surowych ryb.

Pieniądze

Najbezpieczniejszym i najprostszym
sposobem przewożenia pieniędzy
są dolarowe czeki podróżne.
Przywiezioną gotówkę najlepiej
wymienić w banku, *casa de cambio*
(kantor) lub w hotelu. Biura American
Express wymieniają na gotówkę
czeki posiadaczy kart American
Express. Nie należy nosić przy sobie

dużych kwot – meksykańscy
kieszonkowcy nie śpią.

Najpopularniejsze karty kredytowe
są powszechnie honorowane
w regionach turystycznych, ale
na targowiskach, w tańszych
hotelach, restauracjach i sklepikach
zwykle płaci się gotówką.

W miastach granicznych licznie
odwiedzanych przez turystów
z USA często używa się waluty
amerykańskiej. Chociaż ceny są
podawane w pesos i dolarach, warto
wcześniej wymienić pieniądze,
ponieważ sklepy raczej nie stosują
korzystnego kursu.

Podatki

W przypadku lotów krajowych
i zagranicznych trzeba na lotnisku
zapłacić podatek w wysokości
17 USD (lub równowartość w pesos),
chyba że jest zawarty w cenie biletu.

Meksykański podatek VAT, czyli
IVA, wynosi generalnie 15% (10%
w stanach Quintana Roo, Kalifornia
Dolna Północna i Kalifornia Dolna
Południowa); w większości stanów
jest pobierany 2-procentowy podatek
od zakwaterowania, przeznaczony
na promocję turystyki.

Strój

Meksykański klimat jest bardzo
zróżnicowany i trzeba się
przygotować na bardzo różne
warunki pogodowe. Jadąc w rejony
górskie lub pustynne, koniecznie
trzeba zabrać sweter. Od maja
do października na dużym obszarze
trwa pora deszczowa, więc
w ekwipunku powinien się znaleźć
parasol lub płaszcz
przeciwdeszczowy. Koszule
z długim rękawem chronią
przed oparzeniami słonecznymi
i ukąszeniami owadów, a kapelusz
przed słońcem. Niezależnie od celu
podróży podstawą są solidne
i wygodne buty turystyczne (raczej
nie nowe).

Poza miejscowościami
turystycznymi strój Meksykanów jest
dość formalny: panowie zwykle
zakładają koszulę i długie spodnie,
a panie dowolny przyzwoity strój.
W ekskluzywnych restauracjach

Informacje konsularne

Ambasada Meksykańskich Stanów Zjednoczonych
ul. Starościńska 1 B m. 4–5,
02-516 Warszawa
tel. 22/6468800, faks 6464222,
embamex@ikp.pl

Konsulat Meksyku w Krakowie
ul. Wiedeńska 72, 30-147 Kraków
tel. 12/6365259, faks 6380558,
januszpostolko@kki.pl

Konsulat Meksyku w Poznaniu
ul. Naramowicka 150,
61-619 Poznań
tel. 61/8227661,
faks 8205139,
wszebiotko@victus.com.pl

Konsulat Meksyku w Gdańsku
ul. Okopowa 7, 80-819 Gdańsk
tel. 58/3081410, faks 3019644,
asuchecki@centromor.com.pl

mężczyźni powinni mieć garnitur i krawat, a kobiety elegancką sukienkę lub spodnie.

Na wsiach i w prowincjonalnych miasteczkach dość powszechnie widuje się szorty i stroje sportowe, natomiast przebywanie w miejscach publicznych bez koszuli lub w strojach kąpielowych jest niemile widziane. Warto zabrać coś poza dżinsami – luźne bawełniane spodnie są bardziej przewiewne i wygodniej w nich wędrować, zwłaszcza w wilgotnych lasach tropikalnych.

Nieco inny standard obowiązuje w miejscowościach wypoczynkowych, takich jak Acapulco, Ixtapa, Puerto Vallarta, Mazatlán, Cozumel i Cancún, oraz w kurortach na Półwyspie Kalifornijskim, odwiedzanych głównie przez surferów z Kalifornii. W tych rejonach szorty i kostiumy kąpielowe można nosić na ulicach, a nawet w restauracjach (poza najbardziej eleganckimi lokalami). Mężczyźni raczej nie muszą zabierać garniturów i krawatów – wystarczy koszula i spodnie, by być odpowiednio ubranym.

Mapy

Na miejscu można kupić mapy drogowe poszczególnych stanów wydane przez Patrię oraz oficynę Guía Roji. Plany miasta Meksyku wydawnictw Guía Roji i Detenal mają najczytelniejszy układ. Wydawnictwa kartograficzne są sprzedawane w dużych supermarketach (np. Superama) i księgarniach w większych miastach.

Zdjęcia

Aparaty, filmy (i ich wywoływanie) oraz baterie do aparatów są w Meksyku bardzo drogie, więc należy zabrać ze sobą odpowiedni zapas.

Fotografowanie podlega pewnym ograniczeniom. W muzeach, na stanowiskach archeologicznych i w kolonialnych zabytkach nie wolno używać statywów i lamp błyskowych. Za korzystanie z kamer wideo jest zwykle pobierana opłata. Na organizowanie profesjonalnych sesji zdjęciowych lub filmowych należy uzyskać zgodę Instituto Nacional de Antropología e Historia (procedura zajmuje od 2 tygodni do miesiąca).

Transport

Samolotem

Do miasta Meksyku można polecieć bezpośrednio z większych miast w Europie oraz z wielu lotnisk w USA, Kanadzie oraz krajach Ameryki Południowej.

Z Europy: bezpośrednie samoloty do miasta Meksyku latają z Londynu, Paryża, Amsterdamu i Frankfurtu. Przeloty obsługują m.in. Air France, Aeroflot, Alitalia, British Airways, Iberia, KLM i Lufthansa.

Do najważniejszych przewoźników latających między Ameryką Południową a Meksykiem należą m.in.: Aeroméxico, Mexicana, Aviacsa, Aeromar, Aero California i Aerolíneas Internacionales.

Przy zakupie biletu zwykle udaje się uzyskać pewne zniżki – warto porównać ceny lotów krajowych i międzynarodowych w internecie.

Po przybyciu na lotnisko w mieście Meksyku tragarze kierują podróżnych na postój taksówek. Ceny kursów z lotniska są stałe; talon jest ważny dla 4 osób i bagażu mieszczącego się w bagażniku.

Statkiem

Statki wycieczkowe płynące dookoła świata często zawijają do Acapulco i innych portów Oceanu Spokojnego, a także do miejscowości wypoczynkowych na Karaibach. Tego typu rejsy to wygodny sposób na dotarcie do Meksyku, choć pozostawiają niewiele czasu na podróżowanie po kraju.

Jeśli ktoś zamierza płynąć własną łodzią powinien się postarać o zezwolenie w konsulacie meksykańskim lub u morskiego agenta celnego. Pozwolenie okazuje się w porcie, przybywając do Meksyku i opuszczając kraj. Wszyscy pasażerowie i członkowie załogi muszą posiadać karty turystyczne uprawniające do wielokrotnego przekraczania granicy. Łódź, pasażerowie i załoga muszą opuścić kraj w jednym czasie.

Autobusem

Podróżowanie autobusem ma wiele zalet, a turyści jadący z USA mogą odbyć całą podróż tym środkiem lokomocji. Jednak z wyjątkiem osób mieszkających blisko granicy lub dysponujących większą ilością czasu niż pieniędzy, lepszym rozwiązaniem jest przelot samolotem do wybranego rejonu i korzystanie z autobusów na miejscu.

Samochodem

Wielu turystów, zwłaszcza Amerykanie mieszkający w stanach przygranicznych (choć nie tylko, często również turyści z innych krajów), przyjeżdża do Meksyku samochodem. Wjazd wymaga tymczasowego pozwolenia. Szczegółowe informacje na ten temat można uzyskać w ambasadzie lub konsulacie Meksyku przed wyjazdem. Niezbędne jest pełne ubezpieczenie.

Linie lotnicze

Air France
ul. Nowy Świat 64, Warszawa
tel. 22/5566400,
www.airfrance.fr
British Airways
ul. Krucza 49, Warszawa
tel. 22/5299000,
www.british-airways.com
Lufthansa
ul. Sienna 39, Warszawa
tel. 22/3381300,
www.lufthansa.com

Wyjazdy zorganizowane

Kilka firm organizuje wyprawy
w bardziej odległe rejony, często
koncentrujące się na aktywnym
wypoczynku. Oto niektóre z nich:
American Wilderness Experience
z siedzibą w Boulder, Colorado
(tel. 1800-444 0099). Firma
specjalizuje się w organizacji
biwaków i wędrówek po Barranca
del Cobre.
Trek America, Rockaway, NJ
(tel. 1800-221 0596,
www.trekamerica.com).
2–6-tygodniowe wycieczki
do północnego i wschodniego
Meksyku.
**The Association of Ecological
and Adventure Tourism**,
Av. del Parque 22, Col. Tlaquepac
San Angel, 01049, México, DF
(tel. 55-663 5381). Oferuje różne
wyprawy (turystyka przygodowa
i dzika przyroda) w Meksyku.
Baja Expeditions
(tel. 800843 6967,
www.bajaex.com).
Specjalizuje
się w wyprawach po Półwyspie
Kalifornijskim.
Club de Exploraciones de México
(tel. 55-740 8032). Oferuje
wyprawy z przewodnikiem przez
dżunglę miasta Meksyku.

Szkoły językowe

W Meksyku można się uczyć
hiszpańskiego w następujących
placówkach:
Cuernavaca
Cemanahuac, San Juan 4,
Morelos; tel. 777-318 6407

Cuernavaca Language School,
Azalea 3, Morelos;
tel. 777-317 5151,
www.cuernavacalanguageschool.com
Guadalajara
**Instituto México Americano
de Cultura**, Donato Guerra 180,
Jalisco 44100;
tel. 33-3613 1080,
www.spanish-school.com.mx
Mazatlán
Centro de Idiomas S. A., Belisario
Domínguez 1908, Sinaloa;
tel. 669-982 2053,
www.spanishlink.org/study
San Miguel de Allende
Instituto Allende, Ancha de San
Antonio 20, Guanajuato;
tel. 415-152 0190
Puerto Vallarta
Instituto Allende (Puerto Vallarta),
Apdo Postal 201-B, Jalisco 48350;
tel. 322-222 0076
Oaxaca
Instituto Cultural Oaxaca, Apdo
Postal 340, Oaxaca 68000;
tel. 951-515 3404,
www.instculturaloax.com.mx
San Cristóbal de las Casas
Instituto Jovel, AC, Apdo Postal 62,
Ma. Adelina Flores 21,
Chiapas 29200;
tel. 967-678 4069,
www.institutojovel.com

Rady praktyczne

Media

Gazety i czasopisma
W Meksyku ukazuje się wiele
ogólnokrajowych dzienników,
np. „Reforma", „Excelsior",
„El Universal", „UNO más UNO",
„La Jornada" i „El Financiero"
(zorientowany na biznes).
„Tiempo Libre" w wydaniu
czwartkowym uwzględnia wydarzenia
kulturalne w stolicy. W wielu hotelach
można otrzymać bezpłatny „Mexico
Daily Bulletin" zawierający plan
centrum.
    Łatwo kupić „Newsweeka"
oraz inne amerykańskie gazety
i czasopisma, a także „Der Spiegel"
i „L'Express". Wiele stoisk z gazetami
sprzedaje publikacje obcojęzyczne,
a ich największy wybór oferuje
Sanborns i hotelowe kioski.
    Codziennie aktualizowane
wiadomości z całego świata można
znaleźć na stronie
www.mexicodaily.com.

Radio i telewizja
W Meksyku jest wiele stacji
radiowych nadających różnorodną
muzykę – od *mariachi* po heavy
metal.
    Programy telewizyjne są
nadawane w języku hiszpańskim,
z wyjątkiem większości filmów,
wyświetlanych w języku oryginału
z napisami (pozostałe są
dubbingowane). W większych
hotelach jest telewizja kablowa
lub satelitarna.

Poczta

Urzędy pocztowe są zwykle
otwarte w dni powszednie

Biuro numerów

Telefonistki w Meksyku mówią
po hiszpańsku, a w biurach
międzynarodowych również
po angielsku:
• Krajowe biuro numerów
  – tel. 040
• Międzynarodowe biuro
  numerów i zamawianie
  rozmów międzynarodowych
  – tel. 090

między 9.00 a 18.00, a niektóre
również w soboty rano.
   Należy dokładnie oznaczać
korespondencję jako lotniczą
(*correo aéreo*), bo zwykłe listy idą
bardzo powoli. Paczki do 20 kg
można nadawać (najlepiej jako
polecone) na głównej poczcie.
Przesyłki polecone (*correo
certificado*) trzeba wysyłać
przed 17.00 w dni robocze
i przed południem w soboty.
   MEXPOST, Federal Express,
United Parcel Service i inne firmy
kurierskie odbierają paczki
od nadawców. Można również
poprosić sklep o wysłanie zakupów
na adres domowy – większość
ma doświadczenie w tym zakresie,
chociaż zdarzają się opóźnienia
w okresie Bożego Narodzenia,
a bywa również, że przesyłki
nie trafiają do adresata.
   Najpewniejszym sposobem
dostarczenia poczty w Meksyku jest
przesyłanie jej do hotelu, w którym
zarezerwowano miejsce. Można
również odbierać przesyłki
na poczcie, jeżeli opatrzy się
je napisem *Lista de Correos*
oraz napisze swoje nazwisko
(drukowanymi literami
i podkreślone!). W urzędzie
pocztowym należy poprosić o *Lista*
i okazać dokument tożsamości.
Przesyłki zaadresowane *Lista
de Correos* są przechowywane
przez 10 dni, a później odsyła się
je do nadawcy. Opuszczając miasto
przed odebraniem listu będącego
w drodze, należy wypełnić
na poczcie formularz zmiany
adresu. Za paczki wysyłane
do Meksyku płaci się cło,
a kwota może być dość wysoka.

Telekomunikacja

Telefon

Meksykańska firma telefoniczna
Telmex zainstalowała telefony niemal
w całym kraju, poza najbardziej
odległymi zakątkami. Aparaty działają
na kartę, którą za 30, 50 i 100 pesos
można kupić na stoiskach z gazetami
i w niektórych sklepach.
   Czasem można natrafić na telefony
na monety – można z nich prowadzić
wyłącznie rozmowy lokalne i na koszt
abonenta.
   Najmniej kosztownym sposobem
na wykonywanie połączeń
międzynarodowych jest korzystanie
z urzędów Caseta de Larga Distancia,
działających niemal w każdym
mieście. Chcąc się połączyć
z konkretną osobą, należy wyraźnie
podać nazwisko i wybrać typ rozmowy
– *persona a persona*; połączenie
z numerem nazywa się *con quien
contesta* (dosłownie „ktokolwiek
odbierze"). Kiedy telefonistka połączy
rozmowę, wywoła nazwisko
zamawiającego i skieruje go
do odpowiedniego stanowiska.
   Aby z dowolnego aparatu
przeprowadzić rozmowę na koszt
abonenta należy wykręcić
tel. 01 800 123 4567.
   W przypadku takiej rozmowy
(*por cobrar*) należy pamiętać,
że jeżeli odbiorca odmówi przyjęcia
połączenia, zamawiający jest
obciążany za minutę rozmowy.
Do większości państw można
z Meksyku dzwonić bezpośrednio;
korzystając z prywatnego aparatu
i chcąc znać koszt rozmowy, należy
się łączyć przez operatora, chociaż
w tym przypadku nie przysługują
tańsze stawki za połączenie
bezpośrednie.
   Aby zadzwonić do Polski, należy
wybrać 00, numer kierunkowy kraju
(czyli 48), kierunkowy miejscowości
i numer abonenta; aby zadzwonić
z Polski do Meksyku, wybiera
się 00, potem numer kierunkowy
kraju (52), a następnie kierunkowy
i numer abonenta.

Faksy

Faksy można wysłać z większości
miast i kurortów, a także ze sklepów
papierniczych i urzędów

telegraficznych. Należy wziąć
pod uwagę, że korzystanie z faksu
może być bardzo drogie.

Informacja turystyczna

W stolicy każdego ze stanów działa
oddział Secretaría de Turismo. Biuro
informacji turystycznej (Oficina
de Información Turística Nacional)
działa na lotnisku w mieście
Meksyku, sekcja A (loty krajowe).
Można tam zadzwonić
(tel. 55-5762 6773) i uzyskać
informacje w języku angielskim oraz
hiszpańskim.
   Lista biur informacji turystycznej
w Meksyku:
México Secretary of Tourism
Av. Presidente Masaryk 172, 11587,
México, DF
tel. 55-5250 0123/0151/8555.
24-godzinna informacja o ciekawych
miejscach i konkretnych imprezach.
Miasto Meksyk
Nuevo Léon 56, 06140 México, DF
tel. 55-5212 0260
Aguascalientes
Palacio de Gobierno,
Plaza de la Patria, Centro, 20000,
Aguascalientes
tel. 449-915 1155
Kalifornia Dolna Północna
Av. P. de los Héroes 10289-4º Piso,
Edif. Nacional Financiera,
Zona Río, 22320 Tijuana, BCN
tel. 66-634 6918
Kalifornia Dolna Południowa
Carretera Transpeninsular,
na 5,5. km, Edificio Fidepaz,
23090 La Paz, BCS
tel. 612-124 0100
Campeche
Plaza Moch Couoh,
Av. Ruiz Cortines s/n, Col. Centro,
24000 Campeche
tel. 981-816 6767
Chiapas
Blvd Belisario Domínguez 950,
29060 Tuxtla Gutiérrez, Chiapas
tel. 961-602 5127
Chihuahua
Libertad 1300, 1er Piso,
31000 Chihuahua, Chihuahua
tel. 614-429 3421
Coahuila
Blvd Venustiano
Carranza 3206, 25270 Saltillo,
Coahuila tel. 844-439 2745

Colima
Portal Hidalgo 96,
Colonia Centro, 28000 Colima
tel. 312-312 4360

Durango
Florida 1106-2º Piso,
Col. Barrio „El Calvario",
34000 Durango
tel. 618-811 1107

Estado de México
Urawa 100, Puerta 110,
50150 Toluca, Estado de México
tel. 722-212 6048

Guanajuato
Plaza de la Paz 14,
Col. Centro, 36000 Guanajuato,
Guanajuato
tel. 473-732 7622

Guerrero
Costera Miguel Alemán 4455,
39850 Acapulco, Guerrero
tel. 744-484 2423

Hidalgo
Av. Revolución 1300,
Col. Periodistas, 42060 Pachuca,
Hidalgo
tel. 771-718 4489

Jalisco
Morelos 102, Plaza Tapatía,
44100 Guadalajara, Jalisco
tel. 33-3668 1603

Michoacán
Nigromante 79,
Palacio Clavijero,
58000 Morelia,
Michoacán
tel. 443-312 0415

Morelos
Av. Morelos Sur 157,
62050 Cuernavaca, Morelos
tel. 777-314 3872

Nayarit
Av. del Ejército y Av. México,
Col. Centro, 63000 Tepic, Nayarit
tel. 311-214 8071

Nuevo León
5 de Mayo 525 Oriente-3er Piso,
Col. Centro, 64000 Monterrey, NL
tel. 81-8344 4343

Oaxaca
Independencia 607, 68000 Oaxaca
tel. 951-516 0123

Puebla
5 Oriente No 3, 72000 Puebla
tel. 222-246 2044

Querétaro
Av. Luis Pasteur 4 Nte,
76000 Querétaro
tel. 442-238 5000

Quintana Roo
Calz. Centenario 622,
77010 Chetumal, QR
tel. 983-835 0860

San Luis Potosí
Alvaro Obregón 520,
78000 San Luis Potosí, SLP
tel. 444-812 9939

Sinaloa
Av. Camarón Sábalo esq.
Tiburón, 82100 Mazatlán,
Sinaloa
tel. 669-916 5160

Sonora
Comonfort & Paseo del Río,
83280 Hermosillo, Sonora
tel. 662-217 0060

Tabasco
Av. de los Ríos con Calle 13,
Tabasco 2000, 86035 Villahermosa,
Tabasco
tel. 443-316 3633

Tamaulipas
Calle 8 Anaya 4,
Olivia Ramírez, 87050 Cd. Victoria,
Tamaulipas
tel. 834-316 1074

Tlaxcala
Av. Juárez 18 esq. Lardizábel,
90000 Tlaxcala, Tlaxcala
tel. 246-465 0900

Veracruz
Blvd Cristóbal Colón 5,
91190 Xalapa, Veracruz
tel. 228-841 8500

Jukatan
Calle 59 No 514, entre 62 y 64,
Colonia Centro, 97000 Mérida,
Yucatán
tel. 999-924 9389

Zacatecas
Av. Hidalgo 403-2º Piso,
Col. Centro, 98000, Zacatecas
tel. 492-924 0552

Podróżujące kobiety

Kobieta podróżująca po Meksyku sama lub w towarzystwie innej kobiety przyciąga uwagę meksykańskich mężczyzn. Należy unikać kontaktu wzrokowego i nie reagować na zaczepki, a na dłuższy spacer najlepiej wychodzić w większej grupie.

Turystki powinny również pamiętać, że do niektórych lokali są wpuszczani tylko mężczyźni. Panie mogą przebywać w hotelowych barach, restauracjach, koktajlbarach i w wielu innych lokalach, ale nie w *cantinas*. Do *pulquerías* kobiety wcale nie mają wstępu – zresztą również obcy mężczyźni nie są tam mile widziani.

Ambasada RP

Ambasada Rzeczpospolitej Polskiej
Calle Cracovia 40,
Colonia San Angel,
01100 México D.F. Apartado
Postal 20383
tel. 55-5550 4700,
embajadadepolonia@prodigy.net.mx

Napiwki

W restauracjach daje się zwykle napiwek obejmujący 15% rachunku przed doliczeniem podatku IVA. Portierzy i gońcy hotelowi powinni dostać przynajmniej 1 USD (około 10 pesos) na osobę. Podobną kwotę można wręczyć taksówkarzowi za pomoc przy bagażu. Zwyczajowy napiwek dla pokojówek to około 1 USD dziennie. Przewodnicy turystyczni otrzymują dodatkową gratyfikację w zależności od kwoty rachunku i jakości usług, zwykle minimum 1 USD od osoby za pół dnia. U fryzjera i w salonach piękności zwyczajowy napiwek wynosi 15% wartości rachunku przed opodatkowaniem.

Pracownikom stacji benzynowej również daje się niewielki napiwek: wielu Meksykanów tankuje paliwo za 95 pesos i wręcza obsługującemu 5 pesos. Chłopcu pilnującemu samochodu zaparkowanego na ulicy można dać 2–5 pesos (warto zapamiętać jak wygląda, ponieważ w przeciwnym wypadku będzie trzeba wynagrodzić całą grupę). Parkingowi zwykle otrzymują 5 pesos.

Należy pamiętać, że dla wielu Meksykanów napiwki są niemal jedynym źródłem dochodu.

Pomoc lekarska

Jeżeli będzie potrzebna pomoc lekarska, należy poprosić w hotelu o listę lokalnych lekarzy (dentystów) mówiących po angielsku, chyba że ktoś mówi po hiszpańsku. W mieście Meksyku można zadzwonić do ambasady, a w innych ośrodkach trzeba pytać w rządowych biurach informacji turystycznej. W większych miastach są apteki otwarte przez całą dobę, w mniejszych ośrodkach pracują w systemie zmianowym.

Bezpieczeństwo

Najlepszym przepisem na bezpieczny urlop jest zachowanie zdrowego rozsądku i przestrzeganie kilku prostych zasad:
- nie należy jeździć ani chodzić ciemnymi ulicami w nocy;
- trzeba nosić pas na pieniądze i nie zabierać ze sobą wszystkich kart kredytowych ani dużych sum w gotówce;
- koniecznie trzeba zamykać samochód;
- należy przechowywać cenną biżuterię, zegarki i sprzęt fotograficzny w bezpiecznym miejscu;
- zawsze trzeba dobrze pilnować bagażu, szczególnie na lotniskach;
- z bankomatów w bankach najlepiej korzystać w godzinach ich pracy.

W miastach Meksyk i Guadalajara nie należy zatrzymywać taksówek na ulicy, zwłaszcza nocą. Lepiej wezwać taksówkę *sitio* lub wziąć oficjalną taksówkę *turismo*

Szpitale

W mieście Meksyku i Guadalajarze są szpitale przyjmujące obcokrajowców:
Miasto Meksyk:
Hospital Inglés-ABC
(American British Cowdray Hospital), Calle Sur 136, No 116, Colonia Américas,
01120 México, DF;
tel. 55-5230 8000.
Guadalajara:
Hospital México-Americano,
Colomos 2110,
44610 Guadalajara, Jalisco;
tel. 33-3641 3141.

z hotelowego postoju – będzie droższa, ale bezpieczniejsza. Nie należy zabierać autostopowiczów, nawet współrodaków, aby uniknąć rozboju czy nieświadomego przewozu narkotyków. Podróżując na długich trasach autobusami, najlepiej wybrać pojazd jadący na miejsce przeznaczenia bez przystanków.

Pewnym sposobem, aby zostać aresztowanym, jest kupowanie marihuany lub jej publiczne palenie. Niedaleko granicy z Gwatemalą należy się liczyć z możliwością przeszukania samochodu przez policję.

Obyczaje

Większość turystów lubi pozostawić po sobie dobre wrażenie, a jednym ze sposobów na to jest uprzejme zachowanie. Pytając o drogę, zawsze można dodać *buenas tardes* (miłego dnia) lub *por favor* (proszę). Warto się nauczyć kilku najprostszych hiszpańskich zwrotów i wymieniać z rozmówcami uścisk dłoni – miejscowi podają sobie ręce nie tylko przy pierwszej prezentacji, ale również podczas wszystkich kolejnych spotkań; kobiety prawie zawsze witają się pocałunkiem w policzek.

Meksykanie uważają, że uprzejmiej jest przyjąć niechciane zaproszenie i nie przyjść, niż je odrzucić. Nie należy się obrażać, jeżeli kogoś to spotka. Nie zawsze są punktualni – w rzeczywistości w tych nielicznych wypadkach, gdy traktują czas inaczej niż zwykle, nazywają go *hora inglesa* ("czas angielski"). Jak w każdym kraju, niektórych zwrotów nie należy brać dosłownie; Meksykanin często poda nazwę miasta, z którego pochodzi, dodając: *donde tiene su casa* ("gdzie masz dom"), czyli innymi słowy: "czuj się u mnie jak w domu". Należy odpowiedzieć *muchas gracias*, ale nie brać tego poważnie, bo jest to jedynie forma grzecznościowa, chyba że zostanie wystosowane konkretne zaproszenie.

Mieszkańców Meksyku często razi nagość – trzeba szczególnie zadbać o przyzwoity strój; szorty są uważane przez wielu za nieodpowiednie, zwłaszcza w małych miastach i wioskach w głębi lądu.

Komunikacja

Transport krajowy

Prawie 250 tys. km bezpłatnych i dobrych dróg umożliwia dojazd samochodem do wielu meksykańskich miast, miasteczek i wsi. W ostatnich latach transport autobusowy został zmodernizowany, więc korzystanie z niego jest wygodnym i ekonomicznym sposobem na zwiedzenie kraju.

Większość połączeń lotniczych obsługuje dwóch dużych krajowych przewoźników – z ich usług warto skorzystać, jeśli ktoś ma mało czasu.

Poza linią kolejową Chihuahua--Pacífico, która nie jest luksusowa, ale dobrze utrzymana, połączenia kolejowe są bardzo powolne.

Samoloty

Loty krajowe obsługuje dwóch głównych przewoźników – Aeroméxico i Mexicana, którzy mają biura w całym kraju. Bilety na linie krajowe są również dostępne w kasach na lotnisku, w hotelowych biurach informacji turystycznej i w biurach podróży.

Opłaty lotnicze są zwykle identyczne, niezależnie od tego, czy leci się liniami Mexicana czy Aeroméxico. Przewoźnicy oferują loty do większości głównych miast, które w pakiecie obejmują również opłaty lotniskowe i tańsze hotele.

W przypadku lotów krajowych każdy pasażer może zabrać dwie torby, których osobna waga nie przekracza 32 kg, a łączna 50 kg. Można również wziąć bagaż podręczny (mieszczący się pod siedzeniem) i pokrowiec z ubraniami.

Linie krajowe

Informacje o lotach krajowych
można uzyskać w poniższych
placówkach:
Aeroméxico: Reforma 445,
Col. Cuauhtémoc, 06500 Meksyk,
DF; tel. 55-5133 4050,
www.aeromexico.com.mx
Mexicana: Paseo de la
Reforma 312, 03100 Meksyk, DF;
tel. 55-5448 0990,
www.mexicana.com
Aeromar: Aeropuerto International
de la Cd. de México;
tel. 55-5784 1139,
www.aeromar.com.mx
Aero California: P. de la
Reforma 332, 03100 Meksyk, DF;
tel. 55-5207 1392
Aerolíneas Internacionales:
Concepción Béstegui 815,
03100 Meksyk, DF;
tel. 55-5543 1223,
www.aerolineas.cc

Promy

Promy kursują pomiędzy Półwyspem
Kalifornijskim i lądem oraz
karaibskimi wyspami Cozumel i Isla
Mujeres a półwyspem Jukatan.
Jednostki obsługujące Półwysep
Kalifornijski wypuszczają się daleko
w głąb zatoki, co pozwala
podróżującym podziwiać półwysep.

Promy na Półwysep Kalifornijski
Należy się upewnić, że posiadany
rozkład rejsów jest aktualny,

Informacja o promach

Informacje o rozkładach
i rezerwacjach na promach
kursujących na Półwysep
Kalifornijski można uzyskać
w następujących punktach:
SEMATUR: Arizona 58,
Col. Nápoles, miasto Meksyk;
tel. 55-5687 7839,
www.sematur.com.mx
Numery biur lokalnych:
La Paz: tel. 612-125 5117
Pichilingue: tel. 612-822 9485
Mazatlán: tel. 669-981 7020
Santa Rosalía: tel. 615-852 0013

ponieważ promy nie kursują
codziennie. Obsługuje je SEMATUR
(zob. ramka).
   Trasa najbardziej wysunięta
na północ łączy miasto Santa
Rosalía z Guaymas; prom wypływa
z Santa Rosalía we wtorki i w środy,
a z Guaymas wraca w czwartki
i piątki. Podobny rozkład obowiązuje
z Mazatlánu do La Paz. Na promach
kursujących z Topolobampo
do La Paz i z Guaymas do Santa
Rosalía są kabiny oraz salon
(niezbyt wygodny). Można także
kupić jedzenie i napoje.

Promy na Jukatan
Rezerwacja i rozkład nie są
problemem w przypadku krótkich
przepraw promem z Jukatanu
na wyspy Cozumel i Isla Mujeres.
Prom pasażerski (wyłącznie)
na Cozumel odpływa z Playa del
Carmen 12 razy dziennie. Osoby
zmotoryzowane mogą zostawić
samochód na parkingu niedaleko
miejsca, do którego przybija prom.
Chcąc przewieźć samochód (wyspa
Cozumel jest dość duża), można
wybrać statek odpływający z Puerto
Morelos dalej na północ, który
kursuje raz dziennie w każdą stronę.
   W przypadku krótszych wypraw
na Isla Mujeres, można płynąć
promem samochodowym z Punta
Sam lub promem pasażerskim
z Puerto Juárez. Jednostki
pasażerskie kursują również
między 9.00 a 17.00 pomiędzy
Cancúnem i Isla Mujeres. Promy nie
pływają na Isla Contoy, ostoję ptaków
popularną wśród rybaków, nurków
i ornitologów, ale można wykupić
wycieczkę.

Autobusy

Niemal w każde miejsce w Meksyku
jeżdżą autobusy, gdyż setki
przewoźników oferują przejazdy
pojazdami różnej klasy – od czystych
i nowoczesnych po ich całkowite
przeciwieństwo. Luksusowe
autobusy 1. klasy są wyposażone
w klimatyzację, wygodne rozkładane
siedzenia, wideo i toalety. Rezerwuje
się konkretne miejsca (zwykle można
wykupić również siedzenie obok, aby
położyć na nim torbę lub

rozprostować nogi). Udając się
w odległe rejony, turyści są raczej
skazani na autobusy 2. i 3. klasy,
ale warto tak zaplanować podróż,
by dojechać autobusem 1. klasy jak
najdalej. Na długich trasach kierowcy
z reguły robią postój w porze
posiłków (zwłaszcza ok. 14.00).
   Zdarzają się napady na autobusy,
dlatego bezpieczniej wybrać pojazd
jadący bez przystanków. Przykładowo
przewoźnik ADO wysyła autokary
kursujące nocą między stolicą
i Villahermosą; w czasie podróży
można oglądać filmy. Bilety
są droższe niż w przypadku
autobusów 1. klasy, ale usługa
jest tego warta.

Kupno biletów
Firma Ticket Bus, której biura
są w mieście Meksyku
(tel. 55-5133 2424), sprzedaje
bilety najważniejszych przewoźników.
W okresach zwiększonego ruchu
turystycznego trzeba robić
rezerwacje z wyprzedzeniem
(w okolicach Bożego Narodzenia
i Wielkanocy – przynajmniej
dwa tygodnie wcześniej).
   Greyhound dokonuje rezerwacji
biletów od granicy do miasta
Meksyku dla turystów jadących
z USA. W stolicy przewoźnik
ma biuro przy Amores 707-102
(tel. 55-5669 0986,
www.greyhound.com.mx).
Można również dokonać rezerwacji
i kupić bilety na lokalnym dworcu
autobusowym.

Dworce autobusowe
W większości miast dworce
autobusowe są dogodnie
zlokalizowane. W mieście Meksyku:
Terminal de Autobuses del Norte:
Av. de los Cien Metros 4907 (metro:
Terminal de Autobuses del Norte).
Autobusy kursujące na północ kraju
za Manzanillo po stronie Oceanu
Spokojnego i za Poza Rica po stronie
Zatoki Meksykańskiej.
Terminal de Autobuses del Sur:
Av. Tasqueña 1320 (metro:
Tasqueña). Autobusy jadące
na południe i południowy zachód
od stolicy, np. do Cuernavaki, Taxco,
Acapulco i Zihuatanejo.
Terminal de Autobuses del

Occidente: Av. Sur 122, Colonia Tacubaya (metro: Observatorio). Wszystkie inne miejsca na zachód od miasta.
Terminal de Autobuses de Pasajeros de Oriente (TAPO): Zaragoza 200 (metro: San Lázaro). Autobusy na wschód i południowy wschód, w tym na półwysep Jukatan. Wszystkie dworce są zlokalizowane poza centrum.

Bagaż

Dozwolona ilość bagażu wynosi 25 kg w autobusach 1. klasy, ale zazwyczaj nie egzekwuje się tego ograniczenia. W pojazdach 2. klasy nie ma limitów, ale bagaż trzeba załadować samemu (niektórzy przewożą nawet inwentarz).

Pociągi

Oprócz kilku prywatnych przewoźników z górnego segmentu rynku, obecnie w Meksyku działa tylko jedna linia pasażerska. Pociąg kursuje na malowniczej trasie od miasta Chihuahua przez Barranca del Cobre do Los Mochis na wybrzeżu Pacyfiku.

Komunikacja miejska

Autobusy

Komunikacja autobusowa jest zwykle wygodna, a w mieście Meksyku stanowi znakomitą alternatywę dla uciążliwej jazdy samochodem. Na przedniej szybie autobusu jest tabliczka z celem podróży. W czasie godzin szczytu pojazdy są tak przepełnione, że kierowcy nie zatrzymują się, żeby zabrać następnych pasażerów. Autobusy i busy kursują wzdłuż głównych bulwarów, np. Insurgentes i Paseo de la Reforma. Inne jeżdżą jedynie głównymi arteriami komunikacyjnymi, *Ejes Viales*.

Metro

Metro w mieście Meksyku, obsługiwane przez STC (Sistema de Transporte Colectivo; tel. 55-5709 1133), funkcjonuje doskonale. Stacje są dobrze oświetlone i czyste, a pociągi bardzo ciche. Poszczególne dworce mają

Przewoźnicy autobusowi

W Meksyku działa wielu przewoźników autobusowych, oferujących przejazdy na różnych trasach. Przewoźnicy 1. klasy:
ADO: tel 55-5271 0106, www.ado.com.mx
Enlaces Terrestres Nacionales: (ETN): tel. 55-5277 6529, www.etn.com.mx
Estrella Blanca: tel. 55-5729 0707, www.estrellablanca.com.mx
Estrella de Oro: tel. 55-5549 8520, www.estrelladeoro.com.mx
Estrella Roja: tel. 55-5220 0269, www.estrellaroja.com.mx
Flecha Amarilla: tel. 55-5567 7887, www.flecha-amarilla.com.mx
Omnibus Cristóbal Colón: tel. 55-5542 4168, www.cristobalcolon.com.mx

niepowtarzalny wygląd – ściany niektórych zdobią malowidła zaprojektowane przez czołowych meksykańskich artystów. Na stacji Pino Suarez jest oryginalna świątynia aztecka odkryta w czasie budowy.

W godzinach szczytu (zwykle 8.00–10.00 i 18.00–20.00) lepiej unikać metra i nie planować podróży tym środkiem komunikacji publicznej na lotnisko czy dworzec autobusowy z bagażem, ponieważ nie wolno przewozić dużych toreb, zwłaszcza w czasie natężonego ruchu. Bilety są tanie i najlepiej kupić bloczek, aby uniknąć kolejek.

Taksówki

Po stolicy kursują różne taksówki. Opłaty są dość niskie, ale przy dłuższych trasach należy podać kierowcy cel podróży i spytać o cenę (*Cuánto cuesta?*).
Podróżni, którzy nie mówią po hiszpańsku, powinni korzystać z taksówek stojących przed hotelem. Tańsze od hotelowych są taksówki *sitio*, czekające na postojach – zwykle na rogach ulic. Można je wezwać telefonicznie, choć wymaga

to przynajmniej podstawowej znajomości hiszpańskiego. Na niektórych postojach *sitio* można dokonać rezerwacji – taksówki wynajmuje się na godziny lub konkretną trasę, a niektóre oferują usługi 24-godzinne, np. Servitaxis (tel. 55-5516 6020).

Wiele pojazdów zabierających pasażerów z ulicy to volkswageny garbusy. Kurs nimi kosztuje mniej więcej połowę ceny hotelowych taksówek. Zielone wozy (zwykle czystsze i w lepszym stanie) tankują paliwo bezołowiowe.

Należy zawsze przyjrzeć się opatrzonemu zdjęciem identyfikatorowi, który powinien być przymocowany do deski rozdzielczej samochodu i sprawdzić, czy kierowca włączył licznik.

Wycieczki zorganizowane

Aby uzyskać aktualne informacje o zorganizowanych wyprawach należy się skontaktować z biurem informacji turystycznej – tel. 55- 5250 0123 lub 55-91 800 90 392 (bezpł. spoza miasta Meksyku), albo z biurami podróży:
American Express: Paseo de la Reforma 234; tel. 55-5207 6745. Wycieczki po Meksyku.
Grey Line: Londres 166; tel. 55-5208 1163, www.greyline.com.mx. Jednodniowe wyprawy ze stolicy.
Mundo Joven: Insurgentes Sur 1510; tel. 55-5661 3233, www.mundojoven.com.mx. Specjalizuje się w zniżkowych ofertach dla uczniów i nauczycieli.
Turisste: Reforma 19; tel. 55-5592 7661. Niedrogie wycieczki po Meksyku dla osób hiszpańskojęzycznych.
Viajes Americanos: Reforma 87; tel. 55-5566 7711. Organizuje wycieczki po Meksyku.
Stowarzyszenie turystyki ekologicznej i przygodowej (AMTAVE): Insurgentes Sur 1971-251, www.amtave.com.mx. Pod numerem 55-5663 5381 można zamówić katalog wypraw ekologicznych i przygodowych.

Najtańsze są taksówki zbiorowe, *colectivos*. *Peseros* – mniejsze i szybsze, ale droższe niż autobus – jeżdżą jedynie na określonych trasach, wzdłuż głównych arterii; są to zwykle białe volkswageny z kolorowymi pasami po bokach, mieszczące dwóch pasażerów na przednim i sześciu lub więcej na tylnym siedzeniu. Opłata zależy od długości jazdy. Specjalne *colectivos* przewożą chętnych z dworców autobusowych w mieście Meksyku do centrum; bilety na nie można kupić na dworcach autobusowych. Pierwszy pasażer określa, w jakim kierunku pojedzie taksówka.

Gdy ktoś mówi po hiszpańsku i planuje dłuższe zwiedzanie miasta Meksyku, może umówić się z kierowcą na stawkę godzinową.

Podróż samochodem

Drogi i przepisy

Podróżowanie samochodem jest popularną formą zwiedzania Meksyku. Wjazd z terytorium USA wymaga tymczasowego płatnego pozwolenia, o które można się ubiegać w ambasadzie lub konsulacie. Pozwolenie jest ważne przez 180 dni, a kary za przekroczenie tego terminu są bardzo surowe. Nie trzeba posiadać międzynarodowego prawa jazdy.

Wynajem samochodu

Wynajem samochodu nie stanowi problemu, gdyż wypożyczalnie działają w większości miast i ośrodków turystycznych. Zwykle potrzebna jest karta kredytowa i prawo jazdy. W szczycie sezonu wakacyjnego warto z wyprzedzeniem zarezerwować samochód. Opłaty są wysokie, zwłaszcza gdy zwraca się pojazd w innym miejscu niż to, w którym został wynajęty. Na terenie kraju działają wszystkie najbardziej znane firmy, takie jak Hertz, Avis i Budget.

Ubezpieczenie

W przypadku wynajmu samochodu polisa ubezpieczeniowa najczęściej jest wystawiana automatycznie (należy sprawdzić, czy jest pełna). Zgodnie z meksykańskim prawem samochód musi być ubezpieczony przez meksykańską firmę. Polisę wykupuje się na najdłuższy przewidywany okres pobytu, a jeśli wyjazd nastąpi wcześniej, można ubiegać się o częściowy zwrot kosztów. Ubezpieczenie jest bardzo ważne: jeżeli dojdzie do wypadku

można trafić do więzienia i pozostać w nim aż do momentu ustalenia winnego, a dzięki polisie wypłata odszkodowania nastąpi niemal od razu. Ubezpieczenie traci ważność, gdy kierowca w chwili wypadku był pod wpływem alkoholu lub narkotyków.

Wykupując polisę lub wynajmując samochód, należy zanotować nazwiska i adresy rzeczoznawców firmy ubezpieczeniowej lub lokalnych oddziałów wypożyczalni w miejscach, które planuje się zwiedzać.

Paliwo

Rządowym monopolistą na rynku paliw jest Pemex. Do niedawna pod tą marką działały wszystkie stacje benzynowe w kraju, ale obecnie wiele z nich funkcjonuje na zasadzie franchisingu, co ma wpływ na lepszą obsługę. Ceny paliwa są wszędzie jednakowe, ale przed tankowaniem należy sprawdzić, czy licznik dystrybutora wskazuje zero. Większość stacji nie honoruje kart kredytowych.

Bezpieczeństwo

Należy unikać podróżowania nocą, gdyż przez całą dobę drogi przemierzają zarówno ludzie, jak i zwierzęta. W takich warunkach trudno również dostrzec dziury w jezdni.

Dzień bez samochodu

W walce z zanieczyszczeniem powietrza miasto Meksyk zapoczątkowało akcję „Dzień bez samochodu" (Hoy No Circula), polegającą na czasowym zakazie poruszania się pojazdów o numerach rejestracyjnych kończących się na:
5 i 6 – w poniedziałki,
7 i 8 – we wtorki, 3 i 4 – w środy,
1 i 2 – w czwartki, 9 i 0 – w piątki.
Zakaz obowiązuje między 5.00 a 22.00 i dotyczy pojazdów prywatnych, wypożyczonych oraz zagranicznych. Ograniczenie nie obowiązuje tylko w niektóre święta państwowe.

W górzystych regionach, takich jak Chiapas, często można spotkać prowizoryczne „punkty poboru opłat drogowych", czyli liny przeciągnięte w poprzek jezdni przez „przedsiębiorczych" mieszkańców.

Pomoc drogowa

Zmotoryzowany turysta w potrzebie może liczyć na Zielone Anioły (*ángeles verdes*) – służby turystyczne patrolujące zielono--białymi radiowozami główne autostrady, które udzielają pierwszej pomocy, dokonują drobnych napraw i służą niewielkim zapasem paliwa. Zielone Anioły pracują codziennie od 8.00 do 20.00 i większość z nich zna w podstawowym stopniu język angielski. Aby telefonicznie wezwać pomoc, należy zadzwonić pod nr tel. 55-5250 8221 i zapytać o telefon do służb w konkretnym stanie. W innych przypadkach pozostaje podnieść maskę samochodu i czekać...

Każdy kierowca powinien zabrać wodę do chłodnicy, podnośnik, jedno lub dwa koła zapasowe, bezpieczniki i wszelkie inne części zamienne, jakie mogą być przydatne.

Co prawda mechaników można znaleźć w niemal każdej wiosce i na wielu stacjach benzynowych, ale znają oni głównie marki amerykańskie, a z pozostałych – nissana i volkswagena.

Znaki drogowe

Zrozumienie niektórych meksykańskich znaków wymaga znajomości hiszpańskiego. Poniżej podano najczęściej spotykane napisy:

Alto – stop
Despacio – zwolnij
Peligro – niebezpieczeństwo
Precaución – ostrzeżenie
Ceda el paso – ustąp pierwszeństwa przejazdu
Puente angosto – wąski most
Curva peligrosa – niebezpieczny zakręt
Tránsito Circulación – droga jednokierunkowa (zazwyczaj na strzałce)

Estacionamiento – parking (również w formie skróconej – E;
E przekreślone – zakaz parkowania)
Vado – rów z wodą
Conserve su derecha – nakaz jazdy po prawej stronie jezdni
Altura máxima – zakaz wjazdu pojazdów ponad określoną wysokość
Ancho libre – zakaz wjazdu pojazdów ponad określoną szerokość
Maneje despacio, neblina – zwolnij, mgła (w punktach poboru opłat drogowych – włącz światła)
Una hora, Dos horas – jedna godzina, dwie godziny (ograniczenie czasu parkowania podane pod literą E w kole).

Parkowanie

Parkowanie w miejscu niedozwolonym może się skończyć utratą tablic rejestracyjnych, a ich odzyskanie łączy się z zaoferowaniem policjantowi pewnej sumy (ten sam sposób skutkuje w przypadku drobnych wykroczeń). Nie należy uważać tej kwoty za łapówkę (*mordida*), ale za mandat płatny na miejscu. To samo dotyczy lawet odwożących nieprawidłowo zaparkowane pojazdy na plac parkingowy (*corralón*).

Przekroczenie czasu parkowania w mieście Meksyku kończy się założeniem na koło blokady i karą, którą należy zapłacić strażnikowi. Najlepszym sposobem na uniknięcie kłopotów jest pozostawienie samochodu na hotelowym parkingu.

Noclegi

Hotele

Oferta noclegowa obejmuje zarówno luksusowe apartamenty w ekskluzywnych dzielnicach, jak i niewielkie pokoje za 70 pesos za nocleg.

Większość hoteli wydaje foldery z informacjami o imprezach, ciekawych miejscach i restauracjach.

Lista hoteli

MIASTO MEKSYK

Centrum

Casa de los Amigos
Ignacio Mariscal 132
tel. 55-5705 0646
Przyjemny, tani, niedaleko Monumento a la Revolución. Minimalnie 2, maksymalnie 15 noclegów. $
De Cortés Best Western
Av. Hidalgo 85, za Alameda
tel. 55-5518 2181
Dawne XVIII-wieczne hospicjum łączy kolonialny czar z nowoczesnością. Restauracja z patio. $$$
Gillow
Isabel la Católica 17
tel. 55-5518 1440
www. hotelgillow.com
XIX-wieczny budynek przebudowany w 1997 r., z dużymi, czystymi pokojami, restauracją, barem i TV. $$

Ceny

Kategorie odnoszą się do ceny pokoju dwuosobowego w szczycie sezonu:
$$$$ – od 1700 pesos
$$$ – 850–1700 pesos
$$ – 500–850 pesos
$ – do 500 pesos

Majestic Best Western
Madero 73, przy Zócalo
tel. 55-5521 8600
www.majestic.com.mx
Urokliwy hotel w kolonialnym
budynku; wspaniały widok na główny
plac z restauracji na dachu. **$$$**

Sevilla Palace
Reforma 105, nieopodal pomnika
Kolumba tel. 55-5705 2800
Wysoki budynek w dzielnicy
finansów; z basenem, sauną
i restauracją. **$$-$$$**

Roma/Insurgentes Sur

La Casona
Durango 280
tel. 55-5286 3001
Rezydencja odnowiona
na początku XX w., obecnie oferująca
noclegi typu B&B. **$$$**

Roosevelt
Insurgentes Sur 287
tel. 55-5208 6813
Spokojny, niedrogi, ok. 2 km od Zona
Rosa. **$**

Zona Rosa i Chapultepec

Camino Real
Mariano Escobedo 700
tel. 55-5263 8888
www.caminoreal.com
Duży, nowoczesny kompleks
naprzeciw parku Chapultepec
z restauracjami, basenem
i masażami wodnymi. **$$$$**

Casa Vieja
Eugenio Sue No 45
tel. 55-5282 0067
www.casavieja.com
Tradycyjna hacjenda; indywidualne
podejście do gości i wysoki standard
infrastruktury (apartamenty
z kuchnią). **$$$**

Century
Liverpool 152
tel. 55-5726 9911
www.century.com.mx

Ceny

Kategorie odnoszą się do ceny
pokoju dwuosobowego
w szczycie sezonu:
$$$$ – od 1700 pesos
$$$ – 850–1700 pesos
$$ – 500–850 pesos
$ – do 500 pesos

Wysoki budynek w południowej
części Zona Rosa. **$$$**

Four Seasons
Reforma 500
tel. 55-5286 6020
Luksusowy, z ogrodem, restauracją,
barem, basenem i siłownią.
Doskonała kuchnia. **$$$$**

María Christina
Río Lerma 31, Col. Cuauhtémoc
tel. 55-5566 9688
Elegancka rezydencja z ogrodem,
restauracją i barem. **$$**

Marquís Reforma
Reforma 465
tel. 55-5229 1200
www.marquisreforma.com
Ładny hotel z sauną i klubem fitness.
$$$$

W-Hotel
Campos Eliseos 252
tel. 55-9138 1800
www.Whotels.com
25-piętrowy stylowy wieżowiec
z siecią ekskluzywnych butików,
luksusowym wnętrzem, nowoczesną
restauracją, koktajlbarem
i doskonałą obsługą. **$$$**

AGUASCALIENTES

Aguascalientes

Fiesta Americana
Paseo de los Laureles
tel. 449-918 7010
Niedaleko parku San Marcos;
192 klimatyzowanych pokoi, basen,
restauracja, siłownia i miła obsługa.
$$$

La Vid
Blvd José Chávez 1305
tel. 449-913 9753
Tani, z 68 pokojami, restauracją
i basenem. **$**

Quinta Real
Av. Aguascalientes Sur 601
tel. 449-978 5818
www.quintareal.com
Luksusowy, z 85 apartamentami,
restauracją i basenem. **$$$**

PÓŁWYSEP KALIFORNIJSKI

Cabo San Lucas

Finisterra
Marina Blvd
tel. 624-143 3333

Z okien hotelu na szczycie półwyspu
rozpościerają się wspaniałe widoki.
$$$

Las Ventanas al Paraiso
Carretera Transpeninsula, 19,5. km
tel. 624-144 0258
www.cabosanlucasvillas.net
Luksusowe apartamenty
z kominkami, teleskopami
i panoramicznym widokiem
za oknem. Pozostałe udogodnienia
to siłownia, spa, wypożyczalnia
27-metrowych jachtów dla wędkarzy
oraz kursy golfa. **$$$$**

Mar de Cortés
Calles Guerrero & Cárdenas
tel. 114-3 0232
W centrum – niedaleko mariny;
z basenem, restauracją i barem. **$**

Meliá San Lucas
Playa El Medano
tel. 624-143 4444
Kolonialny budynek przy plaży;
z basenami, kortem tenisowym,
restauracją i barem. **$$$**

Ensenada

La Pinta
Przy autostradzie Ensenada
tel. 646-176 2601
Mały hotel z restauracją i barem;
organizuje wycieczki (obserwacja
wali szarych i zwiedzanie
kopalni soli). **$$**

Posada El Rey Sol
Blancarte 130
tel. 646-178 1601
Wygodne pokoje, smaczna kuchnia,
basen i jacuzzi. **$$-$$$**

Guerrero Negro

La Pinta
Carretera Transpeninsula
tel. 615-157 1301
www.lapintahotels.com
Hacjenda z restauracją, barem
i ofertą zimowych wycieczek
(obserwacja wali szarych). **$$**

La Paz

La Concha Beach Resort
Carretera a Pichilingue, 5. km
tel. 612-121 6344
www.laconcha.com
Hotel przy cichej plaży. **$$-$$$**

La Posada de Engelbert
Av. Nueva Reforma/Playa Sur
(10 min jazdy w kierunku lotniska)
tel. 612-122 4011

Przy plaży; z restauracją.
Właściciel, Engelbert Humperdink,
rzadko tu bywa. **$$–$$$**.
Perla
Paseo Obregón 1570
tel. 612-122 0777
www.hotelperlabaja.com
Ujmujący hotel przy promenadzie
(*malecón*); z restauracją
i basenem. **$$**

Loreto
Posada de las Flores
Salvatierra esq. Fco. I. Madero
tel. 613-135 1162
www.posadadelasflores.com
Kolonialny hotel w centrum; z barami,
restauracjami
i basenem. **$$$$**
Plaza Loreto
Hidalgo 2
tel. 613-135 0280
www.hotelplazaloreto.com
Przecznicę od misji. Atrakcyjne
pokoje wokół małego patio;
bar/restauracja i basen. **$$**

Mexicali
Crowne Plaza
Blvd López Mateos i Av. de los
Héroes 201
tel. 686-557 3600.
Niski nowoczesny budynek
z restauracją, barem, basenem
i siłownią. **$$**

Mulegé
Hacienda
Calle Madero 3
tel. 615-153 0021
Niewielki, ale wygodny; z restauracją
(tylko śniadania) i basenem. **$**
Serenidad
La Playa s/n
tel. 615-153 0530
www.serenidad.com
U ujścia rzeki; wygodny, z barem,
restauracją i basenem. W ofercie
wycieczki do jaskiń. **$$**

Rosarito
New Port Beach
Carretera libre
Tijuana-Ensenada, 45. km
tel. 661-614 1166
www.newportbeachhotel.com
Rodzinny hotel przy plaży; z basenem,
kortem tenisowym, siłownią,
restauracją i barem. **$$$–$$$$**

Rosarito Beach Hotel
Blvd Benito Juárez 31
tel. 661-612 1111
www.rosaritobeachhotel.com
Legendarny hotel z basenami,
restauracjami, uzdrowiskami,
kortami tenisowymi i sklepami. **$$**

San Felipe
Las Misiones
Av. Misión de Loreto 148
tel. 686-577 1280
Przy plaży; z restauracją, barem,
basenem i kortem tenisowym. **$$**
Las Palmas
Mar Báltico
tel. 686-577 1333
45 pokoi; basen, restauracja, kort
tenisowy. **$$**

San Ignacio
La Pinta
tel. 615-154 0300
www.lapintahotels.com
Kolonialny hotel w centrum;
z basenem i restauracją. **$$**

San José del Cabo
Howard Johnson Plaza Suites
Paseo Finisterra 1
tel. 624-142 0999
www.hojo.com
Budynek o charakterystycznej
architekturze; z basenem
w ogrodzie tropikalnym, restauracją
i siłownią. **$$$**
Presidente Inter-Continental
Blvd Mijares
tel. 624-142 0211
Hotel z ofertą „all-inclusive";
przy zacisznej plaży tuż obok
laguny. **$$$$**
Tropicana Inn
Blvd Mijares 30
tel. 624-142 0907
Hotel z basenem, fontanną,
urokliwą restauracją na patio
i papugą. **$$$**
Westin Regina Resort
Na 22,5. km autostrady biegnącej
przez półwysep
tel. 624-142 9000
Luksusowy, z restauracją, barem,
basenem i kortem tenisowym. **$$$$**

San Quintín
La Pinta
Playa Santa María
tel. 616-165 9008

www.lapintahotels.com
Uroczy hotel przy plaży;
z restauracją. **$$**

Santa Rosalía
Hotel del Real
Av. Manuel F. Montoya
(przy promenadzie)
tel. 615-152 0068
Atrakcyjny drewniany budynek
z tarasem i restauracją; można stąd
zadzwonić do Polski. **$**
Hotel Francés
Jean M. Cousteau 15
tel. 615-152 2055
Zabytkowy francuski budynek
kolonialny na wzgórzu na północnym
krańcu miasta. **$$**

Tecate
Hacienda Santa Verónica
Przy autostradzie nr 2, 4 km
na wschód od Tecate
tel. 619-298 4105
Spokojne miejsce, w okolicy wiele
atrakcji (w tym tor motocyklowy). **$$**
Rancho La Puerta
Przy autostradzie nr 2, 5 km
na zachód od Tecate
tel. 619-744 4222
www.rancholapuerta.com
Luksusowe spa z restauracją,
basenem, salonem masażu i kortem
tenisowym. Pobyt min. 7 dni. **$$$$**

Tijuana
Camino Real
Paseo de los Héroes 10305
tel. 666-633 4000
www.caminoreal.com
250 luksusowych pokoi;
restauracje, bary i siłownia.
$$$–$$$$
Grand Hotel Tijuana
Blvd Agua Caliente 4558
tel. 666-681 7000
www.grandhoteltijuana.com
Nowoczesny drapacz chmur z 422
pokojami, restauracją, nocnym
klubem, basenem, kortem
tenisowym, siłownią i salami
kinowymi. **$$$**
Lucerna
Av. Rodríguez & Paseo de los Héroes
tel. 666-633 3900
www.lucerna.com.mx
W zacisznej okolicy; z restauracją,
kawiarnią, basenem i kortem
tenisowym. **$$$**

CAMPECHE

Campeche
Hotel América
Calle 10 No 252
tel. 981-816 4588
Zaadaptowany budynek w stylu
kolonialnym w centrum; pokoje
wokół patio. **$**
Del Mar Ramada
Av. Ruíz Cortines 51
tel. 981-62233
Luksusowy hotel nad wodą;
z basenem i restauracją. Śniadanie
wliczone w cenę. **$$**

CHIAPAS

Ocosingo
Central
Przy głównym placu
tel. 919-673 0024
12 skromnych pokoi z łazienkami;
restauracja. **$**

Palenque
Chan-Kah Centro
Juárez 2, przy głównym placu
tel. 916-345 0318
Niewielki, z restauracją; pokoje
z balkonami. **$**
Misión Palenque
Rancho San Martín de Porres
tel. 916-345 0499
www.hotelesmision.com.mx
6 km od ruin Majów; basen,
restauracja, bar, *temazcal*
(prekolumbijska sauna), kort
tenisowy. **$–$$**
Plaza Palenque Best Western
Carretera Playas
de Catzajá-Palenque, 27. km
tel. 916-345 0555
Nowoczesny, wygodny, przy wjeździe
do miasta; z restauracją i basenem.
Bezpłatny transport do wykopalisk.
$–$$

San Cristóbal de las Casas
Casa Mexicana
28 de Agosto No 1
tel. 967-678 0698
Niewielki kolonialny budynek
w centrum; z restauracją, spa
i kortem tenisowym. **$–$$**
Ciudad Real Teatro
Diagonal Centenario 32
tel. 967-678 6200

Kolonialny budynek z restauracją
i wygodnymi pokojami. **$**
Flamboyant Español
Calle 1º de Marzo 15
tel. 967-678 0726
Kolonialny budynek z restauracją
i patio pełnym zieleni. **$$–$$$**

Tuxtla Gutiérrez
Camino Real
Blvd Belisario Domínguez 1195
tel. 961-617 7777
www.caminoreal.com/tuxtla
Nowoczesny hotel na szczycie
wzgórza; z restauracją, barem,
basenem i kortem tenisowym. **$$$**
Flamboyant
Blvd Belisario Domínguez, 1081. km
tel. 961-615 0888
4 km na zachód od miasta;
z restauracją, barem, dyskoteką,
kortem tenisowym i wypożyczalnią
samochodów. **$$**

CHIHUAHUA

Chihuahua
Westin Soberano
Barranca del Cobre 3211
tel. 614-429 2929
www.westinsoberano.com
Piękny hotel 15 min
od centrum. **$$$**
Holiday Inn Hotel & Suites
Escudero 702
tel. 614-414 3350
Apartamenty z w pełni wyposażoną
kuchnią; basen, jacuzzi, łaźnia
parowa, kort tenisowy. **$$–$$$**

Ciudad Juárez
Holiday Inn Cd. Juárez
Av. Lincoln and Coyoacán
tel. 656-613 1310
www.holiday-inn.com
Kolonialny budynek z restauracją,
barem i basenem. **$$**

Ceny

Kategorie odnoszą się do ceny
pokoju dwuosobowego
w szczycie sezonu:
$$$$ – od 1700 pesos
$$$ – 850–1700 pesos
$$ – 500–850 pesos
$ – do 500 pesos

Barranca del Cobre
Mansión Tarahumara
Obok dworca Posada Barrancas
tel. 614-415 4721
(w stanie Chihuahua)
15 domków w sercu Barranca
del Cobre. Restauracja, bar, parking
karawaningowy. W cenie trzy posiłki.
$$$
Margaritas
Dworzec Creel
tel. 614-456 0045
26 domków (*cabañas*); śniadanie
i obiad wliczone w cenę. **$**
Rancho Posada Barrancas
Obok dworca kolejowego
Posada Barrancas
Rezerwacja w Los Mochis w Sinaloa
tel. 668-818 0046
www.mexicoscoppercanyon.com
35 pokoi z kominkami; restauracja
i bar. W ofercie rajdy konne
z przewodnikiem. **$$$**
Riverside Lodge
Batopilas
Odrestaurowana XIX-wieczna
hacjenda w sercu Barranca
del Cobre z 14 pokojami i stylową
jadalnią. Ceny zależą od liczby
posiłków. **$$–$$$$**

COAHUILA

Saltillo
Camino Real
Blvd Los Fundadores 2000
tel. 844-438 0000
www.caminoreal.com
Bardzo dobra gospoda dla
zmotoryzowanych, na pagórku
przy autostradzie nr 57
na południowy wschód
od miasta; 140 pokoi, basen,
restauracja, bar, kort tenisowy,
minigolf. **$$–$$$**
Rancho El Morillo
Prolongación Obregón & Echeverría
tel. 844-417 4078
Stara hacjenda 3 km na południowy
zachód od miasta; z basenem,
kortem tenisowym i jazdą konną. **$**

COLIMA

Manzanillo
La Posada
Lázaro Cárdenas 201,

półwysep Las Brisas
tel. 314-333 1899
www.mexonline.com/laposada
Przyjazny hotel o dobrej renomie;
z basenem i kawiarnią. Śniadanie
wliczone w cenę. **$$**

Camino Real Las Hadas Golf Resort
Av. de los Riscos & Vista Hermosa
tel. 314-334 0000
www.brisas.com.mx
Nadmorski hotel z restauracjami,
basenami, kortem tenisowym
i polem golfowym. Świetna
lokalizacja. **$$$$**

Karmina Palace
Av. Vista Hermosa Nr 13
tel. 314-334 1313
www.karminapalace.com
Nadmorski luksusowy hotel typu
„all-inclusive"; z siłownią, spa,
10 kortami tenisowymi, basenami,
doskonałymi restauracjami; dostęp
do pola golfowego i opieka
nad dziećmi. **$$$**

María Cristina
Calle 28 de Agosto Nr 36
tel. 314-333 0767
Nieskazitelnie czysty motel
nieopodal plaży; 21 pokoi z TV,
w tym dwa z klimatyzacją, basen. **$**

ESTADO DE MÉXICO

Ixtapan de la Sal
Bungalows Lolita
Blvd Arturo San Román 33
tel. 721-143 0016
Hotel z restauracją, barem,
basenem i ogrodem. Przecznicę
dalej jest łaźnia publiczna
i park wodny. **$**

Hotel Spa Ixtapan
Blvd Arturo San Román
tel. 721-143 2440
www.spamexico.com
Hotel ze źródłami mineralnymi,
klubem fitness, basenami, kortem
tenisowym, polem golfowym i jazdą
konną. W cenie pokoju trzy posiłki.
$$$–$$$$

Toluca
Quinta del Rey
Paseo Tollocán, 5. km
tel. 722-211 8777
Kolonialny budynek z 66 pokojami,
restauracją, barem, basenem
i siłownią. **$$$**

GUANAJUATO

Celaya
Hotel Celaya Plaza
Blvd López Mateos Pte
tel. 461-614 6260
Restauracja, basen, kort tenisowy.
$$–$$$

Guanajuato
La Casa de Espíritus Alegres
Ex-Hacienda de la Trinidad 1, Marfil
tel. 473-733 1013
Para artystów przekształciła
tę XVIII-wieczną rezydencję
w uroczy hotel B&B. **$$–$$$**

Las Embajadoras
Parque Embajadoras
tel. 473-731 0105
Ustronny hotel z 27 pokojami wokół
patio; restauracja. **$**

Misión Guanajuato
Camino Antiguo a Marfil, 2,5. km
tel. 473-732 3980
www.hotelesmision.com.mx
Atrakcyjny budynek kolonialny, 10
min drogi od centrum; z restauracją,
basenem i kortem tenisowym. Można
liczyć na transport do hotelu. **$$–$$$**

Quinta Las Acacias
Paseo de la Presa 168
tel. 473-731 1517
www.quintalasacacias.com.mx
Rezydencja we francuskim stylu
z widokiem na park. Każdy z 9 pokoi
ma indywidualny, stylowy wystrój.
Doskonałe śniadania, kawiarnia,
jacuzzi, piękne ogrody. **$$$$**

León
Comanjilla Termas Spa
Carr. Panamericana, 385. km
tel. 477-714 6522
Wygodne spa ze źródłami
termalnymi. **$$**

La Estancia
Blvd López Mateos 1311 Ote
tel. 477-716 3939
Kolonialny budynek w pobliżu
centrum kongresowego i starej części
miasta; z basenem, restauracją,
barem i centrum biznesowym.
$$–$$$

San Miguel de Allende
Aristos
Calle del Cardo 2
tel. 415-152 0149
W sąsiedztwie Instituto Allende.

60 pokoi i domków w uroczym
ogrodzie; basen, kort tenisowy
i restauracja. **$–$$**

Casa de Sierra Nevada
Hospicio 35
tel. 415-152 0415
www.casadesierranevada.com
Kilka kolonialnych rezydencji z 33
pokojami; miła obsługa, elegancka
restauracja, basen i spa. **$$$$**

Casa Rosada
Cuna de Allende 12
tel. 415-152 0328
www.casarosadahotel.com
Uroczy hotel – pokoje
o indywidualnym wystroju, bar,
kawiarnia. **$$$$**

La Puertecita
Santo Domingo 75
tel. 415-152 5011
Niewielki hotel na wzgórzu, 25 min
od centrum; z 25 apartamentami
(dwa z jacuzzi), basenem, ogrodem,
restauracją i salą muzyczną.
$$$–$$$$

Rancho El Atascadero
Prolongación Santo Domingo
tel. 415-152 0206
Hacienda ok. 2 km na wschód
od miasta; 51 pokoi z kominkami,
kort tenisowy, basen i restauracja.
$$–$$$

GUERRERO

Acapulco
Boca Chica
Playa Caletilla
tel. 744-483 6388
Niewielki hotel w prywatnej zatoce
z basenem, restauracją i klubem
na plaży. Śniadanie i kolacja wliczone
w cenę. **$$$**

Las Brisas
Carr. Escénica 5255
tel. 744-484 1580
www.brisas.com.mx
Zaciszne domki (*casitas*) na wzgórzu;
z indywidualnymi lub wspólnymi
basenami, restauracją, kortem
tenisowym i klubem na plaży. **$$$$**

Elcano
Av. del Parque y Las Palmas
tel. 744-484 1950
www.hotel-elcano.com
W pobliżu pola golfowego;
po generalnym remoncie, z basenem
i własną plażą. **$$$**

The Fairmont Acapulco Princess
Playa Revolcadero, Acapulco
Diamante
tel. 744-469 1000
www.fairmont.com/acapulco
Największy w Acapulco, z polem
golfowy (18 dołków), siedmioma
kortami tenisowymi i pięcioma
basenami. Śniadanie i kolacja
wliczone w cenę. **$$$$**

Los Flamingos
Av. López Mateos
tel. 744-482 0690
Historyczne miejsce
– w latach 50. XX w. przyjeżdżały tu
na wakacje gwiazdy Hollywood.
Wspaniałe widoki, dobra restauracja
i basen. **$–$$**

Mayan Palace Acapulco
Av. Costera de las Palmas 1121,
Acapulco 39000
tel. 744-469 0201
Wielki kompleks z dachami krytymi
strzechą i oszklonymi pawilonami;
pole golfowe z 18 dołkami, 12
kortów tenisowych. **$$$**

Misión
Calle Felipe Valle 12
tel. 744-482 3643
Uroczy tani hotelik w centrum;
brak klimatyzacji (ale są wentylatory).
Hotel nie honoruje kart kredytowych.
$$

Quinta Real
Paseo de la Quinta 6
tel. 744-469 1500
www.quintareal.com
Luksusowy hotel z apartamentami.
Spa, własna zaciszna plaża,
elegancka restauracja
i doskonała obsługa. **$$$$**

Ixtapa/Zihuatanejo
Barcelo Beach Resort
Paseo de Ixtapa, Zona Hotelera
tel. 7-550 2000
Strzeliste atrium ze szklanymi
windami. W pobliżu pole golfowe.
$$$$

Casa Elvira
Paseo del Pescador 8
tel. 755-554 2061
Jeden z najpopularniejszych hoteli
w Zihua. **$**

La Casa Que Canta
Camino Escénico Playa la Ropa,
Zihuatanejo
tel. 755-555 7030
www.lacasaquecanta.com

Wytworny wystrój, wyjątkowa obsługa
i świetna kuchnia. **$$$$**

Las Brisas Ixtapa
Playa Vista Hermosa, Ixtapa
tel. 755-553 2121
www.brisas.com.mx
Pokoje i apartamenty; świetna
infrastruktura rekreacyjna. **$$$$**

Villa del Sol
Playa La Ropa
tel. 755-554 2239
www.hotelvilladelsol.com
Mały hotel w kolonialnym stylu,
popularny wśród podróżników. Warto
zarezerwować pokój
z wyprzedzeniem. **$$$$**

Taxco
Agua Escondido
Plaza Borda 4
tel. 762-622 1166
Hotel w centrum z tarasem
na dachu. **$$**

Monte Taxco
Lomas de Taxco
tel. 762-622 1300
www.montetaxco.com.mx
Hotel zbudowany nad miastem;
dojazd kolejką linową. Restauracje,
bar, dyskoteka i basen. **$$$**

Posada de la Misión
Cerro de la Misión 32
tel. 762-622 0063
www.posadamision.com
Hotel szczyci się słynnym muralem
O'Gormana; wyśmienita kuchnia
i basen. Śniadanie wliczone
w cenę. **$$**

Posada San Javier
Estacadas 32
tel. 762-622 3177
Zaciszne miejsce z pięknym ogrodem
i basenem. **$**

JALISCO

Chapala
La Nueva Posada
Donato Guerra 9
tel. 376-766 1344
Budynek w stylu kolonialnym
nad jeziorem; z 23 przestronnymi
apartamentami, basenem
i doskonałą kuchnią. Śniadanie
wliczone w cenę. **$$$**

Quinta Quetzalcóatl
Zaragoza 307
tel. 376-765 3653

Luksusowy hotel z ośmioma
apartamentami. Śniadanie wliczone
w cenę. **$$$**

Costa Alegre
Las Alamandas
Carretera Melaque-Puerto Vallarta,
Quemaro, 83. km
tel. 322-285 5500
Bardzo luksusowy hotel obejmujący
sześć willi gustownie ozdobionych
dziełami sztuki i rękodziełem.
Doskonała obsługa, restauracja, klub
na plaży, bar, basen, kort tenisowy,
siłownia, jazda konna. **$$$$**

The Careyes
Carretera Puerto Vallarta-Barra
de Navidad, 53,5. km, Las Huertas
tel. 315-351 0000
Hotel w zatoce; z klubem fitness,
basenem z jacuzzi, kortem
tenisowym, restauracją, barem
i sklepem z przysmakami z różnych
krajów. Od listopada do kwietnia
można zagrać w polo i pojeździć
konno. **$$$$**

The Tamarindo
Carretera Melaque-Puerto
Vallarta, 7,5. km, Cihuatlán
tel. 314-351 5032
Luksusowy hotel w rustykalnym stylu
tuż przy plaży; z 29 willami, polem
golfowym (18 dołków), restauracją,
barem i kortem tenisowym. **$$$$**

Guadalajara
Aranzazú Catedral
Av. Revolución 110 i Degollado
tel. 33-3613 3232
www.aranzazu.com.mx
Miła obsługa; klub nocny
i restauracja. **$–$$**

Crowne Plaza
López Mateos Sur 2500
tel. 33-3634 1034
Dogodna lokalizacja, piękna okolica;
przestronne pokoje i wszelkie
udogodnienia. **$$–$$$**

Ceny

Kategorie odnoszą się do ceny
pokoju dwuosobowego
w szczycie sezonu:
$$$$ – od 1700 pesos
$$$ – 850–1700 pesos
$$ – 500–850 pesos
$ – do 500 pesos

Hotel Francés
Maestranza 35
tel. 33-3613 1190
faks 33-3658 2831
Atrakcyjny kolonialny budynek
w centrum; z restauracją, barem
i przyjazną atmosferą. **$**
Presidente Inter-Continental
Av. López Mateos Sur i Moctezuma
tel. 33-3678 1234
14-piętrowa szklana piramida
z licznymi udogodnieniami. **$$$**
Quinta Real
Av. México 2727
tel. 33-3669 0600
www.quintareal.com
Przytulny hotel z 76 luksusowymi
apartamentami, restauracją
i basenem. **$$$$**

Puerto Vallarta
Camino Real
Playa Las Estacas
tel. 322-221 5000
www.caminoreal.com
Ustronny hotel na jednej
z najpiękniejszych plaż Vallarty;
z restauracją, barem, basenem
i kortem tenisowym. **$$$$**
La Jolla de Mismaloya
Zona Hotelera Sur, 11,5. km
tel. 322-228 0660
www.lajollademismaloya.com
Apartamenty w pięknej Zatoce
Mismaloya. Restauracje, bary
i baseny; możliwość uprawiania
sportów wodnych i wyboru programu
„all-inclusive". **$$$–$$$$**
Los Cuatro Vientos
Matamoros 520
tel. 322-222 0161
Uroczy hotel w centrum na wzgórzu;
z restauracją i barem. Śniadanie
wliczone w cenę. **$**
Marriott Casa Magna
Paseo de la Marina 5,
Marina Vallarta
tel. 322-221 0004
Hotel w zatoce z 433 pokojami
i apartamentami, restauracjami,
świetną obsługą, basenem, kortem
tenisowym, siłownią i atrakcjami dla
dzieci. **$$$$**
Quinta María Cortéz
Calle Sagitaro 132
tel. 322-225 2322
www.quinta-maria.com
Budynek o ekscentrycznym wystroju,
pełen antyków, ciekawych staroci

i obrazów. Doskonale wyposażone
łazienki, basen. Śniadanie wliczone
w cenę. **$$–$$$**
Verana
Boca de Tomatlan, Yelapa.
www.verana.com
Do hotelu na odludnej plaży turyści
jadą na mułach. Dodatkowymi
atrakcjami są salony masażu,
ogromny basen i świetna restauracja.
Obrazu dopełnia wystrój przywodzący
na myśl dżunglę. **$$$**

MICHOACÁN

Morelia
Hotel de la Soledad
Zaragoza 90
tel. 443-312 1888
www.hsoledad.com
Kolonialny klasztor z ukwieconym
dziedzińcem niedaleko głównego
placu; z przestronnymi pokojami
i dobrą restauracją. **$$$**
Villa Montaña
Patzimba 201 tel. 443-314 0231
www.villamontana.com.mx
Hotel na obrzeżach miasta; z 40
pokojami o indywidualnym wystroju,
tarasami, basenem i pięknym
widokiem z okien. Dzieci poniżej 8 lat
nie są przyjmowane. **$$$$**
Virrey de Mendoza
Av. Madero Pte. 310
tel. 443-312 0633
www.hotelvirrey.com
Hotel przy głównym placu, którego
parter pochodzi z XVI w.; restauracja.
$$$

Pátzcuaro
Hacienda Mariposas
Carretera Pátzcuaro-Sta. Clara, 3. km
tel. 434-342 4728
Ośrodek wypoczynkowy i spa na 7 ha
zalesionych łąk; prowadzona przez
archeologa Rene Ocaña i jego żonę.
W cenę wliczono śniadanie i transport
z lotniska. Hotel oferuje intensywne
kursy hiszpańskie. **$$$–$$$$**
Hostería San Felipe
Lázaro Cárdenas 321
tel. 434-342 1298
Kolonialna gospoda z restauracją
i kominkami w pokojach. **$–$$**
Los Escudos
Portal Hidalgo 73
tel. 434-342 0138

XVI-wieczna siedziba hrabiego
de la Loma, obecnie uroczy hotel
z restauracją. **$–$$**
Mesón del Gallo
Dr José María Coss 20
tel. 434-342 1474
25 niewielkich, dobrze utrzymanych
pokoi; restauracja i basen. **$**

MORELOS

Cuernavaca
Camino Real Sumiya
Jiutepec
tel. 777-320 9199
www.camino-real-sumiya.com
Dawna siedziba dziedziczki fortuny
Woolwortha, Barbary Hutton; obecnie
ten niezwykły hotel mieści jej kolekcję
dzieł sztuki i mebli orientalnych.
Cztery standardy pokoi. **$$$$**
Las Mañanitas
Ricardo Linares 107
tel. 777-314 1466
www.lasmananitas.com.mx
Luksusowy dwór z basenem,
restauracją, barem, fontanną
i przechadzającymi się pawiami. **$$$$**
Misión del Sol
Gral Diego Diaz González 31
tel. 777-321 0999
www.misiondelsol.com.mx
W pięknej okolicy; spa, basen, kort
tenisowy, bez telefonów i telewizji
w pokojach. Restauracja nie serwuje
potraw z czerwonego mięsa. Dzieci
poniżej 13 lat nie są przyjmowane.
$$–$$$
Papagayo
Motolinía 3
tel. 777-314 1711
Hotel w sporej odległości od katedry;
niskie ceny, dwa baseny. **$**
Posada Maria Cristina
Leyva 20, tel. 7-318 5767
www.maria-cristina.com
W sercu pięknych ogrodów; z jadalnią
i basenem. Śniadanie wliczono
w cenę. **$$**

Tepoztlán
Posada del Tepozteco
Paraíso 3
tel. 739-395 0010
www.posadadeltepozteco.com.mx
Uroczy budynek w rustykalnym stylu,
na wzgórzu z widokiem na miasto;
restauracja i bar. **$$**

NAYARIT

Bucerías
Royal Decameron
Lázaro Cárdenas 150
tel. 329-298 0226
Kolonialny budynek przy plaży;
z opcją „all-inclusive". **$$$**

Nuevo Vallarta
Allegro Resort
Paseo de los Cocoteros 18
tel. 329-297 0400
Luksusowy hotel typu
„all-inclusive" w zatoce Banderas;
z restauracją, barem, kortem
tenisowym, klubem dla dzieci,
możliwością uprawiania sportów.
$$$$
Sierra Nuevo Vallarta
Paseo de los Cocoteros 19
tel. 329-297 1300
Hotel typu „all-inclusive" przy plaży,
kilka minut drogi od Puerto Vallarty.
$$$$

Punta Mita
Four Seasons
Carrera a la Cruz de Huanacaxtle-
-Punta Mita, 11,5. km
tel. 329-226 9900
www.fourseasons.com
/puntamita/
Luksusowy hotel przy plaży;
kurs golfa, liczne udogodnienia.
$$$$

Rincón de Guayabitos
Royal Decameron Los Cocos
Retorno Las Palmas
tel. 327-274 0190
Hotel typu „all-inclusive"
przy plaży. **$$**

San Blas
Bucanero
Juárez 75
tel. 323-285 0101
Czysty, niedrogi hotel 10 przecznic
od plaży; z basenem, dyskoteką
i stołem bilardowym. **$**
Garza Canela
Paredes Sur 106
tel. 323-285 0307
www.garzacanela.com
Piękny hotel z 42 klimatyzowanymi
pokojami i basenem. Obsługa
włada angielskim, francuskim
i niemieckim. **$$$**

San Francisco
Costa Azul Advanture Resort
50 km na północ od Puerto Vallarty,
Nayarit
tel. 325-8 4000
www.costaazul.com
Przyjazny środowisku; można tu
uprawiać sporty wodne, jeździć
konno i na rowerze. **$$$$**

NUEVO LEÓN

Monterrey
Colonial
Hidalgo 475 Ote
tel. 81-8343 6791
100 pokoi na sześciu piętrach
w centrum. Ceny umiarkowane,
ale miejsce nieco hałaśliwe. **$$**
El Paso Autel
Zaragoza y R. Martinez
tel. 81-8340 0690
Hotel dla zmotoryzowanych
z 64 klimatyzowanymi pokojami;
10 przecznic na północ od dzielnicy
biznesowej. **$**
Gran Hotel Ancira Radisson Plaza
Ocampo 443 Ote
tel. 81-8345 1060
Najbardziej znany hotel w mieście
(to do jego holu Pancho Villa
wprowadził konia w 1913 r.); 240
pokoi, restauracje, bar i basen. **$$$**
Quinta Real
Diego Rivera 500
tel. 81-8368 1000
www.quintareal.com
Hotel w dzielnicy Garza García;
restauracja, bar, spa. **$$$$**
Santa Rosa Suites
Escobedo 930 Sur
tel. 81-8342 4200
Eleganckie apartamenty
z lodówkami, sofami itd. **$$$**

OAXACA

Huatulco
Barceló Beach Resort
Paseo Benito Juárez
tel. 958-581 0055
www.barcelo-resort-huatulco.com
Hotel typu „all-inclusive" przy plaży.
$$$$
Casa del Mar
Balcones de Tangolunda 13
tel. 958-581 0104

Hotel wybudowany na klifie;
na plażę prowadzą schody. **$$$**
Camino Real Zaachilá Resort
Playa Rincón Sabroso, zatoka
Tangolunda
tel. 958-581 0460
www.caminoreal.com
Wspaniały hotel ze wszelkimi
udogodnieniami. **$$$$**
Quinta Real
Paseo Benito Juárez 2
tel. 958-581 0430
Luksusowe apartamenty na wzgórzu;
tropikalny wystrój, dobra restauracja,
klub na plaży i kort tenisowy. **$$$$**
Villablanca
Blvd Benito Juárez i Zapoteco
tel. 958-587 0606
www.villablancahotels.com.mx
Kolonialny budynek z restauracją,
barem i basenem. **$$**

Oaxaca
Camino Real Oaxaca
5 de Mayo 300
tel. 951-516 0611
www.camino-real-oaxaca.com
Zabytkowy XVI-wieczny kompleks
klasztorny z dziedzińcem otoczonym
krużgankami. **$$$$**
Casa Oaxaca
García Vigil 407
tel. 951-514 4173
XVIII-wieczny dworek w pobliżu
głównego placu przekształcony
w ekskluzywny zajazd z gustownie
wyposażonymi pokojami, dobrą
obsługą, basenem, *temazcal*
(prekolumbijska sauna), kominkiem,
patio, koktajlbarem i śniadaniami
wliczonymi w cenę. **$$–$$$**
Fiesta Inn
Av. Universidad 140
tel. 951-516 1122
Wygodny hotel na obrzeżach miasta,
z restauracją i basenem. W cenie
pobytu transport do centrum. **$$–$$$**
Hacienda Los Laureles
Hidalgo 21, San Felipe del Agua
tel. 951-501 5300
www.los-laureles-oaxaca.com
Hacjenda 10 minut jazdy od centrum,
otoczona cienistym ogrodem;
z eleganckimi pokojami, basenem,
temazcal (indiańska sauna), siłownią
i dobrą restauracją. **$$–$$$**
Hacienda de la Noria
Periférico 1918
tel. 951-514 7555

www.lanoria.com
15 minut drogi od głównego placu;
z restauracją i basenem. Drugi hotel,
Hostal de la Noria z restauracją
(Hidalgo 918; tel. 951-514 7555)
działa nieopodal głównego placu.
$$–$$$
Parador Plaza
Murguía 104
tel. 951-514 2027
Kolonialny budynek z patio, trzy ulice
od głównego placu. **$$**

Puerto Escondido
Aldea del Bazar
Av. Benito Juárez
tel. 954-582 0508
Na stromym klifie nad plażą
Bacocho; z pokojami w stylu
prekolumbijskim, sauną, salonem
masażu, restauracją, barem
i basenem. Strome zejście na plażę.
$$–$$$
Arco Iris
Calle del Morro
tel. 954-582 0432
Czyste pokoje urządzone z prostotą
(niektóre wyposażone w kuchenki);
basen i restauracja. **$**
Posada Real
Blvd Benito Juárez
tel. 954-582 0133
www.posadareal.com.mx
Na wzgórzu przy brzegu morza;
z wygodnymi pokojami, basenem,
restauracjami, barami i klubem
na plaży (z basenem, restauracją
i barem). **$$$**
Santa Fe
Calle del Morro
tel. 954-582 0170
Uroczy hotel na plaży Zicatela,
z wyjątkowym wystrojem pokoi,
restauracją serwującą owoce morza
i specjałami kuchni wegetariańskiej.
$$–$$$

PUEBLA

Puebla
Camino Real
7 Pte No 105
tel. 222-229 0909
www.caminoreal.com/puebla
XVI-wieczny klasztor, dwie ulice
od głównego placu; pokoje
ozdobione antykami, dobra
restauracja i oryginalny bar. **$$$**

Mesón Sacristía de la Compañía
6 Sur Nr 304
tel. 222-242 3554
www.mesones-sacristia.com
Kolonialna karczma z restauracją.
Apartamenty w **Mesón Sacristía
de Capuchines** przy 9 Oriente 16
(tel. 222-232 8088). **$$–$$$**
Royalty
Portal Hidalgo 8
tel. 222-242 4740
Świetna lokalizacja tuż przy głównym
placu, ale w dość hałaśliwym
otoczeniu. **$**

QUERÉTARO

Querétaro
Hacienda Yextho
Carretera Las Adelitas-La Rosa 20,
5. km, Tecozautla
tel. 761-733 5343
Dawna hacjenda
z 25 apartamentami, basenem
termalnym, jazdą konną i jacuzzi.
$$$
La Casa de la Marquesa
Madero 41
tel. 442-212 0092
www.slh.com/marques
Luksusowy hotel w XVIII-wiecznej
posiadłości. **$$$–$$$$**
Ex-Hacienda Misión La Muralla
Carr. San Juan del
Río – Amealco, 26. km
www.hotelesmision.com.mx
Hacjenda nawiązująca wystrojem
do Rewolucji Meksykańskiej;
z restauracją, basenem, ogrodami
i jazdą konną. **$$$$**
Fiesta Americana Hacienda Galindo
Carr. Amealco, 5. km
tel. 427-271 8200
(San Juan del Río).
Rozległy, ale uroczy hotel
ze 166 pokojami i apartamentami,
restauracjami, basenami, kortami

Ceny

Kategorie odnoszą się do ceny
pokoju dwuosobowego
w szczycie sezonu:
$$$$ – od 1700 pesos
$$$ – 850–1700 pesos
$$ – 500–850 pesos
$ – do 500 pesos

tenisowymi i jazdą konną. **$$$**
Sol y Fiesta
H. Colegio Militar 4, Tequisquiapan
tel. 414-273 1504
Niewielki hotelik z 19 pokojami,
jacuzzi, basenem, gorącymi źródłami
i restauracją. **$$**

QUINTANA ROO

Akumal
Club Oasis Akumal
Carr. Chetumal Puerto Juárez,
251. km
tel. 984-873 0843
Niegdyś prywatny obóz wędkarski
założony przez Pabla Busha Romera,
przyjaciela i wspólnika Jacquesa
Cousteau, dziś luksusowy hotel typu
„all-inclusive" z restauracją, barem,
basenem, kortem tenisowym,
sklepem ze sprzętem do nurkowania
i plażą. **$$$$**

Cancún
Antillano
Av. Tulum i Claveles
tel. 998-884 1532
www.hotelantillano.com
Jeden ze starszych i tańszych hoteli
w centrum. **$$**
Camino Real Cancún
Blvd Kukulcán, Punta Cancún
tel. 998-848 7000
www.camino-real-cancun.com
Hotel o ciekawej architekturze,
z trzech stron otoczony morzem.
$$$$
Casa Turquesa
Blvd Kukulcán, 13,5. km
tel. 998-885 2924
www.casaturquesa.com
Niewielka, elegancka i popularna
rezydencja zapewniająca
prywatność. **$$$$**
Fiesta Americana Coral Beach
Blvd Kukulcán
tel. 998-881 3200
www.hotels-cancun.
com/fiestacoralbeach
Olśniewający hotel z apartamentami
i wszelkimi udogodnieniami. **$$$$**
María de Lourdes
Av. Yaxchilán 80
tel. 998-884 4744
www.hotelmariadelourdes.com
Kolonialny hotel w centrum;
z basenem. **$$**

Marriott Cancún Resort and Spa
Blvd Kukulcán,
14,5. km, Zona Hotelera
tel. 52 998-848 9600
lub 1-800-228 9290
(międzynarodowa bezpłatna linia)
www.marriott.com
Nowy hotel nad brzegiem oceanu ze
słynnym spa, pięcioma restauracjami
i wieloma atrakcjami. Należy
do Marriott Sister Magna. **$$$**

The Ritz-Carlton Cancún
Retorno del Rey 36, Zona Hotelera
tel. 998-885 0808
www.ritzcarlton.com
Tradycyjna, wyrafinowana elegancja
hoteli tej sieci i przytulna atmosfera.
$$$$

Tankah
Av. Tankah 69, Cancún City
tel. 998-884 4844
W centrum; skromne pokoje
w niskich cenach. **$**

Villa Deportiva Juvenil
(schronisko młodzieżowe)
Blvd Kukulcán,
3,2. km, Zona Hotelera
tel. 998-883 1337
Tanie zakwaterowanie
w ekskluzywnej dzielnicy hotelowej;
pokoje wieloosobowe (kobiety
i mężczyźni osobno). **$**

Chetumal
Holiday Inn
Av. Héroes 171-A
tel. 983-835 4000
Nowoczesny hotel w centrum;
z restauracją, barem i basenem. **$$**

Cobá
Villa Arqueológica
Strefa wykopalisk
tel. 998-874 2087
Willa na skraju wykopalisk; z 40
pokojami i usługami Club Med. **$$**

Cozumel
Casa del Mar
Carr. a Chankanaab, 4. km
tel. 987-872 4243
Wspaniały bar na wodzie; sklep ze
sprzętem do nurkowania, molo. **$$$$**

Paradisus Cozumel
Costera Nte, 5,8. km
tel. 987-872 0411
Hotel „all-inclusive" na odludnej
plaży; z luksusowymi pokojami
z widokiem na morze. **$$$$**

Safari Inn
Av. Rafael Melgar,
pomiędzy Calle 5 i 7 Sur, San Miguel
tel. 987-872 0101
Niedrogie i przyjemne pokoje;
możliwość nurkowania i zakupu
sprzętu. **$**

Scuba Club
Carr. a Chankanaab, 1,5. km
tel. 987-872 1133
Ulubione miejsce nurków.
Posiłki wliczone w cenę. **$$$$**

Tamarindo Bed & Breakfast
Calle 4 Norte 421
tel. 987-872 3614
W centrum; prosty, kolorowy,
przyjazny i bardzo wygodny. **$**

Isla Mujeres
Cabañas María del Mar
Av. Arq. Carlos Lazo 1
tel. 998-877 1079
Przy Playa Norte, 10 minut
od centrum; prosty wystrój i miła
obsługa. **$$**

Cristalmar Resort & Beach Club
Fracc. Laguna Mar Makax
tel. 998-877 0398
www.cristalmarhotel.com
Apartamenty na spokojnym
południowym brzegu wyspy;
z restauracją-barem i basenem.
$$–$$$

Na-Balam
Calle Zazil 118
tel. 998-877 0279
www.nabalam.com
Spokojne miejsce z 31
apartamentami z widokiem
na morze, restauracją, barem,
kursami jogi i basenem. **$$$**

Playa del Carmen
La Posada del Capitán Lafitte
Carretera Puerto Juárez-Tulum,
62. km
tel. 984-873 0212
Domki z klimatyzacją lub
wentylatorami przy pięknej plaży.
Śniadanie, kolacja i napiwki wliczone
w cenę. **$$$**

Maroma Resort and Spa
Autostrada nr 307, 51. km, 30 minut
jazdy na południe od lotniska Cancún
tel. 984-874 4730
Luksusowy i ustronny hotel
na dawnej plantacji orzechów
kokosowych. Śniadanie wliczone
w cenę. **$$$$**

Mosquito Blue
Quinta Avenida,
pomiędzy Calle 12 i 14
tel. 984-873 1245
www.mosquitoblue.com
Przytulny hotel dwie ulice od plaży;
z restauracją i basenem. **$$–$$$**

Royal Hideaway
Playacar
tel. 984-873 4500
Wysokiej klasy hotel „all-inclusive"
z wszelkimi udogodnieniami
i doskonałą obsługą. **$$$$**

Puerto Aventuras
Omni Puerto Aventuras
Carr. Chetumal, Puerto Juárez,
259,5. km, tel. 984-873 5100
Niewielki hotel przy przystani
jachtowej i polu golfowym,
5 minut drogi od plaży. **$$$**

Oasis
Carr. Chetumal, Puerto Juárez,
269. km
tel. 984-873 5050
Hotel „all-inclusive" przy plaży;
z restauracją, barem, dyskoteką
i basenem. **$$$$**

Tulum
Cabañas Ana y José
Przy nieutwardzonej drodze
odchodzącej od autostrady nr 307,
pomiędzy miastem a wejściem do ruin
tel. 984-887 5470
Ustronie na skraju rezerwatu Sian
Ka'an. Dobra restauracja. **$$**

SAN LUIS POTOSÍ

Ciudad Valles
Hotel Valles
Blvd México-Laredo 36 Norte
tel. 481-382 0050
W malowniczej okolicy; z basenem
i placem zabaw dla dzieci. **$$**

San Luis Potosí
Fiesta Inn
Carr. 57, Hotel Zone
tel. 444-822 1995
www.fiestainn.com.mx
Wygodne pokoje wokół wielkiego
basenu. **$$–$$$**

Holiday Inn
Carr. 57, niedaleko strefy
przemysłowej
tel. 444-834 4100

W pięknej okolicy, 10 minut drogi od centrum; dobre wyposażenie i wysoka jakość usług, basen, korty tenisowe i siłownia. **$$–$$$**

María Cristina
Juan Sarabia 110
tel. 444-812 9408
www.mariacristina.com.mx
W pobliżu punktów widokowych. Dobra cena. **$**

Westin San Luis Potosí
Lomas 1000
tel. 444-825 0125
Kolonialny budynek ozdobiony antykami i dziełami sztuki; z basenem, jacuzzi, restauracją i barem. **$$$**

SINALOA

Los Mochis

Plaza Inn
Leyva i Cárdenas
tel. 668-816 0800
Nowoczesny hotel w centrum; z klimatyzacją, restauracją, barem, basenem i dyskoteką. **$$-$$$**

Mazatlán

El Cid
Av. Camarón Sábalo
tel. 669-913 3333
www.elcid.com
Kompleks hotelowy na plaży; z 1310 pokojami, restauracjami, barami, kortami tenisowymi, polem golfowym (27 dołków) i ośmioma basenami. **$$$**

Las Moras
Rezerwacja: Av. Camarón Sábalo 204–6
tel. 669-916 5045 w Mazatlánie
Dawna XIX-wieczna wytwórnia tequili u stóp łańcucha Sierra Madre, 48 km w głąb lądu od Mazatlánu. Odrestaurowana z zachowaniem autentycznego wystroju i dzieł sztuki.

Ceny

Kategorie odnoszą się do ceny pokoju dwuosobowego w szczycie sezonu:
$$$$ – od 1700 pesos
$$$ – 850–1700 pesos
$$ – 500–850 pesos
$ – do 500 pesos

Bez telewizji i telefonów. Można skorzystać z basenu i kortu tenisowego. Posiłki wliczone w cenę. **$$$$**

Las Palmas
Av. Camarón Sábalo 305
tel. 669-916 5664
Dwupiętrowy, z ośmioma pokojami, restauracją, barem i basenem. **$$**

Playa Mazatlán
Rodolfo T. Loaiza 202
tel. 669-913 1120
Słynny hotel przy plaży; z restauracją, basenem i barem. **$$–$$$**

Pueblo Bonito
Camarón Sábalo 2121
tel. 669-914 3700
Przepiękna posiadłość nadmorska z pełnym zakresem usług. Drugi hotel, **Pueblo Bonito Emerald Bay** (tel. 669-988 0357), jest zlokalizowany 15 minut drogi na północ od miasta, w odosobnionej zatoczce. **$$$–$$$$**

SONORA

Alamos

Casa de los Tesoros
Alvaro Obregón 10
tel. 647-428 0010
Romantyczny XVIII-wieczny klasztor; z restauracją, barem i basenem. **$$**

Guaymas/San Carlos

Flamingos
Carretera Internacional, 1982. km
tel. 622-221 0961
www.hotelbahn.com
Zaskakująco przyjemny motel z 55 klimatyzowanymi pokojami, restauracją, barem i basenem. **$**

Playa de Cortés
Bacochibampo Bay
tel. 622-221 1047
Słynny hotel z restauracją, barem, basenem, kortem tenisowym i przystanią. **$$**

Hermosillo

Kino
Pino Suárez Sur 151
tel. 622-213 3131
www.hotelsuiteskino.com
Wygodny hotel z restauracją i barem; w pokojach TV i lodówki. **$**

Bahía Kino

Kino Bay
tel. 662-242 0216
Sześć dwupiętrowych apartamentów z kuchenkami; na północnym skraju miasta. **$**

Posada Santa Gemma
Mar de Cortés and Rió de la Plata
tel. 662-242 0026
Klimatyzowany motel z 14 dwupoziomowymi studiami (dwie sypialnie), łazienką, kuchnią i kominkiem. **$$$**

Saro
tel. 662-242 0007
16 skromnych, czystych pokoi przy plaży; obsługa mówi po angielsku, włosku i hiszpańsku; pralnia. **$$**

Puerto Peñasco

Costa Brava
Malecón Kino i 1ero de Junio
tel. 638-383 4100
Czysty, niewielki hotel w centrum. **$$**

Plaza Las Glorias
Paseo de las Glorias.
tel. 638-383 6010
Przy plaży; w stylu amerykańskim, z restauracją i basenem. **$$$**

San Carlos

Club Mediteranée
Playa Los Algodones
tel. 622-226 1413
www.clubmed.com
17-hektarowa posiadłość wiejska. Dzieci poniżej lat 12 nie są przyjmowane. **$$$**

Fiesta San Carlos
Carr. San Carlos, 8. km
tel. 622-226 1318
Trzy piętra, 33 klimatyzowane pokoje przy plaży; z basenem. Śniadanie wliczone w cenę. **$**

Las Playitas
Carr. Varadero Nacional, 6. km, przy bazie marynarki
tel. 622-221 5696
30 klimatyzowanych domków na półwyspie Las Playitas; zajazd karawaningowy, przystań. **$**

San Carlos Plaza
Mar Barmejo 4
tel. 622-227 0077
www.guaymassancarlos. net
Najbardziej luksusowy hotel w mieście; atrium z marmurową podłogą. **$$$**

TABASCO

Villahermosa
Camino Real
Paseo Tabasco 1407
tel. 993-316 4400
Nowoczesny hotel sąsiadujący
z polem golfowym Tabasco 2000;
z basenem, restauracjami i barami.
$$$
Cencali Villahermosa
Av. Juárez and Paseo Tabasco
tel. 993-315 1999
www.cencali.com.mx
Hotel w stylu hacjendy, w parku;
piękne widoki z okien. **$$–$$$**

TAMAULIPAS

Nuevo Laredo
El Río
Reforma 4402
tel. 867-714 3666
Atrakcyjny motel 7 km na południe
od granicznego mostu; z basenem,
restauracją i barem. **$$**

Tampico
Camino Real
Hidalgo 2000
tel. 833-213 8811
www.caminorealtampico.com
W sercu zielonego ogrodu;
z restauracją, barem, siłownią
i basenem. Kort tenisowy i pole
golfowe w pobliżu. **$$$**
Posada del Rey
Madero 218 Ote
tel. 833-214 1024
Odrestaurowany hotel w centrum;
z 60 pokojami z klimatyzacją
i wentylatorami, bez windy. **$**

TLAXCALA

Tlaxcala
Posada San Francisco
Plaza de la Constitución 17
tel. 246-462 6022
www.clubmed.com
XIX-wieczy hotel przy głównym
placu, prowadzony przez Club Med;
z restauracją i basenem. **$$**

VERACRUZ

Catemaco
La Finca
Carr. 180 Costera del Golfo, 147. km
tel. 294-943 0322
Nad jeziorem; z restauracją,
dyskoteką i basenem. **$$**

Coatepec
Posada Coatepec
Hidalgo 9, tel. 228-816 0544
XIX-wieczna hacjenda przebudowana
na uroczy hotel. **$$$**

Papantla
Tajín
Nuñez i Domínguez 104
tel. 784-842 1623
Przestronne pokoje, przecznicę
od głównego placu. **$–$$**

Poza Rica
Poza Rica Best Western
Norte 2 i Orient 10
tel. 782-822 0112
Nowoczesny, w centrum;
z restauracją i barem. **$–$$**

Tuxpan
Plaza
Juárez 39
tel. 783-834 0738
57 klimatyzowanych pokoi. **$–$$**
Tajín Misión
Carr. a Cabos, 2,5. km
tel. 783-834 2260
163 klimatyzowane pokoje
„all-inclusive"; przepiękne widoki
i okolica. **$$$**

Veracruz
Crowne Plaza Torremar Resort
Blvd A. Ruiz Cortines 4300
tel. 229-929 2100
www.torremar.com
Nowoczesny hotel, popularny wśród
meksykańskich turystów. **$$$**

Ceny

Kategorie odnoszą się do ceny
pokoju dwuosobowego
w szczycie sezonu:
$$$$ – od 1700 pesos
$$$ – 850–1700 pesos
$$ – 500–850 pesos
$ – do 500 pesos

Emporio
Insurgentes Veracruzanos 210
tel. 229-932 0020
W centrum niedaleko portu;
większość pokoi z balkonami
i pięknym widokiem. **$$–$$$**
Mocambo
Blvd A. Ruiz Cortines 4000
tel. 229-922 0203
Piękny i stary budynek przy plaży
Mocambo. **$$$**
Villa del Mar
Blvd Manuel Ávila Camacho
tel. 229-931 3361
Przy plaży, blisko akwarium;
z restauracją, basenem i kortem
tenisowym. **$$$**

Jalapa
Casa Inn
Av. 20 de Noviembre Ote. 522
tel. 228-818 9411
www.hotelesenxalapa.com
Wygodny, w centrum, niedaleko
dworca autobusowego. **$**
Fiesta Inn
Carr. Xalapa-Veracruz, 2,5. km
tel. 228-812 7920
Nowy, wygodny hotel na obrzeżach
miasta. **$$**

JUKATAN

Celestún
Eco Paraíso Xixim
Camino Viejo a Sisal, 10. km
tel. 991-916 2100
15 domków nad brzegiem morza.
$–$$

Chichén Itzá
Hotel Dolores Alba
Carr. Valladolid-Chichén Itzá,
123. km, tel. 985-858 1555
www.doloresalba.com
2 km od ruin; skromne, czyste
pokoje, tanie posiłki, basen. **$**
Hotel Mayaland
Zona Arqueológica
tel. i faks 985-851 0077
Dostojna, stara budowla; 92 pokoje,
trzy restauracje i trzy baseny. **$$$**
Hotel Villa Arqueológica
Zona Arqueológica
tel. 985-851 0034
W pobliżu ruin; ładne pokoje,
biblioteka, doskonała kuchnia
francuska i jukatańska. **$$**

Mérida

Caribe
Calle 59 Nr 500 i Calle 60
tel. 999-924 9022
Piękny historyczny budynek
na atrakcyjnym placu w centrum
miasta. $

Casa Mexilio
Calle 68 Nr 495
tel. 999-928 2505
Zabytkowy budynek cztery ulice
od głównego placu. Śniadanie
wliczone w cenę. $–$$

Casa San Juan
Calle 62 No 545A
tel. 999-923 6823
Pięknie odrestaurowany
XVIII-wieczny dom, trzy ulice
od głównego placu. Klimatyzacja
i łazienki w niektórych pokojach.
Śniadanie wliczone w cenę. $

Fiesta Americana Mérida
Av. Colón 451
tel. 999-942 1111
Przypomina dwór epoki kolonialnej;
z doskonałą restauracją, barem,
basenem i kortem tenisowym. $$$$

Hacienda Katanchel
Carretera a Cancún, 25,5. km
tel. 999-923 4020
www.hacienda-katanchel.com
Odrestaurowana XVII-wieczna
hacjenda, 15 minut drogi z Méridy.
Śniadanie oraz transport
do i z lotniska wliczone w cenę.
$$$$

Hacienda Temozón
35 km od Méridy,
w miasteczku Abalá
tel. 999-949 5001
Przestronna, elegancka hacjenda,
z klimatyzacją, wentylatorami,
basenem, spa, siłownią, restauracją
i barem. Hotel organizuje wycieczki.
$$$

Progreso

Reef Club Yucatán
Carr. Progreso chac, 32. km
tel. 991-917 4100
Hotel „all-inclusive"; atrakcje przez
całą dobę. $$$

Sian Ka'an Hotel & Beach Club
Yucalpeten.
tel. 969-935 4017
Przy plaży; 10 apartamentów,
restauracja, bar, basen, możliwość
uprawiania sportów
wodnych. $$

Uxmal

Hacienda Uxmal
Carr. Mérida-Campeche, 78. km
tel. 999-976 2013
Najstarszy i najbardziej tradycyjny
hotel w mieście. $$$

Villa Arqueológica
Ruinas Uxmal, 76. km
tel. 997-974 6020
www.clubmed.com
Miły hotel w pobliżu ruin. $$

Valladolid

San Clemente
Calle 42 Nr 206
tel. 985-856 2208
Przy głównym placu; z restauracją,
basenem i parkingiem. $

ZACATECAS

Zacatecas

Continental Plaza
Hidalgo 703
tel. 492-922 6183
Dogodnie zlokalizowany
przy głównym placu; restauracja
i bar. $$

Mesón de Jobito
Jardín Juárez 143
tel. 492-924 1722
Pięknie odrestaurowany XIX-wieczny
budynek z restauracją, barem
i basenem. $$$

Posada de la Moneda
Av. Hidalgo 413
tel. 492-922 0881
Tanie, czyste pokoje w centrum.
Hotel nie honoruje kart
kredytowych. $

Quinta Real
Rayón 434
tel. 492-922 9104
www.quintareal.com
Wyjątkowo piękny hotel wśród
pozostałości areny walki byków;
z restauracją i barem. $$$$

Kempingi

W niemal każdym meksykańskim
mieście są pola karawaningowe lub
motele z pralniami, barami,
prysznicami, sklepami spożywczymi,
a nawet stacjami benzynowymi.
Również w parkach narodowych
(parques nacionales) są parkingi dla
samochodów karawaningowych lub
pola namiotowe strzeżone przez całą
dobę. Ceny za postój lub rozbicie
namiotu są umiarkowane, ale warto
wziąć pod uwagę, że w szczycie
sezonu mogą wystąpić problemy ze
znalezieniem wolnego miejsca.
Informacje o kempingach i listy pól
namiotowych są dostępne w biurach
informacji turystycznej.

Ze względów bezpieczeństwa
lepiej nie zatrzymywać się
w odludnych miejscach, lecz
korzystać z kempingów i plaż,
na których można spotkać innych
turystów.

Gdzie zjeść

Tanie bary to *cafés*, *fondas*, *merenderos*, *comedores* lub *loncherías*, specjalizujące się w kanapkach i *tortas*. Niektórzy turyści unikają kupowania jedzenia na ulicznych straganach, uważając restauracje za bezpieczniejsze, lecz *fondas* mają tę przewagę, że można obserwować proces przygotowania posiłku (i zjeść śniadanie, gdy inne jadłodajnie są jeszcze zamknięte).

Restauracje

MIASTO MEKSYK

Centrum

Café Tacuba
Tacuba 28
tel. 55-5518 4950
Specyficzną atmosferę knajpki tworzą łukowe sklepienia, wykładane kafelkami ściany, olbrzymie malowidła i murale. **$–$$**

Meksykańskie śniadanie

Meksykańskie śniadanie może się składać się z *menudo* (flaczki), *chilaquiles* (smażone paski tortilli ze śmietaną i sosem chili), *puntas de filete* (gulasz wołowy na ostro), ale również z gorącej czekolady i słodkich bułeczek.

Jeśli ktoś ma ochotę na bardziej tradycyjny posiłek, może zamówić *huevos al gusto* (jajka wedle życzenia), *tortilla de huevos* (omlet), *huevos revueltos/estrellados* (jajecznica/jajka sadzone), *jamón* (szynka), *avena* (owsianka), *pan tostado* (tosty), *mermelada* (dżem) i *mantequilla* (masło).

La Casa de las Sirenas
Guatemala 32
tel. 55-5704 3345
Ciekawy XVI-wieczny dom mieszczący meksykańską restaurację i *cantina*, gdzie podają tequilę.
Z otwartego tarasu wspaniały widok na katedrę. **$$**

Los Girasoles
Tacuba 8, na Plaza Tolsá
tel. 55-5510 0630
Niezwykłe dania kuchni meksykańskiej w olśniewającej scenerii. **$$**

Sanborns Casa de los Azulejos
Madero 4
tel. 55-5518 0152
Popularna restauracja z typowymi daniami serwowanymi na patio.
$–$$

Insurgentes Sur

Arroyo
Insurgentes Sur 4003, Tlalpan
tel. 55-5573 4344
Duża i chętnie odwiedzana, zwłaszcza w porze lanczu i weekendy. Dobra meksykańska kuchnia, m.in. *tacos, mole* i *cabrito* (koźlę). **$–$$**

Bellini
World Trade Center, 45. piętro
tel. 55-5628 8304
Obrotowa restauracja znana z panoramicznych widoków i doskonałych homarów. **$$$**

La Taberna del León
Altamirano 46, na Plaza Loreto
tel. 55-5616 3951
Międzynarodowa kuchnia w odrestaurowanym, stylowym domu z końca XIX w. **$$$**

Le Petit Cluny
Av. de la Paz 58, San Angel
tel. 55-5616 2288
Bistro i piekarnia w europejskim stylu, specjalizująca się w naleśnikach i kuchni francuskiej. **$$**

Polanco i Lomas de Chapultepec

Fisher's
Horacio 232
tel. 55-5531 0567
Nowoczesna i przestronna, często odwiedzana przez wielbicieli owoców morza.

Hunan
Reforma 2210, Lomas
tel. 55-5596 5011
Bambusy, staw i oryginalna chińska kuchnia. **$$–$$$**

L'Olivier
Presidente Masaryk 49
tel. 55-5545 3133
Doskonałe dania kuchni francuskiej ze składników meksykańskich. Konieczność rezerwacji. **$$$**

Hacienda de los Morales
Vazquez de Mella 525
tel. 55-5096 3055
Ekskluzywna hacjenda serwująca dania kuchni międzynarodowej. **$$$**

La Valentina
Presidente Masaryk 393, Polanco
tel. 55-5282 2297
Hacjenda serwująca tradycyjne dania meksykańskie. **$$**

Sir Winston Churchill's
Avila Camacho 67, Polanco
tel. 55-5280 6070
Rewelacyjna wołowina i owoce morza serwowane w rezydencji w stylu Tudorów. Nie ma mowy o rozczarowaniu. **$$$**

Zona Rosa i Condesa Area

Bellinghausen
Londres 95
tel. 55-5207 4049
Serwowane głównie steki i owoce morza . **$$–$$$**

Les Moustaches
Rio Sena 88
tel. 55-5533 3390
Wysokiej klasy kuchnia międzynarodowa; koncerty skrzypcowe i fortepianowe.

Specie
Amsterdam 241
tel. 55-5564 9576
Kuchnia polska; specjalnością szefa kuchni jest pieczona kaczka nadziewana jabłkiem. **$$**

Tezka
Amberes and Liverpool
tel. 55-5228 9918
Doskonała kuchnia baskijska ze szczególnym uwzględnieniem owoców morza. **$$$**

Yug
Varsovia 3
tel. 55-5533 3296
Kuchnia wegetariańska, ulubione miejsce pracowników pobliskich biur i urzędów. **$**

PÓŁWYSEP KALIFORNIJSKI

Cabo San Lucas

Da Giorgio
Misiones del Cabo
tel. 624-145 8160
Na wzgórzu, 5 km na wschód
od miasta. Znakomita włoska kuchnia
z pizzą pieczoną w ceglanym piecu.
$–$$

The Giggling Marlin
Matamoros przy Marina
tel. 624-143 0606
Pełen atrakcji bar z tańcami i grami.
$$

The Shrimp Factory
Marina Blvd, naprzeciw Plaza
las Glorias Hotel
tel. 624-143 5066
Wyłącznie krewetki i kraby na wagę.
$$

The Office
Playa El Medano
tel. 624-143 3464
Przy plaży; kuchnia meksykańska
i fiesty (czw. i sb. o 19.30). **$$**

Ensenada

La Embotelladora Vieja
Miramar 666
tel. 646-174 0807
Kuchnia meksykańska
i śródziemnomorska w dawnej
piwnicy, w której przechowywano
wino. **$$$**

La Hacienda del Charro
Av. López Mateos 454
tel. 646-178 3881
Głównie kurczaki pieczone
na ognisku. **$**

El Rey Sol
Av. López Mateos 1000
tel. 646-178 1733
Meksykańska i francuska kuchnia
w pięknej scenerii. **$$–$$$**

La Paz

Bismark
Santos Degollado i Av. Altamirano
tel. 612-122 4854
Rodzinna atmosfera, doskonałe dania
meksykańskie i owoce morza. **$$**

La Terraza
Obregón 1570
tel. 612-122 0777
Przed hotelem Perla, naprzeciw
malecón (nadmorska promenada).
Najlepsze miejsce do obserwacji
zachodów słońca. **$$**

Loreto

Cafe Olé
Madero
tel. 613-135 0496
Tuż za placem; przy śniadaniu można
obserwować przechodniów. **$**

El Nido
Salvatierra 154, naprzeciw dworca
autobusowego
tel. 613-135 0284
Przytulnie: rozwieszone sieci
rybackie, dębowe kłody,
kominek-grill. Dobre jedzenie,
zwłaszcza steki i owoce morza. **$$**

Mexicali

Mandolino
Reforma 1070
tel. 686-552 9544
Kuchnia włoska. **$–$$**

Misión del Dragón
Blvd Lázaro Cárdenas 555
tel. 686-566 4320
Chińska restauracja o pięknym
wystroju. **$–$$**

Mulegé

Los Equipales
Moctezuma, niedaleko Zaragoza
tel. 615-153 0330
Bardzo dobra restauracja z długim
menu oraz chłodnym i przewiewnym
górnym tarasem. **$**

Las Casitas
Hotel Las Casitas, Callejón
de los Estudiantes
tel. 615-153 0019
Lokal specjalizujący się w owocach
morza. W piątkowe wieczory
przygrywa zespół *mariachi*. **$–$$**

San José del Cabo

Damiana
Mijares 8
tel. 624-142 0499
Romantyczny nastrój i doskonałe
jedzenie. **$$**

Mi Cocina
Hotel Casa Natalia, Blvd Mijares 4
tel. 624-142 5100
Restauracja słynąca ze smacznej
kuchni międzynarodowej
i meksykańskiej. **$–$$**

Tijuana

Carnitas Uruapan
Paseo de los Héroes
& Av. Rodríguez
tel. 666-681 6181

Słynie z *carnitas* – smażonej
wieprzowiny podawanej z *tortillas*,
salsa, cebulką, *cilantro* (świeża
kolendra) i *guacamole*. **$**

Señor Frog's
Vía Oriente 60, Pueblo Amigo
tel. 666-682 4962
Jedna z restauracji sieci o tej samej
nazwie, serwująca dobre jedzenie
w wesołym wnętrzu. **$–$$**

Tía Juana Tilly's
Av. Revolución i Calle 7
tel. 666-685 6024
Wesoła atmosfera i szczodre porcje
meksykańskich specjałów. **$–$$**

CAMPECHE

Campeche

La Pigua
Miguel Alemán 197/A
tel. 981-811 3365
Doskonała kuchnia regionalna,
m.in. smaczna ryba *pejelagarto*. **$–$$**

Marganzo
Calle 8, Nr 267
tel. 981-811 3898
Wysokiej klasy lokal, gdzie posiłki
podają kelnerki w regionalnych
strojach. **$–$$**

CHIAPAS

San Cristóbal de las Casas

Casa del Pan Cantante
Belisario Domínguez y Dr Navarro
tel. 967-578 0468
Wyśmienite dania wegetariańskie,
świeży chleb i kuszące desery. **$**

El Edén
Av. 5 de Febrero 19
tel. 967-678 5382
Intymny nastrój, międzynarodowa
kuchnia. **$–$$**

La Selva Café
Cresencio Rosas 9
tel. 967-578 7268

Ceny

Kategorie odnoszą się do ceny
posiłku dla jednej osoby bez
napojów:
$$$ – powyżej 250 pesos
$$ – 130–250 pesos
$ – poniżej 130 pesos

Doskonałe gatunki miejscowej kawy i smaczne jedzenie. Restauracja nie honoruje kart kredytowych. **$**

CHIHUAHUA

Chihuahua
La Casa de los Milagros
Victoria 812
tel. 614-437 0693
Kolonialny wystrój. **$–$$**

Tony's
Juárez i Calle 39
tel. 614-410 2988
Eleganckie wnętrze, dobra kuchnia międzynarodowa. **$$$**

COAHUILA

Saltillo
El Tapanco
Allende Sur 225
tel. 844-414 0043
Lokal w centrum
w przebudowanym XVII-wiecznym budynku, z doskonałą kuchnią międzynarodową i meksykańską. **$$**

Mesón del Principal
Blvd V Carranza & Egipto
tel. 844-416 2382
Warto tu wstąpić na doskonałe pieczone koźlę. **$$**

COLIMA

Manzanillo
Benedetti's Pizza
Las Brisas
tel. 314-333 1592
Restauracja z kuchnią włoską. **$**

L'Recif
Cerro del Cenicero
tel. 314-334 2684
Na nadmorskim klifie. Rewelacyjna ryba na ciemnym maśle. **$$–$$$**

Legazpi
Las Hadas Hotel
tel. 314-334 0000
Kelnerzy w białych rękawiczkach, kuchnia kontynentalna z elementami meksykańskimi. Tylko kolacje. **$$$**

Willy's
Crucero Las Brisas
tel. 314-333 1794
Z widokiem na morze; kuchnia inspirowana francuską. **$$**

Ceny

Kategorie odnoszą się do ceny posiłku dla jednej osoby bez napojów:
$$$ – powyżej 250 pesos
$$ – 130–250 pesos
$ – poniżej 130 pesos

ESTADO DE MÉXICO

Toluca
La Cabaña Suiza
Paseo Tollocán, 63. km
tel. 722-216 7800
Doskonałe jedzenie i mnóstwo atrakcji dla dzieci. **$$**

La Vaquita Negra
Portal Reforma 124
tel. 722-215 6847
Słynąca z *tortas de chorizo* (pikantne kiełbaski z dodatkami na chrupiącej bułce). **$$**

GUANAJUATO

Guanajuato
Casa del Conde de la Valenciana
Carr. Gto/Dolores Hidalgo, 5. km
tel. 473-732 2550
Piękny XVIII-wieczny budynek z restauracją i sklepem z rękodziełem. **$$–$$$**

La Casona del Cielo
Pastita 76
tel. 473-731 2000
Własność rodziny słynnego garncarza Gorky'ego Gonzaleza, serwuje kuchnię międzynarodową z meksykańską nutą. **$$**

La Hacienda del Marfil
Arcos de Guadalupe 3,
na przedmieściu Marfil
tel. 473-733 1148
Dawna hacjenda (elegancka, rustykalna restauracja i bar) z tradycyjną francuską i nowoczesną meksykańską kuchnią. **$$–$$$**

San Miguel de Allende
Casa de Sierra Nevada
Hospicio 35
tel. 415-152 0415
Wyśmienite jedzenie w jednym z najsłynniejszych meksykańskich hoteli. **$$$**

El Mesón de San José
Mesones 38
tel. 415-152 3848
Restauracja w ogrodzie; z kuchnią meksykańską, międzynarodową i wegetariańską. **$/$$**

Mama Mía
Umarán 8
tel. 415-152 2063
Kuchnia międzynarodowa i włoska. Muzyka na żywo. **$**

GUERRERO

Acapulco
Betos
Costera Miguel Alemán, Playa Condesa
tel. 744-484 0473
Wyśmienite ryby i homary oraz piękny widok na plażę. **$$**

Carlos and Charlie's
Costera Miguel Alemán 112
tel. 744-484 0039
Przyjemny taras i rozbawiony tłum gości, jak we wszystkich restauracjach tej sieci. **$$–$$$**

Casa Nova
Carr. Escénica 5256
tel. 744-484 6815
Kuchnia z południa Włoch (domowy makaron). W weekendy lepiej zarezerwować stolik. **$$$**

El Amigo Miguel
Benito Juárez 31
tel. 744-483 6981
Ulubiony lokal miejscowych; doskonałe owoce morza i ryby. **$–$$**

El Cabrito
Costera Miguel Alemán 1480,
tuż obok Hard Rock Café
tel. 744-484 7711
Prawdziwa meksykańska atmosfera; specjalnością lokalu jest *cabrito* (koźlę). **$–$$**

Kookaburra
Carr. Escénica Las Brisas
tel. 744-484 1448
Nazwa australijska, ale kuchnia międzynarodowa; smaczne skorupiaki. **$$–$$$**

Madeiras
Przy autostradzie do Las Brisas
tel. 744-484 6921
Piękny widok, stałe ceny i dobre jedzenie. Trzeba dokonać rezerwacji. **$$–$$$**

100% Natural
Costera Miguel Alemán 200
tel. 744-485 3982
Czynna przez całą dobę; kuchnia
wegetariańska, fondue i soki. **$**
Zorrito's
Costera Miguel Alemán i Antón
de Alaminos
tel. 744-485 3735
Specjalnością szefa kuchni jest
pozole, potrawka z wieprzowiny
i kaszy kukurydzianej podawana ze
świeżymi warzywami i przyprawami.
$–$$

Ixtapa i Zihuatanejo
Beccofino
Marina de Ixtapa
tel. 755-553 1770
Świetne dania włoskie z lokalnych
składników; doskonałe ryby i owoce
morza. **$$–$$$**
Casa Elvira
Paseo del Pescador 8, Zihuatanejo
tel. 755-554 2061
Stary i słynny lokal serwujący dania
meksykańskie i owoce morza.
$–$$
Coconuts
Paseo Agustín Ramírez 1
tel. 755-554 2518
Najstarszy budynek w mieście;
doskonałe ryby, owoce morza
i mięso. **$$–$$$**
La Casa Que Canta
W hotelu o tej samej nazwie
w Zihuatanejo
tel. 755-555 7030
Wyśmienite dania inspirowane
kuchnią francuską, podawane
w romantycznym otoczeniu. **$$$**
La Sirena Gorda
Paseo del Pescador 20/A,
Zihuatanejo
tel. 755-554 2687
Dobre śniadania i niezwykłe *tacos*
z owocami morza. **$–$$**
Villa de la Selva
Paseo de la Roca, Ixtapa
tel. 755-553 0462
Dobra międzynarodowa kuchnia,
piękny widok na zachód słońca.
$$$

Taxco
Hostería el Adobe
Plazuela de San Juan 13
tel. 762-2 1416
Oryginalny wystrój i doskonała

kuchnia. Warto poczekać na stolik
przy oknie, by móc obserwować
ruchliwy plac. **$–$$**
Pozolería Tia Calla
Plaza Borda 1
tel. 762-622 5602
Specjalnością lokalu jest *pozole*,
potrawka z wieprzowiny i kaszy
kukurydzianej podawana z sałatą,
rzodkiewkami i przyprawami. **$**
Sr. Costillas
Plaza Borda 1
tel. 762-622 3215
Bezpretensjonalne i wesołe miejsce
przy głównym placu, słynące
z żeberek i kuchni meksykańskiej. **$$**

JALISCO

Guadalajara
Fonda Adobe
Independencia i Francisco
de Miranda, Tlaquepaque
tel. 33-3657 2405
Doskonałe dania meksykańskie
– m.in. różne rodzaje *mole*,
a wszystko przygotowywane
na otwartym palenisku. **$–$$**
Suehiro
La Paz 1701
tel. 33-3825 1880
Wyśmienita kuchnia japońska
w eleganckim otoczeniu. **$$$**
La Valentina
Vallarta i Calle Colonias
tel. 33-3825 2292
Klasyczna kuchnia meksykańska.
$$–$$$

Puerto Vallarta
Archie's Wok
Francisca Rodríguez 130
tel. 322-222 0411
Archie Wok to już nieżyjący osobisty
kucharz reżysera filmowego,
Johna Hustona. Doskonała kuchnia
azjatycka i wiele dań
wegetariańskich. **$$**
Café des Artistes
Guadalupe Sánchez 740, w centrum
tel. 322-222 3228
Kuchnia francuska z nutą
meksykańską. Przygotowanie dań
nadzoruje zwycięzca wielu konkursów,
szef kuchni Thierry Blouet. **$$$**
Chef Roger
Basilio Badillo 180, w centrum
tel. 322-222 5900

Szwajcarski właściciel i zarazem szef
kuchni potrafi łączyć europejskie
przepisy z meksykańskimi
składnikami. **$$–$$$**
Don Pedro's
Miejska plaża Sayulita, na północ
od Puerto Vallarty
tel. 322-275 0229
Ogromna *palapa* oferująca
różnorodne dania z ryb, owoców
morza i drobiu. Warto się
pofatygować. **$$**

MICHOACÁN

Morelia
Fonda Las Mercedes
León Guzmán 47
tel. 443-312 6113
Odrestaurowana kolonialna
rezydencja; w menu zupy, naleśniki
i makarony. **$$**
San Miguelito
Chopin 45
tel. 443-324 4441
Restauracja, bar i targ w jednym.
Piękne dekoracje i smaczne
jedzenie. Prawie wszystkie elementy
wystroju są na sprzedaż. **$$–$$$**

MORELOS

Cuernavaca
Las Mañanitas
Ricardo Linares 107
tel. 777-314 1466
Wyjątkowy lokal w ogrodzie, jeden
z najlepszych w kraju. **$$$**
La India Bonita
Morrow 106/B
tel. 777-312 5021
Znana z autentycznej kuchni
meksykańskiej. **$$**

Kawa

W dużych miastach powstaje
coraz więcej kawiarni.
Na prowincji serwuje się kawę
rozpuszczalną; *café de olla* to
kawa z cukrem i cynamonem,
a *café con leche* – kawa z dużą
ilością mleka. Można się również
napić kawy z mlekiem
podawanym osobno, zamawiając
café americano.

La Strada
Salazar 38
tel. 777-318 6085
Smaczna kuchnia włoska
serwowana na przyjemnym patio. **$$**

Tepoztlán
Casa Piñón
Revolución 42
tel. 739-395 2052
Restauracja na powietrzu z kuchnią
francuską doprawioną nutą
meksykańską. **$$**
El Ciruelo
Zaragoza 17
tel. 739-395 1202
Kuchnia meksykańska
i międzynarodowa serwowana
na patio. **$$**
Luna Mextli
Revolución 6
tel. 739-395 1114
Posmak cyganerii, smaczne
jedzenie. **$–$$**

NAYARIT

San Blas
Garza Canela
Paredes Sur 106
tel. 323-285 0307
Elegancka restauracja z dobrą
międzynarodową kuchnią. **$$**
McDonald's
Calle Juárez 36
Dobra restauracja (niepowiązana
z siecią fast food), jedną ulicę
na zachód od głównego placu.
Wołowina, ryby, homary, krewetki
w stylu meksykańskim, *tacos*
i *enchiladas*. Popularne miejsce
spotkań *gringos* (cudzoziemców)
mieszkających w Meksyku. **$**

NUEVO LEÓN

Monterrey
El Tío
Hidalgo 1746 Pte i México,
Col. Obispado
tel. 81-8346 0291
Słynie ze steków z grilla, *cabrito*
(koźlęcia) i innych dań kuchni
meksykańskiej. **$$**
Luisiana
Av. Hidalgo 530 Ote
tel. 81-8343 1561

Popularny lokal w centrum
handlowym przy Hidalgo Plaza,
w pobliżu Ancira. Elegancki,
nowoczesny wystrój,
międzynarodowa kuchnia (dziczyzna,
owoce morza) i świetna obsługa. **$$$**
Regio
Av. Gonzalitos y Insurgentes
tel. 81-8346 8650
Jedna z sieci dobrych restauracji,
otwarta do późna i słynąca
ze smacznych steków z grilla
i *cabrito* (koźlę). **$$**
Señor Natural
Mitras
tel. 81-8378 4815
Bogaty wybór zdrowej żywności,
w tym sałatki owocowe, jogurty,
muesli, naturalne soki i smaczne
dania z soi. **$**

OAXACA

Huatulco
Avalos
Bahía Santa Cruz
tel. 958-587 0128
Lokal przy plaży, znany również
pod nazwą Doña Celia, oferuje
świeże owoce morza. **$–$$**
Casa del Mar
Balcones de Tangolunda 13
tel. 958-581 0203
Dobra kuchnia międzynarodowa
i meksykańska; atrakcyjne widoki.
$$–$$$
Il Giardino del Papa
Flamboyant 204, La Crucesita
tel. 958-587 1763
Wyborna kuchnia włoska. **$$–$$$**
María Sabinas
La Crucecita, przy placu
tel. 958-587 1039
Nazwa restauracji pochodzi
od nazwiska szamanki z lat 60. XX w.
Serwuje dobre ryby i steki. **$–$$**

Oaxaca
El Asador Vasco
Portal de Flores 11
tel. 951-514 4755
Na piętrze budynku naprzeciw
głównego placu; specjalizuje się
m.in. w kuchni z kraju Basków. Warto
zarezerwować stolik w pierwszym
rzędzie na tarasie – widok
zrekompensuje fatalną obsługę.
$$–$$$

El Refectorio
Camino Real Hotel,
Cinco de Mayo 300
tel. 951-516 0611
Smaczne dania kuchni regionalnej
i międzynarodowej. W sobotnie
wieczory doskonały bufet. **$$–$$$**
Flamanalli
Av. Juárez 39, Teotitlán del Valle
tel. 951-562 0255
Śliczna rustykalna restauracja
z kuchnią Zapoteków (ceny
przesadzone), dodatkowo
sprzedająca ręcznie tkane
dywany. **$$**
La Asunción
Hostal de la Noria Hotel
tel. 951-514 7844
Pięknie podane dania kuchni
z Oaxaki. **$–$$**
La Casita
Av. Hidalgo 612
tel. 951-516 2917
Krąży opinia, że można tu zjeść
najlepsze regionalne potrawy
w mieście. **$**
Los Jorge
Pino Suárez 806
tel. 951-513 4308
Rewelacyjne ryby i owoce morza.
Prawdziwa okazja. **$–$$**

Puerto Escondido
Banana's
Av. Pérez Gazga
tel. 954-582 0005
Lokal przy plaży; dobra kuchnia
meksykańska i włoska. **$$**
Santa Fé
Calle del Morro
tel. 958-2 0170
Lokal w hotelu Santa Fé, z pięknym
widokiem. Doskonałe dania
meksykańskie, wegetariańskie,
z owoców morza i kurcząt. **$–$$**

PUEBLA

Puebla
Fonda de Santa Clara
3 Poniente 307
tel. 222-242 2659
Tradycyjne potrawy, np. *chiles
en nogada* (zielona papryka chili
nadziewana mięsem, owocami
i przyprawami, w sosie z orzechów
włoskich, śmietany i pestek granatu).
$–$$

Las Bodegas del Molino
Molino de San José del Puente
tel. 222-249 0399
Doskonały lokal w pięknie
odnowionej XVI-wiecznej hacjendie.
$$$

QUERÉTARO

Querétaro
Josecho's
Dalia 1, obok Plaza de Toros
Santa María
tel. 442-216 0229
Obfite porcje steków i owoców
morza. **$$**
La Mariposa
A Peralta 7
tel. 442-212 1166
Lokal z tradycjami; smaczne
meksykańskie jedzenie. **$–$$**

QUINTANA ROO

Cancún
Casa Rolandi
Blvd Kukulcán 8. km,
centrum handlowe Plaza Caracol,
strefa hotelowa
tel. 998-883 2557
Wesoła atmosfera, włoskie
i szwajcarskie specjały. **$$**
La Habichuela
Margaritas 25
tel. 998-884 3158
Słynny lokal z romantycznym
wystrojem; kuchnia regionalna
i międzynarodowa. **$$**
La Joya
Fiesta American Coral Beach,
strefa hotelowa
tel. 998-881 3200
Jedna z najlepszych w mieście;
świetna kuchnia lokalna
i międzynarodowa. **$$$**
Los Almendros
Av. Bonampak Sur 60; na rogu Sayil
tel. 998-884 0942
W centrum; dania jukatańskie,
np. zupa z limonki i *cochinita pibil*. **$**
Luz de Luna
Blvd Kukulcán,
przy Marina del Rey
tel. 998-885 0257
Doskonała kuchnia meksykańska
w hacjendzie z widokiem na lagunę.
$$–$$$

100% Natural
Plaza Terramar, strefa hotelowa
tel. 998-883 1180
Zdrowa żywność przez całą dobę;
przyjemna atmosfera. **$**
Yamamoto
Uxmal 31, tel. 998-887 3366
Tradycyjna kuchnia japońska. **$$**

Cobá
El Bocadito
Przy głównej ulicy; popularna wśród
grup turystycznych. **$**
Villa Arqueológica
W pobliżu wejścia do ruin
tel. 987-874 2087
Wyrafinowana celtycka atmosfera
i kuchnia; również dania
jukatańskie. **$–$$**

Cozumel
El Arrecife
Hotel Presidente Inter-Continental
tel. 987-872 0322
Specjały włoskie
i śródziemnomorskie; widok
na ocean. **$$–$$$**
La Choza
Calle R. Salas 198 i Av. 10 Norte
tel. 987-872 0958
Jedna z najlepszych restauracji
serwująca domowe posiłki. **$$**
Las Palmeras
Av. Juárez i Av. Rafael Melgar
tel. 987-872 0532
Świetne miejsce, by dobrze zjeść
i popatrzeć na przechodniów. **$$**
Prima
Calle Rosado Salas 109
tel. 987-872 4242
Trattoria serwująca pizzę i dania
z północy Włoch. **$–$$**

Isla Mujeres
María's Kan Kin
Carr. al Garrafón, 4. km
tel. 998-877 0015
Palapa (chata na plaży) z kuchnią
francuską. Żywe homary do wyboru.
$$–$$$
Mirtita
Przy Av. Rueda Medina, naprzeciw
przystani promowej
Ulubiony lokal miejscowych
z kuchnią jukatańską i owocami
morza. **$**
Pizza Rolandi
Hidalgo, pomiędzy Abasolo i Madero
tel. 998-877 0430

Wesoła atmosfera, pizza i inne
włoskie dania. **$–$$**
Zazil-Ha
Hotel Na-Balam
tel. 998-877 0279
Specjały regionalne, owoce morza,
dania wegetariańskie, plażowa
sceneria i sprawna obsługa.
$$–$$$

Playa del Carmen
Blue Lobster
Av. 5
tel. 984-873 1360
Dobre makarony i owoce morza. **$$$**
Da Gabi
Av. 1
tel. 984-873 0048
Włoska restauracja wysokiej klasy
w hotelu o tej samej nazwie. **$$**
La Otra Cordobeza
Puerto Morelos
Proste, ale dobre lokalne
jedzenie. Lokal nie honoruje
kart kredytowych. **$**

Tulum
Casa Cenote
Przy drodze gruntowej odchodzącej
od autostrady nr 307, pomiędzy
Xel-Há i Tulum.
Wyjątkowo dobry lokal niedaleko
cenote. Wyborne *fajitas* i kebab
z owoców morza. **$$**
Cabañas Ana y José
Przy żwirowej drodze odchodzącej
od autostrady nr 307, między
wejściem do ruin i miastem.
tel. 984-887 5470
Jedna z najlepszych lokalnych
restauracji. **$$**

SINALOA

Mazatlán
Angelo's
Hotel Pueblo Bonito
tel. 623-914 3700

Ceny

Kategorie odnoszą się do ceny
posiłku dla jednej osoby bez
napojów:
$$$ – powyżej 250 pesos
$$ – 130–250 pesos
$ – poniżej 130 pesos

Najlepszy lokal w mieście; doskonałe jedzenie i piękny wystrój. **$$–$$$**
Doña Dona
Av. Camarón Sábalo, naprzeciw Holiday Inn
tel. 623-914 2200
Kafejka w amerykańskim stylu (pączki i kawa), dobre śniadania. **$**
El Tunel
Carvajal, w centrum naprzeciw teatru Angela Peralta.
Oryginalne dania regionalne. **$**
Jungle Juice
Av. de las Garzas 102
tel. 623-913 3315
Restauracja, bar, sala taneczna, świetne dania mięsne i owoce morza w umiarkowanych cenach. **$–$$**
Papagayo
Gospoda w hotelu Mazatlán
tel. 623-913 5500
Dobra kuchnia międzynarodowa i meksykańska w romantycznej nadmorskiej scenerii. **$$–$$$**
Pastelería Panamá
Av. Camarón Sábalo i Av. de las Garzas
tel. 623-913 6977
Smaczne jedzenie; doskonałe ciastka. **$**
Sr Pepper
Av. Camarón Sábalo, naprzeciw hotelu Camino Real
tel. 623-914 0101
Wyśmienite steki, homary i krewetki. **$$$**
Vittore
Rodolfo T. Loaiza 100
tel. 623-986 2424
Włoski grill; doskonałe makarony. Sala i taras. **$$**

SONORA

Guaymas
Baja Mar
Av. Serdán i Calle 17
tel. 622-224 0225

Ceny

Kategorie odnoszą się do ceny posiłku dla jednej osoby bez napojów:
$$$ – powyżej 250 pesos
$$ – 130–250 pesos
$ – poniżej 130 pesos

W centrum; świetne owoce morza, doskonałe zupy z małży i ryb. **$–$$**

Kino Bay
El Pargo Rojo
Av. del Mar 1426, naprzeciw plaży
tel. 622-222 0205
Dobre steki i owoce morza. **$–$$**
Kino Bay
Przy plaży
tel. 622-222 0049
Jedno z niewielu miejsc, gdzie można zjeść śniadanie. Miła atmosfera i meksykańska kuchnia. **$**

San Carlos
Jax Snax
Carr. San Carlos
tel. 622-226 0270
Dobry fast food i nie tylko. **$**
Rosa's Cantina
Carr. San Carlos.
Spokojne miejsce, popularne wśród młodzieży; w karcie *cabrito* (koźlę), steki i *enchiladas*. Tablica ogłoszeń. **$**

TABASCO

Villahermosa
Los Tulipanes
Centrum Kultury Carlosa Pellicera Cámary
tel. 993-312 9209
Świetna okazja na spróbowanie doskonałej lokalnej kuchni. **$$$**

TAMAULIPAS

Tampico
Diligencias
H. del Cañonero i López de Lara, ulica za Plaza de la Libertad
tel. 833-213 7642
Bez wątpienia najlepsze owoce morza w mieście. **$–$$**

VERACRUZ

Catemaco
La Finca
Costera del Golfo, 147. km
tel. 294-943 0322
Jeden z najlepszych lokali w mieście. **$**
Los Sauces
Paseo del Malecón
tel. 294-943 0548

Restauracja rybna nad jeziorem; doskonały *mojarra* (okoń z jeziora Catemaco). **$**

Coatepec
Casa Bonilla
Juárez i Cuauhtémoc
tel. 228-816 0374
Lokal słynący z *langoustine* (gatunek pośredni między krewetką a langustą). Warto nadłożyć drogi. **$–$$**
El Tío Yeyo
Santos Degollado 4
tel. 228-816 3645
Lokalne specjały, z pstrągiem na 21 sposobów na czele. **$–$$**

Santiago Tuxtla
El Trapiche de Ximagambazca
Carr. Costera del Golfo, 114. km, Popotepec
Świetna przydrożna restauracja pomiędzy Alvorado i Santiago Tuxtla. Doskonałe wędzone mięsa. **$**

Tuxpan
Posada Don Antonio's
Av. Juárez & Garizurieta, obok hotelu Reforma
tel. 783-834 1602
Wyborne dania z ryb i wspaniała potrawka ze skorupiaków. **$$**

Veracruz
El Gaucho
Colón 642
tel. 229-935 0411
Steakhouse w stylu argentyńskim; słynie ze steków i makaronów. **$$–$$$**
Gran Café del Portal
Independencia i Zamora
tel. 229-931 2759
Kawiarnia i restauracja w stylu retro. Niegdyś siedziba Café de la Parroquia. **$**
La Fuente de Mariscos
Hernán Cortés 1524
tel. 229-938 2412
Mekka miłośników owoców morza. **$$**
La Parroquia
Gómez Farias 34, przy Malecón
tel. 229-935 0411
Otwarta w 1810 r. Zgodnie z lokalnym powiedzeniem, jeśli ktoś nie zamówił tutaj *lechero* (mocna kawa z mlekiem podawana

w wysokiej szklance), nie był
w Veracruz. Ta kawiarnia to wręcz
narodowa instytucja. **$**
Villa Rica
Plaża Mocambo
tel. 229-922 2113
Najlepsze owoce morza w mieście.
$–$$

Jalapa
La Casa de Mamá
Avila Camacho 113
tel. 228-817 6232
Niezwykle popularna restauracja,
słynąca z dań rybnych, krewetek,
steków i pysznych deserów. **$$**
Churrería del Recuerdo
Guadalupe Victoria 158
tel. 228-818 1678
Otwarta tylko wieczorami; serwuje
doskonałą meksykańską kuchnię.
Nie podaje się alkoholu. **$**

JUKATAN

Chichén Itzá
Hotel Hacienda Chichén/Itzá
Nieopodal południowego
wejścia do ruin
tel. 999-851 0045
Urocze miejsce, w którym bywali
pierwsi XX-wieczni archeolodzy. **$$**
Hotel Mayaland
Tuż przy południowym wejściu
do ruin, obok hotelu Hacienda
Chichén.
tel. 999-851 0077
Trzy restauracje w pełnym
dostojeństwa hotelu. **$$**

Mérida
Alberto's Continental Patio
Calle 64 i Calle 57
tel. 999-928 5367
Eleganckie wieczory z kuchnią
libańską i międzynarodową. **$$**
Café Peón Contreras
Calle 60 Nr 490, naprzeciw Parque
de la Madre. Atrakcyjny wystrój retro
i umiarkowane ceny. Stoliki wewnątrz
i na chodniku. **$–$$**
Hacienda Xcanatun
Carretera Mérida/Progreso, 12. km
tel. 999-941 0273
Doskonale odrestaurowana
hacjenda, wyśmienite dania
regionalne i międzynarodowe.
$$–$$$

Los Almendros
Calle 50 Nr 493,
pomiędzy Calles 57 i 59
tel. 999-928 5459
Tradycyjne jukatańskie specjały. **$$**
Santa Lucía
Calle 60 Nr 481,
przy parku Santa Lucía
tel. 999-928 5957
Pełne czterodaniowe posiłki. **$**

Uxmal
Hotel Hacienda Uxmal
Carr. 26, 80. km, naprzeciw ruin
tel. 997-976 2013
Kilka restauracji w 4-gwiazdkowym
hotelu, dawnej siedzibie
archeologów. **$$**

Valladolid
El Mesón del Marqués
Calle 39 Nr 203
tel. 985-856 2073
Niedawno odrestaurowana
restauracja przy głównym placu,
obok hotelu del Marqués, serwuje
dania meksykańskie i jukatańskie.
$$
Hotel María de la Luz
Calle 42 Nr 195
tel. 985-856 1181
Popularna wśród miejscowych;
dobra kuchnia meksykańska
i jukatańska. Z okien można
obserwować uliczne
przedstawienia. **$**

Bary

Poza barami hotelowymi
i miejskimi lokalami
o międzynarodowym charakterze
są również bary typowo
meksykańskie. *Pulquerías* to
specyficzne lokale przywodzące
na myśl nieformalne kluby tylko
dla mężczyzn, gdzie pije się
pulque. Obcy nie są tu mile
widziani, lecz jeśli ktoś ma
meksykańskiego znajomego,
może go poprosić o wspólne
wyjście. Kobiety właściwie nie
mają wstępu do *pulquerías*,
z wyjątkiem specjalnych barów
dla pań, a jeśli uda im się mimo
wszystko wejść, mogą się
spotkać z niepożądanym
zainteresowaniem.

ZACATECAS

Zacatecas
Gorditas Doña Julia
Av. Hidalgo 409
tel. 492-922 7109
Stary i znany lokal; smaczna kuchnia
regionalna. **$–$$**
La Cuija
Mercado González Ortega
tel. 492-922 8275
Doskonałe miejscowe specjały.
$–$$
Quinta Real
González Ortega, przy akwedukcie
tel. 492-922 9104
Piękny lokal z kuchnią
kontynentalną. **$$–$$$**

Napoje

Meksykanie piją dużo alkoholu
z różnych okazji, ale nie nadużywają
napojów wyskokowych na co dzień.

Piwo
Zimne piwo jest powszechnym
dodatkiem do *comidas* (potraw)
spożywanych popołudniami. Lepiej
przyswoić sobie ten zwyczaj, jako że
napój stanowi istotne uzupełnienie
smaku meksykańskich dań,
a przede wszystkim łagodzi ostrość
chili. Lokalny sposób picia piwa
z puszki (np. Tecate) polega
na wciśnięciu do piwa soku z limonki
i posypaniu wieczka solą. Najlepsze
ciemne gatunki to: Bohemia, Negra,
Modelo, Dos Equis, Noche Buena
i Negra León, a jasne to Carta
Blanca, Corona, Sol, Victoria
i Dos Equis.

Wina i mocne alkohole
Meksykanie rzadko piją wino, choć
w niektórych okolicach winorośl jest
uprawiana.
  Wśród mocnych alkoholi
największą (i zasłużoną) sławą
cieszy się tequila, produkowana
z różnych odmian agawy. *Pulque*
powinien spróbować każdy turysta.
Napój pije się natychmiast
po sfermentowaniu, gdyż
butelkowanie lub wtłaczanie
do puszek niszczy jego walory
smakowe. Jeśli nie zostanie
rozcieńczony, zachowuje
właściwości odżywcze.

Napoje bezalkoholowe

Wybór napojów bezalkoholowych jest bardzo bogaty; wśród *refrescos* wartych spróbowania są jabłkowy Sidral i wieloowocowa Sangria. *Jugo* (sok) można pić nierozcieńczony lub z dużą ilością wody, jako *agua fresca.*

Licuados, czyli koktajle, przyrządza się z czekolady lub owoców lub wody albo mleka z dodatkiem surowego jajka. Popularny jest *licuado de coco* (z orzechów kokosowych), ale jeśli ktoś chce skosztować autentycznego meksykańskiego koktajlu, powinien zamówić *atole* – mąkę kukurydzianą zmieszaną z wodą (musi być przegotowana) albo mlekiem, cukrem i dodatkami (czekolada, wanilia, truskawki) – lub *horchata* – zmielony ryż i cynamon z wodą. Innym popularnym napojem jest czekolada.

Kultura

Kalendarz świąt

Poniższa lista obejmuje niektóre z setek meksykańskich fiest i jarmarków.

Styczeń

Styczeń: *jarmark regionalny* w Léon w stanie Guanajuato; jeden z największych w Meksyku.
6: *Día de los Santos Reyes*, święto Trzech Króli; tego dnia dzieci dostają bożonarodzeniowe prezenty.
17: *Día de San Antonio Abad*, święcenie zwierząt w kościołach parafialnych.
18: *Fiesta de Santa Prisca*, w Taxco w stanie Guerrero.
20: *Fiesta de San Sebastián*, w Chiapa de Corzo w stanie Chiapas i w Léon w stanie Guanajuato.

Luty

Luty lub marzec: *Carnaval* w tygodniu przed rozpoczęciem Wielkiego Postu, głównie w Acapulco w stanie Guerrero, Mazatlánie w stanie Sinaloa, Méridzie w stanie Jukatan, Huejotzingo w stanie Puebla, Tepoztlánie w stanie Morelos i w stanie Veracruz; uliczne parady, ruchome platformy z żywymi obrazami i tańce.
2: *Candelaria*, święto Matki Boskiej Gromnicznej; obchodzone zwłaszcza w Tlacotalpanie w stanie Veracruz.
5: *Jarmark* w Zitácuaro w stanie Michoacán.
21: *Święto zrównania dnia z nocą* w Chichén Itzá.

Marzec

Marzec lub kwiecień: *Xochimilco* (wybory królowej festiwalu, zwykle tydzień przed Wielkanocą); *Semana Santa* (Wielki Tydzień).
19: *Día de San José*, święto patrona San José del Cabo na Półwyspie

Kalifornijskim. Uliczne zabawy z tańcami, pokazami sztucznych ogni, walkami kogutów, wyścigami konnymi i straganami z jedzeniem.

Kwiecień

Kwiecień–maj: narodowy jarmark *San Marcos* w Aguascalientes.
Kwiecień lub maj: *Festiwal Kwiatów* w mieście Cuernavaca w stanie Morelos.
Kwiecień: *Festival del Centro Histórico*, trzytygodniowe wydarzenie kulturalne na starówce w mieście Meksyku.
5: *Jarmark* w Ticul w stanie Jukatan.
25: Jarmark *San Marcos* w Tuxtli Gutiérrez w stanie Chiapas.
29: *Jarmark* w Puebli (do końca maja).

Maj

1: *Jarmark* w Morelii w stanie Michoacán.
3: *Dzień Krzyża* w Valle de Bravo.
Maj lub czerwiec: *Boże Ciało* w Papantli w stanie Veracruz; przedstawienia *voladores de Papantla.*
5: *Cinco de Mayo* (5 maja): święto narodowe upamiętniające zwycięstwo nad armią francuską w 1862 r.
15: *Santa Rita* (św. Rity) w stanie Chihuahua; wspaniały festiwal.
20: *Festiwal Hamaków* w Tecoh w stanie Jukatan.
31: *Jarmark rzemiosła* w Tehuántepec w stanie Oaxaca.

Czerwiec

1: *Día de la Marina* (Dzień Marynarki); święto narodowe.
13: *Jarmark* w Uruapanie w stanie Michoacán.
29: *Día de San Pedro y San Pablo* (św. św. Piotra i Pawła). Uliczna fiesta w Tlaquepaque w stanie Guadalajara.

Lipiec

7: *Jarmark* w Comitán w stanie Chiapas.
14: *Święto Matki Boskiej z Carmen*; festiwale w Catemaco, Veracruz i Ciudad del Carmen w stanie Campeche.
Ostatnie dwa poniedziałki lipca:
Lunes del Cerro, *Guelaguetza*,

festiwal Indian w stanie Oaxaca.
25: *Día de Santiago* w Tuxtli w stanie
Veracruz.

Sierpień
W sierpniu: *Międzynarodowe Zawody
Surfingowe* w Puerto Escondido
w stanie Oaxaca; *Festiwal Wina
Doliny Guadalupe*; doroczne regaty
w Todos Santos (na południe
od Ensenady).
1: *Jarmark* w Saltillo w stanie
Coahuila.
8: *Jarmark* w Méridzie w stanie
Jukatan.
15: *Wniebowzięcie Najświętszej Marii
Panny.* Fiesty w wielu miastach,
głównie w Huamantli w stanie
Tlaxcala.
Jarmark miedzi w Santa Clara
del Cobre w stanie Michoacán.
Sierpień–wrzesień: *Festiwal
La Morisma* i *jarmark stanowy*
w Zacatecas.

Wrzesień
We wrześniu: 80-kilometrowy wyścig
rowerowy *Rosarito–Ensenada.*
Przemówienie prezydenta do narodu.
1–8: *Jarmark* w Tepoztlánie w stanie
Morelos.
4: *Fiesty* w Santa Rosalía i Mulegé.
8: *La Virgen de Loreto* (Najświętszej
Dziewicy z Loreto). Procesje
na ulicach wielu miast.
12: *Jarmark owoców morza*
w Ensenadzie.
14: *Dzień Charro.*
15–16: *Dzień Niepodległości*; święto
narodowe.
21: *Równonoc* w Chichén Itzá.
29: *Día de San Miguel* (św. Michała).
Fiesta następnej soboty w San
Miguel de Allende.

Październik
W październiku: *Festiwal Homarów
i Wina* w Rosarito; *Festiwal
Cervantesa* w Guanajuato; *jarmark
mole* w Milpa Alpa, dzielnicy miasta
Meksyku.
4: *Día de San Francisco de Assisi*
(św. Franciszka z Asyżu); *jarmark
hodowców kawy* w Cuetzalánie
w stanie Puebla; *jarmark* w Pachuce
w stanie Hidalgo.
12: *Día de La Virgen de Zapopan*
(Najświętszej Dziewicy z Zapopanu).
Początek całomiesięcznego jarmarku

w Guadalajarze. *Día de la Raza*
(Dzień Kolumba).

Listopad
1–2: *Dzień Wszystkich Świętych*
i *Día de los Muertos* (Dzień
Zmarłych). Czuwanie
na cmentarzach w Janitzio w stanie
Michoacán i procesja w San Andrés
Mixquic w mieście Meksyku.
20: *Święto narodowe* dla uczczenia
rewolucji z 1910 r.
Listopad–grudzień: *jarmark srebra*
w Taxco w stanie Guerrero.

Grudzień
1: *Jarmark* w Compostela w stanie
Nayarit.
12: *Día de Nuestra Señora
de Guadalupe* (Matki Boskiej
z Guadalupe). Liczne pielgrzymki
do La Villa, kościoła w mieście
Meksyku.
18: *Día de Nuestra Señora
de la Soledad* (Matki Boskiej
Samotnych). Jarmark w Oaxace.
23: *Noche de Rábanos*
(Noc Rzodkiewek) w Oaxace.

Życie nocne

Miasto Meksyk

Życie nocne w mieście Meksyku
koncentruje się w dzielnicy Zona
Rosa. Poniżej uwzględniono wybrane
bary, kluby i miejsca, w których
można posłuchać muzyki:
- **Acanto**, park Chapultepec,
  2a Seccíon; tel. 55-5515 9587.
  Modny lokal nad jeziorem.
- **Area**, Presidente Masaryk 201,
  hotel Habita. Taras na najwyższym
  piętrze, z kominkiem.
- **Bar León**, República de Brasil 5;
  tel. 55-5510 3093. Muzyka
  z tropików na żywo.
- **La Boom**, Rodolfo Gaona 3;
  tel. 55-5580 6473. Ogromna,
  pełna życia dyskoteka.
- **Mesón Triana**, Oaxaca 90;
  tel. 55-5525 3880. Pokazy
  flamenco i tańców latynoskich.
- **Pervert Lounge**, Uruguay 2,
  centrum; tel. 55-5510 4454.
  Muzyka i wystrój inspirowane
  latami 60. XX w.
- **El Pop**, Cinco de Mayo 7;
  tel. 55-5518 0660.
  Dyskoteka z różnorodną muzyką.

Półwysep Jukatan

Poza stolicą nocą najweselej bywa
na półwyspie Jukatan. Dwa główne
ośrodki nocnych rozrywek to Cancún
(krzykliwy) i Mérida (bardziej
kulturalna).

CAMPECHE

Campeche to dość prowincjonalne
miasto i dlatego nocne rozrywki
są tu raczej ograniczone.

Dyskoteki
Disco Atlantis, hotel Del Mar, Av. Ruiz
Cortines 51; **El Olones**,

hotel Baluartes, Av. Ruíz Cortínes i Calle 61 (pt. i sb.).

Warto zapytać w hotelu o daty i godziny przedstawień tanecznych i koncertów muzyki ludowej na miejskich placach.

CANCÚN

Nocne rozrywki są drogie (należy być przygotowanym zwłaszcza na dodatkowe opłaty), ale nikt nie będzie się nudzić.

Bary/restauracje

W centrum Cancúnu można potańczyć w restauracjach: **Carlos „n" Charlie's** przy Blvd Kukulcán od strony laguny, obok hotelu Calinda Beach (tel. 998-849 4124) i **Señor Frog's** przy Blvd Kukulcán, obok hotelu Casa Maya (tel. 998-883 1092).

Połączenie kolacji i rejsu statkiem oferują: **Columbus** (tel. 998-883 1488) – restauracja na łodzi przypominającej galeon; **Lobster Sunset Cruise** (tel. 998-883 0400) i **Pirate's Night Adventure** (tel. 998-883 1488).

Pokazy

Cantos y Danzas de México, Teatro de Cancún (tel. 998-849 4848). Muzyka meksykańska i tańce ludowe w wykonaniu najlepszych regionalnych artystów (w niedziele nieczynne). W Centro de Convenciones (tel. 998-881 0400) można przy kolacji zachwycać się ludowymi tańcami.

Dyskoteki

Coco Bongo, Forum by the Sea (tel. 998-883 5061); **Daddy'O**, Blvd Kukulcán, 9,5. km (tel. 998-883 3333); **Dady Rock** tuż obok (tel. 998-883 3333); **Hard Rock Café**, Forum by the Sea (tel. 998-881 8120); **La Boom**, Blvd Kukulcán, 3,5. km (tel. 998-849 7593).

Muzyka

Jazz: Casis Bar, hotel Hyatt Cancún Caribe, Blvd Kukulcán, 10,5. km; **Pat O'Brien's**, Flamingo Plaza,

Muzyka i taniec w mieście Meksyku

Głównym centrum muzyki i tańca w stolicy jest **Palacio de Bellas Artes** przy Eje Central Lázaro Cárdenas na wschodnim skraju Alamedy. W środy i niedziele wieczorem oraz niedzielne poranki można obejrzeć meksykańskie tańce w wykonaniu

Ballet Folklórico de México. Często odbywają się spektakle baletu klasycznego i nowoczesnego oraz koncerty operowe i muzyki poważnej.

Bilety można kupić w kasie (rezerwacja osobista) lub **biurze biletowym** (tel. 55-5325 9000).

Blvd Kukulcán, 11. km (tel. 998-883 0418). Filia słynnego nowoorleańskiego baru – w jednej sali można posłuchć jazzu, a w pozostałych dwóch rocka i country. Muzyka na żywo od 19.00. **Romantyczna muzyka taneczna: The Touch of Class**, Centro de Convenciones, Blvd Kukulcán, 9. km (tel. 998-883 2880). **Salsa i inne latynoskie tańce: Azúcar** obok hotelu Camino Real w Punta Cancún (tel. 998-848 7000); **Batachá Tropical**, hotel Miramar Misión, Blvd Kukulcán, 9,5. km (tel. 998-883 1755).

Muzyka na żywo rozbrzmiewa również w hotelowych barach: meksykańska wieczorami w **Camino Real Cancún**, Blvd Kukulcán w Punta Cancún; spokojne melodie w **Fiesta Americana Coral Beach**, Blvd Kukulcán, 9,5. km; latynoskie rytmy w **Meliá Cancún**, Blvd Kukulcán, 14. km; *mariachi* w **Marriott Casamagna**, Blvd Kukulcán, 20. km; meksykańskie tria w **Sierra Cancún**, Blvd Kukulcán, 10. km.

Centrum rozrywki

Party Center, Blvd Kukulcán, 9. km. Kompleks sklepów otwartych do 22.00; w restauracjach i nocnych klubach można się bawić do 4.00 lub 5.00 nad ranem.

COZUMEL

Na Cozumel turyści są bardziej zainteresowani sportami wodnymi, zwłaszcza nurkowaniem, niż rozrywkami, więc życie nocne jest tutaj ograniczone.

Bary/restauracje

Carlos „n" Charlie's, Av. Rafael Melgar 11; **Sports Page**, Av. 5 Norte and Calle 2 – można tu nieźle zjeść i obejrzeć telewizyjne transmisje wydarzeń sportowych.

Dyskoteki

Neptuno, Av. Rafael Melgar (tel. 987-872 1537); **Hard Rock Café**, Av. Rafael Melgar 2/A (tel. 987-872 5271).

ISLA MUJERES

Wyspa przyciąga turystów szukających spokoju, dlatego rozrywki inne niż zabawy na plaży są tu bardziej ograniczone niż w Cancún.

Można odwiedzić bar w hotelu **Na-Balam**, El Pingüino w hotelu **Posada del Mar** lub młodzieżowy **Koko Nuts**.

MERIDA

Co wieczór odbywają się w mieście bezpłatne przedstawienia. Poniżej program publikowany w „Yucatán Today":

Poniedziałek: regionalna *vaquería* (rodeo) z typowymi tańcami; o 21.00 w Palacio Municipal na głównym placu.

Wtorek: muzyka lat 40. – koncert z przebojami Glenna Millera i Benny'ego Goodmana; od 21.00 w parku Santiago przed kinem Rex.

Środa: koncerty na instrumenty skrzypcowe i pianino; w Casa de Artesanías przy Calle 63, pomiędzy calles 64 i 66, od 21.00.

Czwartek: serenady w parku Santa Lucía (Calle 60 na rogu Calle 55), jukatańskie stroje, tańce, muzyka i folklor; od 21.00.

Piątek: serenady w wykonaniu studentów Universidad de Yucatán; pomiędzy Calle 60 i Calle 57; od 21.00.

Sobota: fiesta na Paseo Montejo; od 19.00.

Niedziela: ulice wokół głównego placu są zamknięte dla ruchu samochodowego od 9.00 do 21.00. Występy teatrów ulicznych.

Dyskoteki i kluby nocne

La Hach w hotelu Fiesta Americana, Paseo de Montejo i Av. Colón (tel. 999-942 1111); **Pancho's**, Calle 59, między calles 60 i 62 (tel. 999-923 0942).

Kino

Najbardziej znane filmy meksykańskie ostatnich lat to *Pewnego razu w Meksyku* w reżyserii Roberta Rodrigueza z Antoniem Banderasem, *Danzón* Marii Novaro, *Przepiórki w płatkach róży* Alfonsa Arau – adaptacja powieści Laury Esquivel, oraz *Amores Perros* Alejandra Gonzáleza Iñárittu – pierwsza meksykańska produkcja nominowana do Oscara.

W pobliżu miejskich centrów handlowych powstaje coraz więcej multipleksów. W mieście Meksyku warto odwiedzić państwową Cineteca Nacional (przy stacji metra Coyoacán). Kina wyświetlające filmy anglojęzyczne (z hiszpańskimi napisami, z wyjątkiem filmów dla dzieci i animowanych) skupiają się przy ulicach Reforma oraz Hamburgo w Zona Rosa.

Sport

Widowiska

Walki byków

Areny, na których odbywają się walki byków, są w wielu meksykańskich miastach, zawsze na Plaza de Toros. Informacji o terminach i biletach udzielają hotele. Ceny biletów zależą od miejsca: *sol* (na słońcu) są tańsze, ale *sombra* (w cieniu) znacznie lepsze.

Piłka nożna

Meksyk dwa razy był gospodarzem mistrzostw świata: w 1970 i 1986 r. Informacje o meczach w niedzielne poranki można uzyskać w hotelu.

Wyścigi konne

Wyścigi odbywają się od 13.45 w soboty i niedziele na **Hipódromo de las Américas** (tel. 55-5387 0600) w mieście Meksyku.

Jai Alai

Popularna w Meksyku gra baskijska – zmagania można obejrzeć w Acapulco pomiędzy grudniem i sierpniem w Jai Alai Acapulco Race & Sports Book przy Costera Miguel Alemán 498 (czw. – nd. od 21.00).

Aktywny wypoczynek

Wędkarstwo

Przepisy i okresy ochronne różnią się w zależności od regionu i pory roku. Pisemnych informacji udziela: **Dirección General de Ordenamiento Pesquero,** Av. Camarón Sábalo esq. Tiburón, 82100 Mazatlán, Sinaloa (tel. 669-913 0907).

Należy wysłać do biura dużą kopertę ze znaczkiem zaadresowaną do siebie, w której zostaną przesłane informacje i regulaminy. Ponadto

Nurkowanie

Meksykańska rafa, druga pod względem długości na świecie (250 km), zaczyna się (lub kończy) w Punta Nizuc na Jukatanie. Ogólnodostępne plaże dają możliwość podziwiania rafy w płytkiej wodzie. Najbardziej popularne miejsca do nurkowania to Cozumel i Isla Mujeres.

można się skontaktować z jednym ze 150 oddziałów Departamento de Pesca. Pozwolenia są wydawane na trzy dni, miesiąc, trzy miesiące i rok.

Sporty wodne

Możliwości uprawiania sportów wodnych są w Meksyku niemal nieograniczone – począwszy od wycieczek statkiem, poprzez windsurfing, nurkowanie.

Spokojne wody w większości strzeżonych hotelowych plaż to idealne miejsce dla początkujących i dzieci. Sprzęt wypożyczają lokalne przystanie jachtowe oraz niektóre hotele.

Zakupy

Co warto kupić

Tylko niewielu turystów potrafi się oprzeć kupowaniu pamiątek, a dla niektórych polowanie na okazje stanowi główny cel wizyty w Meksyku.

W miastach ceny są wyższe niż na prowincji, ale za to można się targować, mimo wywieszek mówiących o *precios fijos*, czyli stałych cenach – wystarczy poprosić o „rabat". Rozmowa ze sprzedawcą powinna zacząć się od pytania o cenę – *¿Cuánto cuesta?*.

Wyroby rękodzielnicze są również sprzedawane w państwowych sklepach, gdzie można polegać na jakości.

Targowiska

Najlepsze i najtańsze wyroby rękodzielnicze i pamiątki można kupić w stolicy na **Artesanías de la Ciudadela** (Ayuntamiento przy Balderas). Asortyment jest ogromny: maski, maty, bluzki, serwetki, wyroby ze srebra, papierowe owoce, zabawki i wyroby skórzane.

Targowisko **San Juan** (niedaleko Ayuntamiento przy Dolores, ul. San Juan de Letrán; należy przejść trzy ulice na południe i skręcić w prawo) zapełniają stragany z rękodziełem. Największym targowiskiem jest **Merced** (metro: La Merced).

Antyki

Próba wywiezienia z Meksyku autentycznych dzieł grozi poważnymi konsekwencjami. Zamiast tego warto kupić śliczne ceramiczne figurki wypalane tradycyjnymi sposobami.

Kilka ulic dalej, na Fray Servando Teresa de Mier przy Rosario jest targowisko **Sonora**, słynące z ziołowych specyfików leczniczych.

Idąc ulicą Rayon, trzy przecznice na północ od Plaza Garibaldi dochodzi się do targowiska **Lagunilla**, znanego również jako Rynek Złodziei. Po jednej stronie sprzedają kurczaki, owoce, mięso i inne rodzaje żywności, a po drugiej głównie odzież – od kreacji balowych do strojów farmerskich.

Rękodzieło

W całym kraju można kupić piękną **ceramikę**, ale uwaga – niektóre naczynia mogą zawierać ołów, dlatego lepiej ich nie używać do przechowywania żywności. Puste naczynie bez domieszki ołowiu po uderzeniu paznokciem dźwięczy, w przeciwnym wypadku odgłos przypomina stukanie w drewno; emalia i farby również mogą zawierać ołów.

Duży wybór wyrobów ceramicznych oraz repliki sztuki prekolumbijskiej można kupić w Tlaquepaque w stanie Jalisco oraz w sąsiednim miasteczku Tonalá. Puebla specjalizuje się w porcelanie, kafelkach i ceramice, a ceramiczne „drzewa życia" są sprzedawane w Acatlánie i Izúcar de Matamoros w stanie Puebla oraz Metepec w stanie Meksyk.

Polerowane wyroby ceramiczne są specjalnością Tzintzuntzanu w stanie Morelia, San Miguel de Allende w stanie Guanajuato i San Bartolo Coyotepec w stanie Oaxaca. Z kolei ceramikę zdobioną zieloną emalią można kupić w Patambán w stanie Michoacán i Santa María Atzompa. Arrazola w stanie Oaxaca słynie z *alebrijes* – przepięknych figurek. Tradycyjne wyroby garncarskie z Amatenango w stanie Chiapas nie są wypalane w piecach.

W każdym regionie wytwarza się innego rodzaju **wyroby z drewna**. Indianie Seri z Bahía Kino w stanie Sonora tworzą śliczne figurki zwierząt. Dumą Uruapanu w stanie Michoacán są maski i wyroby lakierowane, a Quiroga słynie z pięknie malowanych drewnianych mis i artykułów gospodarstwa domowego. Podobne wyroby oraz rzeźby zwierząt można

kupić w mieście Ixtapan de la Sal w stanie Meksyk. Z kolei Cuernavaca w stanie Morelos specjalizuje się w meblach w kolonialnym stylu i drewnianych misach. Sklepy i stragany w Olinalá w stanie Guerrero oferują maski jaguarów, misy z tykwy i drewniane tace.

Dumą Ixmiquilpanu w stanie Hidalgo są klatki dla ptaków, a Tequisquiapan w stanie Querétaro słynie z drewnianych mebli. W Cuilapanie i San Martín Tilcajete w stanie Oaxaca można się zaopatrzyć w malowane figurki zwierząt, a w Chiapa de Corzo w stanie Chiapas warto kupić maski i inne lakierowane przedmioty. Piękne meble z mahoniu i cedru pochodzą z Méridy w stanie Jukatan, Valladolidu w stanie Tabasco oraz z Campeche.

Drewniane instrumenty muzyczne to także dobry zakup, np. gitary z Paracho w stanie Michoacán i San Juan Chamula w stanie Chiapas.

Wyplatanie koszyków jest bardzo popularne w Tequisquiapanie w stanie Querétaro, Lermie w stanie Meksyk i Ihuatzio w stanie Michoacán. Wyroby tego typu są specjalnością Indian Tarahumara z Barranca del Cobre. Kosze z trzciny wyplatają mieszkańcy Guanajuato w stanie Puebla i Indianie Otomí w dolinie Mezquital w stanie Hidalgo.

Indiańskie malowidła na korze można kupić w miasteczku Xalitla w stanie Tolima i San Agustín de las Flores w stanie Guerrero. Wybrzeże Veracruz wiedzie prym w **matach z liści palmowych**, a Mixtec w stanie Oaxaca – z toreb z plecionych sieci. W Becal w stanie Campeche można dostać **kapelusze panama**, a w Méridzie w stanie Jukatan – **hamaki**. Temoaya w stanie Meksyk słynie z **dywanów**.

Wełna i ubrania

Wełniane ubrania najwyższej jakości można kupić w miastach: Tlaxcala w stanie Cuernavaca, Huejapan w stanie Morelos, Tequisquiapan w stanie Querétaro, San Miguel de Allende w stanie Guanajuato, Teotitlán del Valle w pobliżu Oaxaki, Saltillo w stanie Coahuila oraz w Zacatecas. *Sarapes* (poncha), ręcznie tkane pasy i ubrania są

Rękodzieło

Dzieła sztuki i wyroby rękodzielnicze sprzedawane w sklepach Fonart mają gwarancję jakości. Poniżej uwzględniono ich adresy w mieście Meksyku:
- Av. Juárez 89, Col. Centro; tel. 55-5521 0171
- Av. Patriotismo 691, Col. Mixcoac; tel. 55-5563 4060 Fonart prowadzi sklepy również w innych miastach:
- Oaxaca: Crespo 114, Col. Centro; tel. 951-516 5764.
- San Luis Potosí: Jardín Guerrero 6; tel. 444-812 7521.
- Anillo Envolvente, Lincoln i Mejia Chihuahua; tel. 614-613 6143.

specjalnością Indian Otomí z doliny Mezquital w stanie Hidalgo, Tarahumara z Barranca del Cobre w stanie Chihuahua, Cora i Huicholów z Nayarit i Tzotzilów z San Juan Chamula w stanie Chiapas.

Najpiękniej wyszywana odzież jest sprzedawana przez Indian Amuzgo w okolicach Ometepec w stanie Guerrero i w Oaxace (*huipiles* – bawełniane bluzki damskie) oraz przez Indian Yalalag w Oaxace (bluzki i spódniczki farbowane naturalnymi barwnikami). Oznakowanie *algodón* oznacza czystą bawełnę, a *lana* (wełna) to splot różnych włókien.

Biżuteria

Mnóstwo sklepów z biżuterią działa w mieście Meksyku. Piękne wyroby ze srebra można kupić w Taxco w stanie Guerrero, Toluce w stanie Meksyk, Yalalag w stanie Oaxaca, w Querétaro, Veracruz i na Jukatanie. Złotnicy z Oaxaki tworzą kopie złotej biżuterii odnalezionej pod Monte Albán, a w Veracruz sprzedają biżuterię z koralowców – trzeba się upewnić, że nie jest to koral czarny, jeden z gatunków chronionych (podobnie jak skorupy żółwia) na podstawie CITES – Konwencji o Międzynarodowym Handlu Dzikimi Zwierzętami i Roślinami Gatunków Zagrożonych Wyginięciem.

Język

Wymowa

Wielu Meksykanów mówi po angielsku, jednak znajomość podstawowych hiszpańskich wyrażeń i zwrotów na pewno się przyda, zwłaszcza w najbardziej odległych rejonach.

Zasady wymowy są w większości podobne do obowiązujących w języku polskim:

Samogłoski: nie ma zasadniczych różnic między polskim a hiszpańskim. Niektóre **spółgłoski** są wymawiane inaczej, w zależności od głosek, które je poprzedzają:
c przed **a, o,** lub **u** wymawia się jak **k** (np. *corrida* [ko'rrida], *malecón* [male'kon]), a przed **e** lub **i** – jak **s** (np. *precios* ['presios]).
g brzmi twardo przed **a, o** lub **u** (np. *guacamole* [guaka'mole]), ale jest wymawiane jak gardłowe **h** przed **e** lub **i** (np. *virgen* [wir'hen]).
G przed **ua** jest często nieme (np. *agua* [aua], *Guadalajara* [uadala'hara]).
h jest nieme (np. *hacienda* [a'sienda]).
j brzmi jak gardłowe **h** (np. *mujer* [mu'her]).
ll brzmi jak **j** (np. *calle* ['kaje]).
ñ brzmi jak **ni** (np. *señor* [se'nior]).
qu brzmi jak **k** (np. *¿Qué quiere Usted?* [ke 'kiere u'sted]).
x pomiędzy samogłoskami brzmi jak gardłowe **h** (np. *Mexico* ['mehiko]).
samo **y** wymawiane jest jak **i** (np. *y* [i] – i).
ch i **ll** to osobne litery hiszpańskiego alfabetu. W książce telefonicznej czy innych spisach słowa zaczynające się na **ch** znajdują się za ostatnim hasłem na **c**, a słowa rozpoczynające się na **ll** za ostatnim hasłem na **l**; **ñ** oraz **rr** są również osobnymi literami,

ale nie występują na początku wyrazu.

Wyrażenia i zwroty

proszę – *por favor*
dziękuję – *gracias*
nie ma za co – *de nada*
przepraszam – *lo siento*
przepraszam – *con permiso* (jeśli np. chcemy przejść), *perdón* (jeśli np. nadepnie się komuś na nogę)
tak – *sí*
nie – *no*
czy mówi pan/pani po angielsku? – *¿habla (usted) inglés?*
czy pan/pani mnie rozumie? – *¿me comprende? / ¿me entiende?*
to jest dobre – *(esto) está bueno*
to jest niedobre – *(esto) está malo*
dzień dobry – *buenos días*
dobry wieczór/dobranoc – *buenas noches*
do widzenia – *adiós*
gdzie jest...? – *¿dónde está?*
wyjście – *la salida*
wejście – *la entrada*
pieniądze – *dinero*
karta kredytowa – *la tarjeta de crédito*
podatek – *impuesto*

W barze/restauracji

Hiszpańskie *el menú* nie oznacza głównego menu, ale tańsze od reszty danie dnia (dotyczy zwłaszcza lanczu). Menu główne to *la carta*.
restauracja – *un restaurante, una fonda, un merendero*
kawiarnia – *un café*
poproszę kawę – *un café, por favor*
proszę o (przyniesienie)... – *tráigame por favor...*
piwo – *una cerveza*
zimna woda – *agua fría*
gorąca woda – *agua caliente*
napój – *un refresco*
specjalność dnia – *la comida corrida; el especial del día*
śniadanie – *desayuno*
obiad – *almuerzo/comida*
kolacja – *cena*
pierwsze danie – *primer plato*
główne danie – *plato principal*
proszę jeszcze piwa – *Más cerveza, por favor*
proszę o rachunek – *me da la cuenta, por favor*

aby przywołać kelnera/kelnerkę
– *¡Señor! (¡Señorita!, ¡Señora!)*

W hotelu

gdzie jest jakiś tani hotel? – *¿dónde hay un hotel económico?*
czy macie klimatyzowane pokoje?
– *¿tiene un cuarto con aire acondicionado?*
czy są pokoje z łazienkami? – *¿tiene un cuarto con baño?*
gdzie jest? – *¿dónde está?*
jadalnia? – *¿el comedor?*
klucz – *la llave*
kierownik – *el gerente*
właściciel – *el dueño*
właścicielka – *la dueña*
czy mogę tu wymienić czeki podróżne? – *¿puede cambiar un cheque de viajero?*

Poczta i telefon

poczta – *el correo; la oficina de correos*
biuro telegrafu – *la oficina de telégrafos*
telefon publiczny – *el teléfono público*
list – *la carta*
pocztówka – *la tarjeta postal*
koperta – *el sobre*
znaczek pocztowy – *un timbre*

Miejsca

posterunek policji – *la delegación de policía*
ambasada – *la embajada*
konsulat – *el consulado*
bank – *el banco*
hotel – *un hotel*
pensjonat – *una posada*
mieszkanie – *un departamento*
toaleta – *el sanitario/el baño de hombres/mujeres*
prywatna łazienka – *un baño privado*
łaźnie publiczne – *los baños públicos*
kasa – *la oficina de boletos, taquilla*
pralnia chemiczna – *la tintorería*

Zakupy

sklep – *el departamento*
rynek, targowisko – *el mercado*
sklep z pamiątkami – *la tienda de curiosidades*

ile to kosztuje? – *¿cuánto cuesta?*
to jest bardzo drogie – *es muy caro*
czy udzieli mi pan/pani rabatu?
– *¿me puede dar un descuento?*
czy jest...? – *¿tiene usted...?*
kupuję to – *voy a comprar esto*
proszę pokazać mi inny/inną
– *muéstreme otro/otra por favor*
chwileczkę – *un momento, por favor*

Transport

samolot – *avión*
lotnisko – *el aeropuerto*
prom – *el transbordador*
metro – *el metro*
dworzec kolejowy – *la estación del ferrocarril*
pociąg – *el tren*
pierwsza klasa – *primera clase*
druga klasa – *segunda clase*
klasa business – *de lujo/ejecutivo*
ile kosztuje bilet do...? – *¿cuánto cuesta un boleto a...?*
proszę bilet do... – *quiero un boleto a...*
proszę się tu zatrzymać – *pare aquí, por favor*
proszę jechać prosto – *derecho, por favor*
ile kilometrów jest do...? – *¿cuántos kilómetros hay de aquí a...?*
jak długo się tam jedzie? – *¿cuánto se tarda en llegar?*
w lewo – *a la izquierda*
w prawo – *a la derecha*
jak nazywa się to miejsce? – *¿cómo se llama este lugar?*
jadę do... – *Voy a...*

W autobusie

autobus – *autobús/camión de pasajeros*
autobus ekspresowy – *el camión directo*
dworzec autobusowy – *la central camionera*
przystanek autobusowy – *parada*
miejsce zarezerwowane – *asiento reservado*
dokąd jedzie ten autobus?
– *¿a dónde va este camión?*
tu wysiadam! (do kierowcy, by zasygnalizować chęć wysiadania)
– *¡Bajan!*

Na drodze

samochód – *el coche, el automóvil*
gdzie jest stacja benzynowa?
– *¿dónde hay una gasolinera?*

warsztat naprawczy – *un taller mecánico*
sklep z częściami zamiennymi
– *una refaccionaria para coches*
proszę do pełna – *lleno, por favor*
proszę sprawdzić poziom oleju
– *cheque el aceite, por favor*
chłodnica – *el radiador*
akumulator – *el acumulador*
potrzebuję... – *necesito...*
koło zapasowe – *la llanta de refacción*
podnośnik – *un gato*
samochód pomocy drogowej/laweta
– *una grúa*
mechanik – *un mecánico*
regulacja – *una afinación*
opona – *una llanta*
taki bezpiecznik jak ten – *un fusible como éste*
jest zepsute/a – *está roto/a*
są zepsute – *están rotos/as*

Taksówki

taksówka – *el taxi*
postój taksówek – *el sitio de taxis*
proszę wezwać mi taksówkę
– *pídame un taxi, por favor*
ile kosztuje przejazd do...?
– *¿cuánto me cobra para llevarme a...?*

Nazwy dni i miesięcy

Poniedziałek – *lunes*
Wtorek – *martes*
Środa – *miércoles*
Czwartek – *jueves*
Piątek – *viernes*
Sobota – *sábado*
Niedziela – *domingo*
Styczeń – *enero*
Luty – *febrero*
Marzec – *marzo*
Kwiecień – *abril*
Maj – *mayo*
Czerwiec – *junio*
Lipiec – *julio*
Sierpień – *agosto*
Wrzesień – *septiembre*
Październik – *octubre*
Listopad – *noviembre*
Grudzień – *diciembre*

Liczby

1 – *uno*
2 – *dos*
3 – *tres*

4 – *cuatro*
5 – *cinco*
6 – *seis*
7 – *siete*
8 – *ocho*
9 – *nueve*
10 – *diez*
11 – *once*
12 – *doce*
13 – *trece*
14 – *catorce*
15 – *quince*
16 – *dieciséis*
17 – *diecisiete*
18 – *dieciocho*
19 – *diecinueve*
20 – *veinte*
21 – *veintiuno*
25 – *veinticinco*
30 – *treinta*
40 – *cuarenta*
50 – *cincuenta*
60 – *sesenta*
70 – *setenta*
80 – *ochenta*
90 – *noventa*
100 – *cien*
101 – *ciento uno*
200 – *doscientos*
300 – *trescientos*
400 – *cuatrocientos*
500 – *quinientos*
1000 – *mil*
2000 – *dos mil*
10 000 – *diez mil*
1 000 000 – *un millón*

Warto przeczytać

Historia

Benitez F.: *Indianie z Meksyku*, Warszawa 1972.
Dickey T.: *Boscy królowie Meksyku*, Warszawa 1997.
Dobosiewicz Z.: *Stany Zjednoczone Meksyku*, Warszawa 1981.
Osterloff W.K.: *Zmierzch azteckich bogów*, Warszawa 1984.
Łępkowski T.: *Historia Meksyku*, Wrocław 1986.
Parkes H.B.: *Historia Meksyku*, Warszawa 1955.
Wood M.: *Konkwistadorzy*, Warszawa 2004.
Vaillant G.C.: *Aztekowie z Meksyku*, Warszawa 1965.
Krótka historia Meksyku, przedmowa do wyd. pol. Edward Szymański, Warszawa 1986.
Zmierzch Azteków. Kronika zwyciężonych, wybór i opracowanie M. León-Portilla, Warszawa 1967.

Polskie wydania niektórych dzieł pisarzy meksykańskich

Azuela M.: *Gniew*, Kraków 1973.
Esquivel L.: *Przepiórki w płatkach róży: powieść w zeszytach na każdy miesiąc, przepisy kucharskie, historie miłosne tudzież porady domowe zawierająca*, Warszawa 1993; *Z szybkością pragnienia*, Poznań 2002.
Fuentes C.: *Śmierć Artemia Cruz*, Warszawa 1968; *Kraina najczystszego powietrza*, Warszawa 1972; *Aura*, Warszawa 1974; *Terra nostra*, Kraków 1981; *Urodziny*, Kraków 1982; *Historia rodzinna*, Kraków, Wrocław 1983; *Instynkt pięknej Inez*, Warszawa 2002; *Stary gringo*, Kraków 1992; *W to wierzę*, Warszawa 2003; *Zmiana skóry*, Poznań 1994; *Fotel orła*, Warszawa 2004.
Paz O.: *Labirynt samotności*,

Kraków 1991; *Poezje wybrane*, wybór i tłum. Andrzej Jeżewski, Warszawa 1981.
Revueltas J.: *Zasnąć w ziemi*, Warszawa 1970; *Karcer*, Kraków 1978.
Rulfo J.: *Równina w płomieniach*, Kraków 1971; *Pedro Páramo*, Kraków 1975.
Pieśni Indian Meksyku grupy językowej Náhuatl, [w:] Edward Stachura: *Poezja i proza*, t. 1, Warszawa 1984.

Zagraniczni pisarze o Meksyku

Lowry M.: *Pod wulkanem*, Warszawa 1993.
Greene G.: *Moc i chwała*, Warszawa 1985.

Sztuka

Sztuka meksykańska 1, Od początków do sztuki Olmeków; *Sztuka meksykańska 2, Teotihuacán – El Tajin – Monte Alban*; *Sztuka meksykańska 3, Majowie*; *Sztuka meksykańska 4, Toltekowie – Aztekowie*, Warszawa 1976.
Stingl M.: *W pogoni za skarbami Indian*, Warszawa 1977.

Zdjęcia i Reprodukcje

Wszystkie fotografie – Kal Müller
z wyjątkiem:

Guillermo Aldana E 84
Pete Bennett/Apa 223, 323
Wesley Bocxe/The Image
Works/TopFoto 72
John Brunton 70, 92, 105,
128/129, 184, 252, 259, 261, 270
(m.), 285, 290, 291
Demetrio Carrasco/Jon Arnold
Images 148
The Casasola Archive 60/61
Jean and Zomah Charlot Collection
94
Désiré Charney 41, 88
Chris Coe/Apa 268
Bruce Coleman Ltd 297
Corbis/RF 153
Christa Cowrie 14, 16/17, 36, 69,
71, 157, 164, 169, 170, 171
Mary Evans 42
Macduff Everton/Corbis 185
Jose Fuste Raga/Corbis 256
The Antonio Garcia Collection 52,
58, 64, 65, 67
Glyn Genin/Apa 330
Jacques Gourguechon 310
Andreas Gross 154
José Guadelupe Posada/from the
Jean and Zomah Charlot Collection
299
Tony Halliday/Apa 335
Blaine Harrington 31
Huw Hennessy 333
Dave G. Houser/Houserstock 165,
209, 266, 284, 289
Piere Hussenot 120/121, 122/123,
124
Archovo Iconográfico 111
Graciela Iturbide 83
Kerrick James 206
Bob Krist 74/75, 78, 298
Lyle Lawson 126
Bud Lee 155
Danny Lehman/Corbis 140/141
Buddy Mays Travel Stock 33, 242,
286 (m.)
Pablo Ortiz Monasterio 132
Rod Morris 89

Museo Nacional de Antropología,
México City 30, 32
Museo Nacional de Historia 59
The National Archives,
Washington D.C. 62
The National Palace, México City 37
Jorge Nunez/Sipa/Rex Features 91
Schülz 46/47
Jutta Schütz/Archiv Jutta 63, 163
Tom Servais 212
Spectrum 24/25
David Stahl 39, 249, 302
Topham Picturepoint 66, 73, 257
Mirelle Vautier 54, 55, 166, 247
Jorge Vertiz, Artes de México 43, 48,
49, 53
Bill Wassman 54,55, 166, 247
The Jorge Wilmot Collection 102
Peter M. Wilson/Apa 150
Marcus Wilson-Smith/Apa 4 str. okł.
– po prawej j u góry i środek; 6/7,
12/13, 22, 26/27, 40, 87, 93, 104,
106/107, 125, 127, 131, 136/137,
151, 153 (m.), 159, 161, 164 (m.),
167, 169 (m.), 170 (m.), 172, 191
(m.), 203–205, 206 (m.), 207, 208,
210, 211, 222, 223 (m.), 224 (m.),
227, 238, 244, 256 (m.), 258 (m.),
268 (m.), 272, 273, 279, 282 (m.),
286, 288, 301, 308, 317, 320, 321,
322 (m.), 324 (m.), 325, 326,
331–334
Woodfin Camp & Associates 68,
198, 276, 304, 306
Norbert Wu 142
Crispin Zeeman 160, 234, 251, 295
(m.) – zdjęcie na marginesie

ZBLIŻENIA...

Zdjęcia: (g. l.) – u góry po lewej;
(g. śr. l.) – u góry w środku po lewej;
(g. śr. p.) – u góry w środku po prawej;
(g. p.) – u góry po prawej;
(śr. l.) – w środku po lewej;
(śr.) – w środku;
(śr. p) – w środku po prawej;
(d. l.) – u dołu po lewej;
(d. śr. l.) – u dołu w środku po lewej;
(d. śr.) – u dołu w środku;
(d. śr. p.) – u dołu w środku po prawej;
(d. p.) – u dołu po prawej.

str. 134/135:
Buddy Mays Travel Stock: (g. l.),
(g. śr. l.), (śr. p.), (d. l.);
Mirelle Vautier: (g. śr. p.);
Andreas Gross: (g. p.), (d. śr. p.), (d. p.);
John Brunton: (śr. l.);
Stiven Trimble: (d. śr. l.).
str. 220/221:
wszystkie zdj. Buddy Mays Travel
Stock; z wyjątkiem:
Andreas Gross: (g. l.) i (śr. p.);
John Brunton: (g. śr. l.) i (d. śr. p.).
str. 262/263:
Andreas Gross: (g. l.), (d. l.);
Blaine Harrington (g. śr. l.), (d. śr. l.);
Duggal: (g. śr. p.);
Mirelle Vautier: (g. p.), (śr. l.), (d. p.);
Crispin Zeeman: (śr.), (śr. p.), (d. śr. p.).
str. 314/315:
Marcus Wilson-Smith: (g. l.), (śr.);
Buddy Mays Travel Stock: (g. śr. l.),
(d. l.), (d. śr. l.), (d. śr. p.), (d. p.);
Terra Aqua: (g. śr. p.) i (g. p.);
Andreas Gross: (d. śr.).

Mapy: Berndtson & Berndtson
© 2004 Apa Publications
GmbH & Co.
Verlag KG (Singapore branch)

Oprac. kartografii: **Zoë Goodwin**
Opracowanie graficzne (konsultanci):
Klaus Geisler, Graham Mitchener
Dobór zdjęć: **Hilary Genin**

Indeks

PODRÓŻE MARZEŃ

MEKSYK

Przygotowanie edycji polskiej
Bogdan Rudnicki
ALINEA; Kraków

Redaktor prowadzący
Joanna Zaborowska

Tłumaczenie
Kontekst SC A. Wolski J. Podgórski

Redakcja
Ola Szpakowska

Korekta
Aleksandra Marczuk; Wydawnictwo Astra

Skład i przygotowanie do druku
Wydawnictwo Astra; Kraków
Katarzyna i Jacek Małkowscy

Opracowanie graficzne okładek serii
StuDio

WYDAWCA
Mediaprofit Sp. z o.o.
02-591 Warszawa
ul. Batorego 18/202
tel. (22) 825 74 29
biuro@mediaprofit.pl

Druk i oprawa
Drukarnie Polskie – TZG Zapolex, Druk-Intro, Ozgraf

Wydanie I
Warszawa 2005

Copyright for Polish edition © Mediaprofit 2005

ISBN 83-60174-00-8

Wydanie oryginalne

Editorial
Project Editor **Felicity Laughton**
Managing Editor **Huw Hennessy**
Editorial Director **Brian Bell**